U0126510

人生哲學名言論集

馮滬祥 編著

臺灣學生書局 印行

【自序】
建立奮鬥的人生觀!

馮滬祥

一

羅馬哲學家西塞羅（Cicero），很早就曾提醒人們：

「哲學，人生之導師，至善之良友，罪惡之勁敵，假使沒有你，人生又值得甚麼？」❶

由此充分可見，哲學對於人生，很有指點迷津、明辨善惡，站穩腳跟的作用。

但是，因為中外歷代對於哲學的詮釋，有時過份晦澀，有時過份繁瑣，或因脫離實際，以致很多民眾無所適從。

這時，簡明扼要的名言警句，便有很重要的功能。

西班牙文學家塞萬提斯，便曾指出：

「只有飽經滄桑的人生，才能產生雋永的名言。」

另外，德國大文豪歌德，也曾中肯的強調：

---

❶ 引自方東美，《中國人生哲學》（台北：黎明公司，1980 年），頁 10。

「名言格言集，是社會上最大的財富」。

因為，名人名言警句，代表人生智慧的濃縮精華，也代表人生閱歷的提煉結晶，足以一針見血，驚醒沉迷的人心，更可以一語中的，提昇生命的靈魂。

這種精簡的名言智慧，如同人生的指南針，也如同精神的發動機。因其言簡意賅，往往一句名言，就可以影響一個人；一段警句，也可以幫助一個人，度過各種困境，建立奮鬥的人生觀，所以非常值得經常閱讀。

當代大美學家朱光潛先生，曾經在寫給當代大哲方東美先生的信中，強調他特別喜愛中國詩詞，因為「意境深微，而造語淺顯。」❷

事實上，名言警句也有同樣功能，用深入淺出的語句，更能提振人心，喚醒民眾，所以特別值得重視。

我從幼年開始，因為家境困厄，經常遭受輕蔑，並且因為是單親家庭，經常心中苦悶，所以特別愛看名言警句與偉人傳記，而且經常筆記，寫在本子中，隨身攜帶，做為自我勵志之用。

大學時期，我在東海大學念的是化學系，但心中卻關切兩大問題，一是人生問題，二是中國問題；所以上課之餘，經常到圖書館，以求知若渴的心情，遍讀人生哲學書籍；那時功課很緊，所以只能優先看簡明扼要的內容，因而再次接觸很多名言警語，心中受益很多。

1970 年，我毅然轉考台大哲學研究所，從此投入有興趣的哲

---

❷　轉引自宛小平，《方東美與中國哲學》（安徽大學，2008 年），頁 2。

學工作，更加重視中西哲人的生平智慧，以及相關的名言警句。

尤其，我在台大就讀期間，適逢校園動盪紛擾，我因為反對文革與紅衛兵式的學生運動，遭受很多誤解與污衊，硬被扣上「職業學生」、「國民黨打手」等罪名；痛心孤憤之餘，只有大量閱讀名人名言，做為忍辱負重的心靈借鏡。

那時我發憤圖強，幸運的考上中山獎學金公費留美；在美國留學期間，每天讀書近二十小時，經常每天只吃一餐，瘦了二十公斤；兩年內從美國波士頓大學，攻獲哲學博士，破了美國空前紀錄；只因我心中緊記一句話：「生氣不如爭氣」，成為拼命苦讀的動力。

回國之後，我有幸承經國先生邀聘，兼任總統秘書，為他撰寫文稿；我發現他本身的文章特色，就是在平易中含有哲理，並且擅長引用名言；所以我更重視名言警句，做為媒體引述的標題，亦即英文所說"Quotable Quotes"。

1984 年 3 月，我 36 歲，愛妻毅虹因為兩次誤診開刀，不幸轉成癌症，英年病逝。青年喪偶，讓我承受了空前的精神打擊，真切感受到生離死別的大慟！當時心情，天天都在沉痛悲苦之中，整整兩年，都連續失眠，無法入睡；因而更能體認，名言警句對「心靈治療」的重要性。

我在當時，已經旗幟鮮明的反對台獨，所以同年 6 月，陳水扁等三人，趁我喪妻還不到百日、痛不欲生之際，竟利用《蓬萊島雜誌》，突然對我攻訐污衊，誣指我是「以翻譯代替著作」、「剽竊」、「職業學生」、「殘忍狠毒」、「善騙善變」……等等，連續誹謗共 26 期，創了台灣的空前紀錄，至今還沒有人能

破，可見窮兇惡極的程度。

那時，我曾五度要求更正未果，只有在忍痛建完愛妻墓地後，決心依法控告到底；當時，我是孤軍奮戰，以一人之力，奮勇力抗海內外台獨大集團，苦戰纏訟兩年多後，終於得到勝利，讓陳水扁接受法律制裁，坐了八個月牢。

後來，陳水扁當選總統，在他任內，我開始遭到各種政治報復與司法折磨；他在兒子陳致中婚禮上，還念念不忘坐牢的日子，可見對我仇恨之深。

從此我便身受「文革式的鬥爭」，因為菲傭被人幕後唆使，對我惡毒誣陷，讓我在「牛棚」中，飽受瘋狂圍剿與精神凌虐；很多親友也受連累，而被「政治追殺」。雖然菲傭返國之後，公開承認受人鼓動誣告，並經菲國政府認證，但台獨政權仍然置之不理，全力想把我鬥垮鬥臭，讓我經歷了的空前的苦難，成為被台獨政權迫害的最典型例證！

所以，當陳水扁家族因為涉及各種貪污弊案，而受到司法審判時，他竟然說自己是被「文革式鬥爭」，並且遭受「政治迫害」、「抄家滅族」、「一路被追殺」，令真正被台獨迫害追殺的我，不禁萬分感嘆：因為顛倒黑白、混淆視聽，實在莫此為甚！

這就讓我更增加人生的閱歷，深切領悟，面對險惡情勢，應更加沉穩奮鬥，化悲憤為力量，也對名人名言中的各種警示與智慧，有了更多的心得。

二

本來，我在校園擔任教學工作，從東海大學哲學系主任，到

台大、政大兼任教授、中央大學文學院長，都是我所喜愛的教育工作，生活既單純，又安靜。

然而，因為我關心中國命運，以及民族出路，加上心儀孟子的「大丈夫」精神，經常效法他「浩然之氣」，以「正人心，息邪說」為己任，所以經常挺身而出，批判台獨謬論，並以弘揚中華文化為使命；這就註定了，我必然遭受台獨無情的鬥爭與迫害，也更加深了我在人生各種坎坷的經歷。

後來，我曾兼任國大代表，並且擔任立法委員，更親身遭到台獨各種血淋淋的政治鬥爭，並且歷經抹黑、抹紅、抹黃，身陷種種卑劣的圍剿，各種攻訐誹謗，經常如同排山倒海而來！

因此，每當我在心中感到悲憤的時候，都會先沉靜心情，閱讀中外名人名言，做為精神修行的座右銘；然後效法中外名人先哲，在逆境中提醒自己，「悲憤不如發憤」，一定要能不屈不撓，愈挫愈勇！

回顧台獨執政八年，我就如同抗戰八年，心境無限沉鬱，精神無限悲慨，但奮鬥意志仍然無比昂揚，精神毅力仍然無比堅強！若問為什麼能如此？主要就是有賴名人名言給我的激勵。

所以這段期間，李敖大師問我，為什麼我在被誣陷期間，仍能平靜如常？彷彿是看別人在受苦？他認為，或許因為我念哲學，有所幫助；這固然是一個原因，但更重要的原因，便是我長期閱讀名人名言，不斷的提醒自己，要能見賢思齊，要能更加爭氣！

尤其，事實上，早從李登輝執政十二年期間，我就因為首先挺身而出，公開批評他台獨與黑金，所以早已備受種種打壓，迄

今可說「抗戰」歲月，整整有二十年之久！

很多媒體當時稱我為「反李大將」，後來又稱我「倒扁先鋒」，堪稱是連續兩任「台獨總統」的「欽命要犯」！從人生際遇看，真是何其不幸，但若從心靈修煉看，又是何等有幸！

在這漫漫黑夜之中，我一直提醒自己，要能化悲憤為力量，要能化壓力為動力！所以，面對台獨各種圍剿，企圖把我鬥垮鬥臭，我一直以忍辱負重的心情，咬牙勵志、苦撐待變，正如馬英九引述的本省諺語：「田螺含水過冬」！

只不過，我的寒冬更加冰冷，而且，不只一個冬天，前後算起來，足足有二十個冬天之久！

在這期間，我於內心深處，一直效法孔子在困境發憤寫《春秋》的精神，同時效法太史公忍辱吞淚寫《史記》的毅力，並且經常閱讀中外名人哲人的名言，自我砥勵；所以至今仍能存活，沒有慘被台獨政權整垮整死，我很感激名人名言中的各種啟發！

《荒漠甘泉》中說：「神常用延遲和苦難考驗我們」；當我讀到這句，心中便有很大共鳴；對於長期所受苦難，以及公義所受遲延，都看成神的考驗。

這正如同孟子所說：

「天將降大任於斯人也，必先苦其心志，勞其筋骨，餓其體膚，空乏其身，行拂亂其所為，所以動心忍性，增益其所不能」。❸

因此，我也把所有的磨難，都當成上天對我的試煉。

---

❸ 《孟子·告子篇下》。

另外，當我看到《金剛經》中所說，「忍辱波羅密，非忍辱波羅密」，心中也很受用。因為，只要把「忍辱」看成「精進」的必需品，忍辱就不再是「忍辱」，反而是「甘露」了。

凡此種種名言智慧，都如同寒冬中的溫暖，對我心靈有很大的撫慰作用。

今天回顧我與台獨抗爭的奮鬥歷程，正如同歷經了千刀萬剮，全身遍體飽受創傷，血肉模糊，慘不忍睹，但也讓我更能激發奮鬥意志；在這期間，陪我度過重重難關、熬過層層凌辱的力量，除了親情友情之外，就是中外名人哲人的名言。

這也令我想起，尼采曾經說過，在一切書本中，他獨愛「用血寫的作品」。曹雪芹嘔心瀝血寫《紅樓夢》，世人公認他「研血成墨」，所以才能至情至性，對後人深具啟發性。

因此，我也效法這種精神，在近六年來，用心用血，撰寫《忍辱》、《愈挫才能愈勇》、《生氣不如爭氣》、《悲憤不如發憤》、《中西逆境哲學》等勵志作品；另外也完成了《中國政治哲學》、《從中山思想論統獨前途》、《經國先生的風範與啟示》等學術著作，共十二本；寫作動力，主要即來自歷代名人名言，給我的精神支撐。

我雖天資愚鈍，但也深深感覺，應該把我坐困「牛棚」期間，慘遭台獨迫害軟禁，失去自由多年的黑暗歲月，心中最受用的各種名言，分門別類，收集出版；同時把我活生生、血淋淋的心得，真實表白出來，以供更多心中悲苦的朋友分享，並供所有心靈傷痛的朋友借鏡；俾能幫助大家再接再厲、咬牙勵志，在人生旅程中，繼續奮戰到底！

這便令我想起愛迪生的名言：

「堅強者，一定能在命運的風暴中奮鬥不懈！」

這也令我同時想到《荒漠甘泉》的名句：

「要剛強，不論邪惡力量植根多深，日子多長，不論鬥爭進行的多艱辛，莫氣餒！繼續奮鬥！勝利之旗明天就要飄揚！」

尤其，因為我的困境苦難，來自對台獨的奮戰，所以我堅定相信，民族大義必定勝利，台獨邪惡必定失敗！

這也令我想起，抗戰時期，中央大學校長羅家倫，在日軍熊熊烈火之中，曾經連續發表過十六次演講，化滿腔熱血為暮鼓晨鐘，後來印成《新人生觀》，讓很多愛國青年都終身受用！

當時他就曾經指出：

「在這偉大的時代，也是顛簸最劇烈的時代，確定新的人生觀，實現新的生活方式，是最迫切而重要的事。」❹

然後，他再引述先師方東美先生，在抗戰時期廣播《中國人生哲學概要》的一段名言：

「中國先哲遭遇民族的大難，總是要發揮偉大深厚的思想，培養溥博沉雄成堆的情緒，使我們提振精神，努力提高品德，他們抵死要為我們推敲生命意義，確定生命價值，使我們在天壤間腳跟站立得住。」❺

另外，他並列舉德國大哲菲希特（Fichte）為例，說明菲希特面臨拿破崙侵略時，同樣發表《告德意志民族書》，呼籲透過國民

---

❹ 羅家倫，《新人生觀》（台北：台灣商務印書館，1998 年），頁 11。

❺ 同❶，頁 12。

教育，培養新人生觀，振興民族精神，所以終能轉敗為勝！

這些感人的真實故事，至今仍然對苦悶的人心，具有重大的啟發性！對於反台獨的士氣，更有莫大的激勵性！

尤其，放眼今後兩岸形勢，已經不再是冷戰時代，中華民族的振興統一，更有賴兩岸青年熱心合作，共同發大心、立大願；所以，如何確立新時代的人生觀，在奮鬥過程中愈挫愈勇，進而救國救民，振興中華，實為全體中華兒女的神聖使命！

因此，筆者不揣才疏學淺，根據親身感受，收集中外很多名人名言成冊，除了先在中央大學「人生哲學」通識課程講授，然後根據奮發圖強的人生需要，以及振興中華的時代需要，分成十章，精選出版，以饗海內外的更多讀者，敬請各界高明指正。

三

人生問題，本來形形色色、包羅萬象，在本書中，我主要根據本身靈修心得，挑選現代人生需要關心的十項核心議題，做為各章名稱：

1. 人生與奮鬥；
2. 愛國與愛家；
3. 生死與靈魂；
4. 情感與兩性；
5. 品德與人格；
6. 政治與治國；
7. 法律與良心；
8. 文藝與歷史；

9.科學與管理；

10.宗教與命理。

在每一章開始，我都略加「導言」，並在文中，偶爾加註申論，做為心中感言。至於沒有加註的部分，有些因為不證自明，有些則因留白更能激發思考空間，所以不另贅言。

本書中的很多名言，均引自英美與大陸出版的數百種相關名著，再經摘錄而成；根據學界慣例，本應一一註明出處與頁數，但因篇幅會佔太多，所以只能擇要註明。

另外，有關西方名人名言的順序，大體均從希臘開始；因為柏拉圖被公認為西方哲學的源頭——近代英美大哲懷海德（A.N. Whitehead），即曾強調，「西方二千多年的哲學，都只是柏拉圖的註腳」——所以各篇多以柏拉圖開始，然後根據「希臘、羅馬、中世、近代、現代」的西洋史慣例排序；中國部分，則是從先秦到現代，大致根據儒家、道家、法家、佛家、新儒家、與當代名人的順序排列，以供讀者借鏡。

在本書的名言中，不僅來自大哲學家，也有很多來自大文學家、大政治家、大科學家、大企業家、大藝術家、大音樂家、或大宗教家們；因此，我也儘量在相關名言後，分別簡述他（她）們的生平與代表作，以供讀者參考。

當然，因為學海無涯，領域至廣，名人名言很多，所以本書必有遺珠之憾；本書所列名言，只是以筆者親身的心路歷程為主，用以彰顯其中的真誠性與可驗性，敬請各界高明賜教。

我在整理這些名人名言之後，深覺法國哲學家巴斯噶（Pascal）說得很中肯：

「很多優秀的格言，早已存在世間，只看人們是否善於利用而已。」

因此，今後人們能否把這些名言化為行動，身體力行，並且持之以恆、奮鬥不懈，將是人生能否成功的重要關鍵！

羅家倫在《新人生觀》序文中，曾經強調，他這本著作，是要「獻給有肩膀、有脊骨、有心胸、有眼光而有熱忱的中華兒女，尤其是青年！」❻令我心中很感動，一直牢記在心。

我雖不敏，但也願誠心把這本《人生哲學名言論集》，同樣獻給在人生旅程中，曾經跌倒過、傷痛過，眼中曾經流淚、心中曾經滴血的朋友們，尤其是青年們！

我衷心希望，這些中外古今先聖先賢的名言，能夠如同苦海中的明燈，一盞一盞的照亮讀者朋友的心海；即使有些朋友的心靈，仍在黑暗中、仍在苦難中，或在寒冬中，可以因為看了本書，而奮發自強、沉穩出航，進而展翅飛翔、迎向陽光！

相信，中外名人在忍辱中奮鬥的榜樣，若能擴大影響，讓更多中華兒女堅忍圖強，建立奮鬥的人生觀，那將不只是個人生命之幸，也是國家社會之福，更是整體中華民族之幸！

是為自序。

馮滬祥　誌

民國 98 年 2 月 2 日

---

❻　同❹，頁 5。

人生哲學名言論集

目　次

【自序】　建立奮鬥的人生觀！……………………………………　I

第一章　人生與奮鬥…………………………………………………　1

第二章　愛國與愛家…………………………………………………　59

第三章　生死與靈魂…………………………………………………　109

第四章　情感與兩性…………………………………………………　155

第五章　品德與人格…………………………………………………　205

第六章　政治與治國…………………………………………………　251

第七章　法律與良心…………………………………………………　331

第八章　文藝與歷史…………………………………………………　379

第九章　科學與管理……………………………………451

第十章　宗教與命理……………………………………533

【結語】　邁向成功人生！……………………………585

【附錄】本書作者出版作品目錄………………………599

第一章　人生與奮鬥

【導言】

　　人生不如意事，十之八九；不如意時，怎麼辦？面對冤屈、逆境、打擊、侮辱、誹謗等等，應該怎麼辦？灰心喪志嗎？怨天尤人嗎？

　　這些都於事無補，只會更加頹喪，只有加速敗亡！

　　所以，這個時候，只有奮鬥、奮鬥、再奮鬥！用奮鬥的人生觀，努力不懈、鍥而不捨，用奮鬥的人生觀，再接再厲、愈挫愈勇，才能獲得最後勝利成功！

　　換句話說，面對挫折逆境，應該如何處理？處理的態度，便決定事情的成敗。

　　事實上，中外古今所有所有偉人，他（她）們人生觀，都有一個共同的特色，那就是「奮鬥的人生觀」！碰到挫折，一定奮鬥到底，絕不鬆懈！碰到逆境，一定更加奮鬥，絕不後退！

　　所以，中國早從易經就強調「生生之謂易」，人要效法天地生萬物的大德，生生不息，創造不已，不怕艱難，決不洩氣！

　　因此，易經用「乾」、「坤」兩卦為首，提醒人生要效法乾元的「天行健」特色，應該「君子以自強不息」；另外，要同時效法

「地勢坤」的特色，應該「君子以厚德載物」。

綜合起來，「自強不息」與「厚德載物」，就形成中華民族的精神特色，所以能夠綿延不絕，成為世界上唯一沒有亡過的民族！究其根本原因，就因為能夠堅忍自強，遇到挑戰，更能奮鬥努力，形成「多難興邦」的特色。

清華大學選用易經這兩句話，「自強不息」、與「厚德載物」，做為校訓，意在弘揚中華民族的精神特色，就特別值得重視。

另外，到了孟子，更明確指出，「天將降大任於斯人也，必先苦其心志，勞其筋骨」，然後「動心忍性，增益其所不能。」

這與西方基督文明的傳統，也很相通。

所以，《荒漠甘泉》中也強調，「神願意造就一個有用之才，神就把他放在風雨之中，讓他經過風雨的生活。」

再如中國大乘佛學，同樣強調這種奮鬥精神。

因此，根據大乘佛學《金剛經》的精神，「忍辱」並非忍辱，而是「精進」的必經過程。

而且，成佛必定經過「魔考」，魔考就是「佛試」；正因為有天魔考驗，所以更能增進修行；此時即使天魔，也是一種「逆行菩薩」，也是一種「佛試」。

近代西方很多名人，對於奮鬥人生，同樣有很多深刻的體認。

例如，法國文豪巴爾扎克就曾明白強調：

「苦難是人生的導師」。

另如雨果，也曾指出：「最偉大的人，也是最能忍辱的人。」

美國人權鬥士金恩博士，更曾語重心長指出：

「對一個人的終極評價，不是看他在順境的時候，而是看他在逆境的時候。」

所以，曾文正公歷經憂患之後，特別強調，面對侮辱困境，更要咬牙勵志，「打落牙和血吞」；因為，「凡事皆有困難之時，打得通的便是好漢！」

凡此種種，均可證明，奮鬥的人生觀，才是成功的人生觀，也才是充滿陽光生機、充滿活力的人生觀，深深值得重視與力行！

本章介紹的內容，就是中外名人偉人，面對各種冤屈、侮辱、挫折、困境、與打擊時，如何忍辱奮鬥，如何愈挫愈勇的智慧；深深值得所有仁人志士，共同參考借鏡！

深盼本文能對困境中的朋友，激發奮鬥意志，早日戰勝困境，更光榮的開創勝利成功！

————————＊————————＊————————＊————————

「世界上最快樂的事情，就是為真理而奮鬥。」

— 〔希臘〕蘇格拉底

「無論一個人想做什麼，想不犯錯誤是很難的，即使不犯錯誤，想避免不公正的批評，也是很難的。」

— 〔希臘〕蘇格拉底

「人生最重要的事，莫過於提高自己的修養。」

— 〔希臘〕柏拉圖《文藝對話集》

「人世間的事，都是不值得焦慮的。」

— 〔希臘〕柏拉圖《理想國》

【馮註】柏拉圖（Plato, 427-347 B.C.），被認為西方最偉大的哲學家之一，當今英美第一大哲懷海德（A.N. Whitehead）曾經讚嘆：「西方兩千年的哲學，都只是柏拉圖的註腳。」可見柏拉圖哲學在西方文化的重要性。

柏拉圖的哲學體大思精，如果用一句話說明其精神特色，便是「提昇」的精神，深盼人們能將精神、靈性、眼光、智慧，都向上提昇，直到充滿真善美的永恆理型界。

因此，如果人們能夠自提其神於精神高空，再從上界俯視人間世──如同莊子大鵬鳥的逍遙遊，能從九萬里高空再俯視人間世，自然認為俗世一切事情，都不值得焦慮。

蘇格拉底是柏拉圖的老師，晚年被雅典法庭冤屈處死，柏拉圖引為生平大慟，所以極力主張提高政治品質，以及人生品質，至今仍然很有啟發意義。

「一個人不論幹什麼事，失掉恰當的時機、有利的時機，就會前功盡棄。」

──〔希臘〕柏拉圖《理想國》

【馮註】柏拉圖強調「哲王」（philosopher-king）的智慧，最重要的就是把握時機，動之以時，這與《易經》所說「時之義大矣哉」，以及「與時偕進」完全相通。

「壞人所能作的惡，要甚於野獸千百萬倍。」

──亞里士多德《倫理學》

「克服自己慾望的人，比征服敵人的人更為勇敢，因為最艱難的勝

利，是戰勝自我的勝利。」

— 亞理士多德

【馮註】亞里士多德（Aristotle, 384-322 B.C）是柏拉圖的門生，但他強調「吾愛吾師，吾更愛真理」，很有追求真理的精神。現存羅馬梵諦岡博物館，有幅拉菲爾的名畫，柏拉圖一手持《宇宙論》，手指上天，亞氏則一手指《倫理學》，手指地面，很能象徵師生兩人的不同特色。亞氏亦為亞歷山大大帝老師，著有《政治學》、《形上學》等，並且很重視教育，曾經強調「忽視教育，必然危及國本。」

「烈火試真金，逆境試強者。」

—〔羅馬〕塞內加《論天意》

【馮註】塞內加（4-65 B.C.），古羅馬政治家與哲學家，一生歷盡風霜，很多坎坷；曾被放逐，又獲重用，曾擔任尼祿顧問，看不慣後，一度退隱，但仍被迫自盡，很像紂王下的比干。本段英文原句為 "Fire proves gold, adversity proves man." 言簡意賅，文字洗鍊，而且寓意深遠，很值得深深體悟。

「小的痛苦可以向人傾訴，但大的痛苦只有默默忍受。」

—〔羅馬〕塞內加《希波呂托斯》

「土地不耕種，再肥沃也長不出果實；人不學習，再聰明也目不識丁。」

—〔羅馬〕西塞羅

「今天的失敗，孕育著明天的成功。」

　　　　　—〔西班牙〕塞萬提斯《唐吉軻德》

【馮註】塞萬提斯（1547-1616），西班牙大文豪，文藝復興時期的指標性人物，代表作《唐吉軻德》中高舉理想，挑戰現實，力促人心要能向上提昇，超越凡俗，不要害怕失敗，為世界名著，本文即其名言。

「順境見邪惡，逆境見高尚。」

　　　　　—〔英〕培根《論說隨筆文集——論逆境》

【馮註】培根（Francis Bacon, 1561-1626），英國哲學家、政治家，也是散文家，曾任英國上議院長，對創立劍橋大學很有貢獻，後因遭到冤案攻訐，被迫辭職，所以對厄運有特別的領悟。

「有的時候，一個人的愚蠢恰是另一個人的幸運，一方的錯誤恰好促成了另一方的機會。」

　　　　　—〔英〕培根《人生論》

「智者創造的機會，比他得到的機會還多。」

　　　　　—〔英〕培根《論禮貌》

「幸運最能發現罪惡，厄運最能發現美德。」

　　　　　—〔英〕培根《論厄運》

「幸運所需要的美德是節制，而厄運所需要的美德是堅忍，後者比前者更為難能可貴。」

　　　　　—〔英〕培根《隨筆集》

「豐功偉績，都是從點點滴滴做起的。」

—〔英〕培根《隨筆記》

「誰在奪取了勝利之後又征服自己，誰就贏得了兩次征戰。」

—〔英〕培根《理性主義的外表》

「順境中不無隱憂和煩惱，逆境中不無慰藉和希望。」

—〔英〕培根《隨筆集・論逆境》

「只有愚者才等待機會，而智者則創造機會。」

—〔英〕培根《隨筆集》

「超越自然的奇蹟，總是在對厄運的征服中出現的。」

—〔英〕培根《培根隨筆集》

「真正勇敢的人，應當能夠有智慧忍受最難堪的屈辱。」

—〔英〕莎士比亞《雅典的泰門》

【馮註】莎士比亞（W. Shakespeare, 1564-1616），英國大文豪，作品對人生與人性，都有既深刻又生動的描述，影響歐洲與世界都很大，堪稱英國國寶，所以英國稱「寧可失去印度，不願失去莎士比亞。」本句即可看出他的人生觀。

「本來無望的事，大膽嘗試，往往能成功。」

—〔英〕莎士比亞《維納斯與阿都尼》

「明智的人絕不坐下來為失敗而哀嚎，他們一定樂觀地尋找辦法，來加以挽救。」

—〔英〕莎士比亞《亨利六世下篇》

「倘能時時擔憂著最大的不幸，那麼在較小的不幸來臨時，往往可

以安之若泰」。

—〔英〕莎士比亞《特洛伊羅斯與克瑞西達》

【馮註】本句話類似中國諺語，碰到困境，要做「最壞的打算，最好的準備」，很有警惕與啟迪作用。

「一棵質地堅硬的橡樹，即使用一柄小斧去砍，斧子雖小，但如砍個不停，終必把樹砍倒。」

—〔英〕莎士比亞《亨利六世》

「患難可以試驗一個人的品格，非常的境遇方才可以顯出非常的氣節；風平浪靜的海面，所有的船隻都可以並驅競勝；命運的鐵拳擊中要害的時候，只有大勇大智的人，才能夠處之泰然。」

—〔英〕莎士比亞《科利奧蘭納斯》

「最好的好人，都是犯過錯誤的過來人；一個人往往因為有一點小小的缺點，將來會變得更好。」

—〔英〕莎士比亞《一報還一報》

「我們現在這一切悲哀痛苦，到將來都是握手談心的資料。」

—〔英〕莎士比亞《羅密歐與茱麗葉》

「人生就像一匹用善惡的絲線交織的布。」

—〔英〕莎士比亞《終成眷屬》

「那罪惡的事物裡頭，也藏著美好的精華，只要你懂得怎樣把它提煉出來。」

—〔英〕莎士比亞《亨利五世》

「一個人的經驗是要在刻苦中得到的，也只有歲月的磨練，才能夠使它成熟。」

—〔英〕莎士比亞《維洛那二紳士》

「什麼都比不上厄運，更能磨練人的德性。」

—〔英〕莎士比亞《理查二世》

「逆運也有它的好處，就像醜陋而有毒的蟾蜍，它的頭上卻頂著一顆珍貴的寶石。」

—〔英〕莎士比亞《皆大歡喜》

「人生短促，只有美德能將它流傳到遙遠的後世。」

—〔英〕莎士比亞

「最偉大的心靈，既能行最大的善，也能做最大的惡。」

—笛卡爾《方法談》

【馮註】笛卡爾（Rene Descartes, 1596-1650），法國名哲學家、數學家，代表著有《方法論》，《哲學原理》等；主張「實體」（substance）有三種：「心」、「物」、「神」；所以他認為心既能行善，也能作惡，仍需有神的正確指導，才能使人生走向正軌。

「沒有一條通向光榮的道路，是舖滿鮮花的。」

—〔法〕拉·封丹　轉引自《哈佛引語精華》

【馮註】拉·封丹（J. Fontaine, 1621-1695），法國詩人、寓言作家，一生深具批判精神，諷刺法國教會以及高層黑暗，不遺餘力，因而飽受各種迫害打壓；由此名言，即可看出其勇敢奮鬥的精神。

「一個人沒有為真理奮鬥過，人生就是白活了。」

—馬丁·路德

「人生最大的快樂，就是設法使人快樂。」

—馬丁·路德

「我愈多了解人生，就愈感到惡人不會興旺，好人不會遭報。」

—〔英〕科學家 赫胥黎

「無論做什麼事情，只要肯努力奮鬥，是沒有不成功的。」

—〔英〕牛頓

【馮註】牛頓（I. Newton, 1642-1727），英國大科學家，領域兼及物理、數學、天文學、光學等，更以創立牛頓力學著稱，曾著《自然哲學的數學原理》。從本句名言，可以看出他的人生座右銘。

「勤奮是好運之母。」

—〔美〕富蘭克林《格言歷書》

【馮註】富蘭克林（B. Franklin, 1706-1790），美國政治家與著名的科學家，從小苦讀自學，發明避雷針等，曾獲牛津、哈佛等名校名譽學位，參加過起草美國《獨立宣言》，從本句中，也可看出他的成功秘訣。

「惡行知道自己的醜陋，因此它會戴上面具。」

—〔美〕富蘭克林《格言歷書》

「一個人失敗的最大原因，就是對於自己的能力，永遠不敢充分信任，甚至自己認為必將失敗無疑。」

—〔美〕富蘭克林《奮鬥史》

「傷害對手令你不如他；報復對手的傷害，只讓你和他半斤八兩；原諒對手的傷害，則使你比他優秀。」

—〔美〕富蘭克林

「你熱愛生命嗎?那麼別浪費時間，因為時間是構成生命的材料。」

—〔美〕富蘭克林《奮鬥史》

「時間就是生命，時間就是金錢。別浪費時間，時時刻刻都要做些有用的事，戒掉一切不必要的行動。」

—〔美〕富蘭克林《奮鬥史》

「勤勉是幸運之母，上帝對勤勉給予一切。」

—〔美〕富蘭克林《奮鬥史》

「奮鬥是幸運之母。」

—〔美〕富蘭克林《奮鬥史》

「有非常的膽識，才能做非常的事業。」

—〔美〕富蘭克林《奮鬥史》

「你若想辦成一件事，親自去辦。你若不想辦成一件事，派人去辦。」

—〔美〕富蘭克林《奮鬥史》

「空無一物的袋子，是難以挺立站直的。」

—〔美〕富蘭克林《奮鬥史》

【馮註】一代大哲方東美先生曾說：「思想上的空袋子永遠站不

直」，提醒教育政策，要以弘揚中華文化為己任，否則青年即成「思想上的空袋子」，站不直；在此很能相通，深值大家警惕。

「正直的人艱苦奮鬥，然後享有歡樂；詭詐的人盡情享樂，然後經受痛苦。」

─〔美〕富蘭克林《奮鬥史》

「要想奮鬥，就得做出巨大而又迅速的努力。」

─〔美〕盧梭《懺悔錄》

「困厄無疑是個很好的老師，然而這個老師索取的學費很高，學生從它那裡所得到的，時常還抵不上所繳的學費。」

─〔法〕盧梭《一個孤獨散步者的遐想》

「忍耐是痛苦的，但它的果實卻是甜蜜的。」

─〔法〕盧梭《愛彌兒》

【馮註】盧梭（J. Rousseau, 1712-1778），法國大革命時期大思想家，著作《民約論》、《懺悔錄》影響政治與社會均極大；從本文中可看出他在艱辛的革命歲月中，對困厄的體認非常深刻。

「在你生氣的時候，如果你要講話，先從一數到十；假如你非常憤怒，那就先數到一百再講話。」

─〔美〕傑弗遜　轉引自《哈佛引語精華》

【馮註】傑弗遜（T. Jefferson, 1743-1826），美國《獨立宣言》起草人，第三任總統，著名政治家與思想家；從本名言中，也可知其修養成功之道。

「不自由，毋寧死。」

—〔美〕派翠克・亨利《維州議會演說》

【馮註】派翠克・亨利（Patrick Henry, 1736-1799）為美國獨立戰爭時期，奮鬥不懈的政治家；本文是他 1775 年在維吉尼亞州議會上演說的結論，表達抵抗殖民主義，寧願奮鬥到死的精神毅力；原文為 "give me liberty, or give me death." 意即「不自由，毋寧死」；後來李敖大師更進一步，改成 "give me liberty, or give you death"，也就是說「給我自由，不然就給你死」，一字之差，代表更積極的奮鬥精神，更具鬥志與決心。

「不能跳舞，就彈琴吧，

　不能彈琴，就唱歌吧，

　不能唱歌，就傾聽吧。

　讓心在熱愛中，歡欣地跳躍，

　心停止了，就讓靈魂在天地間，繼續跳舞吧！」

—《知音女孩》

【馮註】本段內容背後，有一段感人的真實故事；美國小城特勒姆在 19 世紀，有位青春洋溢的美少女露絲，她 28 歲生日舞會，正做旋轉動作時，忽然摔倒在地，經醫生治療，不幸發現罕見的神經系統疾病，從此不能跳舞。

　　然而，她並不氣餒，在第二年生日時，仍然邀請鄰居好友參加舞會，並且笑著回過頭，安慰大家：「雖然我不能跳舞，可是我還可以為你們彈琴。」

　　到了第三年生日，露絲病情更重，連彈琴都不能了；但她仍邀

請大家，並笑著告訴大家，「我不能彈琴，就為大家唱歌吧！」

再過四個月，露絲病情更嚴重，連聲音都失去了；可是在那年生日，她仍然邀請大家，並在痛苦中，傾聽大家的唱歌。

她永遠抱持著昂揚的奮鬥意志，永遠傳給大家陽光與愛心，直到她 31 歲過世，她仍然在墓碑留下本句感人的墓碑誌：「不能跳舞就彈琴吧，不能彈琴就唱歌吧，不能唱歌就傾聽吧。讓心在熱愛中歡欣地跳躍，心停止了，就讓靈魂在天地間繼續跳舞吧！」

本文引自大陸《知音女孩》（2008 年 3 月），曾在台北第三屆「涵靜老人講座」中，由來訪的大陸學者口述，令很多人士為之動容；主講人在敘述時，也數度哽咽，足證真誠的奮鬥故事，永遠令人感動，永遠可以提昇靈性！

「我們的忠言是：每個人都應該堅持走他為自己開闢的道路，不被權威所嚇倒，不受流行的觀點所牽制，也不被時局所迷惑。」

　　　　　　　　　　　　—〔德〕歌德《歌德的格言和感想集》

【馮註】歌德（J.W. Goethe, 1749-1832），德國著名詩人與思想家，《浮士德》為其生平代表作，作品中文氣磅礴，哲思雄渾，境界高深，公稱為德國民族最傑出的作品。

「如果你已養成耐性。請相信：你已幹了許多事情。」

　　　　　　　　　　　　　　　　　　—〔德〕歌德《格言詩》

「有的人不犯錯誤，那是因為他從來不去做任何值得做的事。」

　　　　　　　　　　　　—〔德〕歌德《歌德的格言與感想集》

「善於捕捉機會者為俊傑。」

—〔德〕歌德《浮士德》

「僅僅了解是不夠的，我們還要應用；光有願景是不夠的，我們必須實踐。」

—〔德〕歌德《從名言中學智慧》

「低能的人看不到出路，立即想最壞的結果。敢作敢當的人才高唱凱歌。」

—〔德〕歌德《浮士德》

「壯志與熱情，是偉大事業的雙翼。」

—〔德〕歌德《從名言中學智慧》

「向著某一終極目標邁進還不夠，還要把每一步驟看成目標。」

—〔德〕歌德

「人貴有志，不在志大志小，凡是定下決心，做一份真誠工作，都是有意義的。」

—〔美〕愛默生

「凡能催人發奮的書，都是值得讀的書。」

—〔美〕愛默生

「最弱的人集中精力於單一目標，也能有成；反之，最強的人分心多方，可能一無所成。」

—卡萊爾

「在書裡，躺臥著過去一切靈魂。」

—卡萊爾

「朝著一定目標走是『志』，一鼓作氣，中途絕不中止是『氣』，合為志氣，一切成敗在此。」

―卡萊爾

「成功之道，就是勇往直前、有進無退，愈挫愈勇！」

―〔法〕拿破崙

【馮註】拿破崙（Napoleon, 1769-1821）出生在小島科西嘉，後來進入法國軍校，因為屢建奇功，成為英雄，35 歲自立為皇帝，實行中央集權，並頒佈《拿破崙法典》等，影響很多國家。

「誰和我一樣用功，誰就和我一樣成功。」

―〔奧地利〕莫札特

【馮註】莫札特（W.A. Mozart, 1756-1791），奧地利名音樂家，在 35 年生命中，作品有一千多部；從這名言，可以看出他的成功，絕非偶然。

「我的箴言始終是：每天都動筆，如果我有時讓藝術之神瞌睡，也只為了使它醒後更興奮。」

―〔德〕貝多芬《致書該勒書》

【馮註】貝多芬（L. Beethoven, 1770-1827），德國大音樂家，畢生追求自由平等博愛，然而終生困頓坎坷，晚年甚至失聰；但他從未向命運低頭，始終充滿堅忍奮鬥的精神；即使在失聰時，仍然創作《快樂頌》，表達對宇宙與人生的讚嘆，不僅公認是偉大的作曲家，也是公認極為堅強的奮鬥者。他曾在波恩大學攻讀哲學，在困境奮鬥中，留下很多名言，深深值得人們體認力行。

「在困厄顛沛的時候，仍能堅定不移，這就是一個人真正令人欽佩的不凡之處。」

　　　　　　　　　　　　　—〔德〕貝多芬《貝多芬語錄》

「高尚的人，總是默默地忍受悲痛。」

　　　　　　　　　　　　　—〔德〕席勒《唐·卡洛斯》

【馮註】席勒（J.C. Sheller, 1759-1805），德國詩人，劇作家，與思想家。

「逆境是通向真理的第一條道路。」

　　　　　　　　　　　　　—〔英〕拜倫《唐璜》

【馮註】拜倫（G.G. Byron, 1788-1824），英國名詩人，為浪漫主義代表；從人生深深體會，在逆境中更能瞭解真理，本句即為明證。

「沒有哪一個聰明人，會否定痛苦與憂愁的鍛鍊價值。」

　　　　　　　　　　　　　—〔英〕赫胥黎《進化論與倫理學》

「世界上沒有廉價的光榮。」

　　　　　　　　　　　　　—〔法〕巴爾扎克《幻滅》

【馮註】巴爾扎克（H. Balzac, 1799-1850），法國大文豪，被公認為 19 世紀法國文學的代言人。對於人生應有的奮鬥精神，描述得非常精闢，從本句即可看出其對人生的體認。

「苦難是人生的導師。」

　　　　　　　　　　　　　—〔法〕巴爾扎克

「厄運是一個深不可測的寶藏。」

　　　　　　　　　　　　　—〔法〕巴爾扎克《騙皮記》

「一個人倒楣，至少有一點好處，就是可以認清誰是真正的朋友。」

　　　　　　—〔法〕巴爾扎克《賽查·皮爾多盛衰記》

「所謂天才，就是耐性。」

　　　　　　　　　　　　　　　　　—〔法〕巴爾扎克

「偉大的人物，都是走過了荒沙大漠，才登上光榮的高峰。」

　　　　　　　　　　　　　　　　—〔法〕巴爾扎克

「做了好事受到指責，而仍堅持下去，這才是奮鬥者的本色。」

　　　　　　　　　　　　　　　　—〔法〕巴爾扎克

「苦難對於天才，是一塊墊腳石；對能幹的人，是一筆財富；對弱者，是一個萬丈深淵。」

　　　　　　—〔法〕巴爾扎克《賽查·皮爾多盛衰記》

「人類所有的力量，只是耐心加上時間的混合。所謂強者，是既有意志，又能等待時機。」

　　　　　　—〔法〕巴爾扎克　轉引自《巴爾扎克語錄》

「最偉大的人，也是最能忍辱的人。」

　　　　　　　　　　　　—〔法〕雨果《悲慘世界》

「遇有大悲傷時，要以勇氣去面對它；遇有小悲傷時，要以忍耐去應付它。」

　　　　　　　　　　　　—〔法〕雨果《悲慘世界》

「迫害，這是所有偉大人物都逃避不了的命運；振奮精神，繼續奮鬥吧！」

——〔法〕雨果《悲慘世界》

「苦難，經常是後娘，有時卻也是慈母；困苦能孕育靈魂和精神的力量；災難是傲骨的奶娘；禍患是豪傑的好乳汁。」

——〔法〕雨果《悲慘世界》

「任何卓越的勝利，多少是大膽的成果。」

——〔法〕雨果《悲慘世界》

「生命有兩種，一種是暫時的，一種是不朽的；一種是塵世的，一種是天國的。」

——〔法〕雨果《克倫威爾·序言》

「人在逆境裡，比在順境裡，更能堅持不屈。遭厄運時，比遭好運時，更容易保全身心。」

——〔法〕雨果《笑面人》

「堅持真理的人，永遠是偉大的。」

——〔法〕雨果《海上勞工》

「上天給人一份困難時，同時也添人一份智慧。」

——〔法〕雨果

「我們在人生道路上的每一個腳步，都像在一片沙上爬行的昆蟲一樣，都留下了痕跡。唉！有很多人，人生道路上的痕跡，都是眼淚滴成的啊！」

——〔法〕大仲馬《基度山恩仇記》

【馮註】大仲馬（A. Dumas, 1802-1870），為法國大文豪、著名小說

家；《基度山恩仇記》最能代表他恩怨分明的人生觀，對於飽受屈辱與冤枉的心路歷程，描寫極為生動。

「逆境有一種科學價值。一個好的學者，是不會放棄這種機會來學習的。」

—〔美〕愛默生《論經驗》

【馮註】愛默生（R.W. Emerson, 1803-1882），美國詩人、思想家，擅於用他清新的詩品，表達深刻的人生觀與世界觀，廣受文壇與學界敬重；其名作「視大地為慈母」，更是當今環保運動的重要理論基礎；從本文中，很可看出他積極奮鬥的人生觀。

「沒有熱情，就不能取得巨大的成功。」

—〔美〕愛默生《論經驗》

「偉人並不是能夠改變物質的人，而是能夠改變人生靈魂的人。」

—〔美〕愛默生《論經驗》

「以自己本來面目出現的人，和有自己特點的人，才是偉大的人。」

—〔美〕愛默生《代表性人物》

「所有的偉人，都是從艱苦中脫穎而出的。」

—〔美〕愛默生《代表性人物》

「沒有一位偉人，曾經抱怨說沒有機會。」

—〔美〕愛默生《代表性人物》

「偉大的人，總是願意當小人物。」

—〔美〕愛默生《代表性人物》

「偉大人物是世界精神的代理人，他們不是從自己出發，而是從歷史必然性的要求出發，由此創造歷史。」

──〔德〕黑格爾

「偉人的使命，是引導人類度過錯誤的大海，到達真理的天堂──把人類從野蠻粗鄙的黑暗深淵，帶到有文化、有教養的光明之地。」

──〔德〕叔本華《我們與自己的關係》

「因寒冷而打顫的人，最能體會到陽光的溫暖。

　經歷人生煩惱的人，最懂得生命的可貴。」

──〔美〕惠特曼《草葉集》

【馮註】惠特曼（Walt Whitman, 1819-1892），美國名詩人，代表作即為《草葉集》，共收集約 400 首詩，被認為是「現代美國詩歌之父」；從本文中即可看出，他的詩中很有哲學意境。

「不能，任何別人都不能代替你，走過人生的路，你必須親自去走。」

──〔美〕惠特曼《從名言中學智慧》

「勇者，是到處有路可走的。」

──〔俄〕朵思妥耶夫斯基《二重人格》

「人生全部秘訣只有兩句話：不屈不撓，堅持到底！」

──〔俄〕朵思妥耶夫斯基《少年》

【馮註】朵思妥耶夫斯基（F. Dostorevsky, 1821-1881），俄國名作家，

代表作《被侮辱與被控告》、《罪與罰》、《卡拉馬佐夫兄弟》等，對人生各種體驗刻劃很深，極具哲學思想，並深具不屈不撓的精神，由本句可得證。

「忍耐和時間，是我的勇士和英雄。」

— 〔俄〕托爾斯泰《戰爭與和平》

【馮註】托爾斯泰（L. Tolstoy, 1828-1910），俄國大文豪，其作品《戰爭與和平》、《安娜》、《復活》均為世界名著，充滿人文關懷與人道精神。

「人的真正生命，是人自己製造出來的，同時也是由自身消耗掉的。」

— 〔俄〕托爾斯泰《論生命》

「沒有苦惱，便收不到精神的果實。」

— 〔俄〕托爾斯泰《怎麼辦》

「對於人類之間的不平等，要負最大責任的，不是自命高人一等的人，而是自歎不如別人的人。」

— 〔俄〕托爾斯泰《人生之道》

「上進心，是人的唯一標誌，不是上帝的，也不是動物的。」

— 〔英〕羅・勃朗寧《沙漠慘案》

「我來教你們做超人。人是應該被超越的，你是否曾努力去超越人類本身？」

— 〔德〕尼采《查拉・序》

【馮註】尼采（F. Nietzsche, 1844-1900），德國大哲學家，他的精神特色，一言以蔽之，就是「超人」的哲學，強調人要不斷超越自己；因此，如果苦難能激勵自我超越，便很有其正面意義，此時受苦反而成為進步的動力，自然不必怨嘆，更不必恐懼，所以人生應該笑迎苦難，視為自我提昇、自我超越的必需品。這與《金剛經》所說，「忍辱波羅蜜，非忍辱波羅蜜」精神很能相通。

「使人們對受苦真正感到憤怒的，不是受苦本身，而是在於沒有意義地受苦。」

－〔德〕尼采《道德的譜系》

「噢！兄弟們！這句『在這個世界上仍有許多骯髒的東西』的話裡，隱藏著很高的智慧呢！」

－〔德〕尼采《查拉・新舊之板》

「我是個流浪者，以及登山者；──他對自己說：「我不喜歡平原。」

－〔德〕尼采《查拉・流浪者》

【馮註】尼采這句話，顯示他要求生命精神不斷自我提昇，並且要能像登山者，壁立萬仞，不斷攀昇；象徵人生要有崇高的理想，才能免於平庸的人生。

「我是報福音的使者。
　我認識那些前人從未想過的神聖任務，由於我的存在，而讓人類重燃生命的火焰。」

－〔德〕尼采《瞧這個人》

「所謂偉大，便是指引他一個正確的方向——碩大的河流，並非原來就這麼偉大，而是中途匯集了多數支流。」

——〔德〕尼采《人性的》

「極度的痛苦，才是精神的最後解放者；唯有此種痛苦，才強迫我們大徹大悟。」

——〔德〕尼采《顯赫的知識》

「人類之所以偉大，正因為他是一座橋樑，而非終點；
　人類之所以可愛，正因為他是一個跨越的過程與完成！」

——〔德〕尼采《查拉·序》

「偉大的人和河流一樣，迂迴而行，為的只是更接近目標。這也是他們勇氣的最大發揮，他們並不怕迂迴的危險。」

——〔德〕尼采《酒神頌歡》

「向人乞食的狗，乃是昔日猛獸退化而成的，那些頻頻向人卑躬屈膝的人，不也就像那些低聲下氣、向人乞食的動物嗎？」

——〔德〕尼采《價值變革時代遺稿》

「將你自己所尊敬的人物列出表來，並回想自己為何尊敬他們？從他們之中，找出一項你認為尊敬他們的共通原則。今後，你只要以此為準則，努力去實行，便可以了。」

——〔德〕尼采《反時代》

「一個大膽的航海家，必須知道如何在各種不同的水路上導航，否則，他不僅駛不遠，大洋也會把他吞沒。」

——〔德〕尼采《知識》

「一個偉大的人，往往遭受排擠、壓抑，甚至被人斥為譁眾取寵，
而陷入孤獨之中。」

──〔德〕尼采《變革時代遺稿》

「在種種悲劇的不幸當中，致力於培養轉禍為福的勇氣，才能將自
己懦弱的靈魂，訓練得更具深度與神秘感。」

──〔德〕尼采《彼岸》

「對一切價值的重新評估，即是我對人類最高的自我肯定方式。」

──〔德〕尼采《查拉》

「我是第一個由於發覺虛偽而發現真理的人。」

──〔德〕尼采《瞧這個人》

「自私是你生命的禍根。」

──〔德〕尼采《快樂的科學》

「我從人生戰場當中，磨練出來──倘若我未因此而喪命，那我將
更為堅強。」

──〔德〕尼采《偶像·箴言和箭》

「巨大悲劇的鍛鍊──這種境界，難道你們無法體會嗎？
　　這種鍛鍊將使得人類生存的境界更上層樓，難道你們不明瞭嗎？
　　你們知道嗎？精神乃是生命的自我掙扎，生命乃因自我的反省奮
鬥，而得以大步邁進。
　　你們知道嗎？這種精神的喜悅，正如同用香油的淚水來淨身。」

──〔德〕尼采　《查拉》

「祝福每一個堅定、勇敢、而無畏的靈魂，能以恬靜的眼神和堅定的腳步，走完人生的旅程；隨時準備迎接任何惡劣的打擊，就要如同接受一頓豐盛的饗宴。」

－〔德〕尼采　《查拉如是說》

「在荷馬的筆下，人的『意志』，如此熱烈地希望留在這個世界上，如此與存在打成一片；因而，即使是他的悲嘆，也變成一首讚美的詩歌。」

－〔德〕尼采《悲劇的誕生》

【馮註】這段內容，與中國近代「人間佛教」精神頗為接近；其「悲嘆變成詩歌」，正如同「煩惱變成菩提」之意；而且「離開煩惱，便無涅槃」，天堂即在人間，成佛也在人間；因此「意志」要與「存在」打成一片。尼采強調「超人」來自大地，最後也要回到大地，與華嚴宗「上下雙迴向」精神也很相通。

「所有精神上的革新者，在他們活著的時候，其言論似乎都令人無法接受；但在往後的某一段時期，卻有可能被世人奉為圭臬。在光榮來臨前，中間存在著相當可怕的空隙。」

－〔德〕尼采《偶像》

「一個人對生命本身的體驗有多深，對痛苦的了解就有多深。」

－〔德〕尼采《查拉》

「人生，就是一場面對種種困難中，無休止的奮鬥，也是一場以寡敵眾的奮鬥。」

－〔印〕泰戈爾《沉船》

【馮註】泰戈爾（R. Tagore, 1861-1941），印度著名詩哲，曾獲 1913年諾貝爾獎，擅於用詩品，寫出大自然與人性的淳樸之愛，境界極為雋永；他曾獲英國封贈為爵，後來因為英國鎮壓印度民族運動，在阿姆利則市發生血腥屠殺，他強烈譴責英國，而放棄女皇所封爵位。在日本侵略中國時，他也同樣公開譴責日本，聲援中國人民，有情有義，堪稱身體力行的人道主義大詩人。

「只有把抱怨環境的心情，化為上進的力量，才是成功的保證。」
　　　　　　　　　　　　　　　　　　　　　　—〔法〕羅曼・羅蘭

「人生不出售來回票，一旦動身，便絕不能返回。」
　　　　　　　　　　　　　　　　　　　　　　—〔法〕羅曼・羅蘭

【馮註】本句名言提醒人們，要把握人生中每一天的光陰；因為，每一天過去之後，就永遠不回頭；所以人生必須好好把握今天，並把每個今天，都當做可能沒有明天，才能在今天盡心盡力，盡其在我，不會淪於渾渾噩噩的混日子。這也是蔣經國先生所說，人生不能變成「過一天，是一天」，而應「過一天，有一天」；若能如此苦幹實幹，人生就不會虛耗光陰，最後面臨死亡，回顧一生時，就能如同陽明先生所說，「此心光明，夫復何言？」

　　羅曼羅蘭（Romain Rolland, 1866-1944），是法國大文豪，代表作有《約翰・克理斯朵夫》等，取材自大音樂家貝多芬的生平奮鬥故事；另有《貝多芬傳》、《米開朗基羅傳》、《托爾斯泰傳等》，曾榮獲 1915 年諾貝爾文學獎，以表彰其「作品中高尚的理想，和他描述各種不同類型人物時所，具有的同情和對真理的愛。」

「人類的使命，在於自強不息地追求完美。」

—〔法〕羅曼·羅蘭

「最可怕的敵人，就在缺乏堅定的信念。」

—〔法〕羅曼·羅蘭

「凡是天性剛強的人，必定有自強不息的力量。」

—〔法〕羅曼·羅蘭

「偉大人物最明顯的標志，就是他堅強的意志。」

—〔美〕愛迪生

「堅強者，一定能在命運的風暴中奮鬥不懈。」

—〔美〕愛迪生

「你要像一棵大樹，大風能將樹枝吹折，然而巨大的樹幹，卻永遠挺直。」

—〔匈牙利〕裴多菲《啊，人應當像人》

「生命的道路，在於把地獄變成天堂，把人生變成天堂，在那『苦難的山谷』，點起一盞萬年燈，普照大千世界。」

—〔英〕蕭伯納

【馮註】本句名言很有「人間佛教」的精神，因為能夠用慈悲與智慧，視苦難為考驗，化火焰為紅蓮，進而化人間為淨土，普渡大千世界眾生；堪稱用基督教名詞，闡述了地藏菩薩的相同精神。

蕭伯納（Bernard Shaw, 1856-1950），為愛爾蘭的幽默文豪，但很少人知道他的一生，其實充滿坎坷，歷經滄桑；貧困時其妻女均因

病而過世，備嚐生離死別的痛苦，與生活艱難的困境；但他都能以堅忍的毅力，用大勇大愛，鼓勵人心更加上進奮鬥。曾在 1925 年獲諾貝爾文學獎，以表彰他「作品中的理想主義與人道精神，其令人激勵的諷刺中，又往往蘊含獨特的詩意之美。」

「要是世間沒有愛，宇宙就成了一場夢魘。」

—〔英〕蕭伯納

【馮註】本段同樣在宣揚大愛的精神，有此胸襟大愛，宇宙才能化成淨土，夢魘才能化成善境，地獄才能化成天堂。

「要以思想家之身行動，還要以實踐家之身思想。」

— 〔法〕柏格森

【馮註】本句名言，強調「思想」要與「行動」結合的重要性，正如同儒家所注重的「知行合一」，道家老子也強調：「上士知而行之」，佛家也極重視「善知識」與「菩薩行」的結合；所以文殊菩薩代表智慧，普賢菩薩則代表行動；中國大乘佛學在華嚴宗之中，善財童子代表尋求人生真理的青年，需要同時兼修智慧與善行，即為著名例證。

柏格森（Henry Bergson, 1859-1941），法國著名哲學家，以生命哲學著稱，強調創新精神與生命活力，1927 年獲諾貝爾文學獎，以表彰其「豐富而生氣勃勃的思想，和表達的卓越技巧。」

「動人的母愛，幾乎出現在所有動物身上。我認為這就是生命的神秘，它使我們瞭解生命的深奧與神聖。」

— 〔法〕柏格森

「人生中最美好的東西，應該是希望，而不是現實。儘管有些希望是那麼虛幻，至少它能領導我們，從一條愉快的道路上，走完人生的旅途。」

－〔德〕托瑪士·曼

「信心，就是痛苦中的明亮之心。」

－〔德〕托瑪士·曼

【馮註】托瑪士·曼（Thomas Mann, 1875-1955），為德國大文豪，其作品很重視人道主義與時代精神，所以在 1928 年獲諾貝爾文學獎，以表彰他「在文學領域的傑出貢獻。」

「幸福不是一切，人生還有責任。」

－〔法〕卡繆

「幸福，其本身就是漫長的忍耐。」

－〔法〕卡繆

「哲學家──即使像康德那樣的哲學家──就是創造者。」

－〔法〕卡繆

【馮註】卡繆（Albert Camus, 1913-1960），法國存在主義哲學家，曾有一篇著名的哲學作品，名為《西西佛的神話》，文中以希臘神話中的西西佛為例，因為被天神處罰，要把石頭推到山頂，但石頭每次推到山頂，都會自動掉下；以此象徵很多人追求幸福，但到頭來幸福都會幻滅，因而心中感到空虛；但是，只要西西佛在推石頭的過程中，能想到自己是在盡責任，而不是追求幸福，則其心靈仍然會很充實。引申而論，雖然人生很多不能如意，幸福經常也會成

空，然而只要領悟「幸福不是一切，人生還有責任」，心中便能永保動力，繼續奮鬥，永不氣餒，更不灰心！

　　卡繆另外著有《異鄉人》、《荒謬》等文學作品，他用存在主義眼光，分析人生種種問題，由於其作品能「以敏銳而熱切的眼光，洞察我們這時代人類良心的種種問題」，所以在 1957 年獲諾貝爾文學獎。

「人生最重要的決心就是，不要讓任何人打倒你，也不要讓任何事情打倒你。」

　　　　　　　　　　　　　　　　　　　　　　　—〔法〕居里夫人

「我的最高原則是：不論對任何困難，都絕不屈服。」

　　　　　　　　　　　　　　　　　　　　　　　—〔法〕居里夫人

【馮註】居里夫人（Marie Curie, 1867-1934），法國著名物理學家與化學家，1903 年與先生同獲諾貝爾物理獎；39 歲時，先生不幸車禍過世，她化悲痛為力量，更專注於研究放射性工作，1911 年終於再獲諾貝爾化學獎；後來並培養女兒也榮獲諾貝爾獎，一門三傑，至今無人能破紀錄。由本文中，很可以看出她的成功秘訣。

「我必須承認，幸運喜歡照顧勇敢的人。」

　　　　　　　　　　　　—〔英〕達爾文　轉引《達爾文生平及其書信集》

【馮註】達爾文（Charles Darwin, 1809-1882），英國生物家，「進化論」的創始人，代表作品為《物種源始》，認為生存競爭之中「適者生存」、「弱肉強食」；但到晚年強調，如果重新再活一次，將會經常進行文藝活動，足證他開始領悟人文與科學平衡的重要性。

「喜樂的心，乃是良藥。」

— 《聖經》箴言

「恨能挑起爭端，愛能遮掩一切罪過。」

— 〔美〕考門夫人《荒漠甘泉》

【馮註】考門夫人（Mrs. Charles E. Cowman, 1870-1960），原名麗蒂・伯德（Lette Bard），與先生均為衛理公會的信徒；24 歲時曾生重病，丈夫考門向神祈福，許願若妻子能痊癒，他將以餘生傳福音；所以病好之後，夫婦二人立志傳道，並於 1901 年搭「中國號」船前往遠東；先在日本建立了 160 個教會，後到韓國宣教，然後返美巡迴演講，呼籲重視中國。途中考門先生突然心臟病發，住院六年後不幸病逝，去世前，牆上還一直掛著中國地圖，心中掛念中國。考門夫人這六年中，日夜守護，歷經長期的心靈煎熬，後來開始寫作，記載辛苦奮鬥的心路歷程，就是聞名世界的《荒漠甘泉》。至今已有十餘國語言譯文，中文本最早由蔣夫人宋美齡女士親譯，1942年在中國發行，對於激勵人心抗戰勝利，都很有貢獻。考門夫人後來，仍然以堅強的毅力，隻身到中國大陸，在上海建立了「考門紀念學院」，工作直到 90 歲過世才停止。

「能力常是從攔阻中產生的。將來有一天，我們會明白撒旦也是被神所用的。」

— 〔美〕考門夫人《荒漠甘泉》

【馮註】本段啟發，正如同佛經所說，「魔考」亦即「佛試」；逆境，本身也是「逆增上緣」，足以令人在逆水行舟中，更加激發潛力，展現能力；所以，製造逆境的人，便也如同一種「逆行菩

薩」，足證東西方聖哲，在最高智慧均可會通。

「我們所遭遇的屬靈應戰，實在是變相的祝福；我們的大仇敵撒旦，原是被利用來訓練我們，為要我們得最後勝利的。」

　　　　　　　　　　　　　—〔美〕考門夫人《荒漠甘泉》

【馮註】本段同樣與《金剛經》所說相通，「忍辱波羅蜜，非忍辱波羅蜜」，因為忍辱非忍辱，而是「變相的祝福」。

「神願意造就一個可用之才，神就把他放在風雨之中，讓他經過風雨的生活。世上許多的偉人也是如此。如果神要用一個人，祂必定會先答應了這人奉獻的禱告：『主啊，拿我，劈我，用我。』」

　　　　　　　　　　　　　—〔美〕考門夫人《荒漠甘泉》

【馮註】這段正如同孟子所說：「天將降大任於斯人也，必先苦其心志，勞其筋骨，餓其體膚，空乏其身，行拂亂其所為，所以動心忍性，增益其所不能。」可見東西哲學心靈很多相通。

「信徒受試煉，就是證明我們在主面前的寶貴。不然，主不會花這許多時間、力氣和心機在我們身上。主絕不會來試煉我們，除非祂發現我們有寶貴的信心和礦苗，混在我們肉體的砂石中。」

　　　　　　　　　　　　　—〔美〕考門夫人《荒漠甘泉》

「凡是被神大用的人，都經過憂愁。因為神若不將他劈開，就不能用他。」

　　　　　　　　　　　　　—〔美〕考門夫人《荒漠甘泉》

【馮註】本段如上，也是「生於憂患，死於安樂」之意。

「香料越壓得緊，香氣越是濃郁；最精美的寶石，受匠人琢磨的時間最長，受鑿子的打擊最多。」

　　　　　　　　　　　　　　　　——〔美〕考門夫人《荒漠甘泉》

「神是先撕裂後醫治，先打傷後纏裏，先把人倒空了而後充滿。」

　　　　　　　　　　　　　　　　——〔美〕考門夫人《荒漠甘泉》

「神常用遲延和苦難來試驗我們。」

　　　　　　　　　　　　　　　　——〔美〕考門夫人《荒漠甘泉》

「要剛強，不論邪惡力量植根多深，日子多長，不論鬥爭進行的如何艱辛，莫氣餒！繼續奮鬥！勝利之旗明天就要飄揚！」

　　　　　　　　　　　　　　　　——〔美〕考門夫人《荒漠甘泉》

「世上充滿了需要安慰的人，可是如果你要做一個安慰使者，你自己必須受過訓練，否則不足勝任。」

　　　　　　　　　　　　　　　　——〔美〕考門夫人《荒漠甘泉》

【馮註】本段與〈觀音菩薩普門品〉精神極為相通；因為觀音菩薩專聽普天下的苦難聲音，聽到聲音便立刻前往救援，安慰心靈；然而，菩薩需要「悲智雙運」，首先本身必須要有智慧、有能力，才能幫人解決痛苦，同時要能慈悲，才能幫人解決困厄。所以，本身必須「受過訓練」，亦即受過苦難。另外，觀音經常化身為受難人同樣的形貌，面對將軍，即化身為將軍，面對文人，即化身為文人，面對老人、小孩，則化身為老人、小孩；象徵祂能充分「將心比心」，設身處地著想，這才是最好的「安慰使者」。

「看護病人應該體會病人，知道病人因為長期被禁錮在單調無味的

環境中，所感受的痛苦。」

一南丁格爾《看護病人哲學》

「我們不應該想天堂是為我們而設，專想如何避免痛苦，如何享福，這不能稱為勇敢。我們首先應有屬靈的思考和宗旨，具有願受最劇烈痛苦的決心，雖然蒙受重大的損失，也絕不逃避，能夠這樣，什麼事辦不成呢？」

一南丁格爾《看護病人哲學》

「請你記得，當你這個人的苦難受得最大，冤枉受得最厲害的時候，不是你禱告的時候，而是你讚美的時候。」

一〔美〕考門夫人《荒漠甘泉》

【馮註】因為，「忍辱」正是神對人生的試煉，也是佛學中認為「成佛」的考驗；只要通過這考驗，就能更為精進，自然應該心存讚美；由此再可證明，東西方聖哲很能相通。

「你現在是不是正被患難試煉，危險所包圍呢？這些都是神為你所準備的器皿，為著盛滿聖靈用的。」

一〔美〕考門夫人《荒漠甘泉》

【馮註】本段也是同樣強調，無論任何患難試煉，都是上天的美意；代表神將降大任於你，才用各種危險與逆境，對你進行考驗。只要你能有信心，就能突破困境，開創更大成功。

「農夫不會一直打穀的，神也不會一直用杖的，試煉不過是暫時的。目前雖然有暴雨，不久都要停止。一宿雖然有哭泣，早晨便必歡呼。」

—〔美〕考門夫人《荒漠甘泉》

「在我們屬靈的生命中，許多不利的逆境，因著那加我們恩典和力量的，都是使我們進入更深、更完全的機會。」

—〔美〕考門夫人《荒漠甘泉》

「苦難是催逼我們向前的動力，就像輪船中的鍋爐，不斷用火，催逼輪船前進。」

—〔美〕考門夫人《荒漠甘泉》

【馮註】經國先生生前，經常親自書寫本句，送給重要幹部；他本人曾於少年時期，在蘇俄忍受苦難煎熬十二年，所以對此句極有感觸，值得所有苦難者共同勉勵。

「誰說冬天來了，春天就不會再來呢？誰說風雨來了，陽光就不會再來呢？」

—〔美〕考門夫人《荒漠甘泉》

「我一直哭著沒有鞋子穿，但等到我知道有人連雙腳都沒有，我又感覺幸運之至了。」

—海倫凱勒《我的信仰》

「我常想，一個人假如能在他早期的成年生活中，盲聾幾天的話，那將是一種恩賜。黑暗會令他更珍惜光明，寂靜會教他瞭解聲音的可貴。」

—海倫凱勒《假如我有三天光明》

「我常想，假如上帝願賜給我光明，那怕是短短的三天，我會盡力

去看那些我平日極想看的事情。」

—海倫凱勒《假如我有三天光明》

「失明的我，願給那些看得見的朋友一個啟示：善用你的眼睛，就如你明天就要失明一樣。」

—海倫凱勒《假如我有三天光明》

「希望是引導人成功的信仰。如果沒有了希望，便會一事無成。」

—海倫凱勒《假如我有三天光明》

【馮註】海倫凱勒（Hellen Keller, 1880-1968），美國名作家，自幼因病盲聾又啞，但更激發其精神毅力，奮發向上，經由啟蒙老師幫助，1900 年進入大學，成為全世界第一個大學畢業的盲啞聾人；其文筆既細膩又常帶感情，極能感人；1902 年所寫《我生命的故事》，譯成世界各國文字，成為全球身心障礙者，引為奮鬥上進的榜樣；1964 年獲美國總統「自由勛章」，並當選世界十大傑出婦女。

「愛，永遠比恨，要堅強得多。」

—海倫凱勒《我的信仰》

「經驗，才是真正的教師。」

—〔意〕達·芬奇《筆記》

「我年輕時注意到，我每做十件事有九件不成功，於是我就十倍地努力幹下去。」

—〔英〕蕭伯納　轉引自《哈佛引語精華》

「戰鬥,實際上是兩種意志——你的意志和敵軍將領意志的戰鬥。」

　　　　—〔英〕蒙哥馬利元帥（L.B. Montegomery）《領導藝術之路》

「任何一個人,都能兼具成功領導所需的全部品質,也可通過訓練,使其養成某些必要的品質。因此,領導人是『造就而成的』,不是天生的。」

　　　　—〔英〕蒙哥馬利元帥（L.B. Montegomery）《領導藝術之路》

「領導藝術建立在真理和性格的基礎上。領導人本身必須是真理的僕人。他必須使真理成為共同目標的焦點。他還必須具有鼓舞他人信心、追隨他的性格力量。真理、性格、以及意志力,都是領導人不可或缺的。」

　　　　—〔英〕蒙哥馬利元帥（L.B. Montegomery）《領導藝術之路》

「一支軍隊的真正力量是,而且必須是,遠遠超過他各個部分的總和。」

　　　　—〔英〕蒙哥馬利元帥（L.B. Montegomery）《領導藝術之路》

「在戰時,契機是不少的,要贏得戰爭,必須根據契機大膽行動。」

　　　　—〔英〕蒙哥馬利元帥（L.B. Montegomery）《領導藝術之路》

「在戰爭中,士氣是唯一的最重要因素。」

　　　　—〔英〕蒙哥馬利元帥（L.B. Montegomery）《領導藝術之路》

「我要呼籲全人類,重視尊重生命的倫理。」

　　　　—〔德〕史懷哲《文明的哲學》

「善，就是愛護並促進生命，把具有發展能力的生命，提升到最有優質的地位。惡，就是傷害並破壞生命，阻礙生命的發展，這是道德上絕對需要考慮的原則。」

—〔德〕史懷哲《文明的哲學》

「立志要成功的青年們，應時時檢討自己的言行，要把進步的障礙找出來，把許多不良的習慣和脾氣一齊尋找出來，然後一一改進，養成良好習慣，那麼光明的前程，就會隨之而來。」

—戴爾·卡耐基（Dale Cornegie）《人性的弱點》

「對工作缺乏雄心，就很難成大事。」

—喬治·韋爾曼（George Wilman）《成功始于方法》

「人有一萬個理由自卑，也有一萬個理由自信；只要你相信自己是有用之才，就會精力充沛，豪氣萬丈，活得多采多姿。」

—喬治·韋爾曼（George Wilman）《成功始于方法》

「潛能是一個人對於挑戰壓力的保證。沒有壓力就沒有動力。不幸的壓力，可化為完成大事者的動力。」

—喬治·韋爾曼（George Wilman）《成功始于方法》

「主啊，請教導我兒子在軟弱時，能夠堅強不屈，在懼怕時能夠勇敢自持，在誠實的失敗中，能夠毫不氣餒，在光明的勝利中，仍能謙遜溫厚。」

—〔美〕麥克阿瑟元帥《一位父親的祈禱詞》

「我祈求祢，不要將他引上逸樂之途，而將他置於困難以及挑戰的磨練與刺激下。使他學著在風暴中站立起來，而後由此學著同情那

些跌倒的人。」

—〔美〕麥克阿瑟元帥《一位父親的祈禱詞》

「老兵不死，只是凋謝。」

—〔美〕麥克阿瑟元帥《國會講演》

「『徹底』的精神，是一切成功人士的特徵。」

—〔美〕羅傑・馬爾騰（Roger Marton）《成功之路》

「英雄一向是英雄，災禍不過是將這種英雄本質顯示出來而已。」

—〔美〕羅傑・馬爾騰（Roger Marton）《成功之路》

「『堅忍』是解除一切困難的鑰匙，它可以使人們成就一切事情。世上沒有別種東西，可以比得上、可以替代『堅忍的意志』。」

—〔美〕羅傑・馬爾騰（Roger Marton）《成功之路》

「人生沒有奮鬥，品格就有無法長進，生命也沒有成長。」

—〔美〕羅傑・馬爾騰（Roger Marton）《成功之路》

「偉人是在『需要』的學校中訓練出來的！」

—〔美〕羅傑・馬爾騰（Roger Marton）《成功之路》

「成功的關鍵在正直、公正與誠信。」

—〔美〕羅傑・馬爾騰（Roger Marton）《成功之路》

「一旦認識到地球不是世界中心，而只是較小的行星之一，以人類為中心的妄想也就站不住腳了。哥白尼這樣通過他的工作，和他的偉大人格，教導人們要謙虛謹慎。」

—〔德〕愛因斯坦《哥白尼逝世 410 週年紀念會上的講話》

【馮註】愛因斯坦（Albert Einstein, 1874-1955），美國著名科學家，生於德國猶太家庭，1919 年發表〈相對論〉，1921 年獲諾貝爾物理獎，因受納粹迫害，1933 年移居美國，成為政治迫害下，仍能奮鬥不懈的正面代表性人物。

「奮鬥能使我們解脫自身的束縛，並使我們成為最優秀、最偉大人物的同伴。」

　　　　　　　　　　　　—〔德〕愛因斯坦《人的一面》

「他（按：指伽利略）渴望認識真理，歷史上這樣的人本是少有的。他又竟然頂著如此多的反對，企圖把他發現的真理，灌輸給淺薄的、心地狹窄的群眾；我覺得這是難以置信的。」

　　　　　　　—〔德〕愛因斯坦《"伽利略在獄中"讀後感》

「他（按：指伽利略）被迫宣佈放棄他的主張，實際上這並不重要，因為伽利略的論據，對於所有那些研究此事的人，都是可利用的，任何一個有知識的人必定都知道，他在宗教法庭上自我否定，是在受威脅的情況下做出來的。」

　　　　　　　—〔德〕愛因斯坦《"伽利略在獄中"讀後感》

「讀者從這些信裡，就應當知道，開普勒是在何等艱苦的條件下，完成這項巨大的工作（按：指發現行星定律）。他沒有因為貧困，也沒有因為那些有權支配他的生活和工作的人不瞭解，而使自己喪失奮鬥意志或者灰心喪氣。」

　　　　　　　　　　　　—〔德〕愛因斯坦《"開普勒"序》

「一個人要先經過困難，然後踏入順境，才會更覺得受用、舒

服。」

—〔美〕愛迪生

【馮註】愛迪生（Thomas Edison, 1847-1931），美國著名的發明家，生平有一千多發明專利，公認為「發明大王」；他曾強調，「天才是百分之九十九的努力」，可知其成功秘訣所在。

「把你的名字，刻在人們的心靈中，而不是刻在大理石上。」

—〔英〕愛迪生　轉引自《哈佛引語精華》

【馮註】《荒漠甘泉》也有類似此句，「再好的大理石，也會磨損，只有把名字刻在人心中，才能永垂不朽」；足見科學家與宗教家在此很能相通。

「偉人最明顯的標誌，就是具有堅強的意志，不管逆境惡劣到什麼程度，他的初衷與目標絕不改變，最終仍能克服種種障礙，達到期望的目標。」

—〔美〕愛迪生

【馮註】「逆境」是一個人自我檢驗的指標，自己到底是勇者，還是弱者？是偉大，還是渺小，只有通過逆境，才能一目了然。

「沒有經過痛苦的人，很難想到別人的痛苦。」

—〔黎巴嫩〕紀伯倫《先知》

【馮註】紀伯倫（1883-1931），阿拉伯文學現代名作家，曾留學德國，後定居美國，代表作有《先知》、《淚與笑》等，極具感性與靈性，非常發人深省。

「聰明人之所以不會成功，是由於他們缺乏堅韌的毅力。」

— 〔英〕牛頓

【馮註】牛頓（I. Newton, 1642-1727），英國大科學家，生在伽利略過世同一年，為遺腹子，在他十幾歲時一度半途輟學，後來進入劍橋，才發揮潛能，在光學、數學、力學均很有成就；1687 年發表的代表作有《自然哲學的數學原理》，法國科學拉普拉斯稱為「人類智慧中最卓越的傑作」，被視為國寶級大師；過世後葬於西敏寺，為英國科學家空前的榮譽。

「被人擊倒，並非最糟糕的失敗：放棄嘗試，才是真正失敗。」

— 〔美〕伍德貝利（G. Woodberry）

「在大自然世界裡，只有最強壯的植物，才能生存和繁殖。」

— 〔美〕生物學家伯班克（L. Burbank）

「歷史上所有偉大的成就，都是由於戰勝了看來不可能的事情，而取得的。」

— 〔美〕卓別林《卓別林自傳》

「不再為孩子操心之後，反而能開展嶄新的親子關係。」

— 〔美〕派蒂（Patti）《從名言中學智慧》

「才氣，就是長期的堅持不懈。」

— 〔法〕福樓拜　轉引自《外國名作家傳》

【馮註】福樓拜（G. Flaubert, 1821-1880），法國名作家，現實主義大師，代表作《包法利夫人》曾被官方控告誹謗宗教，雖然歷經迫

害，仍然奮鬥不懈，本句即其心得。

「要使整個人生都過得舒適、愉快，這是不可能的，因此人類必須具備一種能應付逆境的態度。」

　　　　　　　　　　　　　　　─〔英〕羅素《斯多噶主義和心理健康》

【馮註】羅素（Bertrand Russell, 1872-1970），英國哲學家、社會家，博學多才，並且關心時事，著作等身，約 80 餘部。他曾到中國訪問，非常推崇中華文化，著有《中國問題》，迄今仍然可看出其中遠見與智慧。

「能克服困難的人，可使困難化為良機。」

　　　　　　　　　　　　　　　　　　　　　　　　　─〔英〕邱吉爾

【馮註】邱吉爾（Winston Churchill, 1874-1965），英國名政治家，曾任二次大戰時首相，拯救英國於危亡之中；勝利後選舉失利，但仍奮鬥不懈，並在晚年 77 歲東山再起，再次當選首相，成為英國政壇「愈挫愈勇」的最好象徵。其文字優美，氣勢雄偉，口才犀利，曾獲 1953 年諾貝爾文學獎，從本句名言中，也可看出他的成功之道。

「我們不惜一切代價，要贏得勝利！不論多麼可怕，也要贏得勝利！不論道路多麼遙遠和艱難，也要贏得勝利！因為，沒有勝利，就不能生存！」

　　　　　　　　　　　　　　　　　　　　─〔英〕邱吉爾《國會演講》

「成功，就是在從一個失敗到另一個失敗的過程中，不失去任何一點熱情。」

—〔英〕邱吉爾

「一旦決定，就不要再操心！」

—〔美〕杜魯門（Harry S. Truman）

「堅強，是指意志對於猛烈打擊的抵抗力；頑強，則是指意志對於持續打擊的抵抗力。」

—〔德〕克勞塞維茲《戰爭論》

「天上永遠不會掉下玫瑰來，如果想要更多的玫瑰，必須自己種植。」

—〔美〕喬治·艾略特　轉引自《哈佛引語精華》

【馮註】艾略特（T. Eliot, 1888-1965），美國名詩人，曾在哈佛與巴黎攻讀哲學，因此詩中常有哲理，也有宗教色彩；代表作有《荒原》、《四首四重奏》等，曾獲 1948 年諾貝爾文學獎。

「生活中最難的，是對同一事物能始終認真。」

—〔法〕紀德《偽幣製造者》

「如果沒有勇氣遠離海岸線，長時間在海上孤寂地漂流，那麼你絕不可能發現新大陸。」

—〔法〕紀德《偽造者》

「畏懼錯誤，就是毀滅進步。」

—〔美〕懷海德　轉引自《科學研究的藝術》

【馮註】懷海德（A.N. Whitehead, 1874-1965），英國的大哲學家，後到哈佛大學任教，代表作有《歷程與實在》等，被公認為近代「英美

世界第一大哲」。

「失敗是一種教育，知道什麼叫『思考』的人，不管他是成功或失敗，都能學到很多東西。」

　　　　　　　——〔美〕杜威（John Dewey）《從名言中學智慧》

「失敗比勝利，更能考驗人的性格。」

　　　　　　　——〔美〕威廉·曼徹斯特《光榮和夢想》

「悲傷的時候，工作就是良藥。」

　　　　　　　——〔美〕卡爾·桑德堡《林肯傳》

「科學家不怕犯錯誤，他們知道，科學史就是一部記載錯誤的歷史。」

　　　　　　　——〔德〕弗洛姆《弗洛伊德思想的貢獻與局限》

「高山的頂峰，不是一夜之間就能到達的。當別人還在夜晚夢鄉的時候，勇敢無畏的爬山者，仍在繼續攀登。」

　　　　　　　——〔美〕朗費羅《聖奧古斯丁階梯》

「歷經滄桑的人，是不會輕易氣餒的。」

　　　　　　　——〔英〕約翰遜《拉塞勒斯》

「你想逃避你的不幸，但你若知道別人承受的苦難，你就不會再抱怨。」

　　　　　　　——梭倫（Solon）《從名言中學智慧》

「對一個人的最終評價，不是看他身處順境和安逸的時刻，而是看他身處逆境、面臨挑戰的時刻。」

—〔美〕馬丁路德·金恩

【馮註】馬丁路德·金恩（Martin Luther King, 1929-1968），美國著名人權勇士，畢業於波士頓大學，生平為爭取黑人平等而奮鬥，甚至因此而被暗殺，付出了生命代價；但他的精神感動了無數人心，後來其犧牲日，成為美國的國定紀念日。

「二人同心，其利斷金。」

—《易經·繫辭上》

「夫大人者，與天地合其德。」

—《易經·繫辭傳》

「安而不忘危，存而不忘亡，治而不忘亂。」

—《易經·繫辭上》

「士志于道，而恥惡衣惡食者，未足與議也。」

—孔子《論語》

「三軍可奪帥，匹夫不可奪志。」

—孔子《論語》

「人人皆可以為堯舜。」

—孟子

「君子貴其所立大。」

—孟子

「志當存高遠。」

—〔三國〕孔明

「禍福無門，唯人所召。」

—《左傳‧襄公二十三年》

「得道者多助，失道者寡助。寡助之至，親戚叛之；多助之至，天下順之。」

—《孟子‧公孫丑下》

「天將降大任于斯人也，必先苦其心志，勞其筋骨，餓其體膚，空乏其身，行拂亂其所為，所以動心忍性，增益其所不能。」

—孟子《告子下》

「凡百事之成也，必在敬之；其敗也，必在慢之。」

—荀況《荀子‧談兵》

「不登高山，不知天高，不臨深谷，不知地厚。」

—《荀子‧勸學》

「塞翁失馬，焉知非福。」

—《淮南子‧人間訓》

「勝兵先勝而後求戰，敗兵先戰而後求勝。」

—《孫子‧形篇》

「文王拘而演《周易》；仲尼厄而作《春秋》；左丘失明，厥有《國語》；孫子臏腳，而論《兵法》；不韋遷蜀，世傳《呂覽》；韓非囚秦，《說難》、《孤憤》；詩三百首，大抵聖賢發憤之所為作也！」

—司馬遷《報任少卿書》

【馮註】司馬遷（145-90B.C），為我國最偉大的史學家，因為挺身而出，替李陵仗義執言，而觸怒漢武帝，原來被判死刑，後改為宮刑，在奇恥大辱後，仍然奮鬥不懈，並且化悲憤為力量，以忍辱負重的精神，完成偉大的《史記》。公元前 91 年，亦即司馬遷過世前一年，他回任少卿信，提及本段名言，列舉多項真實故事，證明偉大作品，很多均來自逆境中的奮發圖強，同時也在說明自己寫作《史記》的內心世界。

「忍辱波羅蜜，如來說非忍辱波羅蜜。」

—《金剛經》

【馮註】根據《金剛經》，應把「忍辱」看成一種磨練，也看成天魔的考驗，乃是「成佛」的必經試煉，所以不應感覺忍辱；此時逆境反而成為一種菩薩，可以促使忍辱者上進，更可以激發人心潛能；因此應把折磨自己的壞人，看成「逆行菩薩」；正如聖經所說，撒旦給的折磨，也是一種考驗，也是被神所用。

「一切有為法，如夢幻泡影，如露亦如電，應作如是觀。」

—《金剛經》

【馮註】根據《金剛經》，對這四句謁，若能每天誦唸，並且誠心觀想，深入心靈，就能提昇靈性，看開人生，並能看穿名利、看透苦難、看淡欲望，甚至看破生死；因此，無論面臨多大逆境，遇到任何折磨，心裡都能「如如不動」，進而領悟「應無所住而生其心」的平常心；所以能夠做到「不驚，不佈，不畏」，深具心靈治療的作用。

「若為人輕賤，是人先世罪業，應墮惡道，以今世人輕賤故，先世罪業則為消滅，當得阿耨多羅三藐三菩提。」

— 《金剛經》

【馮註】根據《金剛經》，一個人如果突然遭遇誣陷，名譽受損，痛苦萬分，並且不解何以會有此種苦難，便應從更高的靈魂層次，體悟本段內容；然後就會發現，根據佛教因果輪迴的道理，一個人若在此世受到輕賤，很可能因為幫助先人消除業障；也就是盡孝心幫助先人，讓先人的靈魂，能從惡道提昇離苦。如此一來，自己的精神就不會覺得太冤屈，甚至能夠甘之若飴、心平氣和；此時心中一切痛苦，都能化為更精進的動力；所以，具有極大的心靈治療功能。

「大死之後，始有大生。」

— 禪宗

「百煉而南金不虧其真，危困而烈士不失其正。」

— 〔晉〕葛洪《抱朴子》

「疾風知勁草，板蕩識忠臣。」

— 〔宋〕《資治通鑑·唐紀》

「山窮水盡疑無路，柳暗花明又一村。」

— 〔宋〕陸游《游西山村》

「古之立大事者，不惟有超世之才，亦必有堅韌不拔之志。」

— 〔宋〕蘇軾

「泰山崩於前而色不變，麋鹿興於左而目不瞬。」

　　　　　　　　　　　　　　　—〔宋〕蘇軾《心術》

「禍患常積于忽微。」

　　　　　　　　　　　　—〔宋〕歐陽修《五代史・伶官傳序》

「問為學功夫，以何為先？專在人自立志。」

　　　　　　　　　　　　　　　　　—〔宋〕朱熹

「志小不可以語大事。」

　　　　　　　　　　　　　　　—〔宋〕陸象山

「不經一番寒徹骨，焉得梅花撲鼻香。」

　　　　　　　　　　　　　　—〔元〕高明《琵琶記》

「夫學莫不先立志，志之不立，猶不種其根而徒事灌溉，徒勞無成。」

　　　　　　　　　　　　　　　　　—〔明〕王陽明

「夫志不立，如無舵之舟，無銜之馬，浮蕩奔逸，終亦何所底乎？」

　　　　　　　　　　　　　　　　　—〔明〕王陽明

「夫不立志，天下無可成之事，為百工技藝，未有不本於志者。」

　　　　　　　　　　　　　　　　　—〔明〕王陽明

「要為天下奇男子，須歷人間萬里程。」

　　　　　　　　　　　—〔明〕馮夢龍《東周列國志》

「白玉隱於頑石裡，黃金埋入汙泥中；剖開頑石方知玉，淘盡泥沙始見金。」

　　　　　　　　　　　——〔明〕馮夢龍《古今小說》

「不可以一時之譽，斷其為君子；
　不可以一時之謗，斷其為小人。」
　　　　　　——〔明〕馮夢龍《警世通言·拗相公飲恨半山堂》

「大事難事看擔當，逆境順境看襟度，
　臨喜臨怒看涵養，群行群止看識見。」
　　　　　　　　　　　——〔明〕呂坤《呻吟語·修身》

「千磨萬擊還堅勁，任你東西南北風。」
　　　　　　　　　　　——〔清〕鄭板橋《題竹石》

「吃得苦中苦，方為人上人。」
　　　　　　　　　　　　　——《官場現形記》

「飽漢不知餓漢飢。」
　　　　　　　　　　　　　——《官場現形記》

「謀事在人，成事在天。」
　　　　　　　　　　　　　——《九命奇冤》

「安祥是處事第一法，涵容是待人第一法，恬淡是養心第一法。」
　　　　　　　　　　——〔清〕《格言聯璧·存養》

「懲忿窒欲，得力於一個忍字；
　遷善改過，得力於一個悔字。」
　　　　　　　　　　——〔清〕《格言聯璧·持躬》

「世路風霜，吾人煉心之境；

世情冷暖，吾人忍性之地。」

—〔清〕石成金《傳家寶》

「能渡過極困難之境，方是大英雄。」

—〔清〕曾文正公《家信》

「能忍天磨方鐵漢，不遭人嫉是庸才。」

—〔清〕曾文正公《家信》

「能立能達為體，不怨不尤為用；立者發奮圖強，站得住也；達者辦事圓融，辦得通也。」

—〔清〕曾文正公《家信》

「精神愈用而愈出，智慧愈苦而愈明。」

—孫中山《全集》

「古來豪傑皆以難禁風浪為大忌，亦以懦弱無剛為大恥。」

—〔清〕曾文正公《家信》

「凡事皆有極困難之時，打的透的，便是好漢。」

—〔清〕曾文正公《家信》

「藉人之拂逆，以磨勵我之德行。」

—〔清〕曾文正公《家信》

「好漢打脫牙與血吞，其處逆境之良法也。」

—〔清〕曾文正公《家信》

「青年應立志做大事，不可立志做大官。」

—孫中山《全集》

「我們是為勝利而生的，不是為失敗而生的！」

　　　　　　　　　　　　　　　　　─蔣經國《全集》

「任勞容易，任怨難；負重容易，忍辱難。」

　　　　　　　　　　　　　　　　　─蔣經國《全集》

「不要怕敵人兇狠，只要怕自己不爭氣。」

　　　　　　　　　　　　　　　　　─蔣經國《全集》

「如果不能坦然處之，那麼，處逆境時就容易卑躬屈膝，而處順境時又得意忘形。」

　　　　　　　　　　　　　　─〔日〕松下幸之助《談人生》

「天空雖有烏雲，但烏雲的上面，永遠會有太陽在照耀。」

　　　　　　　　　　　　　　　─〔日〕三浦綾子《冰點》

「中國先哲遭遇民族的大難，總是要發揮偉大深厚的思想，培養磅礴沉雄的情緒；使我們提振精神，努力提高品德，他們抵死要為我們推敲生命意義，確定生命價值，使我們在天壤間腳根站立得住。」

　　　　　　　　　　　　　　　─方東美《中國人生哲學》

【馮註】本段為當代大哲方東美先生（1899-1977）名言，在抗戰前他透過中央電台，向全國青少年暢論「中國人生哲學」，說明中華民族與文化之偉大，期能激勵青年熱血，共同捍衛民族，影響非常深遠。後來在台灣曾再版，並用英文印行，筆者忝為方師晚年在台大弟子，曾經將該英文著作中譯，題為《中國人的人生觀》。

　　歷史事實證明，中華民族在世界上是唯一沒有亡過的民族，只有朝代的更替，沒有民族的滅亡，成為世界文明史上最重要且唯一

的特色；其中根本原因，就在每當民族有大難時，全民都能堅忍自強，奮鬥不懈，愈在苦難中，愈能振作團結，形成「多難興邦」的特色，神聖抗日終能勝利就是其中明顯例證。方師終身均以弘揚中華文化為使命，並以振興中華民族為己任，今後青年一代深值繼續弘揚光大這種民族精神，才能形成「振興中華」的重要動力！

「弱是罪惡，強而不暴是美。」

—羅家倫《新人生觀》

「強者有三個基本的條件：第一，要有最野蠻的身體；第二，要有最文明的頭腦；第三，還要有不可征服的精神。」

—羅家倫《新人生觀》

「強者的哲學是：

　第一，接受生命，接受現實；

　第二，是不依賴；

　第三，是接受痛苦，而且歡樂的接受痛苦；

　第四，是勇敢的在危險中過生活；

　第五，是威嚴的生正義的怒；

　第六，是殉道的精神。」

—羅家倫《新人生觀》

【馮註】羅家倫（1897-1969），浙江紹興人，北大文科畢業，《五四運動》學生領袖，曾任清華大學第一任校長、中央大學校長。抗戰期間，在日本侵略的熊熊烈火之中，於重慶的中央大學，發表一系列振奮人心的演講，後來集為《新人生觀》，對激勵熱血青年奮

勇上進，影響非常廣大。馬英九父親馬鶴凌老先生，曾親口告訴筆者，這本書在抗戰時極受年輕人喜愛，馬英九也曾告訴筆者，他生平很受此書影響，並且很喜歡其中一句「強而不暴是美」；這種強調自強不息的人生觀，至今仍然深具啟發性。

「人生不如意事十之八九，所以碰到順境是反常；碰到有挫折打擊的逆境，才是正常。」

—聖嚴法師《心六倫》

「逆境是老天爺送給人最好的成長禮物。」

—聖嚴法師《心六倫》

「放下了人我是非，宇宙萬物，原是沒有區隔的整體；消滅了敵我意識，一切眾生無非是彼此扶持的伴侶。」

—聖嚴法師《心六倫》

「(1)我不畏懼世界上任何人；
(2)我只畏懼上帝；
(3)我不仇恨任何人；
(4)我不向不合正義之事屈服，不論它從何而來；
(5)我要為真理奮鬥，戰勝錯誤；
(6)我為抵抗惡人惡事，絕不逃避任何苦難！」

—印度抵抗殖民主義的聖雄　甘地《每日早晨的心願》

「一個人走路，最要小心的，就是轉彎的時候。」

—蔣經國《全集》

【馮註】本句為經國先生生前，經常引用的一句話，語出吳稚暉老

先生，意指一個人在衰世中，更應注重風骨氣節，筆者曾聽到經國先生親述本句；所以經國先生非常強調「梅花」精神，亦即在困境中，愈冷要愈開花，才能堅忍奮鬥，在逆境中戰勝逆境！

「人生朝露亦何求，

　珍重家傳硬骨頭；

　頸椎莫隨楊柳擺，

　膝蓋恥為道梁謀；

　英氣莫共秋風盡，

　志節豈付春水流，

　歲歲清明掃墓日，

　祖先含笑未蒙羞。」

　　　　　　　　　　　　　　　－李煥《勉女李慶安立委書》

【馮註】本文為前行政院長李煥先生手書，李煥先生生平追隨經國先生四十餘年，深得其精神傳承，所以特重氣節，並以忠義風骨為家傳風範，所以特別書此，以勉其愛女李慶安立委。時為民國 87 年 12 月 8 日。

　　本文承李慶安委員同意公布（原件掛在她的立委辦公室）。李慶安委員榮任立法委員後，李煥先生勉以「珍重家傳硬骨頭」，強調要以「英氣」「志節」問政，才能讓「祖先含笑未蒙羞」；全文語重心長，寓意深遠；回顧李扁以台獨與貪腐執政的二十年，台灣政壇充斥逢迎拍馬的軟骨頭，更令人欽佩此中「時窮節乃見」的正氣，以及「激濁為揚清」的苦心，深深值得仁人志士共同體悟，進而發揚光大其精神！

　　李慶安因為問政耿介正直，後遭民進黨人藉故抹黑污衊，深盼她能以堅忍精神越挫越勇，視苦難為淬鍊，視壓力為動力，今後就必能如同火鳳凰般浴火重生，並且更加提升靈性，救助更多眾生！

「get on、get honor、get honest！」

—曾約農《向東海大學 1969 年畢業生致辭》

【馮註】本句出自東海大學首任校長曾約農，在 1969 年重返東海，向畢業生以此期勉。曾約農為曾文正公後裔，極受學生敬崇；他當天先引孟子風趣的說「人之患在好為人師」，然後說，他只是分析英文文法；然而本句一語雙關，從文法看，看似英文的比較級，但其內容卻深具啟發性，意在提醒人生應該力求「**奮起、榮譽、誠實**」！文意簡單明瞭，但寓意非常深遠。筆者當時現場聆聽後，終生奉為座右銘，迄今已四十年，仍然記憶猶新，並且更加體認其中的重要性！

「在中國文化中成長生活的台灣人，大家應該勇敢站出來！維護中國文化，捍衛中國文化，使中國文化更能發揚光大！」

「華夏兒女一定要奮起，為維護中華文化、華夏文化而全力奮鬥！」

—梅可望《斥去中國化》（2003.12.30，美國世界日報）

【馮註】上兩句引自東海大學梅可望前校長的文章《斥去中國化》；當時民進黨全力推動「去中國化」政策，企圖用「文化台獨」毀棄中華文化，梅校長此時挺身而出，呼籲大家奮起，捍衛中華文化，充分展現了孟子「正人心，息邪說」的浩然之氣，堪稱「現代孟子」，廣受海內外各界敬重。

第二章　愛國與愛家

【導言】

很多「自由派」人士覺得，在今天民主時代，講「愛國」，會太八股，太「法西斯」。

然而，事實是這樣嗎？

如果真是這樣，為什麼號稱自由民主典範的美國，至今仍然提倡愛國呢？

為什麼美國總統歷次大選，兩黨候選人都強調自己更愛國呢？

例如，2008 年 9 月共和黨的全國代表大會中，開宗明義就在揭幕影片中強調：「國家第一」（country first）！證明「愛國」已成為共和黨最核心的價值。

另如民主黨，也早從甘迺迪總統，就在上任演說中強調：「不要問國家能為你做什麼？要問你為國家能做什麼？」至今仍然是公認感人的名言！

由此可以看出，即使進入二十一世紀，即使在思想最開放的美國，兩黨均以「愛國」，做為人生最重要的美德。

事實上，無論古今中外，諸多聖賢、偉人、大哲、英豪，都將「愛國」當做人生第一要義，直到今天，仍然非常發人深省。

所以，早從希臘大哲學家柏拉圖，就曾指出：

「人不僅為自己而生，而且也為國家而活。」

另外，亞里士多德也強調：

「人生最大的榮譽，就是保衛國家的榮譽。」

古羅馬哲學家西塞羅，很早也曾提醒世人：

「國家是人民的共同父母」！

此外，法國自由主義啟蒙大師盧梭也指出：

「我們希望人們有道德嗎？讓他們從愛國做起吧！」

法國文豪雨果，也曾呼籲人們：

「在任何凌辱面前，仍要捍衛祖先的甲冑！」

到了拿破崙，更明確的說道：

「愛國是文明人的第一美德！」

連德國大文豪歌德，也都曾經強調：

「世界上最偉大的美德，便是愛國！」

另如，波蘭大音樂家蕭邦，也曾深情流露的指出：

「我愛祖國，高於一切！」

凡此種種，均可證明，愛國心是很多偉人所以偉大的根本原因，也是很多英雄所以感人的根本原因。

尤其，中華民族歷經苦難，近百年來更歷經各種國恥，所以，更需廣大的熱血青年，共同弘揚愛國心，共同喚醒中華魂！

英國大哲羅素在 1923 年，訪問中國之後，寫了本《中國的問題》，其中最重要的一句名言，就是指出，中國若要富強，首應加強「愛國主義」，至今仍然深具重大的啟發性！

公元 1925 年，台灣青年留學北京大學的學生，為紀念孫中山

先生，也曾經留下感人肺腑的輓聯：

　　「三百萬台灣剛醒同胞，微先生何人領導？

　　四十年祖國未盡事業，捨我輩其誰分擔？」

　　這種愛國心與使命感，至今仍然深深打動中華兒女的內心！

　　另外，「家庭價值」（family value），也是中外古今共同重視的核心價值；綜合來看，「沒有國，哪有家？」已成為大家根深柢固的共識。

　　更進一步說，「不愛家，怎愛國？」也已成為中外的共信。

　　所以，本章特別整理中外古今對於「愛國愛家」的名言，並且針對中國國情，引述中國近代革命先烈、以及台灣抗日先烈的名言，做為有志青年的重要參考；若能以此喚醒更多民眾的愛國熱情，做為共同奮鬥，振興中華的原動力，將何只是全民之幸！更是整體中華民族之幸！

────────＊────────＊────────＊────────

「為國捐軀，雖死猶榮。」

　　　　　　　　　　　　　　——〔希臘〕荷馬

「人不僅為自己而生，而且也為國家而活。」

　　　　　　　　　　　——〔希臘〕柏拉圖《書信集》

「人生最大的榮譽，是保衛國家的榮譽。」

　　　　　　　　　　　　　——〔希臘〕亞理士多德

「國家是人民的共同父母。」

　　　　　　　——〔羅馬〕西賽羅《對卡提特那的控告辭》

「為祖國利益而獻身，就是死得其所。」

———〔羅馬〕西塞羅《反腓力辭》

「我們希望人們有道德嗎？讓他們從愛國做起吧。」

———〔法〕盧梭《政治經濟學》

「有一種榮譽……堪稱罕見的最高榮譽：那就是，為祖國的利益不怕危險、不惜捐軀。」

———〔英〕培根《論榮譽》

「誹謗祖國是最壞的行為，愛國心是世界各國人民都應該有的。」

———〔法〕巴爾扎克《華城舞台》

「我們不能活著沒有麵包，我們同時不能活著沒有國家。」

———〔法〕雨果《歐洲名詩人抒情詩選析》

「一個反叛國家的人，從來不能稱為英雄。」

———〔法〕雨果《九三年》

「自由、祖國，唯有你們才是我的信念。」

———〔法〕雨果《雨果傳》

「在任何凌辱面前，仍要捍衛祖先的甲冑！」

———〔法〕雨果《雨果傳》

「大砲啊，在內戰中你可要一言不發，但是，對國境的那一邊，要提高警覺。」

———〔法〕雨果

【馮註】本段提醒任何國家，都不要有內戰，但對鄰國侵略，都要

提高警覺，對中華民族特別有警示作用。

「沒有祖國，就沒有幸福。每個人必須植根於祖國的土壤裡。」

—〔俄〕屠格涅夫

「縱使世界給我珍寶和榮譽，我也不願離開我的祖國，因為縱使我的祖國在恥辱之中，我還是喜歡、熱愛、祝福我的祖國。」

—〔匈〕裴多菲

「我是你的，我的祖國！我都是你的，我的這心，這靈魂，假如我不愛你，我的祖國，我能愛哪一個？」

—〔匈〕裴多菲

「不愛自己國家的人，就不會愛一切。」

—〔英〕拜倫《福斯卡里父子》

「愛國是文明人的第一美德。」

—〔法〕拿破崙《1812 年 7 月 14 日對波蘭代表的講話》

「誰詛咒自己的國家，誰就背棄了自己的國家。」

—〔法〕拿破崙

「我重視祖國的利益，甚於自己的生命，和我所珍愛的兒女。」

—〔英〕莎士比亞《科利奧蘭納斯》

「我懷著比自己生命更大的尊敬和嚴肅，去愛國家的利益。」

—〔英〕莎士比亞

「為祖國而死，那是最美的命運啊！」

—〔法〕大仲馬

「我們必須愛我們的國家，即使它對待我們有時並不公正。」

——〔法〕伏爾泰《致盧梭》

「真正的愛國主義，是不分黨派的。」

——〔英〕托·斯摩萊爾《朗斯洛·格里費斯爵士歷險記》

「人類最高的道德是什麼？那就是愛國心。」

——〔法國〕拿破崙

「愛國的人，把其根深植在本能以及情操裡。國家之愛，乃是親人之愛的擴大延長。」

——〔德〕費希特

「我所謂共和國裏的美德，是指愛祖國，也就是愛平等而言，這並不是一種道德上的美德，也不是一種基督教的美德，而是政治上的美德。」

——〔法〕孟德斯鳩《法的精神》

「祖國，我永遠忠於你，為你獻身，用我的琴聲，永遠為你歌唱和戰鬥！」

——〔波蘭〕蕭邦

「必須經過祖國這一層樓，然後才能達到人類的高度。」

——〔法〕羅曼羅蘭《日記》

「我愛祖國高於一切。」

——〔波蘭〕蕭邦

「無論如何，任何時候，我也不會忘記自己的祖國！」

—〔德〕歌德

「只有祖國的空氣，才能癒合我受傷的心靈。」

—〔法〕大仲馬

「我們為祖國服務，也不能都採用同一方式，每個人應該按照資稟，各盡所能。」

—〔德〕歌德

「世界上最偉大的美德，便是愛國。」

—〔德〕歌德

「我們波蘭人，當國家遭到奴役的時候，是無權離開自己祖國的。」

—〔德〕蕭邦

「愛國愛人，敦品勵行。」

—國立台灣大學校訓

【馮註】台灣大學雖然以自由學風為傳統，但仍然以「愛國愛人」做為校訓第一要義！

這個校訓，是 1947 年時，由傅斯年校長所訂，「愛國」是愛自己國家，「愛人」是愛整個人類，但仍以「愛國」為優先。

這正如同孫中山先生所說，民族主義先於世界主義。中山先生並曾用「扁擔」與「彩票」，分別比喻民族主義與世界主義，不能以為中了彩票，就可以忘了扁擔（民族主義）。

傅斯年先生在台大擔任校長時，通識課程以「孟子」、「史記」為重點，就在期勉台大學生，能夠效法孟子「大丈夫」的風骨正氣，同時效法司馬遷的胸襟遠見，這樣才能培養有志節、有眼

光，能夠頂天立地，又通古往今來的時代青年。

另外，台大校史館進門處，則引史賓諾莎名言：「奉獻這所大學於宇宙之中。」提醒青年們，要能不斷向上提昇，直到與宇宙精神合而為一，正如尼采所說的「超人」精神。

但是，「超人仍來自於大地」，尼采筆中的超人，有了高超的智慧之後，仍然要從高山回到地面，腳踏實地的關心世界、愛護世人，愛國愛人！

因此，綜合而論，人間最重要的第一美德，就是愛國心，它深植於心田中，深深值得所有的有志青年領悟與力行！

「黃金誠然是寶貴的，但是生氣蓬勃、勇敢的愛國者，卻比黃金更為寶貴。」

— 〔美〕林肯

「祖國的利益，永遠是最高無上的法律。」

— 〔法〕戴高樂《在凱旋門廣場上的演說》

「我的國家有一顆雄獅的心，而我只是有幸喚醒他咆哮！」

— 〔英〕邱吉爾

「祖國的偉大和力量，原來就蓄存在祖國自己身上。」

— 〔印〕泰戈爾

「愛國主義深深扎根於人的本能和情感之中；愛國之情則是放大了的孝心。」

— 〔美〕菲爾德

「每個人必須根植於祖國的土壤裡。」

　　　　　　　　　　　—〔俄〕屠格涅夫

「我們要把心靈裡美麗的激情，獻給祖國。」

　　　　　　　　　　　—〔俄〕普希金

「科學沒有國界，科學家卻有國界。」

　　　　　　　　　　　—〔俄〕屠格涅夫

「真正的愛國主義者，不應表現在漂亮的話上，而應表現在為祖國、和為人民謀福利的行動上。」

　　　　　　　—〔俄〕杜勃羅留波夫（哲學家、文學批評家）

「愛國主義就是千百年所固定下來，對自己祖國一種最深厚的情感。」

　　　　　　　　　—〔俄〕列寧，蘇聯政治家、思想家

「我無論做什麼，始終在想著，只要我的精力允許的話，我就要首先為我的祖國服務。」

　　　　　　　　　　　—〔俄〕巴甫洛夫

「我願用我全部的生命，從事科學研究，來貢獻給生育我、栽培我的祖國和人民。」

　　　　　　　　　　　—〔俄〕巴甫洛夫

「只有熱愛祖國，痛心祖國所受的嚴重苦難，憎恨敵人，這才給了我們參加鬥爭和取得勝利的力量。」

　　　　　　　　　　　—〔俄〕托爾斯泰

「連祖國都不愛的人，是什麼也不會愛的。」

—〔英〕拜倫

「勇敢的人們和高尚的愛國志士，受到上帝的寵愛，會在世代人民心中留下芳名。」

—〔英〕彌爾頓

「寧可一死，也要把從祖先輩手中承接的祖國，交給我們的後代。這就是我們的信念，這就是我們的忠誠！」

—〔英〕華茲華斯

「科學是沒有國界的，因為它是屬於全人類的財富，是照亮全世界的火把，但是學者是屬於祖國的。」

—〔法〕巴斯噶（生物家、化學家）

「國家的偉大，取決於它的普通百姓的偉大。」

—〔美〕威爾遜

【馮註】本段強調，提高國民素養，才是提高國家力量與形象的重要基礎；這種素養，是綜合性的，包括科技知識，也包括人文關懷、以及民主素養；所以歸根究底，均需透過教育完成，說明「教育」才是振興國家的不二法門。

「民族的更新，不是由上而下，而是由下而上。從無名的民眾當中出現的天才，才是更新的年輕天才。」

—〔美〕威爾遜

【馮註】中華民族的偉大，主要在於民間，代有人才出；無論政治、經濟、文學、藝術、科技，歷代都充滿了各種人才，為中華民

族共同譜出雄偉的交響樂章；因此，今後民族的更新，更有賴於政府尊重民間各種人才，善用民間人才進行創新活動，才能達到民族生生不息的更新效果。

「所謂『愛國心』，是指你身為這個國家的國民，對於這個國家的國民，對於這個國家，應當比對其他一切國家感情更深厚。」

─〔英〕蕭伯納

「英國盼望每個人都能盡他的責任。」

─〔英〕納爾遜

【馮註】本句是英國海軍大將納爾遜，打敗法國時，殉職前的遺言，後來成為英國民族神聖的格言；羅家倫曾在《新人生觀》引用，做為愛國盡責的成功例證。

「愛國心和人類愛是同一的。我是人，正因如此，是個愛國者。」

─〔印度〕甘地

「愛國者的鮮血，是自由之樹的種子。」

─托·坎貝爾《致西班牙愛國者》

「賢者不悲其身之死，而憂其國之衰。」

─〔宋〕蘇洵

「夜視太白收光芒，報國欲死無戰場。」

─〔宋〕陸游

「位卑未敢忘憂國。」

─〔宋〕陸游

「以身許國，何事不可為？」

－〔宋〕岳飛

「人生自古誰無死，留取丹心照汗青。」

－〔宋〕文天祥

「風聲、雨聲、讀書聲，聲聲入耳；家事、國事、天下事，事事關心。」

－〔明〕顧炎武

「天下興亡，匹夫有責。」

－〔明〕顧炎武

「君子雖在他鄉，不忘父母之國。」

－〔明〕馮夢龍

「一片丹心圖報國，千秋清史勝封侯。」

－〔清〕陳璧

「捐軀報國難，誓死呼如歸。
　落紅不是無情物，化作春泥更護花。」

－〔清〕龔自珍

「天下事總要人幹……豈可避難就易哉！」

－〔清〕左宗棠《家信》

【馮註】左宗棠（1812-1885），為清朝中興三大功臣之一，湖南人，其功業「收浙閩，平陝甘，定新疆」，被稱為唐太宗之後，「維護領土主權功勞最大之第一人」；當時清朝對外多半喪權辱

國，但左宗棠能以奮鬥不懈精神捍衛領土，維護中華版圖，非常值得欽佩。本句為其家信示子名言，深值重視與力行。

「中華民族者……世界最文明而最大同化力之民族也。」

—孫中山《民族主義》

「中國所以不能統一的原因，並不是由於中國人自己的力量，完全是由於外國人的力量。」

—孫中山《民族主義》

「我們的地位，在此時最為危險。如果再不留心提倡民族主義，結合四萬萬人成一個堅固的民族，中國便有亡國滅種之憂。我們要挽救這種危亡，便要提倡民族主義，用民族精神來救國！」

—孫中山《民族主義》

「統一，是中國全體國民的希望；能夠統一，全國人民便幸福；不能統一，便要受苦。」

—孫中山，民國 13 年在東京向記者講

「中國土地人口，為各國所不及，吾儕生在中國實為幸福。各國賢豪，欲得如中國之舞台者利用之而不可得。吾儕既據此大舞台，而反謂無所藉乎，蹉跎歲月，寸功不展……豈非可羞之極者乎？」

—孫中山《民族主義》

「夫以世界最古，最大、最富於同化力之民族，加以世界之新主義，而為積極之行動，以發揚光大中華民族，吾決不久必能駕美超歐，而為世界之冠！此固理由當然，是所必至也；國人其無餒！」

—孫中山《民族主義》

「惟願諸君同發愛國心，對於民國各盡其負之責任。」

　　　　　　　　　　　　　　　　　　　　—孫中山《全集》

「吾國人果知天下興亡，匹夫有責，則眾當自奮矣。」

　　　　　　　　　　　　　　　　　　　　—孫中山《全集》

「中國？那是一個沈睡的巨人，讓他去睡吧！因為當他一旦醒來，他將會震撼世界！」

　　　　　　　　　　　　　　　　　　　—〔法〕拿破崙

【馮註】本段內容，是拿破崙深恐中國強大的感慨之言。然而，從中華民族立場來看，更應奮發圖強、愈挫愈勇，才不致因為昏睡，而慘被列強瓜分欺凌。

「各出所學，各盡所知，使國家富強不受外侮，足以自立於地球之上。」

　　　　　　　　　　　　　　　　　　　　　　—詹天佑

「願相會中華騰飛世界時。」

　　　　　　　　　　　　　　　　　　　　　　—周恩來

「意映卿卿如晤：

　　吾今以此書與汝永別矣！吾作此書，淚珠和筆墨齊下，不能竟書而欲擱筆！又恐汝不察吾衷，謂吾忍舍汝而死，謂吾不知汝之不欲吾死也，故遂忍悲為汝言之。

　　吾至愛汝，即此愛汝一念，使吾勇於就死也。吾自遇汝以來，常願天下有情人都成眷屬；然遍地腥羶，滿街狼犬，稱心快意，幾家能夠？語云：『仁者老吾老以及人之老，幼吾幼以及人之幼。』

吾充吾愛汝之心，助天下人愛其所愛，所以敢先汝而死，不顧汝也。汝體吾此心，於啼泣之餘，亦以天下人為念，當亦樂犧牲吾身與汝身之福利，為天下人謀永福也。汝其勿悲！

汝憶否？四、五年前某夕，吾嘗語曰：『與其使我先死也，無寧汝先吾而死。』汝初聞言而怒；後經吾婉解，雖不謂吾言為是，而亦無辭相答。吾之意，蓋謂以汝之弱，必不能禁失吾之悲。吾先死，留苦與汝，吾心不忍，故寧請汝先死，吾擔悲也。嗟夫！誰知吾卒先汝而死乎！

吾真真不能忘汝也。回憶後街之屋，入門穿廊，過前後廳，又三、四折，有小廳，廳旁一室，為吾與汝雙棲之所。初婚三、四個月，適冬之望日前後，窗外疏梅篩月影，依稀掩映。吾與汝並肩攜手，低低切切，何事不語？何情不訴？及今思之，空餘淚痕。又回憶六、七年前，吾之逃家復歸也，汝泣告我：『望今後有遠行，必以見告，我願隨君行。』吾亦既許汝矣。前十餘日回家，即欲乘便以此行之事語汝；及與汝對，又不能啟口。且以汝之有身也，更恐不勝悲，故惟日日呼酒買醉。嗟夫！當時余心之悲，蓋不能以寸管形容之。

吾誠願與汝相守以死。第以今日時勢觀之，天災可以死，盜賊可以死，瓜分之日可以死，奸官汙吏虐民可以死，吾輩處今日之中國，無時無地不可以死，到那時使吾眼睜睜看汝死，或使汝眼睜睜看我死，吾能之乎？抑汝能之乎？即可不死，而離散不相見，徒使兩地眼成穿而骨化石；試問古來幾曾見破鏡重圓？則較死為尤苦也。將奈之何！今日吾與汝幸雙健，天下之人，不當死而死，與不願離而離者，不可數計；鍾情如我輩者，能忍之乎？此吾所以敢率

性就死，不顧汝也。

吾今死無餘憾，國事成不成，自有同志者在。依新已五歲，轉眼成人，汝其善撫之，使之肖我。汝腹中之物，吾疑其女也；女必像汝，吾心甚慰。或又是男，則亦教其以父志為志，則我死後，尚有二意洞在也。甚幸！甚幸！

吾家日後當甚貧；貧無所苦，清靜過日而已。吾今與汝無言矣！吾居九泉之下，遙聞汝哭聲，當哭相和也。吾平日不信有鬼，今則又望其真有；今人又言心電感應有道，吾亦望其言是實。則吾之死，吾靈尚依依汝旁也，汝不必以無侶悲！

吾愛汝至。汝幸而遇我，又何不幸而生今日之中國！吾幸而得汝，又何不幸而生今日之中國，卒不忍獨善其身！嗟夫！紙短情長，所未盡者尚有萬千，汝可以模擬得之。吾今不能見汝矣！汝不能舍我，其時時於夢中得我乎！一慟！

辛亥三月二十六夜四鼓　意洞手書」

— 林覺民〈與妻訣別書〉

【馮註】本文內容非常感人，是清末愛國志士林覺民，為了拯救中國命運，挺身參加黃花崗之役前夕，寫給妻子的絕命信。

很多人說，讀〈出師表〉而不流淚者，不知忠義為何物，今天我們也可以說，讀林覺民〈與妻訣別書〉而不流淚者，不知情義為何物！

讀者若能將心比心，用心去讀本文，相信會有很多心得與感觸，所以特別收錄此篇充滿血淚的訣別書。

從本文纏綿的夫妻真愛中，可見林覺民訣別的痛苦，但從他悲

慟的心聲中，又可見其愛國的忠義；如此將夫妻真情昇華成為愛國忠情，由無限的沉鬱與悲涼，交織而成千古不朽作品，令人真正看到一位無私無我、至情至性的偉大靈魂！

從本文中，我們同時也看到了，中國國民黨總理孫中山先生，所號召的千千萬萬熱血青年，如何共同奮鬥犧牲，才能成功的推翻兩千多年的帝制，拯救了空前的國難！

因此，今天緬懷先烈之餘，凡孫中山先生信徒，以及中國國民黨的忠貞黨員，均應反覆精讀本信，用以自勵勵人，並且勿忘革命先烈初衷，才能勿負革命先烈英魂！

尤其，所有中華青年兒女，同樣應該多看本信，共同以「振興中華」為志業，切莫沉迷在奢華享樂中，才能告慰革命先烈在天之靈！

「殺頭相似風吹帽，敢在世中逞英雄。」

　　　　　　　　　　　　　　　　　　　—羅福星〈絕命詩〉

【馮註】很多人只注意到在大陸犧牲的先烈林覺民，卻忽略了在台灣犧牲的先烈羅福星。

羅福星為台灣苗栗人，也是在孫中山先生的號召下，參加了黃花崗之役；他在負傷之後，再奉中山先生之命，回到台灣家鄉，推展抗日救國運動。

他後來不幸在 1914 年，遭日本人逮捕，3 月 3 日被執行絞刑，壯烈犧牲時，年僅 31 歲。

他犧牲之後，留了很多絕命詩詞，並且也給愛妻留了家信，信中同樣一字一淚，令人不忍卒讀，真正堪稱「台灣的林覺民」。

「千載夫妻之約，永遠不變，卿其毋愁毋愁；余生不忘之情，益為國事努力，死而為鬼佑卿，靈魂馳迴天地，護我民國。此信一字一淚，永留為卿紀念。」

——羅福星〈與妻訣別書〉

【馮註】本文為羅福星犧牲之前，自況「以淚磨墨，以筆代舌」，留給愛妻的絕命信，言明即使身後做鬼，靈魂也要保護民國，並且永遠保護愛妻，充分可見愛國心志與夫妻的伉儷深情，同樣令人永遠感動！

「中土如斯更富強，
　華封共祝著邊疆；
　民情四海皆兄弟，
　國本蒼桑氣運昌；
　孫真國手著初光唐，
　逸樂豐神久既章；
　仙客早贈靈妙藥，
　救人于病身相當。」

——羅福星〈祝我民國詞〉

【馮註】本文為羅福星被日本人殺害之前，所留的絕命詩，詩名為「祝我民國詞」，其中每句第一個字聯起來，即成為「中華民國孫逸仙救」，真情深義，字字血淚，非常令人感動。

　　由此充分可證，台灣先烈濃郁的愛國精神，也同樣如火一般炙熱，其中精神正氣，同樣永遠長存於人心中！

「中山先生的思想，完全是中國的正統思想，即從堯舜至孔孟中斷了的仁義道德思想。從這點上，我們應該承認，中山先生是二千年來中斷的中國道德文化的恢復。」

—蔣渭水《孫文主義哲學基礎》

【馮註】蔣渭水出生在日據時代的台灣宜蘭，為當時日本總督府醫學院（後來的台大醫學院）第二名畢業，很早就秘密參加「同盟會」，成為中山先生在台灣的忠實信徒。

蔣渭水曾經在《台灣民報》刊登多篇文章，宣揚中山思想，並創立了「台灣文化協會」、「台灣民眾黨」、「台灣農民組合」等組織。

他根據孫中山先生的三民主義，以「民族主義」反對日本外族統治，以「民權主義」反對總督專制，以「民生主義」反對日本經濟剝削。

他所創立的「台灣民眾黨」，黨旗也是「青天白日滿地紅」，因為日本禁止，才改「白日」十二道光芒為「三星」，代表三民主義，令人深深感動，故被稱為「台灣的孫中山」。

他也曾以醫生身份，診斷「台灣」這病人，指出台灣人民的血統「源自黃帝、周公、孔子、孟子」遺傳，更可證明台灣與大陸兩岸本為一家，血濃於水的深厚淵源！

他終身弘揚中華文化與中山思想的俠情與氣節，至今仍然深具重大的啟發性。

「孫先生臨終時，曾連呼和平、奮鬥、救中國！希望今夜出席的人，深深接納先生最後的呼聲：和平、奮鬥、救中國！」

　　　　　　　　　　　　一蔣渭水在孫中山先生逝世二週年講話

【馮註】本文為蔣渭水，在台灣人民紀念孫中山逝世二週年紀念大會中致詞，當時在日本人警告與禁止下，他仍然大義凜然，號召台灣人民深深「接納」中山先生遺願，非常令人欽佩！

　　由此更可看出，中山先生對台灣人民的號召非常深遠，影響也很重大。

「台灣人明白地是中華民族即漢民族的事，是無論什麼人都不能否認的事實。」

　　　　　　　　　　　　　　　　一蔣渭水《蔣渭水全集》

【馮註】本文為蔣渭水在日本迫害下，於法庭中，以凜然大義向日本人抗辯之辭；其正氣與骨氣，至今仍然令人敬佩！

　　他進出日本監獄十多次，始終以中華民族的精神堅決抗日，後來不幸病逝於獄中，但浩氣長存，深深令人追念！

　　相形之下，今天台獨人士竟然自認「台灣人不是中國人」，面對蔣渭水在天之靈，實在深深值得愧疚與反省！

「三百萬臺灣剛醒同胞，微先生何人領導？
　四十年祖國未竟事業，捨我輩其誰分擔？」

　　　　　　　　　　　　　一北大台灣同學會致孫中山先生輓聯

【馮註】本文為孫中山先生逝世時，台灣到北大留學生所致輓聯；由洪炎秋等執筆，充分證明台灣熱血青年，繼承中山先生志業的決心，愛國精神很令人感動。

「中山先生確是中國歷史上第一偉大之人物，為被壓迫者奮鬥的民

眾最偉大的領袖，中國平民的唯一指導者。」

－1925.4.11，台灣民報

【馮註】本文為日據時代，台灣唯一民間報紙「台灣民報」內容，充分證明本土台灣同胞對中山先生的敬愛。

「中山雖死，精神尚存，三民主義之運用進行，當有蓬蓬勃勃之氣象矣！」

－連橫，1929.1.1《台灣民報》

「我們中華文化，原為東方文化的源頭活水，特別是修齊治平的政治哲學，乃更為全人類文化中的珍寶和特色。」

－蔣中正〈復興中華文化節致詞〉

【馮註】本文為先總統蔣公，在紀念孫中山先生百年誕辰時致詞。

當時中共正進行「文化大革命」，因此蔣公特別呼籲同胞，共同復興中華文化，幸而能夠保存民族命脈。

但很諷刺的是，台獨執政之後，大肆進行「去中國化」政策，形同另一種文革，大陸反而覺醒，提倡振興中華文化，並在全球廣設「孔子研究院」，成為中華文化的復興者。

「現代中國人，除了一小撮反動分子外，都是孫中山革命事業的繼承者！」

－毛澤東《毛澤東選集》

「我們首先應該明白：中國必須自救，而不能依靠外人。」

－〔英〕羅素《中國問題》

【馮註】本文為英國大哲羅素，應邀在 1922 年到中國訪問後，特別為中國所寫的著作《中國問題》，扉頁並登老子名言，忠告西方領袖，應「生而不有，為而不恃，長而不宰」，亦即提示西方人士，應誠心幫助中國發展，但不能心存宰制；其英文翻譯為 "Production without possession, Action without self-asserssion, Developement without domination." 譯文既能押韻，又很傳神，充分展現文采，難怪其自傳能獲諾貝爾文學獎。

「中國首先應當注重的是愛國主義。」

—〔英〕羅素《中國的問題》

「外國對中國主權的種種侵犯，遲早必須消除。」

—〔英〕羅素《中國的問題》

「中國要真正實行民主，就必須普及教育。」

—〔英〕羅素《中國的問題》

「中國應該自己管理教育，這就同由中國管理自己的工業一樣重要。」

—〔英〕羅素《中國的問題》

「這就是『少年中國』所應該定位的目標：保存中國的文雅、謙讓、正直、和氣等特性。」

—〔英〕羅素《中國的問題》

「如果中國的改革者，在國力足以自衛時，放棄征服異族而用全部精力投入於科學和藝術，開創一種比現在更好的經濟制度，那麼，中國對全世界可謂善盡了恰當的義務，並且在我們這樣一個令人失

望的時代裡，給人類一個全新的希望。所以，中國人應該受到所有熱愛人類的人們極高的崇敬。」

—〔英〕羅素《中國的問題》

「我在本書中，曾不只一次地提到，中國人在某些方面比我們高出一頭。」

—〔英〕羅素《中國的問題》

「中國文化在三方面優於西方文化：一是象形文字高於拼音文字；二是儒家人本主義高於宗教的神學；三是『學而優則仕』，優於貴族世襲制。」

—〔英〕羅素《中國的問題》

「國家之強弱，全在於人心之善惡。人心之善惡，全在教育之優劣。教育之優劣，全在以民族哲學與文化之高低為依據。」

—蔣中正《全集》

「如果其國家有高尚之哲學與文化，而其教育又根據於其國家固有之精神——（文化）哲學，則其所培育成就之人才，必品格崇高、氣度雄偉，能為其國家求獨立、民族求復興，並保衛其固有文化、發揚其高尚哲學；必定賢豪繁出，人人皆能以天下為己任，造成一國蓬勃浩蕩之盛氣，而使卑劣奸邪無所容身，如此則國家自能隆盛強大，而其民族更無不復興之理。」

—蔣中正《全集》

「革命建國之道，莫過於人才。培植人才必須先有志氣與學術，以造成其器識而致重任；學問之道，以哲學、科學、兵學三者為基

礎。兵學以求藝術，科學以求技術，而哲學所以求心術，必須此三
術必進，而後乃能左右達源，臻於藝術之境，無入而不自得。」

一蔣中正《全集》

「一個國家在強盛興旺的時期，不但武功發達，就是民族的體格，
也是沉雄壯健，堂皇高大，不是鬼鬼祟祟的樣子。」

一羅家倫《新人生觀》

「體格衰弱，精神就跟著墮落。我們現在要振作精神，就非恢復我
們唐代以前的體格不可，非恢復我們唐代以前形體美的標準不
可！」

一羅家倫《新人生觀》

「我們要恢復我們民族過去的光榮，首先要恢復我們民族在唐代以
前形體美的標準！」

一羅家倫《新人生觀》

「俠出於偉大的同情。」

一羅家倫《新人生觀》

「社會的進步，不但要有是非的標準，而且要有人肯自我犧牲，去
維持這是非的標準。」

一羅家倫《新人生觀》

「俠有三個條件：第一是大仁；第二是大義；第三是大勇。」

一羅家倫《新人生觀》

「中山先生說『革命是打抱不平』。他打抱不平的方法……是要以

大仁大義大勇的精神，去改革政治，解決民生。沒有偉大同情心的人，就是沒有革命精神的人。」

—羅家倫《新人生觀》

「必定大家充分培養推進這種偉大的同情，恢復中國固有的俠氣，政治才有改革的希望！」

—羅家倫《新人生觀》

「我們要抱定俠者的精神，以整飭我們的內部，掃蕩我們的外寇。要是我們成功的話，我們還應當秉持著這種精神，以奠定國際的新秩序。」

—羅家倫《新人生觀》

「知識份子是民族最優秀的份子，同時也是國家最幸運的寵兒。如果不比常人負責更重大的責任，如何對得起自己天然的秉賦？如何對得起國家民族的賜與？又如何對得起歷史先哲的偉大遺志？」

—羅家倫《新人生觀》

「文化是民族心靈的結晶，文化也是民族精神的慈母。」

—羅家倫《新人生觀》

「我們要每個人都能注重到文化的修養，從而擴大到整個民族文化的修養。」

—羅家倫《新人生觀》

「念佛不忘救國，救國不忘念佛。」

—弘一大師（李叔同）

【馮註】李叔同（1880-1941）生於天津，祖籍山西，為名藝術家，亦為一代高僧，世稱「弘一大師」；書法俊秀圓潤，渾若天成，很能反映其心靈特質。弘一大師平生極具愛國精神，抗戰時期，曾在廈門居所提額「殉教堂」，並且經常強調本句名言，進而說明：「佛者，覺也，覺了真理，乃能誓捨身命，犧牲一切，勇猛精進，救護國家，是故救國必須念佛。」由此足證，很多人誤以為佛教只是消極，不問世事、不關心救國，其實大錯，那頂多只是小乘的出世思想，但在中國大乘佛教的傳統中，必以出世的超越精神，做入世的救國事業，因而必定悲智雙運，普度眾生；如果遭遇國家苦難，也必定更有奉獻犧牲精神，勇猛精進、救國救民，愈挫愈勇，這也正是人間佛教主張「在人間成佛」的精義。

「人們總以為科學是西方的專利，與中國毫無關係，實在大錯特錯……我此生最大的用心，就是還給中國科技一個公道。」

— 〔英〕李約瑟《王家鳳專訪李約瑟》

【馮註】本文來自世界知名科學家英國李約瑟博士，他窮畢生之力，證明中國很多科技都領導世界，顯示中華民族的優秀智能，與固有文化的豐富，故特引述摘錄，以增進民族自信心。

「1922 年，一位年輕的中國留美學生（即後來的著名哲學家馮友蘭），用英文發表了一篇《為什麼中國無科學》的論文。李約瑟閱讀後，無限感慨。多年以來，西方人對中國文明的無知藐視與偏見，乃至『歐洲中心論』的肆行，已是不公平到了極端，難道連中國人自己都不承認有科學？這對李約瑟來說，無疑是一個莫大的刺激。」

— 〔英〕李約瑟《李約瑟畫傳》

「愛因斯坦本人本應率先承認，他對中國、古印度、阿拉伯文化的科學發展（除對他們沒有發展出近代科學這一點外），幾乎毫無所知，因而在這個法庭上，他的大名不應被提出來作為証人。」

　　　　　　　　　　　　　　　　　　　—〔英〕李約瑟《李約瑟畫傳》

「當我們尋找人類對星光閃爛的天空、和所寄居地球知識的發展，進行世界性範圍解釋時，中國天文學是不能被排斥在外的。尤其重要的是，要能解釋中國天文學的源流。中國天文學稍受巴比倫和印度的影響。但中國不像印度，中國是獨立於希臘和希臘文化的種種發現，而發展起來的。」

　　　　　　　　　　　　　　　　　　　—〔英〕李約瑟《李約瑟畫傳》

「中國是文藝復興以前，所有文明中，對天象觀測得最系統、最精密的國家。」

　　　　　　　　　　　　　　　　　　　—〔英〕李約瑟《李約瑟畫傳》

「宋代大科學家沈括，可算是中國整部科學史中最卓越的人物，他的《夢溪筆談》，是中國古代筆記文獻中的代表作。」

　　　　　　　　　　　　　　　　　　　—〔英〕李約瑟《李約瑟畫傳》

「李約瑟最早從《夢溪筆談》中，看到關於磁針的描述及磁偏角現象的記載，他『感受到自己欣喜若狂的激動。』」

　　　　　　　　　　　　　　　　　　　—〔英〕李約瑟《李約瑟畫傳》

「大約發明於西元一世紀的龍骨車（水車），是由中國流傳到整個世界的最有益發明之一，它比歐洲早了 15 個世紀。」

　　　　　　　　　　　　　　　　　　　—〔英〕李約瑟《李約瑟畫傳》

「曲柄搖把是中國人在西元前 2 世紀時的發明，歐洲直至 1100 年以後才開始使用。」

—〔英〕李約瑟《李約瑟畫傳》

「西部中國古老的化學工程，在西元前 1 世紀就打出 1600 多米深的鹽井，歐洲運用中國的鑽井技術打井，是到 19 世紀中業的事。」

—〔英〕李約瑟《李約瑟畫傳》

「世界第一座石拱橋，是西元 610 年中國的李春建造，在 1300 年以後，在很長時間內，義大利建造這類橋樑之前，任何地方都沒有這樣的建築物。李春是整個建築工程學派的奠基人。」

—〔英〕李約瑟《李約瑟畫傳》

「中國人是歷史上最偉大的水手。差不多在二千年時間裏，他們在造船和航海技術上，一直都在全世界遙遙領先，其他國家都相形見拙。」

—〔英〕李約瑟《李約瑟畫傳》

「道家思想體系直到今天，還在中國人的思想背景中，佔有至少和儒家同樣重要的地位。它是一種哲學與宗教、出色而極其有趣的結合，同樣包含著『原始的』科學和方術。它對於瞭解全部中國科學技術，是極其重要的。」

—〔英〕李約瑟《李約瑟畫傳》

「道教是世界上迄今所知道的，唯一不會反對科學的自然神秘主義。恰恰相反，道教是非常贊同科學的。在中國文化技術中，哪裏

萌發了科學，哪裡就會尋覓到道家的足跡。」

—〔英〕李約瑟《李約瑟畫傳》

「東漢魏伯陽的《周易參同契》，是中國歷史上第一部有關煉丹術的著作。李約瑟指出，從書中我們可以發現在八卦和十進制的『天干』週期之間，精細密切的關係。」

—〔英〕李約瑟《李約瑟畫傳》

「晉代葛洪，是他那時代最偉大的煉丹家，和中國最偉大的煉丹術作家。」

—〔英〕李約瑟《李約瑟畫傳》

「中國在西元 12 世紀早期，即宋人抵禦金人時，炸彈和手榴彈向管狀槍發生重要的過渡，並在卓越的著作《守城錄》裏，曾描述了那個時期，在保衛漢口北面某座城市時，首先發明並使用的『火槍』。」

—〔英〕李約瑟《李約瑟畫傳》

「歐洲在西元 1380 年以前鑄鐵甚少，而中國至少在西元前 4 世紀，就有了鑄鐵術。」

—〔英〕李約瑟《李約瑟畫傳》

「從西元三世紀起，中國人已能鑄造精美的金屬馬鐙。中國是唯一發明有效挽馬具的文明古國。」

—〔英〕李約瑟《李約瑟畫傳》

「我們一切活動的中心目標，就是要更好地瞭解中國和中國朋友們。我們首先必須要有友好的精神。如果我們能達到這一目標，就

可以對世界和平和國際瞭解的事業，做出巨大的貢獻。」

—〔英〕李約瑟《李約瑟畫傳》

「李約瑟用西方術語翻譯了中國的思想，他或者是唯一一位在世界上，有各種資格勝任這項極其艱難工作的學者。李約瑟博士著作的實際重要性，和他知識的力量一樣巨大。這是比外交承認還要高出一籌的西方人承認舉動。」

—〔英〕歷史名家湯因比，1954 年評論《中國科學科技史》

「旗正飄飄，馬正蕭蕭，槍正肩，刀在腰，熱血似狂潮！

旗正飄飄，馬正蕭蕭，好男兒，好男兒，好男兒報國在今朝！

快奮起，莫作老病夫！快團結，莫貽散沙嘲！

快團結，快團結！快奮起，快奮起！奮起團結，奮起團結，奮起團結！」

—韋瀚章詞／黃自曲〈抗戰名歌〉

【馮註】公元 1932 年，黃自創作這首「旗正飄飄」，次年在杭州的西湖大禮堂，由「抗敵後援會」首唱，因慷慨激昂，歌聲嘹亮，全場聽眾莫不熱血沸騰，熱淚盈眶！後來成為各地抗戰激勵民心士氣的名愛國歌曲，對於打贏民族聖仗，具有重大貢獻，深具歷史意義！尤其內容反覆強調「快奮起、快團結」，對於今後兩岸共同奮起團結，進而振興中華的偉業，更有重大的啟發性！

「我們的祖國觀念和民族意識，毋寧說是由日本人歧視（當時叫做差別待遇）與欺凌壓迫激發生來的。」

—吳濁流《無花果》

【馮註】很多人誤以為在台灣，「本土化」即係「去中國化」，其實大錯特錯；台灣本土作家之中，如吳濁流熱愛中華民族的情操，就很令人感動，即為明顯例證，故特摘錄其作品中的名言。

「台灣人具有這樣熾烈的鄉土愛，同時對祖國的愛也是一樣的！」

— 吳濁流《無花果》

「眼不能見的祖國愛，固然只是觀念，但是卻非常微妙，經常像引力一樣吸引著我的心。正如離開了父母的孤兒，思慕並不認識的父母一樣，那父母是怎樣的父母，是不去計較的。只是以懷戀的心情愛慕著，而自以為只要在父母的膝下，便能過溫暖的生活。」

— 吳濁流《無花果》

「思慕祖國，懷念著祖國的愛國心情，任何人都有。但是台灣人的祖國愛，所愛的絕不是清朝。清朝是滿州人之國，不是漢人之國，甲午戰爭是滿州人和日本人作戰遭到失敗，並不是漢人的戰敗。台灣即使一時被日本所佔有，總有一天會收復回來。」

— 吳濁流《無花果》

「台灣人的腦子裡有自己的國家。那就是明朝——漢族的國，這就是台灣人的祖國。」

— 吳濁流《無花果》

「台灣人以一種近似本能的感情，愛戀著祖國，思慕著祖國。這種感情，是只有知道的人才知道，恐怕除非受過外族統治之殖民地人民，是無法瞭解的吧。」

— 吳濁流《無花果》

「從五十年間殖民地的桎梏解放出來的本省人民，已經是興高采烈而得意忘形。這種自尊心的血液膨脹起來，而想到唯有熱血必定能夠建設三民主義的模範省，於是六百萬島民都十分興奮熱切地盼望，能立刻把台灣建成比日本時代還要好的樂園。」

—吳濁流《無花果》

「你們違背了國父，不能算是忠誠的國民黨員。吳濁流忠心遵奉國父孫中山先生，依照憲法的規定行事，用不著你們來多嘴，你們身為國民黨員，卻是黨的叛徒！」

—吳濁流《台灣連翹》

【馮註】本文為吳濁流，針對少數國民黨員背離中山先生所寫的感慨；凡是中山先生的忠貞信徒，均應深深反省與改進才行。

「應知台胞在過去五十年中，不斷向日本帝國主義鬥爭，壯烈犧牲，前仆後繼，所為何來？簡言之，為民族主義也，明乎此，一切可不辯自明矣。」

—林獻堂，《紀念集》

【馮註】本文為台灣本土第一大老林獻堂先生，在抗戰勝利後，率團到南京中山陵致敬時所說內容；因為當時媚日份子造謠，說臺灣人民不願認同中國，所以他特別用本文嚴正駁斥。

「拜告台灣的六百萬炎黃子孫，二千三百餘萬里版圖，已歸祖國，藉表台灣同胞拳拳之誠，是為本團的唯一任務。台灣重光是中山先生民族主義感召之力，蔣主席領導抗戰之助，全國軍民奮鬥犧牲結果，本團同仁，此來至誠拜中山陵，向最高領袖蔣主席致敬，向全

國抗戰軍民致慰問之忱。台灣淪陷 51 年，同胞飽嘗亡國痛苦，痛定思痛，所以對國族備感可愛，希望國家強盛、民族繁榮的心情，比國內同胞或且有更來得深刻之處。光復後，覺得已有可愛護的國家，可盡忠的民族，所以對於國家民族的前進，莫不極度感奮，願盡其所能以圖報效。今後永不願再見有破碎的國家，分裂的民族；自行分割，就是自取滅亡！」

—林獻堂

【馮註】本文為台灣本土第一大老林獻堂先生，在台灣光復後，組團向黃帝陵與中山陵致敬所發表的談話，很能代表台灣人民的心聲，其中強調「永不願見破碎的國家、分裂的民族」，並且提醒國人，「自行分割，就是自取滅亡」，在今天更深具警惕性！

「台人對於日人，無不視為異族，但對中國，卻稱吾國，血濃於水，實信不誣。」

—李友邦

【馮註】李友邦將軍為台灣省台北縣人，早年考入黃埔軍校二期，奉孫中山先生之命，成立「台灣義勇隊」和「台灣少年團」，擔任隊長，充分代表台灣人民抗日愛國的熱血精神。

「我們自救的方法，若要救台灣，非先從救祖國（中國）着手不可，欲致力於台灣革命運動，必先致力於中國革命之成功，待中國強大時，台灣才有恢復之日，待中國有勢力時，台人才能脫離日本強盜的束縛。」

—李友邦，《台胞未忘祖國》

「我台灣乃被強奪於虎狼日本帝國主義者，二百六十萬同胞，備受掠奪與壓迫。然而台灣人等已覺醒，願與祖國諸君握手，團結，打倒共同之敵：日本帝國主義。請諸君速為自由與獨立，幫助我等臺灣人。」

—上海台灣青年會

「台灣原為中國的領土，中國人的領地。像住在台灣的日本人，在日本有其本鄉一樣，台灣人在中國有其故鄉，有其共同的語言及習慣。因此，日本在台灣的統治，是把台灣從中國拉開，而與日本相結合。」

—矢內原忠雄《日本帝國主義下之台灣》

【馮註】本文作者原為「台北帝國大學」教授，後任東京大學教授，因為還有良心未泯，所以曾公開指出，日本統治台灣的政策，即在「把台灣從中國拉開，而與日本結合」，迄今日本軍國主義者，仍在懷念此項分裂政策，所以支持台獨運動，深值大家警惕與重視！

「它（紅玫瑰）在很重的水泥底下，竟能找出這麼一條小小的縫，抽出芽來，還長著一個大花苞，象徵著在日本鐵蹄下台灣人民的心。」

—楊逵《壓不扁的玫瑰花》

「他們（日人）的欺凌壓迫，使我們對祖國發生強烈的向心力，正像小孩子被欺負，屆時自然而然地哭叫母親一樣。」

—葉榮鐘《小屋大車集》

「我們歡迎國民政府，就是歡迎整個祖國的意思，也唯有歡迎整個祖國，全入祖國復國，我們才能夠摸到由光復得來的歡喜的實體。」

—葉榮鐘《小屋大車集》

「我們永久主張，台灣是台灣人的台灣，也是中國人的台灣，為此我願意犧牲我一生。」

—吳新榮 1950 年 6 月 29 日日記

【馮註】楊逵、葉榮鐘、吳新榮等，均為台灣本土抗日先賢，充分證明，台灣先民認同中華民族大義的愛國精神，深深令人感動！

「鎌斧旗聯青白日，不容胡馬度偏關。」

—丘念台

【馮註】本文作者丘念台，為台灣本土抗日大老丘逢甲之子，在抗戰時希望國共合作，一致抗日，很能代表當時普遍人心。

「身為一個偉大民族的國民，我們應該自我反省。我們不僅要站起來，不做日本人的奴隸，同時也不做美國人的奴隸！」

—方東美《演講集》

【馮註】本文為方東美先生晚年，在台灣參加〈中華雜誌〉抗日座談會時，大聲呼籲國人奮勇自立的一段內容；方師後來不幸罹患癌症，在民國 66 年去世，臨終時仍然斷斷續續提到：「中華民族是偉大的……中華民國萬歲」，令人深為感動。

「觀河山之壯碩，對文物之精華，而無強烈祖國戀者，涼血動物

也。」

—羅家倫《為「錦繡河山」題詞》

「祇有悲憤和希望交織而成的力量，才是真正強國的力量。」

—羅家倫《題李升如「復國吟」》

「闢邪說，正人心，以百折不磨的精神，為民族復興而奮鬥。」

—羅家倫，1937 抗戰時，為中央日報元旦題詞

「中國有這麼多的民族，歷史這麼悠久，這麼豐富，如果說我們物質方面的地下資源沒有完全開發，我看，我們精神方面的文化資源也同樣沒有完全開發。誰要忽視了這一點，就是沒有愛國主義精神。」

—周恩來，1955 年 10 月 20 日《藝術的人民性與民族性》

「現在任何國家要發達起來，閉關自守都不可能。我們吃過這個苦頭，我們的老祖宗吃過這個苦頭。……歷史經驗教訓說明，不開放不行。」

—鄧小平，1984 年 10 月 22 日對中央顧問委員會講

「中華民族是愛好和平的民族。中國對外政策的宗旨就是維護世界和平，促進共同發展。」

—江澤民，2002 年 4 月 10 日《共同創造一個和平繁榮的新世紀》

「我國的歷史文化博大而多彩。從春秋戰國時期的諸子百家學說到孫中山先生的學說，從楚辭、漢賦、樂府、唐詩、宋詞到元曲等等文學藝術遺產，以四大發明為傑出代表的中國古代科學技術，從大禹治水以來中華民族改造和利用自然、建設家園的歷程，我國各族

人民在長期生存和發展鬥爭中形成的光榮傳統，如此等等，豐富地蘊涵著中華民族創造治國思想、藝術情趣的文化傳統。」

　　　　　一江澤民，1999 年 1 月 11 日《論加強和改進學習》

【馮註】從本段內容，可以看出中國大陸從江澤民任內，開始強調回歸中華文化傳統，做為「治國思想」的根源與正統基礎，等胡錦濤接位後，更進一步強化此基礎，從他在美國耶魯大學公開宣示的內容（見下文），溫家寶在哈佛大學演講，以及全球成立一百多所「孔子學院」的實際行動，均可做為證明。

「中華文明是世界古代文明中始終沒有中斷、連續 5000 多年發展至今的文明。中華民族漫長歷史發展中形成的獨具特色的文化傳統，深深影響了古代中國，也深深影響著當代中國。現時代中國強調的以人為本、與時俱進、社會和諧、和平發展，既有著中華文明的深厚根基，又體現了時代發展的進步精神。

　　中華文明歷來就注重以民為本，尊重人的尊嚴和價值。早在千百年前，中國人就提出『民為邦本，本固邦寧』、『天地之間，莫貴於人』，強調要利民、裕民、養民、惠民。今天，我們堅持以人為本，就是要堅持發展為了人民、發展依靠人民、發展成果由人民共享，關注人的價值、權益和自由，關注人的生活質量、發展潛能和幸福指數，最終是為了實現人的全面發展。

　　中華文明歷來注重自強不息，不斷革故鼎新。『天行健，君子以自強不息』。這是中國的一句千年傳世格言。中華民族所以能在5000 多年的歷史進程中生生不息、發展壯大，歷經挫折而不屈，屢遭坎坷而不餒，靠的就是這樣一種發憤圖強、堅忍不拔、與時俱

進的精神。中國人民在改革開放中表現出來的進取精神，在建設國家中煥發出來的創造熱情，在克服前進道路上的各種困難中表現出來的頑強毅力，正是這種自強不息精神的生動寫照。

中華文明歷來注重社會和諧，強調團結互助。中國人早就提出『和為貴』的思想，追求天人和諧、人際和諧、身心和諧，嚮往『人人相親、人人平等、天下為公』的理想社會。今天，中國提出構建和諧社會，就是要建設一個民主法治、公平正義、誠信友愛、充滿活力、安定有序、人與自然和諧相處的社會，實現物質和精神、民主和法治、公平和效率、活力和秩序的有機統一。

中華文明歷來注重親仁善鄰，講求和睦相處。中華民族歷來愛好和平。中國人在對外關係中始終秉承『強不執弱』、『富不侮貧』的精神，主張『協和萬邦』。中國人提倡『海納百川，有容乃大』，主張吸納百家優長、兼集八方精義。今天，中國高舉和平、發展、合作的旗幟，奉行獨立自主的和平外交政策，堅定不移地走和平發展道路，既通過維護世界和平來發展自己，又通過自身的發展來促進世界和平。」

—胡錦濤，2006 年 4 月 21 日，《訪問美國耶魯大學演講》

【馮註】本文是胡錦濤在 2006 年訪問美國的演講內容，等於向全世界公開宣示，中國大陸今後必定會傳承中華文明的深厚基礎，並且也會本此根基發揚光大，做為建國方向。到 2008 年 12 月 31 日，他在對台政策的「胡六點」中，更明白宣示要「弘揚中華文化，加強精神紐帶」；因為「中華文化源遠流長，是兩岸共同的豐富財富，是維繫兩岸民族感情的紐帶。」其實，只要緊緊把握這

點，兩岸其他政治、經濟、軍事、外交等問題，均可迎刃而解。

今後只要相關部門能全力落實力行上述各項宣示，相信必能早日完成振興中華的神聖使命！

「愛國的人，一定珍視他的國家過去留下的文物遺產。」

—梁實秋《西雅圖雜記·福德故居》

「錦城雖樂，不如回故鄉，樂園雖好，非久居之地，歸去來兮。」

—華羅庚《告美國同學的公開信》

「中國的文人，歷來重氣節。一個畫家如果不愛民族，不愛祖國，就是喪失民族氣節，畫的價值，重在人格。人格中，以愛國第一。」

—李苦禪

「小時候，

　鄉愁是一枚小小的郵票，

　我在這頭，

　母親在那頭；

　長大後，

　鄉愁是一張窄窄的船票，

　我在這頭，

　新娘在那頭；

　後來啊，

　鄉愁是一方矮矮的墳墓，

　我在外頭，

母親在裡頭；

而現在，

鄉愁是一灣淺淺的海峽，

我在這頭，

大陸在那頭。」

—余光中《鄉愁》

「中山先生是位偉大的愛國主義者與民族英雄，是中國民族革命的偉大先行者，他為民族獨立、民主自由、民生幸福，為國家的統一與富強，貢獻畢生精力！」

—胡錦濤〈歡迎連戰訪問致答詞〉，見《連戰大陸行紀實》

【馮註】本文為中共總書記胡錦濤，在 2005 年歡迎連戰主席訪問時的致詞，他並清楚表明，願以孫中山先生「振興中華」的理念，做為兩岸「共同的追求和責任」。足證他的兩岸政策，今後並不是以共產制度做為統一基礎，而是以中山思想為統一基礎。

　　試看如今大陸很多世界著名的重大工程，均根據孫中山先生《實業計畫》進行——例如青藏高原鐵路、上海洋山港、長江三峽水壩等等——充分證明中山思想在大陸廣受尊敬與實行，反而在台灣飽受貶抑與輕視，令人深深感嘆；今後仁人志士，自應喚醒民眾重新宏揚中山思想與精神，才能真正中興台灣，進而振興中華！

「如果說，鄧小平先生是中國大陸近 20 年來改革開放的總工程師，那麼，孫中山先生是最早的主張改革開放和經濟建設的鼻祖。」

—章長炳《孫中山研究論集》

【馮註】章長炳為大陸著名學者，本文清楚可證，大陸學術界對中山先生非常尊崇。

「《實業計劃》是孫中山先生為了把貧窮落後的中國，改造為工業化的民主共和國，而精心繪製的一幅藍圖，時隔 80 餘年，至今仍有偉大的現實意義。」

—章長炳《孫中山研究論集》

「今天重溫中山先生的革命學說和諄諄教誨，仍然感到分外親切。我相信，中山先生的革命學說，在 21 世紀中國的建設中，仍然有其現實的指導意義，仍將放射出燦爛的光芒。」

—章長炳《孫中山研究論集》

「江山依舊，人事已非，只剩古月照今塵；莫負古聖賢，效歷朝英雄，再造一個輝煌的漢疆和唐土！」

—〈古月照今塵〉歌詞

「中華民國是我的國，台灣是我的家。」

—蔣方智怡

【馮註】蔣方智怡為經國先生媳婦，蔣孝勇的妻子，曾任中國國民黨中常委、黃復興黨部副主委；本文是她在民國 92 年，參加「護憲救國聯盟」所辦反台獨的大遊行中所說；她明確呼籲，愛國愛家之道，應該既愛中華民國，也愛台灣，而不是冒稱「愛台灣」，其實是愛台獨，並且企圖消滅中華民國。

　　當時，她在各種壓力之下，仍然勇於挺身而出，深具女中英豪的精神，很值得肯定與敬佩。

「當你們犯錯的時候,別人不會罵你,因為你們年紀很輕,但是他們會罵你們的父母沒有教養好。而你的父母被罵,其實也是你父母的父母沒有教好,也就是你們的祖父母,甚至會影響到你們曾父母。」

—蔣方智怡

【馮註】本段內容,為蔣方智怡女士告誡其長子蔣友柏與次子蔣友常的一段話;對二兄弟來說,他們祖父為經國先生,曾祖父為蔣公,如果言行犯錯,自然影響極為重大;即使對於一般家庭來說,也很有普遍的警惕性。

從蔣方智怡本段內容,也很可看出她持家有道的傳統美德。

「愛國者致勝的秘訣:民族自信,加上團隊合作。」

—「愛國者」公司(Aigo)總裁馮軍

【馮註】本段名言,為中國大陸自創公司品牌「愛國者」(aigo),總裁馮軍的奮鬥心得;他畢業於北京清華大學,創業時只有 220 人民幣,但憑著愛國心與團隊精神,奮鬥不懈,終於在數位科技領先群倫,曾與台灣合作,錄製鄧麗君碰觸型專輯,廣受好評;年方四十,已創造財富約達新台幣一百億;其成功秘訣的上述內容,很值得兩岸企業家共同借鏡。

「沒有那個地方,能比自己的家更快樂。」

—〔羅馬〕西塞羅《致友人書》

「家再清貧,也還是甜美的。」

—〔義〕阿里奧斯托《瘋狂的奧蘭多》

「對於亞當，天堂是他的家，而他的後裔，家就是天堂。」

　　　　　　　　　　　　　　　　　　—〔法〕伏爾泰

「家庭生活的樂趣，就是抵抗壞風氣毒害的最好良劑。」

　　　　　　　　　　　　　　　—〔法〕盧梭《愛彌爾》

「人無國王、庶民之分，只要家有和平，便是最幸福的人。」

　　　　　　　　　　　　　　—〔德〕歌德《格言與反省》

「愛家的人，才會愛國。」

　　　　　　　　　　　—〔英〕科勒律治《扎波利亞之二》

「家就是城堡，即使是國王，不經邀請也不能擅自入內。」

　　　　　　　　　　　—〔美〕愛默生《英國人的性格》

「家是父親的王國，母親的世界，兒童的樂園。」

　　　　　　　　　　　　　　　　　—〔美〕愛默生

「我們愛自己的家，我們的腳可以離它而去，但我們的心卻不。」

　　　　　　　　　　　　　—〔美〕霍姆斯《天堂相思》

「幸福的家庭都是相似的，不幸的家庭各有各的不幸。」

　　　　　　　　　　　　　—〔俄〕托爾斯泰《安娜》

「家庭只要幸福，房間小又何妨。」

　　　　　　　　　　　　　　　　—〔美〕歐·亨利

「家庭是社會的核心。」

　　　　　　　　　　　—〔挪〕易卜生《社會支柱》

「家是世界上唯一之處，隱藏人類缺點與失敗，同時也蘊藏著甜蜜之愛的地方。」

　　　　　　　　　　　　　　　　　　　　　　—〔英〕蕭伯納

「和睦的家庭空氣，是世上的一種花朵，沒有東西比它更溫柔，沒有東西比它更適宜，把一家人的天性培養得堅強正直。」

　　　　　　　　　　　　　　　　—〔德〕德萊塞《嘉麗妹妹》

「沒有了家庭，在廣大的宇宙間，人會冷的發抖。」

　　　　　　　　　　　　　　　—〔法〕莫羅柯《人生五大問題》

「世界上有一種最美麗的聲音，那便是母親的呼喚。」

　　　　　　　　　　　　　　　　　　　　　　—〔義〕但丁

「母親的教育，決定子女未來的前途。」

　　　　　　　　　　　　　　　　　　　　　—〔法〕拿破崙

「世界上沒有比親娘更親密的朋友！」

　　　　　　　　　　　　　　　　　　　　　—〔俄〕高爾基

「母親，是唯一能使死神屈服的力量。」

　　　　　　　　　　　　　　　—〔俄〕高爾基《義大利童話》

「做母親的婦女，乃是勝利的生命，無窮無盡的源泉。」

　　　　　　　　　　　　　　　—〔俄〕高爾基《義大利童話》

「世界上的一切光榮和驕傲，都來自母親。」

　　　　　　　　　　　　　　　—〔俄〕高爾基《義大利童話》

「雖然男人原來是鐵石心腸，但只要他當了父親，他就有一顆溫柔

的心。」

—〔英〕楊格

「沒有母親，就不會有詩人，也不會有英雄。」

—〔俄〕高爾基

「愛情是非常自私的，母愛卻可以豐富我們的感情。」

—〔法〕巴爾扎克《兩個新嫁娘》

「母愛在女人心中是一件簡單、自然、豐碩、永不衰竭的東西，就像是生命的一大要素。」

—〔法〕巴爾扎克《兩個新嫁娘》

「母愛是一種巨大的火焰。」

—〔法〕羅曼·羅蘭《母與子》

「享受著天倫之樂的父親母親們，就連無子無女的天使，也在羨慕你們。」

—〔英〕拜倫《該隱》

「情侶會反目，丈夫會厭妻，唯有父母的慈愛之心，永世長存。」

—〔英〕勃朗寧《皮帕走過了》

「家庭，應建立在平等和正義的愛情基礎上。」

—〔法〕小仲馬

「正家，而天下定矣。」

—《周易·家人》

「儉，德之共也；侈，惡之大也。」

　　　　　　　　　　—《左傳・莊公二十四年》

「天下之本在國，國之本在家，家之本在身。」

　　　　　　　　　　　　—《孟子》

「一國盡亂，無以安家；一家皆亂，無以安身。」

　　　　　　　　　　—《呂氏春秋・喻大》

「父慈子孝，夫信妻貞，家之福也。」

　　　　　　　　　—〔漢〕司馬遷《史記》

「父不能知其子，則無以睦一家。」

　　　　　　　—〔唐〕吳競《貞觀政要・擇官》

「一人知儉一家富。」

　　　　　　　　　—〔五代〕譚峭《化書》

「為人母者，不患不慈，患只知愛而不知教也。」

　　　　　　　—〔宋〕司馬光《家範》

「由儉入奢易，由奢入儉難。」

　　　　　　—〔宋〕司馬光《訓儉示康》

「儉約，所以彰其美也。」

　　　　　　—〔宋〕司馬光《資治通鑑》

「侈則多欲。君子多欲則慕富貴，枉道速禍；小人多欲則貪求妄
用，敗家喪身。」

　　　　　　—〔宋〕司馬光《訓儉示康》

「世界上只有一個最好的女人，便是我的母親。」

　　　　　　　　　　　　——〔元〕成吉思汗

「積善之家，必有餘慶；積不善之家，必有餘殃。」

　　　　　　　　　　——〔明〕鄭太和《鄭氏規範》

「居身務其儉樸，訓子要有義方。」

　　　　　　　　　　——〔明〕朱柏廬《治家格言》

「一粥一飯，當思來處不易；半絲半縷，恆念物力維艱。」

　　　　　　　　　　——〔明〕朱柏廬《治家格言》

「居家切要，在勤儉二字。」

　　　　　　　　　　　——〔明〕姚舜牧《藥言》

「治家捨節儉，則無可經營。」

　　　　　　　　　　——〔明〕吳麟徵《家誡要言》

「常將有日思無日，莫待無時思有時，則子子孫孫常享溫飽矣。」

　　　　　　　　　　——〔明〕周怡《勉諭兒輩》

「孝友為家庭之祥瑞。」

　　　　　　　　　　　——〔清〕曾國藩《家信》

「養親以得歡心為本。」

　　　　　　　　　　　——〔清〕曾國藩《家信》

「家勤則興，人勤則健。」

　　　　　　　　　　——〔清〕曾文正公《家信》

「居家之道，唯崇儉可以長久。」

　　　　　　　　　　　　　　　　　—〔清〕曾文正公《家信》

「享受做母親的愉快，是聰明才智女人和普通女人所同有的情緒。」

　　　　　　　　　　　　　　　　　　—林語堂《理想中的女性》

「女性的一切權利之中，最大的一項便是做母親。」

　　　　　　　　　　　　　　　　　　—林語堂《理想中的女性》

「就中國人來說，現代化是要使國家富強，人人有自己的尊嚴，自己的天地。我們的祖先和先烈們，已經為這個偉大的理想的目標，奮鬥一百五十年，中國人的子孫，仍然會為這個理想奮鬥下去！現代化是永無止境的！唯有每一代的中國人，奮起追尋這個偉大的夢，中國才能站在世界現代國家的前端，帶動人類走向和平、富足、健康與幸福！」

　　　　　　　　　　　　　—梅可望《修身信仰——作儒家信徒》

【馮註】梅可望先生生於 1918 年，原籍湖南省臨湘縣，青年時就懷抱崇高的愛國理想，1942 年參加全國高等文官考試，獲優等第一名，即俗稱的「狀元」；後赴美國留學，獲密西根大學博士，歷任中央警官學校校長、東海大學校長，現任「中國現代化學術研究基金會」董事長、「台灣發展研究院」創辦人兼董事長、中央警察大學世界校友會會長等，終身充滿愛國愛家情操，而且苦幹實幹風範，廣受各界敬重。

　　本文為梅校長在 1992 年「中國現代化學術研究基金會」成立大會，所作的「主題演講」內容，該基金會董事為各著名公私立大

學退休校長，均具社會清望，也都很有胸襟與遠見；每年召開海峽兩岸對中國現代化的學術研討會，輪流在兩岸舉行，對促進兩岸學術交流，貢獻極為重大；原創辦人王昇上將 2006 年 10 月 5 日辭世後，即由基金會公推梅校長擔任董事長迄今。

「家庭要幸福，一定在家中要以太太為尊！」
　　　　　　　　　　　　　—梅可望《幸福家庭促進協會》刊物

【馮註】梅可望校長畢生除了擔任多項公職，以及多所大學校長，退休後在 1988 年還創立「幸福家庭促進協會」，寓意非常深遠，影響也很重大；本段名言即其經常在證婚或協會演講時的內容。

　　梅校長有感於世界各國領袖，愈來愈強調家庭價值，所以也在台灣創立該協會；他並指出，美國雷根總統早在競選期間，便以「家庭價值的重建」（Rebuild of family value）作為競選主軸；他當選後，更經常提倡和諧溫馨的家庭核心價值，成為廣得民心的原因之一；從華盛頓的機場後來改名「雷根機場」，即可看出他的風範深受歡迎。

　　另外，聯合國在 1994 年定名為「國際家庭年」（International year of family），並宣布 5 月 10 日為「國際家庭日」，呼籲各國政府重新重視家庭價值；美國民間並有「美好家庭運動」（Family wellness movement）。梅校長有感於中國儒家傳統，本來就很重視「修身、齊家、治國、平天下」，並把「齊家」看成治國基礎，所以登高一呼，於 1988 年 3 月 20 日，在台中成立該協會。

　　梅校長當天請謝東閔先生作「主題演講」，梅校長很敬佩謝前副總統，一因其為本省人，為抗日而隻身前往大陸中山大學求學；

二因他雖然曾被誣指「日本間諜」，但仍堅貞愛國，從無怨言；三因平反之後擔任台灣省主席時，極多貢獻；四因生平極為顧家愛家，從無緋聞；加上他因為反台獨，曾被台獨恐怖份子用炸彈郵包炸斷手臂、炸瞎一眼，所以廣受人民同情與愛戴。

謝東閔先生當天曾問梅校長：「可望兄，你創幸福家庭協會，請問怎樣才能保證家庭的幸福呢？」

梅校長很風趣的回答：「只要大家向副總統學習，家庭就必定幸福了！」

謝東閔先生有些不解，問這話是何意？梅校長即風趣的回答：「副總統家庭美滿人所共知，原因就是因為尊太太、怕太太，名滿台灣啊！」謝東閔先生聽了，笑稱梅校長在「搗蛋」，但也覺得其中很有道理。

後來，梅校長曾經多次引申此意，強調這代表對太太的尊重與兩性平等，對於家庭和諧、社會和諧，都能很有貢獻，深值重視推廣，成為社會運動。

第三章　生死與靈魂

【導言】

生死問題，是人生的第一大事。

因為，人人都會面臨死亡問題，家家也會面臨死亡問題。如何面對生死？如何因應生死？近年已經形成世界性的顯學。

很多人可能覺得，世間很多事情不公平，但是「死亡」一事卻是最公平的。無論貧窮、貴賤，無論男女、老幼，無論大官、小民，人人都會一死。

重要的是，如何死得心安理得？如何面對死亡，能夠不憂不懼？這就需要深厚修養。

近代德國大哲雅士培（K. Jaspers）便曾強調：

「學習如何去生，和學習如何去死，實際上是一回事」。

換句話說，怎樣的「人生觀」，便決定怎樣的「人死觀」。

另外一位德國大哲海德格（Heiddger）也曾指出，人生一出世，便是「邁向死亡的存有」，人生觀，就是人死觀。

實際上，早從柏拉圖就已強調，哲學既為「愛智」之學，那麼在人生問題上，「哲學」就可說是「死亡的練習」。

所以，太史公遍閱歷史滄桑之後，曾經特別感嘆：「人固有一

死，或有重於泰山，有輕於鴻毛。」

人生如果為國奮鬥、犧牲而死，那是重於泰山；但如果為私人原因自殺輕生，那就輕於鴻毛，太不值得。

因此，文天祥很早就提醒世人：「人生自古誰無死？留取丹心照汗青！」

人生若能看破生死，就能看破一切，對於一切名利誘惑、生死威脅，當然都可置之度外！

憨山大師便曾指出，佛祖出世，最重要的第一大事，就是為「生死大事」開示，他並強調「非於生死外，別有佛法」。足證如何明智看待生死問題，實在是很需要深思的人生重大問題。

所以，陽明先生曾說，若對生死「見得破，透得過，此心全體方是流行無礙，方是盡性至命之學」，至今仍然深具警世作用。

陽明先生臨終之前，學生問他，還有什麼留言？他回答「此心光明，夫復何言」？更是以身作則，知行合一的榜樣。

另如，希臘大哲蘇格拉底指出，他生平「不肯背義而屈服於任何人」，「我不怕死，寧死不屈」；德國哲人康德，也曾強調，「我寧可為真理而死於職守」，都是很好典範。

此外，人生過世之後，是否靈魂不滅？靈魂與生命，是什麼關係？如果靈魂不滅，世上親人能否溝通？如何溝通？不同時期過世的親人，靈魂是否仍能團聚？都很值得研究。

所以，希臘大哲亞里士多德，特別重視靈魂學，他曾強調：「我們有理由把研究靈魂的學問，放在第一重要地位，因為從某種意義上說，靈魂就是生命的本源。」至今仍然很有啟發性。

凡此種種，證明中外的宗教家、哲學家、文學家、科學家等，

對生死學與靈魂學的研究，都很重視。

因此，本章特別收集中外古今各種名言，針對「生死與靈魂」這重大問題，提供各種看法；並收集很多名人臨終前的言行，與生死學家的臨床研究，以供各界參考；盼能有助於撫慰生者、安慰亡靈，並以健康的陽光態度，從奮鬥人生的積極面，看待生死與靈魂問題。

——————＊——————＊——————＊——————

「未知生，焉知死？未知事人，焉知事鬼？」

　　　　　　　　　　　　　　　　　　　　　　　　—孔子《論語》

【馮註】本段是孔子回答學生子路的名言，證明孔子關心重點在於人間、在於此世，也就是在於「操之在己」的部份，從而「盡其在我」，完成自我實現，這就形成孔子人本主義與人文主義的精神特色。

換句話說，孔子並未否認鬼神的存在，只是強調「敬鬼神而遠之」，他也並沒有輕視死亡的問題，或否定身後的靈界，而是更注重對此世「慎終追遠」的人文關懷，自然很有其重要性。

「天喪予！天喪予！」

　　　　　　　　　　　　　　　　　　　　　　　　—孔子《論語》

【馮註】本段代表孔子面對優秀學生顏回早逝的悲嘆，證明孔子深知人生有其先天的局限與無奈，因此，只有把握自身能力所及的部分，盡心盡力，才能激發潛力、頂天立地，並且問心無愧。

「志士仁人，有殺身以成仁，無求生以害仁。」

——孔子《論語》

【馮註】孔子這段內容，正如同俄國哲人貝德頁夫（Berdyaev）所說，因為人生必有死亡，所以才能襯托出生命的意義與價值，促使人生在面對苦難或者死亡時，必須做出正確的價值抉擇。這也正如孟子所說，當「生命」與「正義」不可兼得時，便須「捨生取義」，做出高貴的抉擇，才能完成生命的高貴意義。

「天壽不貳，修身以俟之，所以立命也。」

——孟子

【馮註】孟子本段內容，應該結合孔子所說「未知生，焉知死？」以及子夏所說「死生有命，富貴在天」整體來看；代表孟子同樣瞭解，人生壽命均有定數，這是人生的無奈，但是人仍然應在有生之年，盡量修身盡性，據以充實自我、完成自我實現，這才是君子立命之道。

　　從此看來，儒家並不是「宿命論」，而是「立命論」。正如易經所說，「樂天知命」，能夠樂觀奮鬥，在每天盡其責任（「取義」）中，就可完成生命仁德（「成仁」）。

「出生入死。生之徒十有三，死之徒十有三；人之生，動之死地，亦十有三。夫何故？以其生生之厚。蓋聞善攝生者，陸行不遇兕虎，入軍不被甲兵，兕無所投其角，虎無所措其爪，兵無所容其刃。夫何故？以其無死地。」

——老子《道德經》

【馮註】老子在此所說「動無死地」的精神，代表有大無畏的胸襟與堅韌毅力，所以能夠承擔一切苦難、看破一切困厄，因而連猛虎都傷不了他，兵刃也無法傷害他。

這也如同《金剛經》所說，佛陀在修「忍辱仙人」時，即使被歌利王節節支解，他也視為考驗，所以能夠鎮定、安靜、沉穩；正因能「離一切相」，去除一切執著，所以才能「不驚、不怖、不懼」，成就金剛不壞之身。

「夫唯病病，是以不病。聖人不病，以其病病，是以不病。」

—老子《道德經》

【馮註】老子本文在提醒世人，人生碰到病痛時，應該提昇自己精神境界，化小我的痛苦為大我的悲憫，此時反能因為精神的超昇，可以豁達領悟。生老病死乃是人生常態，要能用平常心看，「是以不病」。

這也正如弘一大師引用佛經所說，一個人生病劇痛時，應將精神提昇，看成是幫祖先去除業障，或幫子孫預先去除業障，這樣就能心平氣和，對病痛賦予積極的意義，從而化小我的病痛，成為大我的悲憫。

「死生、存亡、窮達、貧富、賢與不孝、毀譽、飢渴、寒暑，事之變也，命之行也。」

—莊子《德充符》

【馮註】莊子本段強調，人生各種高低起伏，如同自然節氣，均應該用平常心去看，才能將生命提高境界，冥同大道，做到無憂、無

慮、無懼。

　　所以他在〈大宗師〉也強調，「死生命也，其有夜旦之常，天
也。人之有所不得與，皆物之情也。」

「死生有待耶？皆有所體。

　死也，生之始；生也，死之徒，孰其紀？

　死，無君於上，無臣於下，亦無四時之事，縱然以天地為春秋，
雖南面王樂，不能過也。

　凡物無成或毀，復通為一。」

　　　　　　　　　　　　　　　　　　　　　—莊子、《知北遊》

【馮註】莊子是中國哲學家氣魄最大的一位；本文指出，一個人若
能如同大鵬鳥般，將精神提昇到九萬里的高空，先提神太虛，再俯
看地面人間萬物，便知生生死死循環不已，是很平常的事，萬物仍
然道通為一。

　　所以他在〈大宗師〉中，也稱「孰知死生存亡之一體者，吾與
之為友矣。」因為，從宇宙終點的「寥天一」看，便知「天地與我
並生，萬物與我合一」，小我生命與宇宙大我若能浹然同化，便能
知道，人生的興衰生死，如同天地萬物的生滅，有其自然規律，都
是天命的運行。

　　由此可證，莊子其實也並非宿命論，而可稱「行命論」。

「人固有一死，或有重於泰山，有輕於鴻毛。」

　　　　　　　　　　　　　　　　　　　　—司馬遷《報任安書》

【馮註】從司馬遷本文可知，他非常反對因為私人因素而自殺；因

為那是「輕於鴻毛」，但他很推崇為了國家而成仁，那樣才能「重於泰山」。

　　另外，孟子也認為，人生一切痛苦都是「天將降大任於斯人也」的考驗，所以人生面對痛苦，一定要能堅忍自強，藉機鍛鍊心志，「增益其所不能」。

　　道家面對痛苦，更以無限超越的精神，看開一切、看破一切。

　　佛學《金剛經》則提醒世人，要能放空自己；對於痛苦，要能面對它、看破它、解決它、放下它；人生若能透過「忍辱」，更加「精進」，反能因逆緣而成佛，可以為眾生付出更多貢獻。

「男兒要當死于迅野，以馬革裹屍還葬。」

－〔漢〕馬援

「天地有正氣，雜然賦流形。下則為河嶽，上則為日星。於人曰浩然，沛乎塞蒼冥。在齊太史簡、在晉董狐筆，在秦張良椎、在漢蘇武節！為嚴將軍頭、為嵇侍中血、為顏常山舌！或為遼東帽、清操厲冰雪；或為出師表，鬼神泣壯烈！或為渡江楫，慷慨吞胡羯；或為擊賊笏，逆豎頭破裂！」

－〔宋〕文天祥《正氣歌》

【馮註】文天祥的本文，是中華民族強調正氣的根源，並且上承孟子「浩然之氣」，形成中華民族精神最大特色，並將天地萬物，均看成挾正氣而俱化的生命體。

　　因此，人生在天地之間，應該效天法地，進而頂天立地，才能弘揚正氣。

　　文天祥在面對元兵的威脅利誘時，便是秉持這種正氣，直道而

行。這就正是孔子所說「殺身成仁」的典範，也是印證孟子「浩然正氣」的榜樣。

本文所列舉的歷代正氣人物，以及他本人壯烈犧牲、從容就義的事蹟，更形成中華民族一以貫之的英雄魂，深深值得中華青年重視與弘揚。

「人於生死念頭，本從生身命根上帶來，故不易去。若於此處見得破、透得過，此心全體方是流行無礙，方是盡性至命之學。」

─王陽明《傳習錄》

「集義不必怕鬼。」

─王陽明《傳習錄》

【馮註】本文即陽明先生「心學」強調天理的特色，同樣上承孟子、文天祥的正氣，強調「邪不勝正」之理。

陽明先生認為，只要心中有這種正氣，便足以克服瘴氣邪氣，也足以突破逆境困境。

他在過世前答覆學生：「此心光明，夫復何言」，同樣也是身體力行的重要例證。

「是命終人，未得受生，在七七之內，念念之間，望諸骨肉眷屬與造福功德，過足日後，隨業受福，若是罪人，動經千百藏中，無解脫日。」

─《地藏王菩薩本願經》

【馮註】《地藏經》堪稱中外經典中，論述「靈魂學」最為完備的代表作，也是描述死後靈界與地獄，最詳盡的寶典，更是教人如何

讓親人亡靈得到安寧、讓家屬得到安慰的重要經典，同時也是教人面對生死「怎麼辦」的寶典，因而深值用心研讀，並且發心力行。

尤其，地藏王菩薩所發大心：「我不入地獄，誰入地獄」，其中悲憫與大愛的精神，深值欽佩與效法。

另外，他也發大願，地獄中如果還有任何靈魂未度，他本身便誓不成佛。這種犧牲自己、普渡眾生的胸襟與使命感，更是深值學習與推廣的仁心義行。

「臨命終時，父母眷屬，宜為設福，以資前路，或燃油燈，或轉讀尊經，或供養佛像及諸聖像，乃至念佛菩薩及辟支佛名字……如是眾罪悉皆消滅。」

—《地藏經》

「若能更為身死之後，七七之內，廣召眾善，能使是諸眾生永離惡趣，得升人天，受勝妙樂，現在眷屬，利益無量。」

—《地藏經》

「生者為過客，死者為歸人。」

—〔唐〕李白《擬古十二首》

「寧以義死，不苟幸生，而視之如歸。」

—〔宋〕歐陽修《縱囚論》

「死生，天地之理，畏者不可以苟免，貪者不可以苟得也。」

—〔宋〕歐陽修《唐華陽頌》

「生而為英，死而為靈。」

—〔宋〕歐陽修《祭石曼卿文》

「生無益於時，死無聞於後，是自棄也。」

—〔宋〕司馬光

「人誰不死，只求臨終心無愧悔耳！」

—〔清〕曾國藩《家書》

「我不肯背義而屈服於任何人，我不怕死，寧死不屈。」

—〔希臘〕蘇格拉底《自辯篇》

「死後境界，二者必居其一：或是全空，死者毫無知覺；或是如俗世所云，靈魂由此界遷居彼界。」

—〔希臘〕蘇格拉底《自辯篇》

「如果你以為一個有價值的人，會把時間花費在權衡生與死的問題上，那你就錯了。一個有價值的人在進行抉擇時，只考慮一件事，那就是他行動的是與非，他行為的善與惡。」

—〔希臘〕柏拉圖《自辯篇》

「死對我來說，實在不算什麼。這不是誇張，對我來說最重要的，就是不做錯事和壞事。」

—〔希臘〕柏拉圖《自辯篇》

「無論是什麼人，只要他對死亡感到悲哀，這就足以証明他不是一個愛智者，而是一個愛慾者。」

—〔希臘〕柏拉圖《費多篇》

「死亡，是靈魂從身體的開釋。」

—〔希臘〕柏拉圖《斐多篇》

「死亡，是不死的靈魂離開肉體牢獄，獲得釋放，重新進入理型界。」

—〔希臘〕柏拉圖《斐多篇》

「哲學，是死亡的練習。」

—〔希臘〕柏拉圖《斐多篇》

「靈魂不會偷走任何一件肉體之物，因為靈魂一生裡面，並不主動與肉體協同，而是避開肉體，一直集中在自身之上，並且練習不停，此乃真正的哲學化，其真意在於練習『坦然就死』，或者也可以稱為死亡的練習。」

—〔希臘〕柏拉圖《斐多篇》

「凡是靈魂都是不朽的——因為凡是永遠自動的，都是不朽的。」

—〔希臘〕柏拉圖《斐多篇》

「靈魂，是不能被某種惡的東西消滅的，不論是內在於靈魂的惡，還是外在於靈魂的惡。因此，靈魂是永恆地存在的，假使靈魂永恆存在，那它一定不朽了。」

—〔希臘〕柏拉圖《理想國》

「哲學家的靈魂，一直在尋求一切人事和神事的整全，沒有什麼品質，比思想狹隘的哲學家，更加對立了。」

—〔希臘〕柏拉圖《理想國》

「一個心靈，有著恢宏雄偉的思想，對一切時代和一切存在進行沉思，你想這樣的人，會把個人的今生，看得很重大嗎？」

—〔希臘〕柏拉圖《理想國》

「死亡，不是死者的不幸，而是生者的不幸。」

　　　　　　　　　—〔希臘〕伊壁鳩魯《著作殘篇》

「一切惡中最可怕的——死亡——對於我們是無足輕重的，因為當我們存在時，死亡對於我們還沒有來，而當死亡時，我已經不存在了。」

　　　　　　　　　—〔希臘〕伊壁鳩魯《著作殘篇》

「賢者既不厭惡生存，也不畏懼死亡，既不把生存看成壞事，也不把死亡看成災難。」

　　　　　　　　　—〔希臘〕伊壁鳩魯《著作殘篇》

「我們應盡力過理性生活，使自己不朽。」

　　　　　　　　　—亞里士多德《倫理學》

「死亡是可怕的，但可以用勇氣和美德克服。」

　　　　　　　　　—亞里士多德《倫理學》

「長的生命不一定比短的生命好，除非其他事情是相等的。」

　　　　　　　　　—亞里士多德《倫理學》

「我們有理由把靈魂的學問，放在第一重要的地位……因為在某種意義上，靈魂就是生命的本源。」

　　　　　　　　　—亞里士多德《論靈魂》

「研究靈魂，無論是研究所有靈魂，還是某一類靈魂，乃是自然哲學家的事情。」

　　　　　　　　　—亞里士多德《論靈魂》

「靈魂，就是潛在具有生命的、自然軀體的第一現實性。」

—亞里士多德《論靈魂》

「靈魂，是在原理意義上的實體。」

—亞里士多德《論靈魂》

「靈魂不是軀體，而只是依存於軀體。」

—亞里士多德《論靈魂》

「靈魂，乃是有生命軀體的原因和本源。」

—亞里士多德《論靈魂》

「一切有生命的東西，都必然具有靈魂，這樣的事物從生到死，都擁有靈魂。」

—亞里士多德《論靈魂》

「對於死的恐怖，比死本身更令人懼怕。」

—〔羅馬〕賀拉斯《箴言》

「無需乎事功，單有信仰就能釋罪，給人自由和拯救。」

—馬丁路德《論基督徒的自由》

「靈魂具有這樣一些性質，它同廣延毫無關係，同組合成身體材料的大小和別的特性，也毫無關係，而是同它的整個組裝相關……當身體器官崩解時，它本身就整個從身體撤出了。」

—〔法〕笛卡兒

「死亡是最大的平等。」

—〔英〕托富勒

「為正義而死不是懲罰，而是一種光榮；為自由而死，更是一種榮
耀。」

—〔荷〕史賓諾莎

「人的心靈，不可能隨身體而完全消滅。」

—〔荷〕史賓諾沙《神學政治學》

「靈魂不死，並沒有邏輯的確定性，但卻有道德的確定性。」

—〔德〕康德

「我的使命就是論證基礎……我寧可為真理而死於職守。」

—〔德〕康德

「我反對自殺，因其並非『普遍的自然律』。」

—〔德〕康德

「想的越多，做的越多，你就活的越久。」

—〔德〕康德

「死亡對我來說，是最微不足道的……對我自己而言，死亡之時，
就是一種嶄新的、更壯麗的生命誕辰之時。」

—〔德〕費希特

「生命的價值並不在它的長短，而在於我們怎樣利用它。」

—蒙太澳·貝珍森《蒙太澳其人》

「死都不怕的人，還有什麼可怕的呢？」

—〔德〕席勒《群盜》

「死亡是一種揚棄。」

　　　　　　　　　　　　　　——〔德〕黑格爾

「精神的生活，不是害怕死亡，而是敢於承當死亡，並得以自在的生活。」

　　　　　　　　　——〔德〕黑格爾《精神現象學》

「任何人都要死，自然的死亡是一種絕對的法律，但這是自然對人所執行的法律。」

　　　　　　　——〔德〕黑格爾《哲學史講演錄》

「如果你從未孤寂過，你就從未真正懂得宗教。」

　　　　　　　　　　　　——〔美〕懷海德

「如果因為我們不免一死而恐懼、而悲嘆，在這上面耗費時間，是徒勞無益的。」

　　　　　　　　　　　　　——〔英〕羅素

「人生重要的，不是永恆的生命，而是永恆的活力。」

　　　　　　　　　　　　　——〔德〕尼采

「一切生命的意義就在於此——在於激發創造。」

　　　　　　　　　　　——〔法〕羅曼·羅蘭

「勝利和眼淚！這就是人生！」

　　　　　　　　——〔法〕巴爾扎克《鋼巴拉》

「死者的光榮，不在於受時人的讚美，而在於為後人所效法。」

　　　　　　　　　　　——〔法〕孟德斯鳩

「我確信，我們的靈魂，擁有無法全然消滅於無形的特性，而且會

持續到永遠。就像太陽一樣，它並不像人們親眼所見的日落西山，事實上，它在我們的眼中西下，卻又在另一個半球升起，它是個永不沉沒的太陽。」

— 〔德〕歌德《艾克曼·對話》

「如果你不能覺悟死的意義，你只不過是在憂暗世界中，一名憂心忡忡的過客。」

— 〔德〕歌德《西東詩集》

「一旦一個人在死亡面前無所畏懼，那麼一切都屬於他。」

— 〔俄〕托爾斯泰

「應該生？還是死？這是個問題。」

— 〔英〕莎士比亞《哈姆雷特》

「英雄只死一回，懦夫卻死無數次。」

— 〔英〕莎士比亞

「越是能好好地過生活，死亡的恐怖越會越少，死亡也會變得輕鬆。對於聖人來說，死亡是不存在的。」

— 〔俄〕托爾斯泰《人生之道》

「如果能真正的認識神，這個世界大概就沒有令人懼怕的事物。」

— 〔俄〕托爾斯泰《人生之道》

「死，是萬物不可避免的終結。」

— 〔俄〕托爾斯泰《安娜》

「天上多一個烈士，地上就少一個英雄。」

　　　　　　　— 〔俄〕托爾斯泰《戰爭與和平》

「播種的人撒下了種子，看到農夫在收獲，會興起類似的想法：
『生』是耕作，『死』是其歸宿的收獲。」

　　　　　　　　　　　　— 〔美〕惠特曼

「誰能把生死置之度外，他就成為新人。誰能戰勝痛苦和恐懼，他
自己就能成為上帝。」

　　　　　　　— 〔俄〕朵思妥耶夫斯基《群魔》

「死亡宛如誕生，都是隸屬於生命的。正如走路須提起腳來，也須
放下腳去。」

　　　　　　　　— 〔印度〕泰戈爾《飛鳥集》

「生與死，都是無法抗拒的，但我們能享受兩者間的一段時光。死
亡的黑暗景幕，將襯托出生命的光彩。」

　　　　　　　　　　　— 〔美〕桑塔耶納

「生與死，是每時每刻的決鬥。」

　　　　　　　— 〔法〕羅曼·羅蘭《母與子》

「每一個死亡都要經過肉搏，每一粒谷子都要脫去外殼。」

　　　　　　　　　　— 〔法〕羅曼·羅蘭

「生由死而來，麥子為了萌芽，它的種子必須要死了才行。」

　　　　　　　　　　　— 〔印度〕甘地

「記住，死就是一個偉大的搬家日。」

　　　　　　　— 〔丹麥〕安徒生《遷居的日子》

「我並不否認，我害怕死，但我更害怕的，是死得不光榮。」

—〔匈〕裴多菲《給民族》，《裴多菲詩選》

「死亡願意什麼時候來，就什麼時候來罷，我將勇敢地迎接你。」

—〔德〕貝多芬，引自《傅譯傳記五種》

「最好人們事先就看重我們，不要等我們死後才開始尊重；對去年的莊稼，灌溉有什麼用處？」

—〔英〕艾略特《亞當·貝德》

「死神，時時刻刻在暗算人類：當它襲擊人的時候，是不會預先提醒的。」

—〔法〕莫里哀《莫里哀喜劇選》

「即使知道死亡並不可怕，人生還是沒有辦法擺脫對死亡的懼怕，又是一個難解的謎。世界上，宇宙中，有多少難解的謎啊……所以，還是抓緊時間工作吧！」

—〔德〕愛因斯坦

「與其愚蠢而軟弱地，視死亡為恐怖，倒不如冷靜地看待死亡——把它當作人生必不可免的歸宿。」

—〔法〕培根《隨筆選，論死亡》

「我們無所懼於死亡，正如太陽無所畏於黑夜一樣。」

—〔德〕叔本華《作為意志和表象之世界》

「當你們死亡，你們的精神和道德，應該璀璨如落霞之環，照耀著世界；否則你們的死亡是失敗的。」

　　　　　　　　　　　—〔德〕尼采《查拉圖斯特拉如是說》

「你們有成就而死亡，對於生者，是一種緬懷和一個期許。」

　　　　　　　　　　　　　　　　　　—〔德〕尼采

「學習如何去生，和學習如何去死，實際上是一回事。」

　　　　　　　　　　　　—〔德〕雅士培《哲學·序言》

「靈魂，是為你暗示未來的先知，是賜予你預兆的占卜者，是你在
　未來遭遇裡的守護者。

　真是妙啊，上帝賜給你的靈魂，能夠為你預言。更奇妙的是，靈
　魂認識那把它賜給你的上帝。」

　　　　　　　　—〔德〕榮格轉引自《人的形象與神的形象》

「個人的生命，連同他的種種憂患和要解決的問題，有一個了結，
終究是一件好事；雖然本能使人不願接受這種解脫，但是理智卻使
人贊成它。」

　　—〔美〕愛因斯坦《生命有個了結是件好事》，《愛因斯坦文集》

「我認為，瀕死病人比任何人都強，因為能教導我們有關生命末期
的焦慮、恐懼和希望。」

　　　　　　　　　　　　　　　　　—〔美〕蘿絲博士

「很多人誤以為死亡是一種威脅（threat）；其實不然，死亡是一種
挑戰。」

　　　　　　　　　　　　　　　　　—〔美〕蘿絲博士

【馮註】蘿絲博士（Elizabeth Ross）當代生死學專家，美國芝加哥大

學醫學院教授;因為透過臨床實驗,歸納往生者與家屬的心理狀態,形成舉世重視的「生死學」,並出版了很多生死學的經典之作,堪稱「當代生死學」的創始人。

她主張「死亡是人生最後的成長」,很有積極的勵志意義;她所提出的「心理五階段」,描述人們面臨生死關頭的五種心情——從「否認」(denial),「憤怒」(anger),「協商」(bargain),「沮喪」(depression),以及「接受」(acceptance),更已成為重要的學說。

「成長是人的生活方式,死亡是人類發展的最後階段。若要每天活得都有價值,而不只是走進預期的死亡時刻,我們就必須面對,並且接受我們自己不可避免的死亡。」

——〔美〕蘿絲博士

「你不需要,也不應當,等到死神來敲門的時候,才開始真真實實地生活。」

——〔美〕蘿絲博士

「在你去世之前,無論使你生命更有意義的那些事情是什麼,現在就去作罷;因為你正在走向墳墓;當你接獲最後的通知時,你可能沒有時間與精力了。」

——〔美〕蘿絲博士

「想一想你自己的死罷。你付出了多少時間與精力去考察你對自己之死亡的感覺、信念、希望、與恐懼?假使有人告訴你,你的生命有了期限,你會怎麼樣呢?那會不會改變你目前的生活方式呢?有

沒有一些事情，你覺得必須在你去世之前去作的呢？你是否怕死呢？你能不能指出害怕的根源呢？」

─〔美〕蘿絲博士

「想一想你所愛的一個人的死。如果你所愛的一個人要死，你要跟他說些什麼呢？你將如何跟他共度那段光陰呢？你能否應付一個親人死亡，一切法律的細節呢？你跟家人談論過死亡或臨終的問題嗎？你是否覺得有些情感方面、或實際方面的事情，需要在你的父母、子女、兄弟或姊妹死亡之前，跟他們詳細規畫呢？」

─〔美〕蘿絲博士

「在我們的研究裡，我們發現瀕死病人經過五個連續階段的反應，而『否認』（denial）就是第一個。『否認』甚至會導致忿怒（anger）：『為什麼是我？』憤怒接著就是『協商』（bargaining），『協商』期過後，病人常沉入深度的『沮喪』（depression）。這階段也有積極的一面，因為，病人正在衡量死亡的恐怖代價，同時準備去接受一切，以及喪失他所愛的人。第五，也是最後的時期，就是『接受』（acceptance），這時病人屈服於對他的死亡宣告。」

─〔美〕蘿絲博士

「要能面對『瀕死』、『死亡』和它們帶來的事實，我們才能幫助瀕死的病人和家屬，使他們能面對，而且妥善處理這人生最終和必經的大事。」

─〔美〕蘿絲博士

「瀕臨死亡的人，才能教導生者。」

　　　　　　　　　　　　　　　　　　　——〔美〕蘿絲博士

「應讓病人及其家屬看到，疾病並沒有完全瓦解家庭，或完全剝奪
所有家人的任何愉快活動，這是比較有意義的；而且，疾病允許家
庭做逐漸的改變，來適應病人不再存在的情形。這正如同絕症的病
人，不能一直面對死亡，家庭份子不能、也不應當，只為了要完全
陪病人，而排拒了所有其它的社交活動。」

　　　　　　　　　　　　　　　　　　　——〔美〕蘿絲博士

「他們不了解，一個瀕死的人，他已經在他的死亡裡，找到了和平
和接受，必須逐步地把自己從他的環境（包括他最喜愛的人們）分開。
如果他繼續保有一個人，所有這麼多有意義的關係，那麼叫他如何
能準備好死亡呢？當病人要求只讓幾個朋友訪視，然後只要他的孩
子，最後只要她的妻子，我們就應該知道：這就是他逐漸離開自己
人生的方式了。」

　　　　　　　　　　　　　　　　　　　——〔美〕蘿絲博士

「不要怕死。肉體生命的結束，不該使我們擔心。我們應當關心的
是，當我們還有一口氣的時候，我們就要好好的『活』——解救內
在自我，免於精神死亡。」

　　　　　　　　　　　　　　　　　　　——〔美〕蘿絲博士

「當一個親人死亡時，我們有兩條路可走——生活在哀傷、不安、
及隱藏的罪惡感中，或是面對這些感覺，克服它們、接受死亡，並
且投入生活。」

　　　　　　　　　　　　　　　　　　　——〔美〕蘿絲博士

「當我們失掉我們所愛的人時，我們不要失掉愛人的能力。我們能夠從悲哀中獲得成長。」

一〔美〕蘿絲博士

「死亡不足為慮，因為死亡，只不過是人類和上帝及大自然，建立更為完美的新關係開端而已。」

一紀伯倫《先知》

「生與死是同一的，正如同河流和海水不二。」

一紀伯倫《先知》

「死亡的意義，除了解除氣息的貧乏，好讓它得以崛起與擴張、毫無阻礙的追求上帝之外，別的還是什麼？」

一紀伯倫《先知》

「人為婦人所生，生命苦短，而煩惱特多；它來如花開，去如花萎，無常迅速，逝如光影。」

一聖經《舊約·約伯紀》

「如今常存的有信、有望、有愛，其中最大的是愛。」

一聖經《哥林多書》

「因為，凡要救自己生命的，必要掉生命，凡為我和福音喪掉生命的，必救了生命。」

一聖經《馬可福音》

「穿過滿是死亡陰影的幽谷，我不怕邪惡；因為祢與我同在，祢的牧杖，祢的竿，都安慰我。」

—聖經《詩篇》

「祢的恩惠慈愛，隨我一生，我要永遠住在祢的殿堂中。」

—聖經《詩篇》

「耶和華離傷心最近，祂拯救靈性悔悟之人。公義之人苦難必多，但耶和華救他們出一切苦厄。」

—聖經《詩篇》

「喜樂的心，乃是良藥；懷憂之靈，使靈枯乾。」

—聖經《詩篇》

「凡事都有定期，天下萬端都有定時：生死有時，植采有時……。」

—聖經《傳道者》

「惡人死亡，豈是我喜悅的嗎？我所喜悅的，難道不是他回頭離開所行之道而存活嗎？」

—聖經《以西結書》

「人們若因我辱罵你們、迫害你們，捏造各種壞話毀謗你們，你們就有福了！應當歡喜快樂，因為你們在天上的賞賜是很大的，在你們以前的先知，人們也是這樣迫害他們。」

—聖經《馬太福音》

「要叫你施捨的事，行在暗中，天父在暗中察看，必然在明處報答你。」

—聖經《馬太福音》

「你們饒恕人的過失，你們的天父也必饒恕你們的過失。」

—聖經《馬太福音》

「世上有許多人，他們雖生猶死。」

—聖經《馬太福音》

「凡勞苦負重之人，都到我這裡來，我要使你們得安息。」

—聖經《馬太福音》

「人就算賺得全世界，卻失去自己的生命（靈魂），又有什麼益處呢？人還能拿什麼換靈魂呢？」

—聖經《馬可福音》

「在希望中要歡樂，在患難中要忍耐。」

—聖經《羅馬書》

「我是阿爾法，我是奧米茄，是起點，也是終點。」

—聖經《啟示錄》

【馮註】本文強調，神是宇宙人生的起點，也是終點，並用希臘文第一個字（阿爾法）代表起點，最後一個字母（奧米茄）代表終點。美國哲學家懷海德即曾指出，神有兩種特性，一是「根源性」（Primordial Nature），二是「終極性」（Consequent Nature）即與此相通。在中國哲學中，道家強調「道」是創造萬物之起點（「道生一、一生二、二生三、三生萬物」），同時道也是萬物回歸之終點（「反者道之動」，「歸根後命」），也都均能相通，足證東西宗教與哲學，在根本上有很多會通之處。

「行善的復活得生，做惡的復活定罪。」

—聖經《約翰福音》

「在基督裡面死了的人，一定要復活，而且和主永在。」

—聖經《以賽亞全書》

「生命的期限是上帝規定的，所以死亡是歸依於上帝的意旨，它的到來，也必須經過上帝的允許。」

—回教《可蘭經》

「要讚美神，祂掌握主權，祂全能於萬物，祂造化了死和生，以便考察你們，看誰的行為最好。」

—回教《可蘭經》

「我將在復活日，為他拿出一本帳來，我告訴他，讀你自己的紀錄，今天你自己就是自己的審判人。」

—回教《可蘭經》

「要提防你們自己被帶回到阿拉的那一天，那時每個人都會被賦予全部的應得報償，誰都不會被虧待；因此，在人間覺得委屈的，做好事沒得到報償的，都會在阿拉那裡得到報償。」

—回教《可蘭經》

「在那天，人們將被篩選，並且分成種類，以審查他們的行為，行善者將被善待，而惡行者也將受報應。」

—回教《可蘭經》

「每個人將自作自受，沒有人會承擔他人的責任。」

　　　　　　　　　　　　　　—回教《可蘭經》

「那些繼續犯罪，一直等到死亡降臨時，才說要懺悔的人，是無法得到寬恕的；對於那些至死仍然不信的人，懺悔也沒有用。」

　　　　　　　　　　　　　　—回教《可蘭經》

「人生在世所以會有意義，就是因為有死亡這件事，假如人間沒有死，人生的意義就消失了。人的道德經驗意義，統貫他整個一生，主要是他處身於一個知道有死的地位。」

　　　　　　　　　　　　　　—〔俄〕貝德頁夫

「人生不會因為死亡而絕斷，因為人類可以復歸大自然的宇宙，從而鑄造未來的生命，永遠沒有窮盡的往復循環。」

　　　　　　　　　　　　—〔美〕惠特曼《自我之歌》

「死神回答：『我不分貧富、貴賤、老少、美醜、病與不病』。」

　　　　　　　　　　　　　　—李懷特

「專橫的凱撒，死了也化為泥，那個曾經讓世人敬畏的泥，如今為了禦寒，要補破壁！」

　　　　　　　　　　　—〔英〕莎士比亞《哈姆雷特》

「凡是生活的，都是神聖的。凡是生命，都是神聖的。」

　　　　　　　　　—〔美〕史坦貝克《憤怒的葡萄》

「死如出獄，死如再生，死如畢業，死如搬家，死如換衣，死如新陳代謝。」

　　　　　　　　　　　　　　—星雲大師

「面對隨時會到臨的死神,我們要想著,自己有永遠的過去,還要想著有永遠的未來,這是接受死亡的最好心理準備。」

—聖嚴法師,《歡喜看生死》

「如果我們能相信此生有過去,就能坦然接受,並因應此生的因緣;若能相信有未來,就能懷抱希望,邁步向前。」

—聖嚴法師,《歡喜看生死》

「台灣本身就處在地震帶,發生強震是遲早的事。如果真要講因果,那是整個台灣社會果報所成;在九二一地震罹難的人,是替兩千三百萬人受罪。所以,稱他們是菩薩,而活著的人,不管在那裡,都應心存感恩。」

—聖嚴法師,《歡喜看生死》

「看不見,可是依然存在。」

—經國先生

【馮註】本文為經國先生紀念亡友的文章題目,比喻人生在死亡之後,如同爬藤,爬到了牆的另外一邊,「看不見,可是依然存在」,非常親切感人,而且簡明易懂,故特引錄。

「人生一世恍如夢幻,來去匆匆兮飄飄然。

　剎那間,此夢不再與我為友,你何必哭哭啼啼把淚彈!

　欣然長住兮,上帝的彼岸,那裡有我希望的樂園,

　或許它能埋掉我的心酸。

　再見,我親愛的女兒,再見!你不必再為我撕心裂肺。

　兩位天使披壽衣,正將我等盼,

儘管我黃泉路近、氣息奄奄，

你的敬愛，定會將我帶到天使的身邊。」

——〔美〕傑弗遜《臨別對女兒的贈言》

「我一直做為一個哲學家而生活，現在，我想做為一個哲學家而死去。」

——〔德〕胡塞爾（1895-1938）《遺言》

「我一點也不怕死。我難過的只是，我已經沒有氣力把我的研究繼續下去了。我曾不斷地追隨科學，並把我的一生獻給了科學，我相信我這樣做對了……但使我感到遺憾的是，我沒有使人類得到更直接的利益。對於科學，堅持者必定成功。」

——〔英〕達爾文（1809-1882）《遺言》

「看！刀劍，軍隊、遼闊的戰場，

　榮譽和希望，就在周身沸騰！

　那由盾牌抬回的斯巴達人，何曾有過這種馳騁？

　醒來！醒來！我的靈魂！

　想一想，你的心血所來自的湖泊，

　還不刺進敵人的胸膛！」

——〔英〕拜倫，《今天我度過了三十六年》

【馮註】本文為英國詩人拜倫（1788-1824）的最後一首詩，堪稱「一詩成讖」，正好年方 36 歲，如同徐志摩同樣在 36 歲，英年早逝，均令世人為之惋惜。

「在這兒安葬著普希金和他年輕的繆斯，

還有愛情和懶惰，共同度過了愉快的一生。

他雖沒有做過什麼好事，可是就心地來說，

卻實實在在是個好人。」

—〔德〕普希金（1799-1837）《墓誌銘》

「我死之後，請在我的墓碑刻上這樣一句話：一位優秀的女演員在此安息，她演到生命的最後一刻。」

—〔瑞典〕英格麗·褒曼（1915-1982）

「俄國馬克思主義理論家、社會活動家普列漢諾夫（1856-1918）的墓碑上鐫刻著他的詩句：『他已和自然融為一體』。」

—〔俄〕普列漢諾夫（1856-1918）

「我希望將我的遺體火化，而我的骨灰，若有可能，請把它沉入海中。」

—〔德〕恩格斯（1820-1895）《給遺囑執行人的信》

「把我葬在我死的地方，如果死在城市，就找一處最廉價的公墓，用最廉價的棺木，像埋葬乞丐一樣。不要擺鮮花和花圈，不要致悼詞。」

—〔俄〕托爾斯泰《遺言》，引自《散珠碎玉》，中國城市
出版社，北京 2004 年出版。

「費希特，臨終留言：『不必了，我不需要什麼藥了。我感覺已經好多了。』」

—〔德〕費希特（1762-1814），引自《散珠碎玉》

「巴頓上將（1885-1945）墳墓十字架上刻的墓誌銘：

『呵，永別了！別了，寧靜的心靈！心靈滿足的永別！

別了，人間的一切！

別了，自豪的軍隊，和那化野心為美德的大戰。

呵，別了，蕭蕭嘶鳴的戰馬！

淒厲哀訴的軍號！振奮人心的戰鼓！

尖銳利耳的長笛！別了，皇家的戰場，

和那光榮戰爭的一切驕傲和壯觀的場面！』」

—〔美〕巴頓上將，引自《散珠碎玉》

「貝多芬（1770-1827），臨終留言：『為我歡呼吧，先生們，喜劇結束了。』」

—〔德〕貝多芬，引自《散珠碎玉》

「塞爾維特（1511-1553），為西班牙生理學家，因學說被教會判為異端，而遭火刑，在臨刑前凜然不屈，留下這段名言：『我的言行是正確的，我不怕死。你們毀謗我的學說，但是舉不出有份量的證據。我將勇敢的為自己的學說，為真理而死去。』」

—〔西〕塞爾維特，引自《散珠碎玉》

「狄德羅（1713-1784）臨終留言：『懷疑是向哲學邁出的第一步。』」

—〔法〕狄德羅，引自《散珠碎玉》

「最後，終於幸福了。」

—〔法〕安培，引自《散珠碎玉》

【馮註】安培（1775-1836）為法國名物理學家，生平坎坷，父親在

法國大革命中被送斷頭臺，妻子在婚後沒幾年也過世；本文為他自己在臨終前的留言。

「美國詩人惠特曼（1819-1892）的墓碑上鐫刻著作家愛默生的贊語：『他的一生都在肯定自由，他的詩作在慶賀生命，他的哲學是準備死亡。』」

—〔美〕惠特曼，引自《散珠碎玉》

「海明威（1899-1961）的墓誌銘：『恕不起來了。』」

—〔美〕海明威，引自《散珠碎玉》

「蕭伯納（1856-1950）的墓誌銘：『我早就知道無論我活多久，這種事遲早都要發生的。』」

—〔愛爾蘭〕蕭伯納，引自《散珠碎玉》

「我的靈魂留給上帝，我的肉體留給大地，我的財產留給親人。」

—〔義〕義大利雕塑家米開朗基羅（1475-1564），引自《散珠碎玉》

「德國劇作家菲希德去世後，在他的墓碑上只刻了兩個字：『劇終。』」

—〔德〕菲希德，引自《散珠碎玉》

「這裡長眠的人，他的名字寫在水裡。」

—〔英〕葉慈（1795-1821），引自《散珠碎玉》

【馮註】濟慈，英國著名詩人，文筆細膩，意境綺麗，墓碑上既不寫名字，也不寫生卒年，只寫這一句話，可見其瀟灑的個性。

「人們應把心思轉到旁的事情，並應把一些不朽的東西，投入到人

生。」
——〔英〕羅素，引自《散珠碎玉》

「人不僅是演員，而且是自己人生劇本的作者。」
——〔俄〕阿納托里·費迪《交際美學》

「德國作曲家巴哈（1685-1750）在臨去世的前幾天，要聽有關死的主題音樂，『因為我的時刻到了。』」
——〔德〕巴哈，引自《散珠碎玉》

「死亡算不了什麼，沒有充分地生活，才是可怕的。」
——〔法〕雨果　轉引自《國際引語大全》

「少年時孤僻而倔強，青年時狂妄而固執，
　壯年時敢做又敢為，老年時輕率而古怪！
　——這樣墓碑上就刻著：一個真正的人在此安息！」
——〔德〕大文豪歌德自擬的《墓誌銘》，引自《散珠碎玉》

「菲律賓國父黎薩（1861-1896），在被西班牙殖民統治者殺害前，寫了首絕命詩，題為《永別了，我的祖國》：『當我在拂曉時死去，黎明前的黑暗就要消失，曙光即將照耀河山，我以我鮮紅的血液，為黎明的曙光增添輝煌！』」
——〔菲〕黎薩，引自《散珠碎玉》

「我渴望在這個墓穴裡找到安寧！和她（指其母親）友好地在一起，我覺得死也輕鬆。像早年那樣，我可以安眠了；現在，永遠，又能和她並排而眠。」
——〔法〕雨果（1802-1885）《墓誌銘》，引自《散珠碎玉》

「弗·約·居里，一個為公正世界、為沒有戰爭的恐懼、沒有社會罪惡和不平的世界，進行過奮鬥的人。」

　　　──〔法〕物理學家居里（1900-1958）生前自擬的墓誌銘，引
　　　自《散珠碎玉》

「德國音樂家布拉姆斯（1833-1897）在臨終前發出一句怨言：『我還沒有開始表達自己的思想，命運就讓我走了。』」

　　　　　　　　　　──〔德〕布拉姆斯，引自《散珠碎玉》

「法國作家、劇作家大仲馬（1802-1870）在彌留之際，見他的僕人在痛苦的哭泣，他說：『別哭了，我的朋友，如果我在那裡需要你幫助，我會叫你的。』」

　　　　　　　　　　　　──〔法〕大仲馬，引自《散珠碎玉》

「青春即使在痛苦之中也閃耀著他的華彩。」

　　　　　　　　　　　　　　──〔法〕雨果《悲慘世界》

「靠人工的方法延續生命，是沒有意思的。我已經做了我該做的，現在是離開的時候了。我要走得體面些。」

　　　　　　　　　──〔德〕愛因斯坦遺言，引自《散珠碎玉》

【馮註】本段是愛因斯坦病中留言，他在腹腔中主動脈瘤爆裂後，拒絕再動手術，強調無須只靠人工延續生命，並拒絕全身插滿管子後再辭世，思想非常先進，對於今天全球強調「死亡尊嚴」，很有重要的啟發性。

「英國哲學家培根（1561-1626）在一次科學實驗中，不幸染上感冒，後來不治身亡。他臨終前自信地說：『我將讓其他的民族和後

世，來評價我是否值得人們紀念。』」

—〔英〕培根，引自《散珠碎玉》

「法國哲學家盧梭（1712-1778），在 1778 年 7 月 2 日的早晨，走到窗前，看著美麗的日出，呼吸著清爽的空氣，自言自語道：『今天是多麼純淨、安寧啊！大自然是多麼偉大啊！』說完便與世長辭了。他的墓碑上刻著：『睡在這裡的，是一個熱愛自然和真理的人。』」

—〔法〕盧梭，引自《散珠碎玉》

「對於年輕人來說，過份關心自己，幾乎可以算是一種罪惡，或至少是一種危險。」

—〔瑞士〕榮格《人生的各階段》

「青春，是生命中最美好的一段時間。」

—〔德〕黑格爾《對聽眾的致詞》

「只能自由地呼吸，還不能真正地稱為人生。無益的人還不如早點死了好。」

—〔德〕歌德《伊凡歌尼》

「美國現代舞女舞蹈家鄧肯（1878-1927），留給人們的最後一句話是：『再見，我的朋友。我上天去了。』」

—〔美〕鄧肯，引自《散珠碎玉》

「所謂死亡的恐懼，並不是指對死亡產生恐懼，而是對虛幻的生存感到恐懼。」

—〔俄〕托爾斯泰《人生論》

「英國詩人雪萊（1792-1822）僑居義大利時，因海難身亡。墓誌銘
是莎士比亞《暴風雨》中的一段詩句：『波西‧比希‧雪萊——眾
心之心。他並沒有消失什麼，不過感受了一次海水的變幻，他成了
富麗珍奇的瑰寶。』」

──〔英〕雪萊，引自《散珠碎玉》

「英國哲學家培根（1561-1626），被馬克斯稱為『英國唯物主義和
整個現代實驗科學的真正始祖』，他的墓誌銘，是朋友亨利‧沃登
對他寫道：『應稱為「科學之光」、「法律之舌」。……他，當他
諳熟了自然科學和人類歷史的一切神秘之後，他本人完成了大自然
的旨意。』」

──〔英〕培根，引自《散珠碎玉》

「德國哲學家康德（1724-1804）去世後，安葬在哥尼斯堡大學的教
授墓地。他的墓誌銘是：
『在這裡，偉大導師將流芳百世；青年人啊，要想想怎樣使自己英
名永存！』」

──〔德〕康德，引自《散珠碎玉》

「英國政治家邱吉爾（1874-1965），活到 91 歲，晚年常被描述為
『活著的最偉大的英國人』。他在 75 歲生日時風趣的說：
『我已經準備好去見我的上帝了。不過至於他是否也已經準備好要
見我可是另一回事。』
然而，他在臨終前，留的是這麼一句話：『一切都是那麼無
聊。』」

──〔英〕邱吉爾，引自《散珠碎玉》

「法國作家大仲馬（1802-1870）生前受過很多批評和譴責。他曾說：『要是我把扔到我身上的石頭，全部都收集起來的話，足以建造一座最大的文學家紀念碑。』」

—〔法〕大仲馬，引自《散珠碎玉》

「法國作家、劇作家德姆斯捷（1760-1801）在臨終前一天，對一位來看望他的朋友說：『我不自欺欺人，你看湯也喝不下去了，牛奶也喝不下去了，連水也喝不下去了。看來，我是一定要走了。』臨終那天，他給一個他深愛的人寫道：『雖然，我已經沒有力量再活下去了，但是我卻有力量愛你。』」

—〔法〕德姆斯捷，引自《散珠碎玉》

「德國詩人歌德（1749-1832），嚥氣之前大聲叫道：『光明……再多一點光明！』」

—〔德〕歌德，引自《散珠碎玉》

「法國作家小仲馬（1824-1895）在他的遺囑中寫道：『我死之後，請給我穿上紅色鑲邊的平紋布襯衣，和我平時穿的連褲工作衣，腳就讓它們光著吧。』」

—〔法〕小仲馬，引自《散珠碎玉》

「英國外交家、演說家、作家切斯特菲爾德（1694-1773），在臨終前一天，乘著馬車去了一趟墓地。從墓地回來後，管家問他是否呼吸到郊外清新的空氣，他說：『沒有。我只是去體驗了一次我的葬禮。』」

—〔英〕切斯特菲爾德，引自《散珠碎玉》

「美國女詩人塞克斯頓（1928-1974）的墓誌銘，是取自愛爾蘭谷倉側面牆上刻著的箴言：『老鼠擇苦棲身。』有趣的是這句箴言的英文（Rats live on no evil star），順讀與倒讀，其意思都一樣。」

　　　　　　　　　　　　　　　─〔美〕塞克斯頓，引自《散珠碎玉》

「義大利詩人但丁（1265-1321）曾被恩格斯稱為歐洲『中世紀的最後一位詩人，同時又是新時代的最初一位詩人。』他的臨終遺言是：『轉動太陽和其他星球的，是愛。』」

　　　　　　　　　　　　　　　　　─〔義〕但丁，引自《散珠碎玉》

「愛爾蘭大作家蕭伯納（1856-1950）生前對守候在他身邊的護士告別時說：『護士小姐，你們想留住我的生命，就像要保存一處歷史悠久的名勝古蹟。但是我累了，我要死了。』」

　　　　　　　　　　　　　　　　─〔愛〕蕭伯納，引自《散珠碎玉》

「奧地利作家莫札特（1756-1791）在 1791 年夏，受一陌生人委託寫《安魂曲》，他在創作過程中，一直覺得這首彌撒曲，就是在為他自己之死而作。果然，他發燒三個星期後完成此曲，隨後就去世了。」

　　　　　　　　　　　　　　　　　─〔奧〕莫札特，引自《散珠碎玉》

「荷蘭法學家、『國際法之父』格勞秀斯（1583-1645），生前就擬好了他自己的墓誌銘：
『荷蘭的囚徒與流亡者，瑞典女王之大使，許戈·格勞秀斯長眠於此。』」

　　　　　　　　　　　　　　　　─〔荷〕格勞秀斯，引自《散珠碎玉》

「印度民族運動領袖、政治家甘地（1869-1948）遇害時喊的最後一句話是：『嗨，羅摩！』後來，他的這句話被鐫刻在他墓的正面。在墓石上，並用英文和印度文鐫刻著他的一段語錄：

『我希望印度自由強盛，敢於犧牲自己，勇於創造一個美好的世界。每個人應當為自己的家庭犧牲，每個家庭應當為自己的縣犧牲，每個縣應當為自己的省犧牲，每個省應當為自己的國家犧牲，每個國家應當為全人類犧牲。我期望「天國」降臨塵世。』」

　　　　　　　　　　　　－〔印〕甘地，引自《散珠碎玉》

「俄國音樂家柴可夫斯基（1840-1893）在病逝前留下遺言：『我一生都期望能當一名莎士比亞戲劇的演員，只可惜缺乏演員的才幹，不能如願。在我死後，把我的頭顱砍下來，製成骷髏，作《哈姆雷特》一劇的道具，這樣就算我死後，演上了莎士比亞的戲了。』」

　　　　　　　　　　－〔俄〕柴可夫斯基，引自《散珠碎玉》

「俄國作家托爾斯泰（1828-1910）在離家出走中途去世。他臨終時號啕大哭，他說：

『大地上千百萬的生靈在受苦，你們為什麼都在這裡只是照顧著我。』」

　　　　　　　　　　　　－〔俄〕托爾斯泰，引自《散珠碎玉》

「印度詩人、作家泰戈爾（1861-1941）在去世前幾天創作了一首歌。他希望在他逝世時唱這首歌。人們不但在他去世時唱了，而且每年在他的去世紀念日，都唱這首歌：

『前面是寧靜的海洋，

　　喔，舵手！放下船！

你將成為永恆的同伴，把我抱在懷裡，

在無限的道上，點燃永恆的星光。

解放者！你的寬恕，你的慈悲，

成為我無限旅途的永恆侶伴，

讓死亡的桎梏消滅，

讓廣大的世界伸臂把我抱在懷裡，

讓我內心獲得對巨大未知的認識。』」

—〔印〕泰戈爾，引自《散珠碎玉》

「馬克斯（1818-1883）病逝於英國倫敦。他的墓碑上是一座青銅胸像，墓碑的兩側，分別鑴刻著他的兩段名言：

『全世界無產者聯合起來！

哲學家們只是用不同的方式解釋世界，

而問題在於改變世界。』」

—〔德〕馬克斯，引自《散珠碎玉》

「西班牙作家塞萬提斯（1547-1616）的絕筆之作，是他在去世當天，為他的系列叢書寫的結束語。他寫道：『永別了，詼諧；永別了，精神；永別了，快樂的朋友們。我正在死去，我希望很快在另一種生活中看到幸福的你們。』」

—〔西〕塞萬提斯，引自《散珠碎玉》

「法國畫家德拉克魯瓦（1798-1863）在晚年雖然不懼怕死亡，但卻十分擔心被後人們評判。他說：『咳，我真想一百年後能夠再回到人間走一回，也好讓我知道後人對我的評價如何。』」

—〔法〕德拉克魯瓦，引自《散珠碎玉》

「法國啞劇演員德比魯（1766-1846）的墓誌銘，是說明他職業特點
的一句話：

『不用言語卻能表達一切的人之墓。』」

— 〔法〕德比魯，引自《散珠碎玉》

「英國女詩人、文藝評論家斯特韋爾（1887-1964）在臨終前曾會見
了最後一個拜訪者。這位拜訪者問她：『你現在感覺怎麼樣？』他
回答說：『除了我馬上就要死了之外，其他一切都好。』」

— 〔英〕斯特韋爾，引自《散珠碎玉》

「教育家黃炎培（1878-1965）讀《道德經》，得一結論：『為而不
爭』；讀《金剛經》，得一結論：『如如不動』。」

— 黃炎培，引自《散珠碎玉》

「畫家齊白石（1864-1957）在遺囑中說：

『我死後，不要在棺材裡放貴重東西，擱了好東西，盜墓的會把我
的屍骨弄個亂七八糟的。我的墳你們不要給我弄洋灰，要用土堆，
要大大的土堆。春天來了，墳堆上長滿青草，年年旺盛，顯示子孫
後代昌榮，免得風吹雨打墳漸小了，沒有人管啦，成了荒塚。』」

— 齊白石，引自《散珠碎玉》

「台灣的客家作家鍾理和（1915-1960），一生貧病交加，1960 年在
修改中篇小說《雨》時嗑血病死。他在遺言中寫道：『吾死後，務
將所存遺稿付之一炬，吾家後人不得再有從事文學者；《笠山農
場》不見問世，死而有憾！』」

— 鍾理和，引自《散珠碎玉》

「社會活動家、教育家、台灣省人丘逢甲（1864-1912），積勞成疾，嗑血而亡。他對家人僅留下十個字的遺囑：『葬須南向，吾不忘台灣也。』」

—丘逢甲，引自《散珠碎玉》

「藝術家，佛學家李叔同（弘一法師，1880-1942），絕筆字是：『悲欣交集』。」

—李叔同，引自《散珠碎玉》

「一代大哲方東美先生在 1987 年，因肺癌在台北病逝，他的一生充滿愛國精神，並以弘揚中國哲學文化為己任，臨終前還斷斷續續的強調：『中華民族是偉大的民族……中華民國萬歲！』」

—方東美先生的最後一刻，馮滬祥記，引自《傳記文學》

「哲學家牟宗三（1909-1995）1994 年 12 月 25 日，給陪伴他的幾個學生寫了幾句話：

『你們這一代都有成，我很高興。我這一生無少年運，無青年運，無中年運，只有一點老年運。無中年運，不能飛黃騰達、事業成功。教一輩子書，不能買一安身地。只寫了一些書，卻是有成，古今無兩。現在又得了這種病，沒辦法，人總是要老的，一點力氣也沒有。你們必須努力，把中外學術主流講明，融合起來。我做的融合，康德尚做不到。』」

—牟宗三，引自《散珠碎玉》

「死葉消失於土壤中時，便滲透在森林的生命裡了。」

—〔印〕泰戈爾

「讓死者擁有那不朽的名，讓生者保有那不朽的愛。」

－〔印〕泰戈爾

「人若無所失，便不能真有所得。」

－〔印〕泰戈爾

【馮註】這正是中國文字所說「捨得、捨得」，有「捨」才有「得」；也正如《金剛經》所說，要能以無相為相，心中無所戀棧，如菩薩能離一切相，才能愛一切物，心中沒有私念執着，才能有大慈悲。

「塵世之物如曇花一現，對這類事物迷戀不捨，是愚蠢的。」

－〔印〕泰戈爾

【馮註】泰翁本句精神，正如同金剛經的四句偈：「一切有為法，如夢幻泡影，如露亦如電，應做如是觀」。由此也可看出，泰翁以自然樸拙為特色的哲詩，與大乘佛學很有相通之處。

「正如一個人沒有未被佔用的空間，就不能舒適生活一樣，心靈沒有未被佔用的閒暇，就不能高瞻遠矚地思考。」

－〔印〕泰戈爾

【馮註】這也正如同《金剛經》與《心經》所說的「空」，人要能有空靈，自提其神於高空，才能俯視萬物，看開一切；莊子〈逍遙遊〉所說大鵬鳥精神，振臂直飛，馳神高空，與此也很相通。

「死亡為他有限的塵世生命落了幕，但同時又升起另一張幕，使他光芒耀眼的一面永垂不朽。」

　　　　　　　　　　　　　　　　　　　—〔西班牙〕聶魯達

「人一旦走完自己的人生旅程，死去是最幸福的；這種情形如同一顆苦澀的果實，成熟之後即會自然掉落。」

　　　　　　　　　　　　　　　　　　　—〔西班牙〕聶魯達

「從未失敗過的人，絕不會變得富有。」

　　　　　　　　　　　　　　　　　　　—〔西班牙〕聶魯達

【馮註】聶魯達（Pablo Nesuda, 1904-1973），智利著名詩人，具有拉丁美洲濃烈的熱情特色，很能表現出爭取民主獨立的精神，「由於他以具有自然力般的詩，豐富了一個大陸的夢想與命運」，1971年獲得諾貝爾文學獎。

「若病重時，病苦甚劇者，切勿驚惶！因此病痛，乃宿世業障，或亦是轉未來三途惡道之苦，于今生輕受，以速了償也。」

　　　　　　　　　　　　　　　　　　　—弘一大師

【馮註】本句為弘一大師的開示，根源為《金剛經》，原意指人生中，無論碰到什麼痛苦、誹謗、屈辱，只要想到，這是為前世祖先去除業障，或為後世子孫預償業障，這種痛苦，立刻就有莊嚴的意義，痛苦也就有了神聖的代價；此時心中即可安寧，因而能夠「降伏其心」。病人在病痛中，更宜有此心情，才能心中感到平靜，並且自覺病痛也有代價，對於心靈治療，很有作用。

「臨終雖待他人助念，諸事如法，但自己亦需平日修持，乃可臨終自在，奉勸諸仁者，總要及早預備才好！」

　　　　　　　　　　　　　　　　　　　—弘一大師

「死，都不想放手！」

—台灣舉重奧運選手陳葦綾

【馮註】中華台北隊參加 2008 年 8 月的北京奧運比賽，第一天就傳出舉重得到銅牌，選手陳葦綾賽後形容，雖然當時覺得手上所舉很重，但是心中拼命想，「死都不想放手」！這份拼死奮鬥、爭取榮譽的精神，很能代表中華兒女咬緊牙根、堅忍自強的美德，深深令人敬佩，更值得今後發揚光大！

「死，也要站著死！」

—大陸奧運籃球隊

【馮註】2008 年 8 月 10 日晚上，中國大陸與美國在北京奧運比賽籃球，美國為夢幻組合隊，頂級高手如雲，中國大陸隊輸人不輸陣，也派出姚明等高手應戰。

姚明在第一節，就給美國「小飛俠」柯比（Kobe Bryant）一個「大火鍋」，但後來因雙方實力懸殊，大陸隊拼命打，最後仍以 70：101 打敗，然而已是歷史上差距最小的一次。

根據次日聯合報體育頭版刊出，大陸隊賽前曾強調「死，也要站著死」，能有如此豪語壯志，即使戰敗，也是雖敗猶榮，證明其志可嘉。今後只要立定決心，繼續奮鬥，不要讓自己「站著死」，而是讓美國隊「趴著死」，就必能勝利成功！

「拼死，也要踢出台灣精神！」

—台灣跆拳奧運選手蘇利文

【馮註】中華台北隊參加北京 2008 年的奧運，雖然總成績不盡理

· 153 ·

想，但跆拳女選手蘇利文，拼死奮戰不懈的精神，卻贏得兩岸人民共同的讚揚！

蘇利文曾連獲兩次世界大學跆拳賽的冠軍，但在本次 2008 年奧運賽中，她不幸一開始即被踢傷，韌帶斷裂，但她仍然咬緊牙根，奮戰到底，共倒地十一次，仍然不斷屢跌屢起、不屈不撓；其堅毅不拔的精神，贏得了無數人的熱淚，更讓很多美國觀眾驚呼：「She is Rocky!」（Rocky「洛基」為美國名影集，男主角為著名拳擊手，以愈挫愈勇著稱）。

蘇利文，不但踢出了台灣人民的奮鬥精神，也同樣踢出了中華民族的堅忍毅力！

因此，大陸中央電視曾經對她專訪，她的事蹟在兩岸都廣受稱頌；今後如果兩岸，都能本此精神打拼，共同合作，奮鬥到底，相信必能在世界上，開創更多的驚人成績！

「我是一個強者，我的理想，也是我的翅膀！」

　　　　　　　　　　　　　　　—大陸殘奧選手何軍權

【馮註】何軍權為大陸殘障奧運游泳選手，曾在 2004 年雅典殘奧中，連獲四項金牌，本次在 2008 年北京奧運，也是歷創佳績；他雖然只有獨臂，但卻能克服種種身心障礙，並且發出本句豪語，拼死也要努力，爭取理想成績，深深令人欽佩，同樣代表中華青年可敬可佩的奮鬥精神，深值今後兩岸青年繼續發揚光大！

第四章　情感與兩性

【導言】

在人生各種問題中，情感與兩性的溝通，無疑是極為重要的核心問題。

因為情感問題，無分男女、無分老幼、無分中外，足以影響每個人的心情與精神；幸福時極為歡欣快樂，不幸時極為沮喪痛苦；所以我們應多參考中外名人經驗之談，做為重要借鏡。

例如德國文豪歌德，很早就曾指出：「愛，是真正促使人復活的動力！」

另外，法國文豪莫里哀也曾強調：「真愛是一位偉大的導師，教會我們重新做人。」

還有，法國文豪巴爾扎克，也曾形容：「戀愛是我們第二次的脫胎換骨。」

另如，印度詩哲泰戈爾，也曾指出：「愛情，能在平凡的事物裡，發現不平凡。」

俄國文豪托爾斯泰，也曾提醒世人：「愛會使人幸福，因為愛是人與神之間的橋樑。」

凡此種種，均可看出愛情對於充實人生、提昇人性，很有神奇

的作用。

然而，如果愛情褪色，或者失去愛情，卻也是最令人傷神憔悴的時刻。

所以，李白很早就曾指出：「長相思，摧心肝」，描寫情感相思之苦，纏綿淒切，摧心裂肝，極為傳神，非常令人動容。

另加，金代元好問有段名詞：「問世間情是何物？直叫生死相許。」這句話更道盡了，情感對於人生的重大影響。

此外，唐代元稹《遣悲恨》中也感嘆：「惟將終夜長開眼，報答平生未展眉。」描繪喪偶心境，悲涼沉痛到了極致，也說明了丈夫對妻子的無限歉疚與追念。

再如，台灣本土歌后江蕙的代表作之一──「家後」，也是將妻子對先生無怨無悔、盡心盡義的纏綿之情，唱得迴腸盪氣，令很多人為之感動。

所以，在本省用語中，稱呼「夫妻」為「牽手」，很能表達夫妻二人平等互動、相敬相愛的精神。

相形之下，從前的稱呼為「夫人」，屬於官場用語，其實並不適合平民百姓；稱呼「內人」，也是「男主女，女主內」的舊時代用語，同樣不適用於現代職業婦女。

因此，只有「牽手」這稱呼，既能代表兩性平等，又能象徵互信互助，而且重情重義，最為恰當。

事實上，這也正是易經所說「二人同心，其利斷金」的深意至理。

易經很早就強調「一陰一陽之謂道」，正是「乾坤並建」的最好寫照，最能展現兩性平等、同建家庭、共創雙贏的真理。

　　所以「太極圖」，就是這種二元平等，互重互諒的象徵，因此白中有黑、黑中有白，象徵兩性要相互尊重、相互體諒，才能形成「你儂我儂」的境界；如同「你泥中有我，我泥中有你」，兩性要能如此圓融互通，才能共同創造和諧幸福的光明前程。

　　換句話說，兩性要有平等意識，人格才能成長；有了這種成長，兩性才能共同進步，並且共同提升靈性。

　　所以，本章特以「情感與兩性」為題，收集中外古今名人相關名言，提供讀者借鏡；（本書有關諾貝爾將得主名言，主要引自《100位諾貝爾獎得主智慧語錄》，為節省篇幅，恕未逐一詳註）並且祝福天下有情人終成眷屬，即使是無緣的情人，也能相互理解尊重。

　　相信，唯有如此，兩性相知相惜，互助互重，才能真正形成和諧創造的社會，與和樂圓融的人生！

――――――――＊―――――――＊――――――＊―――――

　「只有擁有高尚目標的愛，才是崇高的，值得讚美的。」

　　　　　　　　　　　　　　　　　――〔希臘〕柏拉圖《饗宴篇》

　「自然賦予人的一切權利，男人可以追求，女人也可以追求。」

　　　　　　　　　　　　　　　　　　　　　――〔希臘〕柏拉圖

　「愛情，只有愛情，可以使人敢於為所愛的人獻出生命；這一點，不但男人能做到，而且女人也能做到。」

　　　　　　　　　　　　　　　　　　　　　――〔希臘〕柏拉圖

　「當愛神拍你的肩膀時，連平不知詩歌為何物的人，也會在突然之間變成一位詩人。」

——〔希臘〕柏拉圖

「為著品德而去眷戀一個情人，總是一件很美的事。」

——〔希臘〕柏拉圖《文藝對話集》

「凡俗的情人，愛肉體過於愛心靈。他所愛的東西不是始終不變的，所以他的愛情也不能始終不變。一旦肉體的顏色衰謝了，他就高飛遠走，毀棄以前的一切信誓。但是鍾愛於優美心靈的情人卻不然，他的愛情是始終不變的，因為他所愛的東西，也是始終不變的。」

——〔希臘〕柏拉圖《文藝對話集》

「只有驅遣人們，以高尚的方式相愛的那種愛神才是美，才值得頌揚。」

——〔希臘〕柏拉圖

「以經濟為條件，就失去了相愛的本意。」

——〔希臘〕蘇格拉底

「沒有一個情人，怯懦到肯把愛人放在危險境地，不去營救；縱然是最怯懦的人，也會受愛神的鼓舞，變成一個英雄，做出最英勇的事情來。」

——〔希臘〕柏拉圖《文藝對話集》

「只有愛的女神，能平息戀人的負氣。」

——〔希臘〕德謨克里特

「青年對於愛情，要提得起，要放得下，才是一個智者。」

—〔羅馬〕西塞羅

「智慧婦人，建立家庭，愚妄婦人，親手拆毀。」

—《舊約全書·箴言》

「愛是恒久忍耐，又有恩慈；愛是不嫉妒；愛是不自誇，不張狂，不做害羞的事，不求自己的益處，不輕易發怒，不計算人的惡。」

—《聖經》

「誰能找到一個有德性的婦女，她的價值遠勝過珍珠。」

—《聖經》

「才德的婦人，是丈夫的冠冕。」

—《聖經》

「愛，是真正促使人復活的動力。」

—〔德〕歌德《歌德的格言和感想集》

「這世界要是沒有愛情，它在我們心中還會有什麼意義？只如同一盞沒有亮光的走馬燈。」

—〔德〕歌德《少年維特的煩惱》

「熱情有極大的價值，只要我們不因此忘其所以。」

—〔德〕歌德《格言和感想集》

「不能將愛人缺點當成優點的人，就不算在戀愛。」

—〔德〕歌德《箴言與省察》

「一個朋友應當原諒他朋友的過失。」

—〔英〕莎士比亞《裘力斯·愷撒》

「興趣可以改變，但朋友切不可更換。」

－〔法〕伏爾泰《受託人》

「朋友應比國王更重要。」

－〔法〕伏爾泰《致普魯士王諸弗列德里克的信》

「一個人倒楣至少有一點好處，可以看清楚誰是真正的朋友。」

－〔法〕巴爾扎克

「愛人的心，永遠不可能憎恨任何人。」

－〔德〕歌德《愛人易變的心》

「只有使自己的心神，解脫一切煩惱的妄念，才能獲得精神上的真正快樂。」

－〔德〕歌德

「只有對保護女性最有心得的人，才有獲得女性善意的資格。」

－〔德〕歌德《浮士德》

「誰有賢妻，誰就幸福！他的壽命就加了一倍。」

－〔德〕歌德《歌德戲劇集》

「啊，被人愛，多麼幸福！啊，有所愛，多麼幸福！」

－〔德〕歌德

「壯志和熱情，是偉大事業的雙翼。」

－〔德〕歌德

「戀愛能使生命燃燒，使生活充實。」

－〔德〕歌德

「純真的愛，不會褻瀆神明，反而使祂喜悅。」

—〔德〕歌德

「真愛是一位偉大的導師，教會我們重新做人。」

—〔法〕莫里哀《莫里哀喜劇選》

「沒有愛情的人生，不是真正的人生。」

—〔法〕莫里哀《埃莉克拉公主》

「愛是不會老的，它留著是永恆的火燄，與不滅的光輝；世界的存在，就以它為養料。」

—〔法〕左拉《勞動》

「愛情，會給憂傷的眼睛注入生命，使蒼白的面孔，泛起玫瑰色的紅潤。」

—〔法〕巴爾扎克《高老頭》

「感情在無論什麼東西上，都能留下痕跡，並且能穿越空間。」

—〔法〕巴爾扎克《高老頭》

「愛情視快樂為目的，結婚以整個人生為目標。」

—〔法〕巴爾扎克《一個年輕妻子的筆記》

「婚姻的幸福，並不完全建築在顯赫的身分和財產上，却建築在互相崇敬上。這種幸福的本質，是謙遜和樸實的。」

—〔法〕巴爾扎克《蘇鎮舞會》

「才知高超、情感不凡的人，能把自己靈魂從肉欲中解脫出來，奉獻給自己崇拜、熱愛的人。」

　　　　　　　　　　　—〔法〕巴爾扎克《夏娃的女兒》

「敬意是感情的基礎，有了敬意，感情才切實可靠。」

　　　　　　　　　　　　　　　—〔法〕巴爾扎克

「愛情像大海——粗淺的人說它是單調的，而高尚的人則可以從中，尋到令人歡喜的豐富多彩的現象。」

　　　　　　　　　　　　　　　—〔法〕巴爾扎克

「猜忌，是毀滅愛情的惡毒養料。」

　　　　　　　　　　　　　　　—〔法〕巴爾扎克

「愛情不僅是一種感情，它同樣是一種藝術。」

　　　　　　　　　　　　　　　—〔法〕巴爾扎克

「愛情是回憶的寶庫。」

　　　　　　　　　　　　　　　—〔法〕巴爾扎克

「發自內心的熱情，是一種高貴而崇高的東西！」

　　　　　　　—〔法〕巴爾扎克《莫黛斯特·米尼翁》

「我認為在家庭的愛裡，可以發生對國家的愛。」

　　　　　　　—〔法〕巴爾扎克《人間喜劇·前言》

「如果說溫情是永不枯竭的，那麼愛情卻不盡然。所以，一個賢慧的妻子，應該明智地將愛情分攤在整個生命的歷程中，這才是一項真正的專業。」

　　　　　　　　—〔法〕巴爾扎克《兩個新嫁娘》

「精神的溝通用不著語言，只要兩顆充滿著愛的心就行了。」

　　　　　　　　　　　　　── 〔法〕羅曼・羅蘭《約翰・克利斯朵夫》

「愛情很難抵得住家務的煩惱，必須具有極堅強的品質，夫妻才能幸福，夫妻間首要的是彼此理解。」

　　　　　　　　　　　　　　　── 〔法〕巴爾扎克《貓打球商店》

「情感難道不是我們生命中，最光輝燦爛的部分嗎？」

　　　　　　　　　　　　　　　　　── 〔法〕巴爾扎克《錢袋》

「情感就是全人類，沒有情感，宗教、歷史、小說、藝術也就沒有什麼用處了。」

　　　　　　　　　　　　　── 〔法〕巴爾扎克《人間喜劇・前言》

「戀愛，是我們第二次的脫胎換骨。」

　　　　　　　　　　　　　　　　　── 〔法〕巴爾扎克

「任性的女子，好像混濁的水流，再渴的人也不想去喝。」

　　　　　　　　　　　　　　　── 〔英〕莎士比亞《馴悍記》

「愛情裡面，要是攪染了和它本身無關的算計，那就不是真正的愛情。」

　　　　　　　　　　　　　　　── 〔英〕莎士比亞《李爾王》

「愛情是盲目的，讓人們看不見他們自己所幹的傻事。」

　　　　　　　　　　　　　　　　── 〔英〕莎士比亞

「時間、武力、死亡，看你們把我的身體怎樣摧殘吧；可是我的愛情基礎是這樣堅固，就像吸引萬物的地心，永遠不會動搖。」

　　　　　　　　　　　　　　　　── 〔英〕莎士比亞

「『愛情』這根刺,是屬於『青春』這朵薔薇的。」

　　　　　　　　　　　　　　　　　　— 〔英〕莎士比亞

「愛情不是花蔭下的甜言,不是花園中的蜜語,不是纏綿的眼淚,更不是死硬的強迫,愛情是建立在共同的基礎上的。」

　　　　　　　　　　　　　　　　　　— 〔英〕莎士比亞

「愛情像海一樣深沉。我給你的越多,我自己就越富,因為這兩者都是沒有窮盡的。」

　　　　　　　　　　　　　　　　　　— 〔英〕莎士比亞

「愛情是理想的一致、意志的融合。」

　　　　　　　　　　　　　　　　　　— 〔英〕莎士比亞

「愛情,是愛情,推動著世界的發展。」

　　　　　　　　　　　　　　　　　　— 〔英〕莎士比亞

「愛的黑夜,有中午的陽光。」

　　　　　　　　　　　　　　— 〔英〕莎士比亞《第十二夜》

「愛的理由是沒有理由的。」

　　　　　　　　　　　　　　　— 〔英〕莎士比亞《辛白林》

「一個好妻子,除了處理家務外,她必須兼有慈母、良伴、戀人三種品質。」

　　　　　　　　　　　　　　　　　　— 〔英〕莎士比亞

「愛是亙古長明的燈塔,它定睛望著風暴,卻兀自不為所動。」

　　　　　　　　　　　　— 〔英〕莎士比亞《十四行詩》

「啊，愛情的主旨，就是彼此討好。」

　　　　　　　　——〔英〕莎士比亞《愛情的禮讚》

「愛情是生命的火花，友誼的昇華，心靈的吻合。如果說人類的感情能區分等級，那麼愛情該是屬於最高的一級。」

　　　　　　　　　　　　　——〔英〕莎士比亞

「我並不是要壓住您的愛情烈焰，可是這把火，不能夠燃燒得過於熾盛，那會把理智的藩籬完全燒去的。」

　　　　　　　　　　　　　——〔英〕莎士比亞

「戀愛就像小孩一樣，想要什麼東西，巴不立刻就有。」

　　　　　　　　——〔英〕莎士比亞《維洛那二紳士》

「戀人們發誓要做的事情，總是超過他們的能力。」

　　　　　——〔英〕莎士比亞《特洛伊羅絲與克瑞西達》

「最甜的蜜糖，可以使味覺麻木；不太熱烈的愛情，才會維持久遠；太快和太慢，結果都不會圓滿。」

　　　　　　　——〔英〕莎士比亞《羅蜜歐與茱麗葉》

「誰要是能夠把悲哀一笑置之，悲哀也會減弱它的咬人力量。」

　　　　　　　　　——〔英〕莎士比亞《理查二世》

「適當的悲哀，可以表示感情的深切；過度的傷心，卻可以證明缺乏智慧。」

　　　　　　　——〔英〕莎士比亞《羅蜜歐與茱麗葉》

「像空氣一樣輕的小事，對於一個嫉妒的人，也會變成天書一樣堅

強的確證。」

——〔英〕莎士比亞《奧瑟羅》

「造物主創造男人的時候，祂是一個校長身份，——祂的袋子裡裝滿了戒律和原則；可是祂創造女人的時候，卻辭去校長職務，變成了藝術家，手裡只拿著一枝畫筆和一盒顏料。」

——〔印〕泰戈爾《家庭與世界》

「只有那些懦弱者，才認為他們有權力，硬要妻子一心一意侍奉；這對雙方都是一種羞辱。」

——〔印〕泰戈爾《家庭與世界》

「愛情，能在平凡的事物裡，發現不平凡。」

——〔印〕泰戈爾

「友誼和愛情之間的區別在於：友誼意味著兩個人和世界，然而愛情意味著，兩個人就是世界。在友誼中一加一等於二；在愛情中一加一還是一。」

——〔印〕泰戈爾

「當一個男人敬愛一個女人時，他永遠是她的孩子。」

——〔法〕羅曼·羅蘭《羅曼·羅蘭文鈔》

「一朝離別，愛人的魔力更加強了。我們的心只記著愛人最可寶貴的部分。」

——〔法〕羅曼·羅蘭

「愛是需要彼此犧牲的。」

—〔法〕羅曼·羅蘭《約翰·克利斯朵夫》

「一個人不怕自討苦吃的時候，才是愛情最強的時候。」

—〔法〕羅曼·羅蘭《約翰·克利斯朵夫》

「經歷過痛苦而成熟的愛情，才是最熱烈的愛情。」

—〔法〕羅曼·羅蘭

「將愛摒除於外的，便不算是人生。」

—〔法〕羅曼·羅蘭《愛與死的追逐》

「兩個相愛的人，能有一種深刻而虔敬的愛情，從此相愛的人能結合，是人生最大的幸福。」

—〔法〕羅曼·羅蘭《約翰·克利斯朵夫》

「能使你所愛的人快樂，不是世界上最大的幸福嗎？」

—〔法〕羅曼·羅蘭《約翰·克利斯朵夫》

「和愛人在精神上合而為一的時候，他把自己的生機，也灌注給她了。」

—〔法〕羅曼·羅蘭《約翰·克利斯朵夫》

「猛獅在戀愛中，它的利爪也會藏起。」

—〔法〕羅曼·羅蘭《貝多芬傳》

「沒有浸潤過眼淚的愛情，不是真正的愛情。」

—〔英〕王爾德

「愛是充實了的生命，正如盛滿了酒的酒杯。」

—〔印〕泰戈爾《飛鳥集》

「愛，是能夠把不同信仰的人們，團結在一起的統一力量。」

　　　　　　　　　　　　　　──〔印〕泰戈爾《飛鳥集》

「當我死時，世界呀，請在你的沉默中，替我留著『我已經愛過了』這句話吧。」

　　　　　　　　　　　　　　──〔印〕泰戈爾《飛鳥集》

「愛情是一種不尋常的情愫；愛情可以在路旁的尖土上，開出無數嬌豔的花朵，而它在客廳的花盆裡，卻不會顯得那麼嬌豔。」

　　　　　　　　　　　　　　──〔印〕泰戈爾《家庭與世界》

「生命因為付出了愛情，而更為富足。」

　　　　　　　　　　　　　　──〔印〕泰戈爾《飛鳥集》

「離別的相思拉得越緊，愛人心裡的愛情，就繫得越牢。」

　　　　　　　　　　　　　　──〔印〕泰戈爾《飢餓的石頭》

「只有付出愛的人，才是真正生活著的人。」

　　　　　　　　　　　　　　──〔俄〕托爾斯泰《人生論》

「愛會使人幸福，因為愛是人與神之間的橋樑。」

　　　　　　　　　　　　　　──〔俄〕托爾斯泰《人生之道》

「如果一個姑娘想嫁富翁，那就不是愛情，財產是最無足輕重的東西，只有經得起離別的痛苦，才是真正的愛情。」

　　　　　　　　　　　　　　──〔俄〕托爾斯泰《我們同姑娘們的關係》

「真正的愛，並不要求是互惠的。」

　　　　　　　　　　　　　　──〔德〕尼采《快樂的科學》

「人們相愛的時候，永遠是互相理解的。」

　　　　　　　　　　　　　——〔法〕左拉《婦女樂園》

「愛，就是給予對未來的承諾。」

　　　　　　　　　——〔義〕馬志尼《愛是靈魂通往上帝的階梯》

「女人最狂熱地愛的，往往是初戀的情人；而她最成功地愛的，經
常是最後的愛人。」

　　　　　　　　　　　——〔法〕普列伏《樂天家用小辭典》

「初戀，就是一分傻氣，加上九分好奇。」

　　　　　　　　——〔愛爾蘭〕蕭伯納《英國佬的另一個島》

「愛，可以戰勝死亡和對死亡的恐懼。只有愛，才能使生命維持和
延續下去。」

　　　　　　　　　　　　　　——屠格列夫《麻雀》

「愛情如同憂鬱症，經常將瑣事放大。」

　　　　　　　　　　　　——〔英〕亨特《席間閑談》

「愛情，使身心的結合更加緊密，更加和諧。」

　　　　　　　　　　　　　——伏爾泰《論愛情》

「愛情是排他的，是希圖對方偏愛自己的。」

　　　　　　　　　　　——〔法〕盧梭《愛彌兒》

「為了愛情而完全犧牲事業，是愚蠢的，雖然有時也許屬於一種悲
壯之舉；但為了事業而完全犧牲愛情，同樣是愚蠢的，而且絕對稱
不上是壯舉。」

　　　　　　　　　　　　　　　　　　—〔英〕羅素《婚姻革命》

「只有熱情，巨大的熱情，才能使靈魂昇華。」

　　　　　　　　　　　　　　　　　—〔法〕狄德羅《哲學思想錄》

「沒有熱情，世界上任何偉大的事業，都不會成功。」

　　　　　　　　　　　　　　　　　—〔德〕黑格爾《歷史哲學引論》

「青年人的忠誠是雙方面，一方面要忠實於父母，另一方也要忠實
於國家。」

　　　　　　　　　　　　　　　　　　—〔英〕羅素《婚姻革命》

「偉大的熱情，能戰勝一切，因此我們可以說，一個人只要強烈
地、堅持不懈地追求，他就能達到目標。」

　　　　　　　　　　　　　　　—〔法〕司湯達《致妹內葆利娜的信》

「愛情是上帝的真髓，並不是為了輕薄歡娛，而是為了揭示人類的
全部價值。」

　　　　　　　　　　　　　　　　　　—〔美〕愛默生《論友誼》

「愛情要彼此給予，然後豐富兩人共享的世界。」

　　　　　　　　　　　　　—〔法〕西蒙·波娃《第二性——女人》

「初萌的愛情，看到的僅是生命，持續的愛情，看到的是永恆。」

　　　　　　　　　　　　　　　　　—〔法〕雨果《雨果情書選》

「人間如果沒有愛，太陽也會死。」

　　　　　　　　　　　　　　　　　　—〔法〕雨果《悲慘世界》

「愛是感情的昇華，它如同陽光照耀大地，給一切萬物生長的力

量，使其欣欣向榮。」

──〔法〕雨果

「人生是花，而愛是花的蜜。」

──〔法〕雨果

「如果我們在結婚之後，仍然能保持愛情的甜蜜，我們在地上也等
於進入了天堂。」

──〔法〕盧梭《愛彌兒》

「如果一個男人和女人，只是在一定的條件下相配的話，那他們是
不能結婚的，因為將來條件一變，他們彼此就不再相配了。」

──〔法〕盧梭《愛彌兒》

「雙方必須有絕對平等的感覺；對於相互間的自由，不能有任何干
涉；身體和身體必須親密無間；對於各種價值標準，必須有某種相
似之處。只有具備了所有這些條件，我才相信婚姻是兩個人之間，
最高尚和最重要的關係。」

──〔英〕羅素《婚姻革命》

「性和伙食一樣，是人類的一種自然需要。但是，沒有愛的性交，
是不能使本能得到充分滿足的。……應當從根本上，把性交當成以
愛為目的的嘗試。」

──〔英〕羅素《婚姻革命》

「一般說來，妻子應該讓丈夫在某些方面得到母愛，這是婚姻成功
的基礎。」

──奧斯本《處理夫妻關係的藝術》

「幸福的關係，不僅需要思想交流，也要感情交流；把感情關在自己心裡，也就把妻子推到自己生活之外了。」

—奧斯本《處理夫妻關係的藝術》

「沒有哪種婚姻，比起只為容貌、只為貪圖肉欲的結合，破裂得更早、更糟糕。」

—蒙田《散文集》

「只有視而不見的妻子，和充耳不聞的丈夫，才有美滿的婚姻。」

—蒙田《散文集》

「在人生中，妻子是青年時代的情人，中年時代的伴侶，暮年時代的守護。」

—〔英〕培根《人生論》

「夫妻好比同一把琴弦上的弦，他們在同一旋律中和諧地顫動，但彼此又是獨立的。」

—紀伯倫《論友誼》

「健康正常的愛情，需依賴兩種感情的結合——我可以這麼說，一方面是柔和的、摯愛的情，一方面是肉感的欲。」

—小仲馬《茶花女》

「性愛不僅是在戲劇或小說中，表現得多姿多彩，在實現世界中亦復如此，除了生命外，它是所有衝動中力量最強大、活動最旺盛的。

它佔據人類黃金時代（青年期）一半的思想和精力；它也是人們努力一生的終極目標；它會妨礙最緊要的事件，能使最認真的工作忽

然中斷；有時，連最偉大的思想家，也會受到短暫的困惑。」

　　　　　　　　　　　　　　—叔本華《性愛的形而上學》

「妒忌、愚弄、蔑視、惱怒、復仇，以及其他與仇恨有關，和產生仇恨的情感，都是罪惡。」

　　　　　　　　　　　　　　　　　—斯賓諾莎《倫理學》

「希望被人愛的人，首先要愛別人，同時要使自己可愛。」

　　　　　　　　　　　　　　　　　—〔美〕富蘭克林

「愛絕對不是感情上的消遣，而是一種精神上的鼓勵。」

　　　　　　　　　　　　　　　　　—〔美〕傑佛遜

「愛能使世界轉動。」

　　　　　　　　　　　　　　　　　—〔英〕狄更新

「只有想起一個最愛的人，才能夠懂得愛的力量。」

　　　—〔俄〕柴可夫斯基《我的音樂生活・與梅克夫人通信集》

「要想得到別人的熱烈的愛，自己也應該熱烈去愛人。」

　　　　　　　　　　　　　　　　　—〔法〕左拉《勞動》

「愛是比責任感更好的老師。」

　　　　　　　　　　　　　　　　　—〔美〕愛因斯坦

「愛是必須沒有憐憫的，因為憐憫是虛假的愛。」

　　　　　　　　　　—〔俄〕高爾基《克里姆・薩姆金的一生》

「愛是一種創造性的行為，它包含關心某人（或某物）、認識他、瞭解他、確信他，為他感到高興的意思。」

　　　　　　　　　　　─〔德〕弗洛姆《愛的藝術》

「愛意味著，喚醒他（她）去生活，增強他（她）的生活之力。愛是一個讓人變新和成長的過程。」

　　　　　　　　　　　─〔德〕弗洛姆《愛的藝術》

「愛是不容欺騙的信任；愛是永不熄滅的希望之火；愛決不追求自身利益。」

　　　　　　　　　　　─〔丹麥〕祁克果《愛的力量》

「愛情是與陽光同在上天的光輝，它照亮了人的靈性。」

　　　　　　　　　　　　　─〔義〕但丁

「人不能絕滅愛情，亦不可迷戀愛情。」

　　　　　　　　　　　　　─〔英〕培根

「愛情的視覺不是眼睛，而是心靈。」

　　　　　　　　　　　─〔美〕富蘭克林

「愛情，是人之所以為人的一種標誌。」

　　　　　　　　　　　　　─〔法〕盧梭

「真誠的愛情結合，是一切結合中最純潔的。」

　　　　　　　　　　　　　─〔法〕盧梭

「真正持續的愛情，必須有尊敬才能成立。」

　　　　　　　　　　　　　─〔德〕費希特

「人們不能夠像拔牙一樣地，從心中拔去愛情。」

　　　　　　　　─〔法〕巴爾扎克《外省偉人在巴黎》

「真正的愛情始終使人向上，不管激起這種愛情的女人是誰。」

　　　　　　　　　—〔法〕小仲馬《茶花女》

「沒有尊敬的愛情，難以長久。」

　　　　　　　　　　　　—〔法〕小仲馬

「只有在戀愛裡，才能顯示個性的閃耀，才能發揮獨創性。」

　　　　　　　—〔俄〕屠格涅夫《一個不幸的女人》

「戀愛不是慈善事業，所以不能隨便施捨。」

　　　　　　　　　　　—〔英〕蕭伯納

「戀愛中，每一個人都是詩人。」

　　　　　　　　　　　　—〔美〕杜威

「在一切偉大的人物中（無論是古人今人，只要是其盛名仍在人記憶中者），沒有一個是在戀愛中，被引誘到狂熱的程度。因為偉大的事業心，抑制了這種軟弱的感情。」

　　　　　　　　　　　—〔英〕培根

「每一個男子或女子，都覺得他或她所愛的那個對象，是世界上最美、最高尚、找不到第二個的人，儘管在旁人看來，只是很平凡的。」

　　　　　　　　　　　—〔德〕黑格爾

「結婚前眼睛要睜圓，結婚後眼睛要半睜。」

　　　　　　　—〔美〕富蘭克林《格言曆書》

「婚姻生活是所有文化的起源，也是頂峰。它使粗暴的人變溫和。

而對於有教養的人，則是證明其溫情的最好機會。」

—〔德〕黑格爾《法哲學原理》

「沒有衝突的婚姻，幾乎與沒有政爭的政府，同樣不可想像。只有當愛情排解了最初幾次爭執之後，當感情把初期的忿怒，化為溫柔的寬容之後，夫婦間的風波，才會趨於平復。」

—〔法〕莫羅阿《論婚姻》

「只有痛苦的離別，才能使我們愛得更深沉。」

—〔英〕愛略特《費利克斯·霍爾特》

「歸納愛的根本意義，可以分成四種：

　1.對『真理』追求無限的愛。

　2.對一切『美』無限的愛。

　3.對一切生命無限的愛，也就是對『善』的愛。

　4.對『神』本身的愛，對一切愛之源的愛。」

—唐君毅《愛情的福音》

「愛，是理解的別名。」

—〔印度〕泰戈爾

「男女間只有最高的人格，彼此感應和諧，才能有最高的人格和靈魂的結合。這可以還歸於靈魂的最深處，而感受更深的歡樂。孩子們，你們的目的縱然在獲得肉體的歡樂，但是首先也要要求內在靈魂人格的最深處。」

—唐君毅《愛情的福音》

「愈長久的夫婦，必然成為愈純粹的道義關係，忘掉彼此的男女關

係，而成為純粹的朋友。」

——唐君毅《愛情的福音》

「愛情如光，光如果分散，照的廣，光便會變得很淡。」

——唐君毅《愛情的福音》

「孩子們，你一定還記得定情的時候：當你心動而且很認真定情的時候，你應當對那個心境負責，使你有一致的人格。」

——唐君毅《愛情的福音》

「『互信』，互相信任對方；因為很多婚姻的不幸，都是來自彼此猜忌——『猜疑』和『嫉妒』，這可說是婚姻與愛情的最大殺手。」

——唐君毅《愛情的福音》

「孩子們，你們不可真忘了世界，忘了你在世界應盡的其他責任，如果你們以為人生的意義，只在於與所愛的人共同享福，就犯了莫大的過錯；因為你要知道，你忘了世界，但世界其他的人，並沒有忘了你。」

——唐君毅《愛情的福音》

「愛沒有條件，因為你愛的是他，而不是他的任何條件。凡是說得出的條件，永遠是可以比較的、是相對的。」

——唐君毅《愛情的福音》

「離別增加你們的思念之苦，也增加你們更深的感情；離別使你們回想過去的一切事情；離別的痛苦，必然轉化為再見面時的歡樂，兩者的質量絲毫不減。」

—唐君毅《愛情的福音》

「你思念的時候，彼此是感同者，你在思念他時，你的思念也達到他的靈魂，因為精神和心不受空間的限制，可以越過空間限制發揮作用，這是鐵的真理，任何人不能摧毀。」

—唐君毅《愛情的福音》

「你愛的人是不會死的，你要深信靈魂是不死的。因為靈魂是藉軀殼而表現，而不是由軀殼而生。」

—唐君毅《愛情的福音》

「人的精神靈魂永遠存在，你覺得他死，只是你看不見他，好像太陽落山，他只不過轉到地球的那一面去了。這個比喻可能不是很好，因為這個比喻，至少你看不見太陽光輝，但實際上，他愛的光輝還是永遠照著你。」

—唐君毅《愛情的福音》

「自古以來，還有多少的真理沒有人去問，它們很寂寞，你們為什麼不去多愛真理呢？你們要多愛自己，多愛人類，用這些來化解失戀的痛苦。」

—唐君毅《愛情的福音》

「讓女性感到其地位特殊的原則，其實很簡單，那就是『把她擺在第一位』，而且把她看成與眾不同。」

—〔美〕葛瑞《男女大不同》

「讓女性感到被愛的秘訣，就是認可並感謝她所付出的情感支持。」

——〔美〕葛瑞《男女大不同》

「真正有效的溝通，目的不在控制對方，而在增進彼此瞭解。」
——〔美〕葛瑞博士《兩性大不同》

「如果想用溝通，進行恐嚇或是傷害，這是絕對失敗的溝通。」
——〔美〕葛瑞博士《兩性大不同》

「溝通時，不要對他人先做任何負面的評價。」

——〔美〕葛瑞博士

「即使戀情失敗，但是讓伴侶成為你的敵人，並沒有好處；因此，
應該好聚好散，保持君子風度，才能讓雙方都保有自尊和公平。」
——〔美〕兩性學者施爾維博士

「對於兩性差異的誤解，乃是導致離婚的禍首。」
——〔美〕丹佛大學婚姻與家庭研究中心主任馬克曼（Markman）

「唯有把男女兩性視為完全不同的兩種族群，才能明白為什麼兩性
在構造、生理和行為上，有這麼大的差異。」
——〔美〕劍橋大學兩性學者克勞頓（Clutton）

「有些男人心中，同時存在兩種因子，一個是追求危險，一個是追
求遊戲。」
——〔德〕尼采《查拉圖斯特拉如是說》（Also Sprache Zarathusta）

「先稱讚對方的長處，然後再慢慢道出對方的缺點。如果應用這方
法，無論對公司、工廠或家庭，均可收效。對妻子、雙親以及全世
界的人也行得通。」

　　　　　　　　　　　　　　　—〔美〕卡內基（Dale Carnegie）

「如果我們不釐清兩性的差異，受罪的必定是女性，因為現在普遍存在的標準，仍是基於男性的觀點。」

　　　　　　　　　　　　　—〔美〕塔南（Tanaen）《新世紀》

「若是真正尊重女性的話，就應先了解男女有別，以及差異何在？」

　　　　　　　　　　　　　—〔美〕塔南（Tanaen）《新世紀》

「我期待一個兩性可以認知彼此差異的世界，這些不同的觀點是助力，而非牽制。」

　　　　　　　　　　　—〔美〕兩性學者轟士比（Nesbit）

「大部分男性的自我認同，來自於工作的機構和事業的成就，女性卻來自於她們所在意的男性，對她的關懷與肯定。」

　　　　—〔美〕兩性專家費爾（Farrell）《男人為什麼是這個樣子》

「男人為了保有權力、地位及成功，寧可犧牲個人的幸福、健康、時間、友誼和感情；女人則不然，她們大部分都不願意這麼做。」

　　　　　　　　　　　　　—〔美〕克瑞絲《性別就在大腦》

「跟女人對話時，要多談論跟『人』相關的話題，談一些私人的話題，或許你覺得不感興趣，女性卻很有興趣；如果你想辯論『事情』，就請找男性朋友談。」

　　　　　　　—〔美〕兩性專家克瑞絲《性別就在大腦中》

「女性先要有靈之後，才會有性；男性則是先有了性以後，才會有

愛。」

——〔美〕兩性學者科拉馬（Kramer）

「結婚不只是跟對方一個人結婚而已，而是要跟對方的家庭，都要保持良好的關係；如果對其他的人都不管，只愛一個人，那到最後，後果也會不堪設想。」

——〔日〕源氏雞太郎《抓住愛情五十三招》

「男人受女人控制，女人受魔鬼控制；男人凡事憑道理，女人凡事憑感情；兩性之間最大的差異,似乎就在這裡。必須記得的是：道理在感情的風暴前，總是不堪一擊的。」

——〔日〕源氏雞太郎《抓住愛情五十三招》

「如果沒有失戀過，這種人生太平淡無味，這哪裡算是人生呢？失戀也許會有一陣子的痛苦，但是也可以得到很多的閱歷，這不是很划得來嗎？人因為失戀，而更顯得豁達成熟。」

——〔日〕源氏雞太郎《抓住愛情五十三招》

「沒有哪個男人，因為女人跟他說NO，他就真的放棄。」

——〔日〕源氏雞太郎《抓住愛情五十三招》

「你要對方瞭解，你很需要她的支持，愛情才會大力幫忙。」

——〔日〕源氏雞太郎《抓住愛情五十三招》

「失戀為成長的開始。」

——〔日〕源氏雞太郎《抓住愛情五十三招》

「塑造自我的特色！（Be a Creature Unlike Any Other.）」

─〔美〕兩性專家方艾倫《如何找到白馬王子》

「不可臨時應邀約會（Don't Accept a Saturday Night Date After Wednesday）」

─〔美〕兩性專家方艾倫《如何找到白馬王子》

「不要太快表白自己（Don't Open up too Fast）」

─〔美〕兩性專家方艾倫《如何找到白馬王子》

「真誠，但同時保有神秘感。」

─〔美〕兩性專家方艾倫《如何找到白馬王子》

「每個人都有他隱藏的精華，和任何別人的精華不同，它使人具有自己的氣味。」

─〔法〕羅曼羅蘭（Romain Rolland）

「婚姻的本質，為『逆水行舟』，也就是『不進則退』。」

─生命線專家簡春安博士

「自由才是道德之母！女性如果不能呼吸自由爽朗的空氣，生命力必然會迅速凋零。女性應被視為具有理性動物的行為能力，不應將她們視為依賴他人而存在的動物畜類；教養她們，應該涵養她們的心智，給予崇高的原則和訓練！」

─〔英〕女性主義先鋒瑪麗·沃斯頓（Mary Wollstonecraft）《女權辯》

「如果上帝不打算讓男人成為暴君的奴隸，那麼把女人看成男人的奴隸，也不會是上帝的意願。」

─〔英〕女性主義先鋒瑪麗·沃斯頓

「目前稱之為婦女本性的，實際上完全是人為的。」

　　——〔英〕哲人、國會議員穆勒《女性的屈辱》(*The Subjection of Women*)

「我們都知道，在政治進化的奮戰過程中，那些鬥士如何受到賄賂和恐嚇，但是比起女人所經歷的，這些鬥士的遭遇簡直不算什麼！每個女人都長期受到賄賂和恐嚇，最深刻的一種，莫過於『女性附屬於男性』的制度！」

　　——〔英〕哲人、國會議員穆勒《女性的屈辱》(*The Subjection of Women*)

「今天，男人和女人的區別，不是正和以往農奴、地主以及平民、貴族的區別一樣明顯嗎？甚至大部分的思想家都相信，這種區別是人類與生俱來、無法改變的。」

　　——〔英〕哲人、國會議員穆勒《女性的屈辱》(*The Subjection of Women*)

「人類早期，男性『大部分』是奴隸，女性卻『都是』奴隸。在思想家膽敢為男奴或女奴的正義需求聲張之前，藉著社會援助的過程，至少在歐洲基督教國家，男奴制度逐漸全面廢止，但女奴制度卻漸漸演化成較溫和的形式——倚賴。目前存在的倚賴性，不是原有的形式，而是考慮到社會正義和便利之後，有了嶄新的風貌，雖經不斷的緩和和及修正，但倚賴本身，並未失去原有的野蠻本義。」

　　——〔英〕哲人、國會議員穆勒《女性的屈辱》(*The Subjection of Women*)

「現在所謂的女人本質，顯然是人為的東西——是經過某些方面強制壓抑，及另一些方面違反自然刺激造成的。我們可以毫不遲疑地說，女人，這些附屬者的性格，受她們和主人關係的影響，其自然

成分已被徹底扭曲了。」

　　—〔英〕哲人、國會議員穆勒《女性的屈辱》(*The Subjection of Women*)

「如果我們是一群有良心的男人，我們制定理想社會的目標，不應只讓男性的生命力，在各種方面萌芽，如雨後春筍、在溫暖活潑的氣氛灌溉下，達到男性自我發展的極限；我們同時也應同理可證，讓我們同根萌芽發出來的女性生命幼芽，也應依自己的方式，得到機會成長。不應讓一半的生命受到溫室愛護，卻讓另一半的生命在雪地裡永遠打滾！」

　　—〔英〕哲人、國會議員穆勒《女性的屈辱》(*The Subjection of Women*)

「男性在企業之內固然也會遭到異化（如與他們自己疏離，與他們的勞動產品的疏離），但異化對於女性的生活及心靈意識，卻終會造成比壓迫更甚的影響。」

　　　　—〔美〕女性主義者費曼 (Ann Foreman)《女性即異化》

「男性經由與女性的關係來紓解異化；但對女性而言，卻一無紓解。因為，會對她造成壓迫、壓抑的那根本事體，也正是這類親密關係。」

　　　　—〔美〕女性主義者費曼 (Ann Foreman)《女性即異化》

「這是因為我們的社會，就像有史以來其他文明一樣，是一個父權社會。這是很明顯的，我們只需看看四周環境就知道了：軍方、工業界、科技、大學、科學研究、政治圈、財經金融界——簡言之，社會中的每一個權力機構，包括警方在內，都握在男人手中。正如艾略特 (T.S. Eliot) 曾說的：從上帝超自然的威權，到倫理道德、宗

教、哲學與藝術，都是男性的產物。」

—〔美〕米列《女性主義思潮》

「如果我們把父權社會定義為『佔一半人口的女性被另一半的男性宰制』，那麼父權社會的原則很簡單了：女性被男性宰制、年輕男孩被年長男性宰制。」

—〔美〕米列《女性主義思潮》

「女人並非天生為女人，而是被塑造成女人。」

—〔法〕西蒙・波娃《第二性——女人》

「男人將女人的形象，塑造成為『異己』——和男人不同的那個，並且永遠是次等的他者。」

—〔法〕西蒙・波娃《第二性——女人》

「她們是一個整體中的一半，雖然在整體中兩性都是不可或缺的，但女人這一半，卻是以『他者』的身份依附男子。」

—〔法〕西蒙・波娃《第二性》

「（男人）顯然不關心她的牢騷、她的哭泣、她的苦痛；男人認為自然之所以創造女性，就是為了以她作為吾人之用。」

—〔法〕西蒙・波娃《第二性》中引述巴爾扎克

「一切所謂文明國家的典章制度，無不是由男人所造，而男人在書寫律法時，就已經將女性的命運，置於如下殘酷的碑文內：『悲慘的女性啊！真讓人掬一把眼淚。』」

—〔法〕西蒙・波娃《第二性》中引述巴爾扎克

「婚姻對男女雙方各有好處和累贅，但兩方的利與弊，絕不是公平對稱的。」

　　　　　　　　——〔法〕西蒙·波娃《第二性——女人》

「十七世紀一個不大出名的女權主義者普藍德拉巴雷這樣說過：『所有男人寫的關於女人的書都應該懷疑，因為男子的身份就像是在一椿訴訟案中，既是法官又是當事人。』……立法者、神職人員、哲學家、作家和科學家，都盡力證明婦女低人一等的地位是天經地義的。……一個人之為女人，與其說是『天生』的，不如說是形成的。」

　　　　　　——〔法〕西蒙·波娃《第二性》中引述巴爾扎克

「沒有任何生理上、心理上，或經濟上的命定，能決斷女人在社會中的地位；是人類文化之整體，產生出居間於男性與無性中所謂的『女性』。唯獨因為有旁人插入干涉，一個人才會被註定為『第二性』，或『另一性』。」

　　　　　　——〔法〕西蒙·波娃《第二性》中引述巴爾扎克

「她被教導去取悅別人，她必須將自己變成『物』，別人才會喜歡；因此，她應該放棄自發性。人們對待她，像對待一具活娃娃，她得不到自由。一種惡性循環就此形成；因為她愈不運用她的自由，去瞭解捕捉她周圍的世界，她的泉源便愈枯竭。」

　　　　　　——〔法〕西蒙·波娃《第二性》中引述巴爾扎克

「女性運動的下一階段，並不是女人對抗男人。當前我們或許應該想想，不只是讓男性象徵性的參與，因為下個階段不只是為女性而

已，也會是為了男性。」

　　　　　　　　　　—〔美〕溫和女性主義者佛里丹

「男人和女人生來平等，人類的歷史，是一部男人不斷傷害和霸佔
女人的歷史；男人從不准女人在實際的公民權上，執行她那無法讓
渡的權利；從法律的觀點來看，在婚姻中，男人造成女人民法的死
亡！」

　　　　—美國女性主義者露克莉蒂亞·莫特（Lucretia Mott）、伊莉
　　　　　莎白·凱蒂（Elizabeth Cady Stanton）在 1848 年 7 月 19 日，
　　　　　共同於希內加得布舉行的第一屆婦權大會，通過的《希內
　　　　　加瀑布感性宣言》（*Seneca Falls Declaration of Sentiments*）

「要讓世界變得更好！」

　　　　　　　　　　—女權先驅露西·史東臨終叮嚀女兒艾麗斯

「要去寬恕那個對你造成傷害的人，真不是一件容易的事。因為你
只記得是他讓你現在落得如此下場，但你日復一日埋怨你的人生、
詛咒那個傷你的人，對你目前的處境，有任何的幫助嗎？若把自己
沉溺在仇恨與受害的情境裡，如同別人只是傷了你一次，而你自己
卻日日夜夜的，拿著同一把刀往傷口猛搓；究竟誰才是那個傷害你
的人？誰才是那個真正讓你不幸福的人呢？」

　　　　　　　　　　　　　　—〔法〕羅曼羅蘭

「妒忌奴役著卑微的小人，卻喚起學者或勇者的競爭。」

　　　　　　　　　　　　　　—〔英〕蒲柏《人論》

「不要強摘甜蜜的愛情之果，要等到它在生長緩慢的因果之樹上，

成熟欲落。」

———〔美〕愛默生

「愛情是無邪的，也是神經的。」

———〔俄〕朵思妥耶夫斯基

「如果愛情是真情實意，愛的委屈會很快忘記。」

———〔俄〕朵思妥耶夫斯基

「愛情的意義，就在於幫助對方提高，同時也提高自己，唯有因為愛而提昇進步的人，才算真正的愛。」

———〔俄〕車爾尼雪夫斯基

「面貌的美麗，當然也是愛情一個因素，但心靈與思想的美麗才是崇高愛情的牢固基礎。」

———〔俄〕契可夫

「愛情和咳嗽，都是瞞不住人的。」

———〔英〕賀伯特

「愛情，只有當它是自由自在時，才會枝茂花繁。把愛情當成某種義務的思想，只能致愛情於死地。」

———〔英〕羅素

「愛情，是兩種靈魂的結合。」

———〔英〕約翰生

「愛情是真實的，最持久的，是我們所知道的最甜、也是最苦的東西。」

—〔英〕夏洛蒂·勃朗特

「時間最能考驗真理和愛情。」

—〔英〕莎士比亞

「就是神明，在愛情中也難保持聰明。」

—〔英〕培根

「真心愛情的人，往往因為愛情的昇華，而堅強了他們向上的意志，和進取的精神。」

—〔英〕培根

「愛情的基本要素，就是相信愛情本身是不朽的。」

—〔英〕毛姆

「愛情不會因為理智而變得淡漠，也不會因為雄心壯志而喪失殆盡。它是第二生命，它滲入靈魂，溫暖著每一條血管，跳動在每一次脈搏之中。」

—〔英〕愛迪生

「愛情應該是以忘我為前提的，並且要為自己所愛的對象，盡力謀求幸福。」

—〔英〕雪萊

「世上沒有什麼東西，能像愛情那樣鼓起年輕人的勇氣。」

—〔英〕左拉

「愛情，是可以面對上帝而無愧的一種精神結合。」

—〔法〕繆塞

「愛情之中,高尚的成分不雅於溫柔的成分;使人向上的力量,不雅於使人萎靡的力量,有時還能激發多種美德。」

—〔法〕伏爾泰

「真正的愛情,始終能令人向上。」

—〔法〕小仲馬

「愛情離開了幻想,就好像人沒有食糧一樣。愛情需要熱情的培養,不管是生理上的愛情也好,精神上的愛情也好。」

—〔法〕雨果

「愛情是吞噬一切的火焰,使其餘的感情,燃燒起熊熊大火……給它們注入新的力量……所以人們才說,『愛情創造了英雄』。」

—〔法〕盧梭

「只有情感才是真實的,情感促使我們,追求讓我們產生愛情的真正的美。」

—〔法〕盧梭

「真正的愛情,是雙方互相『無條件投降』。」

—〔法〕福樓拜

「愛情不僅不能買,而且金錢必然會扼殺愛情。」

—〔法〕盧梭

「在我們所有的感情中,最令人迷惑與神魂顛倒的,就是愛情與嫉妒。」

—〔法〕盧梭

「人人都有享受人生幸福的權利,而獲得愛情就是人生的一種幸福。」

—〔法〕司湯達

「愛情的影響力量,藉著奇異的『給與取』的作用,使我們兩個互相改變著我們的天性。」

—〔法〕紀德

「愛情,是一種永久的信仰。」

—〔法〕羅曼‧羅蘭

「真誠的愛情,是最高的法律。」

—〔法〕羅曼‧羅蘭

「沒有愛情的肉體結合,是連動物也會做的。」

—〔德〕貝多芬

「只有愛情,是最後完成靈魂的工作。」

—〔德〕席勒

「只有愛,才是世界的鑰匙。」

—〔意〕達‧芬奇

「愛,總是相互的。」

—〔義〕但丁《神曲‧地獄篇》

「我相信愛情是生活的積極面。」

—〔義〕但丁

「真正的愛情能夠鼓舞人,喚醒他內心沈睡的力量,和潛藏著的才

能。」

—〔義〕薄伽丘

「純潔的愛情,是人生中的一種積極因素,是幸福的泉源。」

—〔義〕薄伽丘

「愛情和情慾之間的區別,就像黃金和玻璃一樣。」

—〔印〕普列姆昌德

「生命誠可貴,愛情價更高。若為自由故,兩者皆可拋。」

—〔匈牙利〕裴多菲

「愛,是一種甜蜜的痛苦。」

—〔英〕莎士比亞

「愛情,是所有人類感情中,最脆弱的一環。」

—〔英〕莎士比亞

「不能使你發奮的愛,不如不愛。」

—〔德〕歌德

「美婦愉悅人的眼,賢婦愉悅人的心。」

—〔法〕拿破崙

「青年男女的戀愛,事先應要求嚴謹,事後應相互寬容。」

—〔法〕福樓拜

「戀愛,決不是一種甜蜜的東西,是一種需要特別忍耐的、苦惱的連續過程。」

—〔英〕王爾德

「女人比男人，更能忍受悲痛。」

　　　　　　　　　—〔英〕王爾德《道林·格雷的畫像》

「女人是用耳朵談戀愛的，而你們男人如果會產生愛情的話，卻是用眼睛來戀愛。」

　　　　　　　　　—〔英〕王爾德《道林·格雷的畫像》

「如果一個人把生活重心，全部建立在愛情那樣暴風雨般的感情衝動上，那是會令人失望的。」

　　　　　　　　　　　　　　　　　—〔波〕居里夫人

「戀愛，是指男女在一生當中，最喪失理智的狀態。」

　　　　　　　　　　　　　　　　　—〔美〕賽珍珠

「世上有誰能把女人複雜的心思，和多變的性情，看透識破呢？誰都不敢誇這個口，這是千真萬確的。」

　　　　　　　　　　—〔西〕塞萬提斯《唐吉訶德》

「一個心靈，經過無數年間的思考，所能夠得到的自我了解，還趕不上戀愛的熱情，在一天所教的為多。」

　　　　　　　　　　　　　—〔美〕愛默森《歷史》

「性，是開啟心理症難題之門的鎖匙。輕視此鎖匙的人，絕不能開啟那扇門。」

　　　　　　　　—〔奧〕弗洛伊德《少女杜拉的故事》

「血統是從上代傳的，美德是自己培養的；美德有本身的價值，血統只是借光。」

──〔西〕塞萬提斯《唐吉訶德》

「愛，是戴著眼鏡看東西的，會把黃銅看成金子，把貧窮看成富有，把眼睛裡的斑點，看成珍珠。」

──〔西〕塞萬提斯《堂·吉訶德》

「上帝預許了永恆，所以祂要人們成雙成對。」

──〔法〕雨果《海上勞工》

「世間最孤寂的人，就是偉大人物的妻子。」

──〔日〕小掘杏奴《惡妻》

「所有傑出的非凡人物，都有出色的母親，到了晚年都十分尊敬自己的母親，把她們當作最好的朋友。」

──〔英〕狄更斯《著魔的人》，《聖誕故事集》

「感情和願望，是人類一切努力和創造背後的動力，不管呈現在我們面前的這種努力和創造，在外表上多麼高超。」

──〔美〕愛因斯坦《宗教和科學》，《愛因斯坦文集》

「一個人如能在心中充滿對人類的博愛，行為遵循崇高的道德律，永遠圍繞著真理而轉動，那麼，他雖在人間，也就等於生活在天堂中了。」

──〔英〕培根《論愛情》，《培根論人生》

「愛的需求或力量一旦死去，人就成為一個活著的墓穴，苟延殘喘的只是一副軀殼。」

──〔英〕雪萊《阿拉斯特》，《愛與美的禮讚》

「慈愛的範圍越推廣，永久的善也由此增加。」

—〔義〕但丁《神曲》

「愛，為美德的種子。」

—〔義〕但丁《神曲》

「愛，是抵禦憂傷的盾牌。」

—〔義〕夸西莫多《廷達里的風》

「在這世界的歷史裡，每一個偉大有威力的時代產生，都是由於某一種熱誠，得到了勝利。」

—〔美〕愛默森《人——天生是改革者》

「友誼的一大奇特作用是：如果你把快樂告訴一個朋友，你將得到兩個快樂；而如果你把憂愁向一個朋友傾吐，你將分出一半憂愁。所以友誼對於人生，真像煉金術士所要尋找的那種『點金石』。」

—〔英〕培根《論友誼》

「友誼，不但能使人走出暴風驟雨的世界，進入和風煦雨的春天，而且能使人擺脫黑暗混亂的胡思亂想，走入光明的理性。」

—〔英〕培根《論友誼》，《培根論人生》

「除非面臨離別，愛永遠不會知道自己的深淺。」

—〔黎〕紀伯倫《先知》

「愛，產生生命！」

—〔丹麥〕安徒生《沼澤王的女兒》

「對於各樣的年齡，愛情會賦予各樣的苦惱。」

——〔俄〕屠格涅夫《貴族之家》

「愛情對男人，不過是身外之物，對女人，卻是整個生命。」

——〔英〕拜倫《唐璜》

「吃醋而能尊重對方，才是真正的愛情。」

——〔法〕莫里哀《莫里哀喜劇選》

「愛情，是多麼崇高的、孩子氣的行動啊！」

——〔法〕小仲馬《茶花女》

「年輕人的愛情，多半不是真正的愛情，只是情慾。情慾只追求歡樂，歡樂之後，慾念消退，所謂愛情也就完了。這是天生的，只有真正的愛情，才是無限無量的。」

——〔西〕塞萬提斯《唐吉訶德》

「喜樂的心，乃是良藥。憂傷的靈，使骨枯乾。」

——《舊約金書·箴言》

「嫉妒我的人，在不知不覺中頌揚了我。」

——〔黎〕紀伯論《沙與沫》

「在這是世界上，只有『苦難』才免於遭人的嫉妒。」

——〔義〕卜伽丘《十日談》

「貪慾，熄滅我們為善的熱忱。」

——〔義〕但丁《神曲》

「不是真正的朋友，再重的禮品也敲不開心扉。」

——〔英〕培根《隨筆集·論友誼》

「當世人都疏遠了我，而那仍在我身邊的人，就是我的真正朋友。」

—〔英〕王爾德

「你可能忘掉和你一同笑過的人，但決不會忘掉和你一同哭過的人。」

—黎巴嫩諺語

「在背後稱讚我們的人，就是我們的良友。」

—〔西〕塞萬提斯

「不要對每一個泛泛的新知，濫施你的交情。」

—〔英〕莎士比亞《哈姆萊特》

「交不在多，得一人可勝百人；交不論久，得一日可喻千古。」

—〔英〕莎士比亞

「憐憫你的人，不是朋友，幫助你的人，才是朋友。」

—〔英〕托·富勒

「要想有朋友，自己必須先夠朋友。」

—〔美〕愛默生

「親戚是上帝安排的，朋友是自己挑選的。」

—美國諺語

「把自己的缺點，告訴你的朋友，是莫大的信任；把他的缺點告訴他，是更大的信任。」

—〔美〕富蘭克林

「患難之中的友誼，能夠使患難舒緩。」

—〔英〕莎士比亞

「真正的友誼，是一種緩慢生長的植物，必須經歷並頂得住逆境的沖擊，才無愧友誼這個稱號。」

—〔美〕華盛頓

「我發覺友誼像酒。新釀時生澀，隨著年代而醇熟之後，才真正是老人恢復體力的興奮劑。」

—〔美〕傑弗遜

「友誼只能在實踐中產生，並在實踐中得到保存。」

—〔德〕歌德

「友誼的基礎，在於兩人的心思和靈魂，都有最大的相似。」

—〔德〕貝多芬

「生活中遇到大憂大患時，友誼應該是有效的安慰。」

—〔法〕巴爾扎克

「愛之別名就是『包容一切』；由於這種包容力，這種生命的滲透力，才能使人類靈魂，與瀰漫於萬物中的精神結合起來。」

—〔印〕泰戈爾

【馮註】中國哲學普遍肯定，宇宙充滿盎然生意，生機燦溢，大化流行無所不在，在儒家可稱為「萬物含生」，在道家可稱為「萬物在道」，在佛家可稱為「眾生在佛」，正是「瀰漫於萬物中的精神」，在此均能相通。

「『理解』，絕對是養育一切友情之果的土壤。」

　　　　　　　　　　　　　　　　　—〔美〕威爾遜

【馮註】美國威爾遜總統（T.W. Wilson, 1856-1924），曾任普林斯頓大學校長，倡議成立「國際聯盟」，促進世界和平，因而獲得 1919年諾貝爾和平獎；雖然後來運作並未成功，但其強調「增進理解」的苦心，希望國際間降低誤解、避免仇恨，至今仍然很有啟發性。此亦哈佛教授高曼（Golemam）所說的「情緒智商」（EQ），代表同理心，無論在兩人之間，或兩岸之間，或國際之間，都很有促進溝通、共創雙贏的重要功用。

「愛情是摸不透的，沒有一個人擁有足夠的聰明，能摸透愛情中一切的一切。」

　　　　　　　　　　　　　　　　　—〔英〕葉慈

「要是愛情不能使身體和靈魂合一，就不能得完全的滿足。」

　　　　　　　　　　　　　　　　　—〔英〕葉慈

「只要世上還產生男人和女人，這種愛的折磨，就永遠不會結束。」

　　　　　　　　　　　　　　　　　—〔丹麥〕溫賽特

【馮註】溫賽特（Sigrid Undset, 1882-1949）為丹麥女性文學家，小時成長環境極為艱困，反而奠定深刻與敏銳的文筆，作品多以女性地位與婚姻生活為主；1928 年獲諾貝爾文學獎，以表彰她「對中世紀北歐人生活的感人描繪」。

「正確的道路並不是遍地玫瑰。」

—〔美〕辛格葉·路易斯

「不論你漫遊何方，家庭才是安樂鄉。」

—〔美〕辛格葉·路易斯

【馮註】辛格葉·路易斯（Sinclin Lowis），美國文學家，因其擅長敘述美國中產階級的心理，並且文筆風趣，而獲得 1930 年諾貝爾文學獎，以表彰「其創新型的才能」。

「教育的意義並非知識的累積，而是心智能力的發育成長。」

—〔美〕賽珍珠

【馮註】賽珍珠（Pearl S. Buck, 1892-1973），美國著名作家，與中國很有深厚緣分；父母為基督教駐華傳教士，所以她從小就在中國鎮江成長，17 歲時返美念心理學，畢業後又來華教英文；她的《大地》一書敘述中國農村的故事，榮獲普利茲文學獎；作品充滿人道精神，反對種族歧視，因其作品對中國農村所做豐富而生動「史詩性的描述」，加上她的傳記著作，而獲 1938 年諾貝爾文學獎。

上引名句說明，戀愛固然容易因為激情，喪失理性，但仍應該透過教育，力求心智的成長，以冷靜成熟的態度，面對感情問題，而不要走極端；即使面對愛情生變，也不要由愛生恨，而應有胸襟給予對方祝福；畢竟，真愛才能使人性與靈魂提昇，而絕對不是仇恨。

「愛情不是一場遊戲。首先我得看得起那個人，信任他，對他（她）的思想和品格，都完全放心才行。」

—〔波蘭〕辛格

「如果你真心愛一個女人，那她的朋友就是你的朋友，她的樂趣就

是你的樂趣，她的喜悅也應當是你的喜悅。」

—〔波蘭〕辛格

【馮註】辛格（Isaac Bashevis Singer, 1904-1911），波蘭文學家，榮獲 1978 年諾貝爾文學獎，以表彰他「充滿激情，植根於波蘭、猶太人文化傳統的小說藝術，將人類共同的處境逼真地反映出來。」

「情有所鍾時，不是嫉妒殺死愛情，就是愛情殺死嫉妒，二中有一，絕無例外。」

—〔薩爾瓦多〕瓜西莫多

【馮註】瓜西莫多（Salvatore Quasimodo, 1901-1968），西班牙文學家，在 1959 年獲得諾貝爾文學獎，以表彰他「採用充滿古典熱情的抒情作品，表現現代的人生悲劇。」

事實上，真愛的最高境界，在於全心為對方著想，當然會因真愛而自我克制，因真愛而克制嫉妒，成全對方；反之，若是求愛不成，卻因自我中心的佔有慾，由愛生恨，因嫉妒而殺死愛情，甚至傷害對方，那就絕對不能稱為真情，更不是真正的君子。

「良心是靈魂之心，感情是身體之聲。」

—〔法〕盧梭

「所有感情，在本性上都是好的，我們應當避免的，只是對它們的誤用或濫用。」

—〔法〕笛卡兒

「身體髮膚，受之父母，不敢毀傷，孝之始也。」

—《孝經》

「立身行道，揚名於後世，以顯父母，孝之終也。」

—《孝經》

「夫妻無隔宿之仇。」

—吳敬梓《儒林外史》

「兒孫自有兒孫福，莫為兒孫作遠憂。」

—關漢卿《包待制三堪蝴蝶夢》

「得之，我幸；不得之，我命。」

—徐志摩

「問世間情為何物？直叫生死相許！」

—〔金〕元好問《遠彼塘》

「長相思，摧心肝！」

—〔唐〕李白《長相思》

「相思無日夜，浩蕩若留被。」

—〔唐〕李白《寄遠》

「白骨成丘山，蒼生意何罪？」

—〔唐〕李白《經亂雜後》

「烽火連三月，家書抵萬金。」

—〔唐〕杜甫《春望》

「慈母手中線，遊子身上衣，臨行密密縫，意恐遲遲歸。」

—〔唐〕孟部《遊子吟》

「惟將終夜長開眼，報答平生未展眉。」

　　　　　　　　　　　　—〔唐〕元禎《遺悲懷》

「懷君心似西江水，日夜東流無歇時。」

　　　　　　　　　　　　　—〔唐〕魚玄機

「過盡千帆皆不是，斜暉脈脈水悠悠，腸斷白蘋洲。」

　　　　　　　　　　　　—〔唐〕溫庭筠《夢江南》

「此情無計可消除，才下眉頭，卻上心頭。」

　　　　　　　　　　　　—〔宋〕李清照《一剪梅》

「衣帶漸寬終不悔，為伊消得人憔悴。」

　　　　　　　　　　　　　—〔宋〕柳永《鳳栖梧》

「但願人長久，千里共嬋娟。」

　　　　　　　　　　　　—〔宋〕蘇軾《水調歌頭》

「悠悠天地闊，世事與誰論。」

　　　　　　　　　　　—〔宋〕文天祥《和言守韻》

「我住長江頭，君住長江尾，日日思君不見君，共飲長江水。」

　　　　　　　　　　　—〔宋〕李之儀《卜算子》詞

「莫道不消魂，簾卷西風，人比黃花瘦。」

　　　　　　　　　　　—〔宋〕李清照《醉衣陰》詞

「正如沒有光熱，這地上就沒有生命；要不是愛，那精神的光熱的根源，一切光明驚人的事，也就不能有。」

　　　　　　　　　　　　　—徐志摩《愛的靈感》

「女人是絕對不會有錯的，即使有錯，聰明的男人也不要說出來，最好把它攬在自己的身上。」

—〔印〕泰戈爾

「愛情是理解和體貼的別名。」

—〔印〕泰戈爾

「一家人能夠互相密切合作，才是世界上唯一真正的幸福。」

—〔波〕居里夫人

「『心心相印』不是口頭禪，『白首偕老』豈是落伍？」

—林語堂

「婚姻幸福之道，一言以蔽之，就是『少說一句話』。」

—林語堂

「夫妻之外，還需要友情。如果夫婦二人整天過著極其狹窄的生活，日久必然厭膩、淡薄；愛情非但不能鞏固，而且反會惡化。」

—鄧穎超（周恩來夫人）

「夫妻是伴侶，是共同的勞動者，又是新生命的創造者。」

—魯迅

「一個美好的家庭，乃是一切幸福和力量的根源。」

—冰心

第五章　品德與人格

【導言】

《中庸》有句名言，提醒世人：「道，不可須臾離也，可離非道也。」這個「道」也可稱為道德，或者品德、或者人格，在人的一生所有活動，都不能離開。

所以，馬英九總統曾經特別引述本句，強調「品德教育」的重要性。

另外，台大校長李嗣涔，也曾針對陳水扁與陳致中涉及洗錢案，因為他們都畢業自台大法律系，而向社會道歉，並強調今後將更加強「品德教育」，台大前校長陳維昭，也在 80 年校慶，特別引述校訓「敦品勵學」，強調「敦品」列在前面的重要性。

甚至民進黨前主席林義雄，也曾感嘆：「日本政務官說謊、貪污就下台，甚至還跳樓自殺；但台灣政人物貪污，卻還強辯，還有人誇他說得對，很會講話。」（2008/9/22 中國時報）

林義雄對此歸咎於「文化的問題」。其實歸根結柢，同樣是「品德教育」的問題。

此外，陳水扁妻子吳淑珍，連續 17 次請假不出庭，創台灣空前的紀錄，台大醫院卻頻頻開證明背書，也引起社會的極大詬病。

　　所以，蘋果日報（2008.9.20）就曾刊登，臺大醫師陳興正醫師投書批評：「台大醫院有一面倫理牆，上面寫著：我們對生命一視同仁，不因對方階級身分信仰或種族而有差別待遇。但事實上卻不是這樣，對升斗小民是一副嘴臉，百般不耐，連多問一句病情都會討罵，對達官貴人卻又是另一副模樣，風情萬種，十分體貼。」

　　這篇投書題為「吳淑珍可以，其他病人不可以」！文中所指的言行不一、雙重標準，同樣在說明醫生的品德，是何等的重要！

　　所以，同日聯合報「黑白集」也曾發表短評，題為「台大醫院愧對憲政正義」，文中明白指出：「吳淑珍逃避司法審判的意圖，路人皆知；一名台大醫生（按指翁昭玫醫師）竟可連續十六次使吳淑珍不出庭，而院方如今卻對這十六次證明有了保留。台大是否愧對憲政正義？更是否在責任倫理上已淪為扁家的共犯？」

　　凡此種種實例，均可看出，無論醫師、律師、會計師、教師等等，如果沒有品德與人格，就會破壞職業道德，其影響將會非常嚴重！

　　宋代司馬光很早就強調，「德勝於才為君子，才勝於德為小人。」他特別強調，用人必需先看品德與人格。

　　當然，今天也有很多人感嘆：君子與小人鬥，君子卻經常輸！有人因而主張不能「太君子」、不能「太老實」。甚至有些人還主張，只有用「小人對小人」的方法，才可能得勝。

　　這種心情，雖然可以理解，但用小人的方法對付小人，正如同「以暴易暴」，畢竟不是正道。

　　所以，曾文正公很早即提醒世人，愈在衰世，愈要「以誠制偽」、「以拙制巧」；從長遠看，才能真正的勝利成功。

　　事實上，《易經》很早就曾指出：「君子道長，小人道消」；代表只要君子能夠團結，勇於挺身而出，小人自然就會道消。

　　反之，如果君子相互內鬨，被人分化，正氣消沉，「君子道消」，那就難怪「小人道長」！此間正邪消長之理，至今仍然非常發人深省！

　　在西方，羅馬的西塞祿（Cicero）也很早就強調，「誠實是最好的政策」！從富蘭克林到林肯總統，都經常引述本句名言。直到今天，歐美民主先進國家，縱然也有政治鬥爭，但均仍以「誠實」為共同的美德。

　　試看美國尼克森總統，雖然能幹，但因權謀過甚，不夠誠實，終於因水門案辭職。足證人心所向，仍以品德為主！

　　從中外成功的名人名言中，我們可以發現，大家仍然共同強調品德與人格。品德仍然是普世的價值，人格仍然是永恆的明燈！

　　因此，在這充滿奸巧硬拗、逢迎拍馬的時代，眼看很多人缺乏品德、人格蕩然，本章特別收集古今中外的名人名言，做為仁人志士振作精神、撥亂反正的原動力，也做為大家共同奮鬥，激濁揚清的座右銘，敬供各界讀者借鏡。

———————————＊———————＊———————＊———————

「首先，是崇高的理想，其次才是金錢；光有金錢而沒有崇高理想的社會，是會崩潰的。」

　　　　　　　　　　　　　　　—〔希臘〕蘇格拉底《自辯篇》

「品德，是一個人的守護神。」

—〔希臘〕赫拉克里特《著作殘篇》

「驕傲，是無知的產物。」

—〔希臘〕蘇格拉底

「忘記了自己的缺點，就產生了驕傲自滿。」

—〔希臘〕德謨克利特

「應該熱心地、致力於照道德行事，而不要空談道德。」

—〔希臘〕德謨克利特《著作殘篇》

【馮註】這正如同佛經中，「文殊菩薩」代表智慧的德，「普賢菩薩」代表行為的德，要能知行合一，兩者缺一而不可。

「驕傲，使天使淪為魔鬼。」

—〔羅馬〕奧古斯丁

「美德似乎是一種心靈的健康，美而堅強有力，邪惡則似乎是心靈的一種疾病，醜而軟弱無力。」

—〔希臘〕柏拉圖《理想國》

「最幸福的人，和達到最理想目的的人，是那些養成一個普通公民應具備的善良優質的人。」

—〔希臘〕柏拉圖《費多篇》

「我不做別的事情，只是勸說大家，敦促大家，不管老少，都不要只顧個人和財產，首先要關心改善自己的靈魂，這是更重要的事情。我告訴你們，金錢並不能帶來美德，美德卻可以給人帶來金錢，以及個人和國家的其他一切好事。」

—〔希臘〕蘇格拉底《自辯篇》

「諸位朋友，我的幾個兒子成年後，請為我教導他們。如果他們把財富或其他事物，看得比品德為重，請像我勸你們那樣勸他們。如果他們自命不凡，那麼，請像我譴責你們那樣譴責他們。因為，他們忽視了該看重的事物，本屬渺小而自命不凡。你們倘能這樣，我和我的兒子，必會從你們手中得到公義。」

—〔希臘〕蘇格拉底（引自柏拉圖對話錄）《申辯》

【馮註】上述三篇內容，均來自蘇格拉底在法庭上的申辯。他因為被誣告判死刑，但仍勇敢的為自己理念奮戰論辯。他在同篇內容，曾經坦然指出，法庭判他有罪，一方面因為有人誣陷，二方面更因為有人嫉恨他！但他仍然勇敢面對不公平的審判，最後還說：「離別的時刻到了，我們得各自上路——我走向死亡，你們繼續活下去。至於生與死孰優，只有神明方知。」這種坦蕩蕩的精神，臨難仍然不屈，仍然看重「品德」以及「靈魂」，極具重要的啟發性！

「一個人不應受名譽、金錢、和地位的誘惑，……去忽視正義和其他德行。」

—〔希臘〕柏拉圖《文藝對話集》

「真理可能在少數人一邊。」

—〔希臘〕柏拉圖〈美國名人研究基金會推薦名人名言〉

【馮註】柏拉圖因為老師蘇格拉底，在號稱「民主」的雅典法庭，竟然被誣判死刑，所以並不欣賞「民主」的價值；他認為，「哲王」才是真正有智慧的領袖，如果哲王不可得，也應用公正的「法

律」治理，而不能靠挑動人民情緒，成為民粹政治。所以本句至今，仍然非常發人深省！

「連上帝也會去幫助誠實而勇敢的人。」

　　　　　　　　　　　—〔希臘〕米南德《殘篇集》

「世界沒有比真誠更為可貴的人。」

　　　　　　　　　　　　　—〔羅馬〕西塞羅

「節儉之中蘊藏著一切美德。」

　　　　　　　—〔羅馬〕西塞羅《圖斯卡聲姆談話錄》

「一個人的品格，比他的軀體更重要。」

　　　　　　　　　　—〔羅馬〕西塞羅《論義務》

「沒有誠實，何來尊嚴？」

　　　　　　　　　　　—〔羅馬〕西塞羅《書簡》

「品德，是你在黑暗中的為人。」

　　　　　　　　　　　　　　　　　—穆迪

「德行是靈魂之美。」

　　　　　　　　　　　　　—〔英〕托・富勒

「良好品格，是人性的最高表現。」

　　　　　　　　　　　　　—〔英〕史密爾

「美德永遠不老。」

　　　　　　　　　　　　　—〔英〕赫伯特

「修養的本質，如同人的性格，最終還是歸結到道德情操這個問題。」

　　　　—〔美〕愛默生《文學與社會目的·論文化的進步性》

「沒有慈悲之心是禽獸，是野獸，是魔鬼。」

　　　　　　　　　　　　—〔英〕莎士比亞《理查二世》

「慈悲不是姑息，遇惡不可縱容。」

　　　　　　　　　　　—〔英〕莎士比亞《一報還一報》

「對殺人的兇手，不能講慈悲，否則就是鼓勵殺人了。」

　　　　　　　　　　　　　　　—〔英〕莎士比亞

「慈悲，是高尚人格的真實標記。」

　　　　　　　　　　　　　　　—〔英〕莎士比亞

「仁慈，必須建立在正義的基礎之上，而絕不能取代正義。」

　　　　　　　　　　—〔英〕亨·喬治《勞動條件》

「善良行為有一種好處，就是使人的靈魂變得高尚了，並且使他可以做出更美好的行為。」

　　　　　　　　　　　　　　　　—〔法〕盧梭

「善良的人，即使為黑暗所迷惑，也不會遺忘正確之路。」

　　　　　　　　　　　　—〔德〕歌德《天上序曲》

「我們的靈魂需要糖，這糖就是善良。」

　　　　　　　　　　　—〔俄〕高爾基《我的大學》

「正直是最好的策略。」

　　　　　　　　　　　　　　——〔西〕塞萬提斯

「有德必有勇，正直的人絕不膽怯。」

　　　　　　　　　　　　　　——〔英〕莎士比亞

「我唯一的信賴，是我坦白的胸懷。」

　　　　　　　　　　　　　　——〔英〕莎士比亞

「世上沒有比正直更豐富的遺產。」

　　　　　　　　　　　　　　——〔英〕莎士比亞

「經常直言不諱，那麼卑鄙小人就會避開你。」

　　　　　　　　　——〔英〕布萊克《地獄的格言》

「一清如水的生活，誠實不欺的性格，在無論那個階層裡，即使心術最壞的人，也會對之肅然起敬。」

　　　　　　　　　——〔法〕巴爾扎克《邦斯舅舅》

「做一個聖人，那是特殊情形；做一個正直的人，那卻是為人的正軌本份。」

　　　　　　　　　——〔法〕雨果《悲慘世界》

「坦白，是誠實與勇敢的產物。」

　　　　　　　　　　　　——〔美〕馬克·吐溫

「真誠，才是人生最高的美德。」

　　　　　　　　　——〔英〕喬叟《喬叟文集》

「誠實，是一個人得以保持的最高尚東西。」

　　　　　　　　　　　　　　——〔英〕喬叟

「人若失去了誠實，也就失去了一切。」

　　　　　——〔英〕黎里《尤菲綺斯・尤菲綺斯和尤布魯斯》

「沒有一種遺產，能像誠實那樣豐富了。」

　　　　　　　　　　　　　　　——〔英〕莎士比亞

「誠實，不需假手於筆墨；美麗，不需假助於粉黛。」

　　　　　　　　　　　　　　　——〔英〕莎士比亞

「說出真實的思想，是人生極大的安慰。」

　　　　　　　　　　　　　　　　——〔法〕伏爾泰

「誠實，是最好的政策。」

　　　　　　　　　　　　　　　——〔美〕富蘭克林

「誠實和勤勉，應當成為你永久的伴侶。」

　　　　　　　　　　　　　　　——〔美〕富蘭克林

「誠實是智慧之書的第一章。」

　　　　　　　　　　　　　　　——〔美〕富蘭克林

「我寧願以誠摯，獲得一百名敵人的攻擊，也不願意偽善，獲得十個朋友的讚揚。」

　　　　　　　　　　　　　　　　——〔匈〕裴多菲

「虛偽的真誠，比魔鬼更可怕。」

　　　　　　　　　　　　　　　　——〔印〕泰戈爾

「勤勞，可以使最平常的機遇變成良機。」

　　　　　　　　　　　　　　——〔德〕馬丁・路德

「勤勉是好運之母，上帝把一切事物都賜予勤勉。」

——〔美〕富蘭克林

「涓滴之水，可以磨損大石，不是由于它力量強大，而是由于晝夜不舍的滴墜。只有勤奮不懈的努力，才能夠獲得那些技巧。」

——〔德〕貝多芬

「勤勞，是疾病與悲慘的最佳治療秘方。」

——〔英〕卡萊爾

「勤勉而頑強地鑽研，永遠可以使你百尺竿頭更進一步。」

——〔德〕舒曼《論音樂與音樂家》

「世界上，沒有任何一種真正具有價值的東西，可以不經過辛勤勞動而能得到。」

——〔美〕愛迪生

「科學的未來，只能是屬於勤奮而又謙虛的年輕一代！」

——〔俄〕巴甫洛夫

「在天才和勤奮之間，我毫不遲疑地選擇勤奮，它幾乎是世界上一切成就的催產婆。」

——〔美〕愛因斯坦

「自私心，是一切過失和不幸的泉源。」

——〔英〕卡萊爾

「對於一個公民，自私自利都永遠是一種壞的品質。這種人總是把一切事物，都按照自己私心的需要加以扭曲，其結果沒有不危害社

會的。」

　　　　　　　　—〔英〕弗·培根《人生論·論自私》

「利己主義的滲入，使最美好的社會結構變質，使它不自然。」

　　　　　　　　—〔法〕雨果《死囚的最後一天——序》

「自私，就等於自殺。」

　　　　　　　　—〔俄〕屠格捏夫《羅亭》

「自私怯懦的人常不快樂，因為他們即使保護了自己的利益和安全，卻保護不了自己的品格和自信。」

　　　　　　　　—〔法〕羅曼·羅蘭

「虛偽的人為智者所輕蔑，為愚者所臣服，為阿諛者所崇拜，而為自己的虛榮所奴役。」

　　　　　　　　—〔英〕培根

「虛偽，永遠不能靠它生長在權力中，而變成真實。」

　　　　　　　　—〔印〕泰戈爾《飛鳥集》

「虛偽及欺詐，會產生各種罪惡。」

　　　　　　　　—〔美〕愛迪生

「驕傲之後是毀滅，狂妄之後是墮落。」

　　　　　　　　—〔聖經〕

「最大的驕傲與最大的自卑，都表示心靈的最軟弱無力。」

　　　　　　　　—〔荷〕史賓諾莎

「妄自尊大和妄自菲薄，都是嚴重的錯誤。」

　　　　　　　　　　　　　　　　　　－〔德〕歌德

「自滿、自高自大和輕信，是人生的三大暗礁。」

　　　　　　　　　　　　　　　　　　－〔法〕巴爾扎克

「驕傲，幾乎毀滅了所有健康的理智。」

　　　　　　　　　　　　　　　　　　－〔美〕愛默生

「妄自尊大，只不過是無知的假面具而已。」

　　　　　　　　　　　　　　　　　　－〔法〕伏爾泰

「真理不是靠喝采造出來的，是非不是靠投票決定的。」

　　　　　　　　－卡萊爾〈美國名人研究基金會推薦名人名言〉

【馮註】本句內容，可與柏拉圖前述名言相輝映，同樣反對民粹治國，也同樣反對政客譁眾取寵。

「人類先天就要有一種對善美的追求，對生命的歌頌、和對造物者的敬佩。愈是善良的靈魂，愈是對造物者有至高的敬意。」

　　　　　　　　　　　－〔法〕羅曼‧羅蘭《美德與家教》

「凡是對真理沒有虔誠的熱烈敬意的人，絕對談不到良心，談不到崇高的生命，談不到高尚。」

　　　　　　　　　－〔法〕羅曼‧羅蘭《約翰‧克利斯朵夫》

「世界上還有些比國家更重要的，那便是人類的良心。」

　　　　　　　　　－〔法〕羅曼羅爾《約翰‧克利斯朵夫》

「道德渺小的地方，不會有偉大的人物出現。」

　　　　　　　　　　　　　　　　　　－〔法〕羅曼‧羅蘭

「人為追求至善至美而存在。」

——〔德〕尼采《快樂的科學》

「一個人必須學會怎樣聽見、和理解良心的呼喚，以便按良心而行動。」

——〔美〕弗洛姆《為自己的人》

「我可以咬住舌頭，緘口不言，但是，我卻不能使我的良知沉默不語。」

——〔印〕泰戈爾《新郎和新娘》

「在一切道德品質之中，善良本性在世界上是最需要的。」

——〔英〕羅素《閒散頌》

「一個有道德的人，是一個心裡感到誘惑，就對誘惑進行反抗，決不屈從於它的人。」

——〔奧〕弗洛伊德《弗洛伊德論美文選》

「搗鬼有術、也有效，然而有限，所以，以此成大事者，古來無有！」

——魯迅

「以我們一般人而言，最簡便的修養方法，就是讀書。」

——梁實秋《雅舍小品選·漫談讀書》

「沒有一種罪惡，比虛偽和背義更可恥了！」

——〔英〕培根《培根隨筆選》

「完全忠實于自己，絲毫不隱瞞自己，這是一道很好的練習題。」

　　　　　　　　　　—〔奧〕弗洛伊德《精神分析學原理》

「被人揭下面具是一種失敗，自己揭下面具是一種勝利。」

　　　　　　　　　　　　　—〔法〕雨果《海上勞工》

「品德，是真理之花。」

　　　　　　　　　　　　　—〔法〕雨果《悲慘世界》

「良心的覺醒，就是靈魂的偉大。」

　　　　　　　　　　　　　—〔法〕雨果《悲慘世界》

「做好人容易，做正直的人卻難。」

　　　　　　　　　　　　　—〔法〕雨果《悲慘世界》

「除非心靈從偏見的奴役下解脫出來，心靈就不能從正確的觀點來
看生活，或真正了解人性。」

　　　　　　　　　　—〔印〕泰戈爾《家庭中的泰戈爾》

「如果活著，不是為了糾正我們的錯誤、克服我們的偏見、擴大我
們的思想與心胸，那麼活著又有什麼用？」

　　　　　　　　—〔法〕羅曼·羅蘭《約翰·克利斯朵夫》

「人格，是大地之子最崇高的幸福。」

　　　　　　　　　　　　　—〔德〕歌德《東西詩篇》

「善良行為，就是一切以人格為目的的行為。人格是一切價值的根
本，宇宙間只有人格，具有絕對的價值。」

　　　　　　　　　　—〔日〕西田幾多郎《善的研究》

「男子的人格，不是人類的完整典型，同樣，女子的人格也不是完

整的典型。只有男女兩性互相補充，才能發展為完整的人格。」

—〔日〕西田幾多郎《善的研究》

「什麼是善？凡是增強我們人類力量感的東西、力量意志、力量本身，都是善。什麼是惡？凡是柔弱的東西，都是惡。」

—〔德〕尼采〈人性〉

「人格是地上的人類，最高的幸福。」

—〔德〕歌德《西東詩集》

「為某種目的而為的善行，已經不是善行。完全沒有目的，才能成為真正的愛。」

—〔俄〕托爾斯泰《人生之道》

「良心就是認識人們心中的靈魂。只有如此認識我們的靈魂，良心才能成為人類生活的忠實指導者。」

—〔俄〕托爾斯泰《人生之道》

「人們只在面對自我的時候，真性才是最容易顯露的。因為那時人最不必掩飾。」

—〔英〕培根《人生論》

「人，就是一條河，河裡的水流到哪裡，都還是水，這是無異議的。但是，河水有狹有寬，有平靜有清澈、有混濁，有溫暖有冰冷等現象，而人也一樣。」

—〔俄〕托爾斯泰《安娜·卡列尼娜》

「人假使沒有自尊心，那就會一無價值。」

—屠格涅夫《羅亭》

「人是什麼？他本身所具有的一些特質是什麼？用一個字來說，就是人格。」

—叔本華《人生的智慧》

「人要尊重自己，就必須抱有一種信念：公平對待他的同胞。」

—夏洛蒂·勃朗特《簡愛》

「我們當中每一個人身上，都有一個完整的世界，在每一個人身上，這個世界都是自己的，特殊的。」

—朵思妥耶夫斯基《全集》

【馮註】這正如同朱子所說，「人人有太極」，也如佛家所說，一花一生命，一沙一世界，可見東西哲人相通之處。

「人的本性，總是想他人依照他的意思而生活。」

—史賓諾莎《倫理學》

「生活中的成功秘訣，是讓自己設身處地的想，用自己、也用別人的角度看事情。」

—〔美〕汽車大王亨利·福特

【馮註】本段正如同孔子所說，「己所不欲，勿施於人」，要能將心比心，為人著想，才能真正成功。

「產生自尊心的是理性，而加強自尊心的，則是思考。」

—〔法〕盧梭《論人類不平等的起源和基礎》

「生活好比旅行，理想是旅行的路線，失去了路線，只好停止前

進。」

　　　　　　　　　　　　　　　　　　　　—〔法〕雨果《海上勞工》

「每個人都有一定的理想，這種理想決定著他的努力和判斷的方向。就在這個意義上，我從來不把安逸和享樂看作是生活目的本身——這種倫理基礎，我稱之豬欄的理想。能照亮我的道路，並且不斷地給我新的勇氣，去愉快地正視生活的理想，是真、善、美。」

　　　　　　　　　　　　　　—〔德〕愛因斯坦《愛因斯坦文集》

「對真理和知識的追求，並為之奮鬥，是人的最高品質之一。」

　　　　　　　　　　　　　　—〔德〕愛因斯坦《愛因斯坦文集》

「我們越接近於目標，困難就會越多。」

　　　　　　　　　　　　—〔德〕歌德《歌德的格言和感想集》

【馮註】這正如同佛經所說，成佛之前，天魔會有更多考驗，稱之「魔考」。然而，「魔考」也可看成「佛試」，並可稱之「逆行菩薩」，是用「逆增上緣」增益其所不能。

「對罪惡的行為，若是姑息縱容，不加懲罰，那就是無聲的默許。」

　　　　　　　　　　　　　　—〔英〕莎士比亞《一報還一報》

「要是我們看到了醜惡，卻不用憤怒的手指把它點出來，那我們也離醜惡不遠了。」

　　　　　　　　　　　　　—克雷洛夫《克雷洛夫寓言》

「真正的品德，只有在非常環境中，以及相互關係的衝突中，才有

地位並獲得展現。」

　　　　　　　　　　　　　　　　—黑格爾《法哲學原理》

「積極地關心他人的幸福與不幸，與他們同甘共苦，這是真正的道德。」

　　　　　　　　　　　　　　　　—費爾巴哈《幸福論》

「有兩種東西，我們愈是經常反覆思維，它們就給人心灌注了時時翻新、有增無已的讚嘆和敬畏：那就是頭上的星空，和內心的道德法則。」

　　　　　　　　　　　　　　　　—康德《實踐理性批判》

「那些立身揚名、出類拔萃的人，他們憑藉的力量是品德，而這也正是我的力量。」

　　　　　　　　　　　　　　　　—貝多芬《貝多芬語錄》

「僅僅一個人獨善其身，那實在是一種浪費。上天生下我們，是要把我們當作火炬，不是照亮自己，而是普照世界；因為我們的德行如果不能推及他人，那就等於沒有一樣。」

　　　　　　　　　　　　　—〔英〕莎士比亞《一報還一報》

「一個問心無愧的人，如同穿著護胸甲，是絕對安全的；他理直氣壯，好比是披著三重盔甲。但那種理不直、氣不壯、喪失良心的人，即使穿上鋼鐵盔甲，也如同赤身裸體一樣。」

　　　　　　　　　　　　—〔英〕莎士比亞《亨利六世中篇》

「良心，通常只以沉默的形式說話。」

　　　　　　　　　　　　　　　　—海德格《存在與時間》

【馮註】如果良心只會沉默，便會縱容壞人惡行，黑白顛倒，成為充滿「顛倒見」的黑暗時代，最後並會大禍臨頭。正如同納粹法西斯的暴政，當初大多數人都不敢講話，沉默以對，以致暴政更加擴大，造成共同的被害！

「處於順境的時候，良心的譴責就睡著了；處於逆境的時候，良心的譴責就加劇了。」

──〔法〕盧梭《懺悔錄》

「良心是我們自己對自己的一種反應。正是這種屬於我們自己的心聲，把我們召回到自己的世界，去創發性地生活，去健全和充分地發展，也就是說，使我們成為我們潛在所是的那個樣子。」

──弗洛姆《尋找自我》

【馮註】本句正如同孟子所說，「求其放心」，召喚良心回到自我深處，才能充分弘揚天性善根，發展內在潛能，亦即心理學所說「自我現實」（self-realization）。

「責任並不是一種從外部強加在人身上的義務，而是需要對我所關心的事情做出反應。」

──〔美〕弗洛姆《為自己的人》

「懦夫在未死以前，就已經死過好幾次；勇士一生只死一次。」

──〔英〕莎士比亞《裘力斯·愷撒》

「孤立於社會中的勇氣，是極為重要的美德。」

──羅素《羅素文選》

【馮註】孟子強調，「自反而縮，雖千萬人吾往矣」，與此也很能相通；因為先知透過反省，只要合乎公義與正氣，便應勇往直前，義無反顧；可能一時孤獨，但終究會得到眾人理解與支持。

「老老實實最能打動人心。」

—〔英〕莎士比亞《理查三世》

「品德是一個人的內在，名譽是一個人的外貌。」

—〔英〕莎士比亞

「品德，應該高尚些；處事，應該坦率些；舉止，應該禮貌些。」

—〔法〕孟德斯鳩

「衡量一個人的真正品德，是看他在知道沒有人會發覺的時候，做些什麼事情？」

—〔法〕孟德斯鳩

「在一個民主的國家中，需要有一種推動國運的核心價值，這就是品德。」

—〔法〕孟德斯鳩

「品德啊！你是純樸靈魂的崇高理想。」

—〔法〕盧梭

「品德是根本，是自制心和克己心，使自身的本能服從全體。」

—〔德〕費希特《講演全集》

「品德，是智力最高的證明。」

—〔美〕約翰遜《談談傳奇》

「最高的品德，便是為旁人著想。」

　　　　　　　　——〔法〕雨果《悲慘世界》

「品德即是靈魂的健康。」

　　　　　　　　——〔德〕尼采《快樂的科學》

「最高的品德，就是不斷地為人服務，為人類的愛而工作。」

　　　　　　　　——〔印〕甘地《倫理的宗教》

「偉大人物的最明顯標誌，就是他堅強的意志，不管環境變換到何種地步，他的初衷與希望，仍不會有絲毫的改變，而終能克服障礙，以達到期望的理想。」

　　　　　　　　——〔法〕羅曼·羅蘭

「唯有人的品格，最經得起風雨。」

　　　　　　　　——〔美〕惠特曼

「一個人要偉大，不能不付出代價，天才的作品是用眼淚灌溉的。」

　　　　　　　　——〔法〕巴爾扎克

「正直的人都是抗震的，他們似乎有一種內在的平靜，使他們能夠經得住挫折，甚至是不公平的待遇。」

　　　　　　　　——〔美〕阿瑟·戈森《做一個正直的人》

「人類也需要夢想者，這種人醉心於一種世事的大公無私發展，因而不能注意自身的物質利益。」

　　　　　　　　——〔波〕居里夫人

「偉人是必然的,他們出現的時代是偶然的;他們幾乎總是成為他們時代的大師,這不全是因為他們是強者,還因為他們是長者,在他們產生之前,力量已經積蓄了很長時間了。」

　　　　　　　　　—〔德〕尼采《偶像的黃昏·天才的遠征》

「正直,意味著有勇氣堅持自己的信念。這一點包括,有能力去堅持你認為是正確的東西,在需要的時候義無反顧,並能公開反對你確認是錯誤的東西。」

　　　　　　　　　—〔美〕阿瑟·戈森《做一個正直的人》

「信用既是無形的力量,也是無形的財富。」

　　　　　　　　　　　　　—〔日〕松下幸之助

「使人偉大或渺小者,皆在其人之志。」

　　　　　　　　　　　　　　　　—〔德〕席勒

「一個驕傲的人,結果總是在驕傲裡毀滅自己。」

　　　　　　　—〔英〕莎士比亞《特洛伊羅斯與克瑞西達》

「驕傲的人,必然嫉恨品德最受稱讚的人。」

　　　　　　　　　　　—〔荷〕斯賓諾莎《倫理學》

「人有了大目標,才會自然而然地偉大起來。」

　　　　　　　　　　　　　　　　—〔德〕席勒

「我希望我具有足夠的堅定和品德,足以保持所有稱號中,我認為最值得羨慕的稱號:一個誠實的人。」

　　　　　　　　　　　　　　　　—〔美〕華盛頓

「驕傲首先導致豐盈，然後導致貧困，最後導致聲譽掃地。」

　　　　　　　　　　　　　　　　—〔美〕富蘭克林《格言歷書》

「平凡人的最大缺點，便是常常覺得自己比別人高明。」

　　　　　　　　　　　　　　　　　　　　—〔美〕富蘭克林

「為一件過失辯解，往往使這過失顯得格外重大，正像用布塊縫補
一個小小的窟窿，反而欲蓋彌彰一樣。」

　　　　　　　　　　　　　　　　—〔英〕莎士比亞《約翰王》

「偉人多謙虛，小人多驕傲。太陽穿一件樸素的光衣，白雲卻披了
燦爛的裙子。」

　　　　　　　　　　　　　　　　—〔印〕泰戈爾《飛鳥集》

「青年人啊，熱愛理想、崇敬理想吧。理想是上帝的語言，高於所
有國家和人類的，是精神的王國，是靈魂的故鄉。」

　　　　　　　　　　　　　—朱瑟珮・瑪志尼《致義大利青年》

「把『品德』教給你們的孩子；使人幸福的，是品德而非金錢，這
是我的經驗之談。在患難中，支持我的是品德，使我不曾自殺的，
除了藝術以外，也是品德！」

　　　　　　　　　　　　—〔德〕貝多芬轉引自《貝多芬傳》

「世間最純粹、最溫馨的樂事，恐怕莫過於看見一顆偉大的心靈，
對自己坦誠相見吧！」

　　　　　　　　　　　　　—〔德〕歌德《少年維特的煩惱》

「誠實的人，必須對自己守信，他的最後靠山就是真誠。」

——〔美〕愛默生《集外演講錄》

「我要求別人誠實，我自己就得誠實。」

——〔俄〕朶思妥耶夫斯基《少年》

「責任，就是對自己要求去做的事情，有一種愛。」

——〔德〕歌德《格言和感想集》

「為人善良和正直，才是最光榮的。」

——〔法〕盧梭《愛彌兒》

「沒有偉大的品格，就沒有偉大的人，甚至也沒有偉大的藝術家、偉大的行動者。」

——〔法〕羅曼·羅蘭《貝多芬傳》

「偉大的人格，形成了崇高的行誼；不為自己活，也不為自己死。」

——〔法〕羅曼·羅蘭《愛與死的搏鬥》

「正直的人，是神創造的最高尚作品。」

——〔英〕蒲柏《論人性》

「我大膽地走著正直的道路，絕不有損於正義與真理，絕不諂媚和敷衍任何人。」

——〔法〕盧梭《懺悔錄》

「人性的尊嚴與光榮，不在精明，而在誠實。」

——〔德〕蒙森《羅馬史》

「對自己忠實，才不會對別人欺詐。」

　　　　　　　　　——〔英〕莎士比亞《哈姆萊特》

「人一旦受到責任感的驅使，就能創造出奇蹟來。」

　　　　　　　　　　　——〔美〕門肯《偏見集》

「人從他被投進這個世界的那一刻起，就要對自己的一切行為負責。」

　　　　　　　——〔法〕沙特《存在主義是一種人道主義》

「雖然整個社會，都建立在互不相讓的基礎上，可是良好的關係，卻是建築在寬容相諒的基礎上。」

　　　　　　　　　　　——蕭伯納《聖華·序》

「一個人對於所受的傷害，寬恕比復仇更高尚，鄙視比雪恥更有氣派。」

　　　　　　　　——〔美〕富蘭克林《格言歷書》

「從來沒有哪一個真正的偉人，不是真正有品德的人。」

　　　　　　　——〔美〕富蘭克林《愛管閒事的人》

「無論天使或人，都絕不會因為過分寬厚而遭到危險。」

　　　　　　　　　　——〔英〕培根《隨筆集》

「寬容，意味著尊重別人任何可能有的信念。」

　　　　　　——〔德〕愛因斯坦《愛因斯坦文集》

「寬容，為文明唯一之考驗。」

　　　　　　　　　——〔英〕霍爾布茲《隨感》

「最能保持人心健康的預防藥，是朋友的忠言規勸。」

—〔英〕培根《論友誼》

「只知道愛自己、卻不知愛別人的人，最終總是沒有好結果。」

—〔英〕培根《論自私》

「點燃蠟燭、照亮他人者，也不會給自己帶來黑暗。」

—傑弗遜《文集》

「凡可以獻上我全身的事，我決不只獻上一隻手。」

—狄更斯《大衛·科波菲爾》

「刀鞘保護刀的鋒利，它自己則滿足本身的遲鈍。」

—〔印〕泰戈爾《飛鳥集》

「把別人對你的詆毀，記在塵土中；把別人對你的恩惠，刻在大理石上。」

—〔美〕富蘭克林《格言歷書》

「在別人身上，應尋找品德，在自己身上，應尋找弊病。」

—富蘭克林《格言歷書》

「誠實的品格，是最為可喜的事情；智力超群的頭腦，則是其次的。」

—傑弗遜《致皮特·卡爾的信》

「人如果沒有良心，哪怕天大的聰明，也活不下去。」

—高爾基《我的大學》

「報恩是教養之果。在粗野的人群裡，你是找不出這種美德的。」

—〔英〕約翰遜《赫布里底群島紀行》

「凡是有良好修養的人,有一種禁誡:勿發脾氣。」

　　　　　　　　　　　　　　　　　　－〔美〕愛默生

「她的堅強,她的意志的純潔,她的律己之嚴,她的客觀,她的公
正不阿的判斷——所有這一切,都難得地集中在一個人的身上。她
在任何時候都意識到,自己是社會的公僕,她極端的謙虛,永遠不
給自滿留下任何餘地。」

　　　　　　　　　　　　－〔德〕愛因斯坦《悼念居禮夫人》

「凡是在小事上,對真理持輕率態度的人,在大事上也是不足信
的。」

　　　　　　　　　　　　　　－F・赫爾內克著《愛因斯坦傳》

「個人的生命,只有當它用來促使一切有生命的東西,都生活得更
高尚、更優美時,才有意義。生命是神聖的,也就是說它的價值最
高,對於它,其他一切價值都是次一等的。」

　　　　　　　　　　　　　－《有沒有一種猶太人的生命觀》

「我絕對深信,世界上的財富,並不能幫助人類進步,即使它掌握
在對這事業最熱誠的人們手裡,也是如此。只有偉大而純潔的人物
榜樣,才能引導我們具有高尚的思想和行為。」

　　　　　　　　　　　　　　－〔德〕愛因斯坦《關於財富》

「金錢只能喚起自私自利之心,並且不可抗拒地會招致種種弊
端。」

　　　　　　　　　　　　　　－〔德〕愛因斯坦《關於財富》

「人類價值的基礎,畢竟還是道德。在古代,就能清楚地認識到這

一點，正是我們摩西的無比偉大之處。對比之下，你們看看今天的
人們！」

——《愛因斯坦通信選》

「真正有價值的東西，不是出自雄心壯志或單純的責任感，而是出
自對人和對客觀事物的熱愛和專心。」

——《愛因斯坦通信選》

「做為人，我們要向人類呼籲：記住你們的人性而忘掉其餘。要是
你們能這樣做，展示在面前的，就是通向新樂園的道路；要是你們
不能這樣做，那擺在你們面前的，就是普遍死亡的危險。」

——《羅素——愛因斯坦宣言》

「我們的責任，是要忠於我們的道德傳統，這種傳統使我們能夠不
顧那侵襲到我們頭上的猛烈風暴，而維持了幾千年的生命。在人生
的服務中，犧牲應該成為美德。」

——〔德〕愛因斯坦《猶太共同體》

「有一種不成文的法律，那是我們自己良心上的法律，它比任何可
以從華盛頓制定出來的法律，都要更加有約束力。」

——〔德〕愛因斯坦《美國科學家應當拒絕政府的不義要求》

「我可以老實地說，在我的全部生活中，我都是支持合理的論據和
真理的。誇張的言詞使我感到肉麻，不管這些言詞是關於相對論
的，還是關於任何別的東西。」

——〔德〕愛因斯坦《我對反對相對論的答覆》

「無論時代如何，總有一種人的尊貴品質，它能使人超脫他那個時

代的激情。」

──〔德〕愛因斯坦《與柯亨的談話》

「在人生的豐富多彩的表演當中，我覺得真正可貴的，不是政治上的國家，而是有創造性的、有感情的個人，是人格。」

──〔德〕愛因斯坦《我的世界觀》

「高貴的思想，要遠比金錢地位有價值。」

──〔挪〕亨利克·易卜生《培爾·金特》

「最重要的不是頭腦，而是指導頭腦的東西──性格、心靈，崇高的品性、教養。」

──〔俄〕朵思妥耶夫斯基《被侮辱與被損害的》

「真正有才能的人，會摸索出自己的道路。」

──〔德〕歌德《歌德談話錄》

「天才是百分之一的靈感，百分之九十九的血汗。」

──〔美〕愛迪生　轉引自《外國科學家史話》

「人的品德榮譽，比他的財富名譽，不知大多少倍。」

──〔義〕達·芬奇

「我們有責任幫助自己的孩子，克服各種障礙，使他（她）們盡量具備優秀的品德，和健康的體魄，然後才能走向社會。」

──〔美〕斯托夫人《哈佛教子枕邊書》

「即使是普通孩子，只要教育得法，也會成為非常優秀的人。」

──〔美〕斯托夫人《哈佛教子枕邊書》

「教育不能強迫,要喚起孩子的興趣。」

　　　　　　　　　　—〔美〕斯托夫人《哈佛教子枕邊書》

「我們教育孩子的目的,是使他們成為全面發展的人才,而不是造就神童或未來的偉大學者。」

　　　　　　　　　　—〔美〕斯托夫人《哈佛教子枕邊書》

「我們在教育孩子的時候,一定要重視品德教育,點燃孩子的善良心靈與行善性格,使他們樹立正確的世界觀與價值觀。」

　　　　　　　　　　—〔美〕斯托夫人《哈佛教子枕邊書》

「古往今來,大凡有成就的人,都會擁有健全的人格,任何時代都需要正直、勇敢、有良知的人。」

　　　　　　　　　　—〔美〕斯托夫人《哈佛教子枕邊書》

「教育孩子的目的,不僅是開發他們的智力,同時還要培養他們的高貴品德。」

　　　　　　　　　　—〔美〕斯托夫人《哈佛教子枕邊書》

「一個完美的人,應該是品德、健康、和才智都優秀的人。」

　　　　　　　　　　—〔美〕斯托夫人《哈佛教子枕邊書》

【馮註】提昇人性、激發潛能,以共同尋求宇宙人生的最高價值,這是教育最大功能,也是中國哲學儒、道、釋的通性;所以儒家強調「大人者與天地合其德」、才能盡性正命、參贊化育;道家強調「天大、地大、人亦大」,佛學也強調「人人皆有佛性」。因此,如何激發人人潛在的偉大性,就是教育最大功能,也是教育工作的神聖使命,上述西方教育家的名言,精神可說完全相通。

「我們把狡詐，稱做陰險的、或畸形的智慧。」

　　　　　　　　　　　──〔英〕培根《隨筆集·論詭詐》

「利人的品德，我認為就是善。在性格中具有這種天然傾向的人，就是『仁者』，這是人類的一切精神和道德品格中，最偉大的一種。因為他屬於神的品格。」

　　　　　　　　　　　──〔英〕培根《論善》，《培根論人生》

「善的品格，也許會犯錯誤，但卻永遠不會過份。」

　　　　　　　　　──〔英〕培根《論善》，《培根論人生》第6頁

「狡猾，是一種邪惡的聰明。」

　　　　　　　　　　　　　　──〔英〕培根《論狡猾》

「向善的傾向，可以說是人性固有的。如果這種仁愛之心不施于人，也會施于其他生物的。」

　　　　　　　　　　　──〔英〕培根《論善》，《培根論人生》

「狡猾，並非人的真正聰明，而只是一些搗鬼取巧的小技術。」

　　　　　　　　　　　　　　──〔英〕培根《論狡猾》

「美德好比寶石，它在樸素背景的襯托下，反而更華麗。」

　　　　　　　　　　　──〔英〕培根《論美》，《培根論人生》

「始終不渝地忠實於自己和別人，就能具備最偉大才華的最高貴品質。」

　　　　　　　　　　　　　　　　　　──〔德〕歌德

「那種認為世界只具有物理的意義、而不具道德意義的看法，是一

種最根本、最屬害、最腐蝕人的迷誤；是一種在根本上顛倒黑白的
觀點。」

　　　　　　　　　　　　　—〔德〕叔本華《意欲與人生之間的痛苦》

「人假使作了無恥的事，總免不了還要用加倍的無恥來抵賴。」

　　　　　　　　　　　　　　　—〔英〕莎士比亞《冬天的故事》

「生命短促，只有美德能將它留傳到遙遠的後世。」

　　　　　　　　　　　　　　　　　　　　—〔英〕莎士比亞

「出生並不能決定高貴和善良，也不能使人丟臉，可是品德和罪
惡，卻是區別的標準。」

　　　　　　　　　　　　　　　—〔德〕歌德《歌德敘事詩集》

「上天生下我們，是要把我們當作火炬，不是照亮自己，而是普照
世界；因為我們的品德倘不能推及他人，那就等於沒有一樣。」

　　　　　　　　　　　　　　　—〔英〕莎士比亞《一報還一報》

「品德的基礎是正義。」

　　　　　　　　　　　　　　　—〔英〕葛德文《政治正義論》

「寧可貧窮而有品德，不願意巨富而犯罪。」

　　　　　　　　　　　　　　　　　　—〔意〕但丁《神曲》

「無論您把卑下的情操，捧得多麼崇高的程度，罪惡終究是罪惡，
劣跡終究是可恥、卑鄙、不光彩的劣跡。」

　　　　　　　　　　　　—〔俄〕朵思妥耶夫斯基《涅朵琦卡》

「我認為今天人們道德標準的可怕敗壞，源於我們生活中的機械化

和非人性化——科學技術和智力發展的可悲副產品。」

　　　　　　　　——〔美〕愛因斯坦《愛因斯坦通信選》

「白日精心於事物，但不作有愧於良心之事，夜間才能坦然的就寢。」

　　　　　　　　——〔德〕托馬斯·曼《布登勃洛克一家》

「獨立自主的良心，是道德生活的太陽。」

　　　　　　　　——〔德〕歌德《遺言》，《野薔薇》

「一個人首先應該避免良心的譴責；其次是避免公眾的指責，如果有公眾的指責而無良心的譴責，不妨置之不顧；但如果受到良心的譴責，即使有公眾的支持，一個誠實的心靈也不可能得到安寧。」

　　　　　　　　——〔英〕愛迪生《羅折爵士在鄉領之間》

「人生之書，許多頁都空無一字，等著用你的思索加以充實。」

　　　　　　　　——〔印〕泰戈爾

「以賺錢為人生最高目標（志向）的人，正不知不覺把他們的生命和靈魂，出賣給富人、或代表金錢的綜合體。」

　　　　　　　　——〔印〕泰戈爾

「教育必須促使人上進，而不只是傳授知識。」

　　　　　　　　——〔印〕泰戈爾

「玩人喪德，玩物喪志。」

　　　　　　　　——《尚書》

「行德則興，背德則崩。」

　　　　　　　　　　　　　　　　—《大戴禮記·武王踐阼》

「德不孤，必有鄰。」

　　　　　　　　　　　　　　　　　　—孔子《論語》

「儉，德之共也；侈，惡之大也。」

　　　　　　　　　　　　　　　　　　　—《左傳》

「言忠信，行篤敬。」

　　　　　　　　　　　　　　　　—〔春秋〕孔子《論語》

「言必信，行必果。」

　　　　　　　　　　　　　　　　—〔春秋〕孔子《論語》

「人而無信，不知其可也。」

　　　　　　　　　　　　　　　　—〔春秋〕孔子《論語》

「一言得而天下服，一言定而天下聽，公之謂也。」

　　　　　　　　　　　　　　—〔春秋〕管仲《管子·內務》

「君子有言，信而有徵。」

　　　　　　　　　　　　　　　　　—〔春秋〕《左傳》

「人生在勤，勤則不匱。」

　　　　　　　　　　　　　　　　　—〔春秋〕《左傳》

「我有三寶，持而寶之：一曰慈；二曰儉；三曰不敢為天下先。」

　　　　　　　　　　　　　　　　　　—〔春秋〕老子

「居上位而不驕，在下位而不憂。」

—《易經·乾》

「二人同心，其利斷金；同心之言，其臭如蘭。」

—《周易·繫辭》

「禍莫大於不知足，咎莫大於欲得。」

—老子《道德經》

【馮註】從老子本句名言中，對照陳水扁涉各種貪腐弊案，足可證明深具現代的警惕性！

「富潤屋，德潤身。」

—《禮記·大學》

「德，福之基也；無德而不福隆，猶無基而厚墉也，其壞也無日矣！」

—《國語，晉語》

【馮註】本句強調品德是福份的根基，如果沒有品德，而享很多福份，就如同沒有根基而蓋很厚的牆，沒多久就會垮台，至今仍很有啟發性。

「見利不誇其義，見死不更其守。」

—《禮記·儒行》

「欲修其身者，先正其心；欲正其心者，先誠其意。」

—《禮記·大學》

「修身、齊家、治國、平天下。」

—《禮記·大學》

「誠者，物之終始，不誠無物；是故君子誠之為貴。」

——《禮記·中庸》

「唯天下至誠，為能經綸天下之大經，立天下之大本。」

——《禮記·中庸》

「存乎人者，莫良于眸子；眸子不能掩其惡。胸中正，眸子瞭焉，胸中不正，則眸子眊焉。」

——孟子《離婁上》

「巧詐不如拙誠。」

——韓非《韓非子·說林上》

「富貴不能淫，貧賤不能移，威武不能屈。」

——〔戰國〕孟子《滕文公下》

「生亦我所欲也；義亦我所欲也；二者不可得兼，捨生而取義者也。」

——〔戰國〕孟子《告子上》

「德，福之基也。」

——《國語·晉語六》

「無德而賄豐，禍之胎也。」

——〔漢〕王符《潛夫論》

【馮註】如果領導人既無品德，又好賄賂，財產極豐，就明顯害國、害家、害人；這句名言堪稱是千古不變的真理！

「精誠所至，金石為開。」

—〔東漢〕王充

「一偽喪百誠。」

—〔南北朝〕顏之推《顏氏家訓》

「君子行德以全其身，小人行貪以亡其身。」

—〔漢〕劉向《說死》

【馮註】如果政治人物貪腐好財，自然必定喪失名譽，也會遭到司法制裁而亡其自身。

「慎而思之，勤而行之。」

—〔唐〕白居易《策林》

「無私，然後能至公；至公，然後以天下為心矣。」

—〔隋〕王通《中說·魏相篇》

「用筆在心，心正則筆正。」

—〔唐〕柳公權

「聰明正直者為神。」

—〔唐〕柳宗元《罵屍蟲文》

「不勤于始，將悔于終。」

—〔唐〕吳競

「安能折腰事權貴，使我不得開心顏。」

—〔唐〕李白《夢遊天姥吟留別》

「大丈夫行事，當磊磊落落，如日月皎然。」

—〔唐〕房玄齡《晉書》

「人正則書正。」

—項穆《心相章》

「富貴不淫貧賤樂，男兒到此是豪雄。」

—〔宋〕程顥《秋日偶成》

「人心之病，莫甚於一私。」

—〔宋〕楊萬里《答陳國材書》

「不復知人間有羞恥事。」

—〔宋〕歐陽修《與高司諫書》

「天下之大勇者，猝然惱之而不驚，無故加之而不怒。」

—〔宋〕蘇軾《留侯論》

「寧為義死，不苟幸生，而視之如歸。」

—〔宋〕歐陽修《縱囚論》

「一點浩然氣，千里快哉風。」

—〔宋〕蘇軾《水調歌頭》

「誠，五常之本，百行之源也。」

—〔宋〕周敦頤《通書·誠下》

「人生大罪過，只在『自利自私』四字。」

—〔明〕呂坤《呻吟語·克治》

「自私自利之心，是立人達人之障。」

　　　　　　　　　　　—〔明〕呂坤《去偽齋文選》

「以仁義存心，以孝弟為本，以聖賢自期。」

　　　　　　　—〔明〕王陽明《贛州書示四姪正思等》

「凡做人，在心地。心地好，是良士；心地惡，是兇類。」

　　　　　　　　　　　—〔明〕王陽明《示憲兒》

「自私之念萌，則去之；謬諛之徒至，則卻之。」

　　　　　　　　　　—〔明〕吳麟徵《家誡要言》

「德者，事業之基。」

　　　　　　　　　　　—〔明〕洪應明《菜根譚》

「男兒七尺之軀，頂天立地，如何向人開口道個『求』字。」

　　　　　　　　　　—〔明〕顧憲成《示淳兒帖》

「立身無愧，何愁鼠輩。」

　　　　　　　　　　—〔明〕吳麟徵《家誡要言》

「人心公則如燭，四方上下，無所不照。」

　　　　　　　　—〔明〕薛瑄《讀書錄·體驗》

「正直無私，揚眉吐氣，我不怕人，人皆敬我，就是天堂快樂之
境，此為將之根本。」

　　　　　　　—〔明〕戚繼光《戚繼光治兵語錄》

「知有己不知有人，聞人過不聞己過，此禍本也。」

　　　　　　　　　　—〔明〕吳麟徵《家誡要言》

「人生大病，只是一個『傲』字。」

—〔明〕王守仁《傳習錄》

「人人營私，則天下大亂。」

—〔清〕劉鶚《老殘遊記》

「奪天下之公利，徇一己之私利，是謂國賊。」

—〔清〕黃宗羲《原君》

「人生必厚重沉靜，而後為載福之器。」

—〔清〕張英《聰訓齋語》

「做人之道，聖賢千言萬語，大抵不外敬恕二字。」

—〔清〕曾文正公《家信》

「世家子弟，最易犯一『奢』字、『傲』字。」

—〔清〕曾文正工《家信》

「勤字工夫，第一貴早起，第二貴有恆。」

—〔清〕曾文正公《家信》

「大其心，容天下之物。虛其心，受天下之善。平其心，論天下之事。潛其心，觀天下之理。定其心，應天下之變。」

—〔清〕林則徐《訓次兒聰慧》

「令人傷心之言，不得出諸口；較量錢財有無，悖理行私之事，不可存於心。」

—〔清〕吳汝綸《與兒書》

「言語忌說盡，聰明忌露盡，好事忌占盡。」

　　　　　　　　　　—〔清〕孫奇逢《孝友堂家訓》

「無私者公，無私者明。」

　　　　　　　　　　—〔清〕金纓《格言聯璧·處事》

「天下為公。」

　　　　　　　　　　　　　　　　—孫中山

「榮譽就是人格，是人格最光榮的完成！」

　　　　　　　　　　　　—羅家倫《新人生觀》

「弱是罪惡，強而不暴是美。」

　　　　　　　　　　　　—羅家倫《新人生觀》

「怎麼叫做強？我所謂強，不是指比武用力，好勇鬥狠的強，乃是指一個人全部的機能、品性，以及其他一切的天賦，在每一個自然的階段，都能盡善盡美的發展，而達到篤實光輝的地步，才算是強。」

　　　　　　　　　　　　—羅家倫《新人生觀》

「我們要相信人是要向上的，是可以進步的，我們的理想是可以達到的，我們的努力是不會白費的；因為宇宙的人生本體是真實的，純潔的信仰、高尚的理想，充分的熱忱，是我們改造世界，建設篤實光輝的生命的無窮力量。」

　　　　　　　　　　　　—羅家倫《新人生觀》

「儉樸是偉大人物的品德。」

　　　　　　　　　　　　—林語堂《中國人》

「許多偉大人物，常於瑣事中顯露出其不凡。」

—梁實秋《不要被人牽著鼻子走》

「天資差的通過勤奮努力，就可以趕上、和超過有天才而不努力的人。」

—華羅庚《學習和研究數學的一些體會》

「所有關帝廟都有著『忠義千秋』這四個字匾額，這就是實踐一種人生的價值。雖然事業失敗了，卻立下了忠義原則，這是千古以來朋友間最重要的原則。」

—許倬雲《從歷史看人物》

【馮註】本文為中央研究院院士許倬雲，在《從歷史看人物》的序言內容；文中並且感慨指出，「我已經很老了，對台灣盡了相當心力，可是到了今天，卻看著台灣的動力在消失，生機在萎縮，心裡非常難過。」因此，他寫這些文字，「目的都是希望能夠為挽救台灣而盡一己之力。」而其主要方法，就是從歷史人物中，論述品德人格的重要性，深深值得仁人志士重視，才能共同努力，改進風氣，讓台灣重新邁向光明！

　　許院士為著名歷史學家，1930 年生於江蘇無錫，美國芝加哥大學博士，曾任台大歷史系主任，1980 年榮膺中央研究院院士；他能克服身體障礙，在艱苦中奮鬥治學成功，並且呼籲人心重視品德人格，深具道德勇氣，寓意極為深遠，非常值得敬佩。

「我一生行事服膺八個字『誠以待人，敬以治事』。如果用不真誠手段能贏得選舉，我寧願因真誠而輸掉。」

─馬英九，引自馬西屏《誰識馬英九》

「做事認真，做人真誠，就是最美。」

─馬英九，引自馬西屏《誰識馬英九》

【馮註】本文二句是馬英九在競選時，向訪問的馬西屏所說內容，令很多人為之動容；後來收於《誰識馬英九》，很可看出馬英九對於品德人格的重視。他在當選總統之後，曾經強調用人原則，也是品德優先，「德勝於才」，很能矯正時弊，並符人心需要。他本身家訓為「黃金非寶書為寶，萬事皆空善不空」，所以本身經常讀書與行善；他在 1981 年獲哈佛博士，曾將出版的博士論文，送給父親馬鶴凌老先生，第一頁即寫此家訓，令其老父心中極為感動；由此小地方，很可看出其孝心與真誠；深盼今後能持續秉此真誠風格，領導台灣，中興成功！

「品格教育，沒有下課時間或假期。」

─周美青，引自 2008.12.1 東森新聞

「我在修身方面的信念為何？簡單的說，在於以『道義』為依歸。換言之，是以中國儒家思想做我言行的路燈。儒家思想歸納起來不外兩句話：『做事要合乎道德，做人要合乎信義』。」

─梅可望《修身信仰──作儒家信徒》

「一個人如果心存邪念，不能用道德倫理來約束自己，他的地位愈高，學識愈廣，能力愈強，只有助長其惡，成為眾人的禍害，甚至國家的禍害！中外歷史中以及當前的事例，這種情形太多了！」

─梅可望《修身信仰──作儒家信徒》

「人生觀：規規矩矩的態度，正正當當的行為，清清白白的辨別，
轟轟烈烈的犧牲。」

—李昌鈺《我的台灣情》

【馮註】本文為神探李昌鈺，在年輕時自己所寫的「人生觀」，很
可看出他的自我要求，以及報國熱忱。他從中央警官學校畢業後，
赴美留學苦讀，榮獲紐海文大學生化博士，後來曾擔任紐大刑事科
學系主任、康乃迪克州警政廳廳長，是華裔人士出任美國州級警政
首長的第一人。

他並曾參與全球很多國家六千多件重大刑案，曾獲世界八百多
獎項，包含美國法庭科學學會所頒「傑出成就獎」，國際鑑識學會
的「最高鑑定榮譽獎」、美國司法基金會的「最高司法榮譽獎」
等，被公認為「華人之光」，在兩岸都很有貢獻。他的奮鬥成功之
道，很可做為今天年輕人的借鏡。

「我有一張很喜歡的海報，上面有一句話，是我最喜歡的話，也是
我終身奉行不渝的宗旨——『至誠至信』，下面並有一行小字：
『此乃華人處事之本』。」

—李昌鈺《我的台灣情》

「當悲憫之心能夠不只針對人類，而能擴大涵蓋一切萬物生命，才
能達到最恢宏深邃的人性光輝。」

—〔德〕史懷哲（Athert Schweitzer）

【馮註】本文來自德國人道主義哲學家史懷哲，他曾在非洲行醫救
人，被稱「非洲之父」，並獲諾貝爾和平獎，生平強調「尊重生

命」（Severence for life）與「悲天憫人」（Compassion for pain），非常發人深省。本句與陽明先生所說「大人者，合天地萬物為一體之仁心」，精神非常相通；均在提醒人們，除了重視人與人的倫理道德，也應重視人與自然環境的倫理道德；亦即應有「環保意識」，才能愛護萬物生命，保護自然環境。

就此而言，中國哲學深具豐富的環保思想，無論儒家「天人合一」、道家「與物成春」，或者佛學「眾生平等」，都很符合今天全世界的環保需要，深值東西方共同重視。

史懷哲在《敬畏生命》書中，即曾舉例指出，孟子談過對動物的同情，程朱也主張，動物的生存，並不是為了人的需要，而具有「獨立的意義和價值」。

另外，國際環境倫理學主席羅斯頓（H, Rolston Ⅲ）也曾指出，「西方傳統倫理學未曾考慮過人類主體之外事物的價值」，環境倫理學則能補這方面的不足，其主要靈感根源於東方，「在這方面似乎東方很有前途，禪宗佛教有一種值得羨慕的對生命的尊重」。筆者在 1991 年所著《環境倫理學－中西環保哲學》即曾就此申論，於今更可證明環保的重要性與緊迫性，故特摘錄數則，以饗各界讀者。

「我贊同動物均有其權利，如同人類均有人權一樣，這才是擴充仁心之道。」

－〔美〕林肯總統

「環境危機肯定是今天西方文明最嚴重的問題……西方哲學以往將自然排斥在外，未能將其與真實生活具體結合，形成以往最大的病

端，環境倫理學正是改進這最大毛病的機會。」

　　　　　　　—〔美〕環保名學者郝尤金（Eugene Hargrove）

「若論人與自然的倫理系統，我們仍然必需回到中國道家；道家強調萬物有序、無為、與平衡的觀念，必需加以保存。」

　　　　　　　　　　　　　　　　　　—〔英〕赫胥黎

「對於所有萬物生命的關愛，乃是人類最可貴的屬性。」

　　　　　　　　　　　—〔英〕達爾文（1809-1882）

「這整個原野，看來如此充滿盎然生意，如此親切充滿人性。即使每個石頭，都看似在傾訴說話，與我們就像兄弟手足一般，息息相關。難怪我們每思及此，便覺得擁有共同父母親。」

　　　　　—〔美〕「國家公園之父」約翰·繆爾（John Muir）

「大自然對人心，不但可以治癒，也有鼓舞與激勵人心的功能。」

　　　　　　　—〔美〕約翰·繆爾（John Muir）

「上前來吧，帶著一顆同情之心，仔細觀察自然，領略自然的生命。」

　　　　　　　—〔英〕華滋華斯（W. Wordoworth）

「生態保育，就是保持人與大地的和諧。」

　　　—〔美〕「生態保育之父」李奧波（Atdo Leopold, 1987-1948）
　　　《大地倫理學》

「一個國家的道德是否進步，可以從其對動物的態度中看出。」

　　　　　　　　　　　　　　　　　—〔印〕甘地

第六章 政治與治國

【導言】

很多人對政治冷漠、對政治害怕、對政治沒興趣，可以說出一百個討厭政治的理由。

然而，一個人在一生當中，卻不能不關心政治。

因為，理由只有一個——如果你不關心政治，不改革政治，任由黑暗的政治為所欲為，全民就會受害，自己也會受害！

所以，國父孫中山先生很早就強調：

「夫最大權力者，無如政治。政治之勢力，可為大善，亦能為大惡，吾國人民之艱苦，皆不良政治之為之。」

另外，柏拉圖很早也曾指出，只有「哲王」治國，才能既有智慧，又有品德，政治才能清明，全民才能幸福。

否則，如果大家都對政治疏離，好人無法出頭，壞人橫行無阻，那麼國運必定黑暗，人民必定受難！

這也正是亞里士多德提醒世人的名言，「每個人都是政治動物」，而且，政治學本來是「一切學術中最重要的學術」；所以凡文明進步國家的公民，人人都應關心政治、瞭解政治。

如果一個國家，政治不清廉，官員多貪污，人民又對政治冷

漠，那百姓一定會遭殃，正義也一定被破壞！

因此，亞氏也曾明確強調：

「政治學的善就是正義，正義以公平利益為依歸。」

另外，法國文豪羅曼羅蘭，也曾提醒世人：

「最可怕的東西，既不是貧窮，也不是疾病，而是人類彼此之間的冷酷。」

美國大政治家威爾遜更曾指出：「冷漠無情，就是最大的殘酷。」

因此，從正面來看，羅家倫在抗戰時的名言很重要：「俠出於偉大的同情」！

換句話說，人民一定要能勇於發揮「俠義」精神，才能共同捍衛公平正義，才能督促整體政治進步！

所以，政治雖然是可怕的，但是為了人民、為了國家，為了改革進步，就算是個火坑，仁人志士也應秉持俠義精神，勇敢的跳進去，為救國救民的仁心仁政，而全力奮鬥犧牲！

這正是孔子所說的：「志士仁人，無求生以害仁，有殺身以成仁！」

在佛教中，地藏王菩薩就是抱著「我不入地獄，誰入地獄」的精神，跳進地獄火坑；祂並且發心，要度盡眾生所有靈魂，若有任何靈魂尚未度盡，祂就誓不成佛！這種仁心與宏願，也如老子所說「聖人常善救人，使無棄人」，正是大政治家應有的雄心壯志與悲憫胸襟。

在基督教中，同樣強調十字架的精神；耶穌基督為了弘道，受盡羞辱，歷經苦難，但仍以大愛鮮血，為人間救贖。他只見公義，

不見私心，勇於奮鬥犧牲的精神，也是大政治家應有的情操與志
節。

　　因此，大政治家如何治國才能成功？也是深值大家共同重視的
學問。

　　中國早從《尚書》就曾指出，大政治家應行王道，凡事公平、
公正、公開，「無偏無黨，王道蕩蕩。」

　　另外，大政治家更應體認人民納稅錢的辛苦，「爾俸爾祿，民
脂民膏」，因為每個銅板打開，都是人民的血！所以領導人均應清
廉、親民、愛民，才能真正對得起老百姓！

　　方東美先生在此講得很中肯：

　　「中國哲學家的政治信仰，乃是以『德治』為最理想，『禮
治』次之，實不得已則『法治』是剩下唯一值得的考慮；至於那些
詭詐的『術治』與野蠻的『力治』，讓他們早日被人唾棄根絕吧！
的確，處今之世，我們再也不能失掉中國哲學對政治理想的信仰
了。」

　　凡此種種，都能說明，政治理念與治國理想極為重要，足以直
接影響人民與國運；尤其，任何政治家與治國政策，都必須注重品
德、講究原則，一定要以德治、禮治、或法治為基礎，而絕對不能
淪於「術治」或「力治」！

　　因此，本章特別收集古今中外哲人名人，對於「政治與治國」
的名言；透過這些名言警句，盼能喚醒民眾，共同奮起，全面監督
政治、改革政治，並且力促「正派治國」，嚴懲貪腐敗類，推動廉
能政治，確立奮鬥目標，那才是全民之幸，也才是國家之福！

————————*————————*————————*————

「一個國家應由哲王統治，或者統治者深具哲學智慧，否則國運必定黑暗。」

—〔希臘〕柏拉圖《理想國》

「一個真正的治國者，追求的不是他自己的利益，而是老百姓的利益。」

—〔希臘〕柏拉圖《理想國》

「當統治權成為爭奪對象時，這種自相殘殺的爭奪，往往同時既毀了國家，也毀了統治者自己。」

—〔希臘〕柏拉圖《理想國》

「支配國家措施的正義原則，也一貫支配個人的行徑。」

—〔希臘〕柏拉圖《理想國》

「古代的波斯和雅典有過中道，但現在一個邁向了極端專制，一個趨向於極端自由，這兩者都是墮落的、有害的。」

—〔希臘〕柏拉圖《法律篇》

「中國哲學家的政治信仰，乃是以『德治』為最理想，『禮治』次之，實不得已則『法治』是剩下唯一值得的考慮，至於那些詭詐的『術治』與野蠻的『力治』，讓他們早日被人唾棄根絕吧！處今之世，我們再也不能失掉中國哲學對政治理想的信念了！」

—方東美《中國人生哲學》

「柏拉圖在〈理想國〉中說明，『治國如同治病』，最理想的政體

『哲王』（Philosopher-king），乃是依據完滿智慧而為準則，『哲王』深知什麼對百姓是好的，而且英明的力行實踐，就像深具科學素養的良醫一樣，深知什麼對健康是好的，而且能有效的對症下藥。」

—方東美《中國人生哲學》

「每個人都是政治的動物。」

—〔希臘〕亞里士多德《政治學》

「政治團體的存在，並不因為社會生活，而是為了美善的行為。」

—〔希臘〕亞里士多德《政治學》

「倫理學研究個人的善，政治學研究人群的善，國家這一社會團體的目的，在達到最高尚、最廣泛的善業。」

—〔希臘〕亞里士多德《政治學》

「世上一切學問和技術，其終極目的各有一善，政治學本來是一切學術中最重要的學術，其終極目的正是為大家所重視的善法，也就是人間的至善。」

—〔希臘〕亞里士多德《政治學》

「政治學的善就是正義，正義以公共利益為依歸。」

—〔希臘〕亞里士多德《政治學》

「城邦的正義為原則……正義恰恰是樹立社會秩序的基礎。」

—〔希臘〕亞里士多德《政治學》

「最高尚的事，是最公正的事情。」

　　　　　　　　　　—〔希臘〕亞里士多德《倫理學》

「一切奉承者都是貪婪的，所有下流者都是奉承者。」

　　　　　　　　　　—〔希臘〕亞里士多德《倫理學》

「內閣雖起於瑣細的動機，事情卻總是乘機擴大的。細節牽涉到執政人員者，更容易因為輕微的風波，而釀成嚴重的結果。」

　　　　　　　　—〔希臘〕派里克利斯《國葬典禮演說》

「我們這個政體稱為民主政體，它不是為少數人，而是為全體人民。無論能力高低，人人都享有法律所保障的普遍平等。」

　　　　　　　　—〔希臘〕派里克利斯《國葬典禮演說》

【馮註】本段是希臘大政治家派里克利斯（Pericles, 495-429BC），在西元前431年，於國葬典禮演說內容，論述「雅典之所以偉大」，並感佩將士們為捍衛雅典的民主政體，而犧牲奉獻，為歷史上公認的感人演說。

「要想根除貪婪，必先消除貪婪之母——奢侈。」

　　　　　　　　　　—〔羅馬〕西塞羅《論演說術》

【馮註】政客如果生活奢侈，必定用權力換金錢，並極盡貪婪腐敗之能事；李登輝時期的「金權政治」，以及陳水扁家族所涉眾多的貪腐案件，均是極重要的警世例證。

「節儉之中，蘊藏著一切美德。」

　　　　　　　　—〔羅馬〕西塞羅《圖斯卡盧姆談話錄》

「任何人都會犯錯誤，但只有白癡才堅持自己的錯誤。」

—〔羅馬〕西塞羅轉引自《哈佛引語精華》

「公義使邦國高舉」

—所羅門王

「說謊總是弱者的策略，強者則敢於面對現實，講出真相。因此，一個需要掩飾的政治家，其地位一定是相當軟弱的。」

—〔英〕培根《隨筆選》

「諂媚，從來不會出自偉大的心靈，而是出自小人的伎倆。」

—〔法〕巴爾扎克《巴爾扎克妙語錄》

「人家的竊竊私語與你何干？……讓人家去說長說短，你要像一座卓然獨立的燈塔，絕不因為暴風雨而傾斜。」

—〔意〕但丁《神曲》

「偉大的人物，都是走過荒沙大漠，才登上光榮高峰。」

—〔法〕巴爾扎克

「沒有同情，靈魂之門是永遠不會打開給你理解力的。」

—〔羅馬〕西塞羅《圖斯卡盧姆談話錄》

「理解一切，便寬容一切。」

—〔法〕羅曼·羅蘭《約翰·克利斯朵夫》

【馮註】偉大的政治家，必須心中充滿偉大的同情、偉大的靈魂、偉大的寬容、與偉大的毅力，才能在歷史留下偉大的榮譽；上述名言給政治人物的啟示，深深值得重視。

「忍受罪惡的人，其罪惡與做壞事的人相等。」

—〔法〕羅曼・羅蘭《理性的勝利》

【馮註】王建煊在陳水扁家族涉貪洗錢案中，特別強調，對於「助紂為虐」的人，也應「繩之以法」，本句名言便極相通。

「缺乏理想的現實主義，是毫無意義的；脫離現實的理想主義，是沒有生命的。」

—〔法〕羅曼・羅蘭《約翰・克利斯朵夫》

「偉大人物的最明顯的標誌，就是他堅強的意志，不管環境變換到何種地步，他的初衷與希望，仍不會有絲毫的改變。」

—〔美〕愛默生

「一個被奢華腐蝕的靈魂，它的慾望是很多的，他很快就成為拘束它的法律的敵人。」

—孟德斯鳩《論法的精神》

【馮註】全世界重大貪污案，均可作為這句名言的印證，陳水扁家族的涉貪洗錢案，更是明顯例證。

「真正的英雄，不是永遠沒有卑下的情操，只是永遠不被卑下的情操所征服罷了。」

—〔法〕羅曼羅蘭

「不能真正恨『惡』的人，就不能真正愛『善』。」

—〔法〕羅曼羅蘭

【馮註】這正如同中國哲學所說，惡惡而不去之，等於姑息，自然不能算是真正愛「善」。劉備也曾強調，「勿以惡小而為之，勿以

善小而不為」，都是同樣精神。

「最可怕的東西，既不是貧窮，也不是疾病，而是人類彼此之間的
冷酷。」

－〔法〕羅曼羅蘭

【馮註】人心如果彼此變成冷酷，代表既沒有同情心，也沒有正義
感，既不能仁民與愛物，也不能伸張公平與正義。所以羅家倫稱，
「俠，出於偉大的同情」，只有以同情取代冷酷，人間才有溫暖，
只有以正義取代冷酷，世界才有正義。

「冷漠無情，就是最大的殘忍。」

－〔美〕威爾遜

「正義是一件好事，而且是所有事物中最必要的一件。沒有正義，
弱小者往往被欺侮。」

－〔法〕法朗士

【馮註】法朗士（Anatole France, 1844-1924）法國名文豪，人道主義作
家，經常同情人民疾苦，1921 年獲「諾貝爾文學獎」，以表彰其
「對人類深厚的同情。」

「我是法官，只對我的良知負責。我若給你們任何承諾，就是違背
我的職業道德，我只在法庭內發言，在其他任何地方都須緘默。」

－〔法〕法朗士

【馮註】這段名言，是對「司法獨立」最好的詮釋，也是對司法官
「職業道德」的重要標準。前司法院長翁岳生退休時，曾感慨其任

內（即陳水扁任總統時），「司法被政治踐踏」，令他有如「錐心泣血」之痛，足證本句更具重大的現代意義。

「有些公僕，既不是僕，也不公。」

—〔英〕邱吉爾

「如果你對所有錯誤都緊閉大門，那麼真理也會被關在門外。」

—〔印〕泰戈爾《飛鳥集》

「勇敢的人，是到處有路可走的。」

—〔蘇〕朵思妥耶夫斯基《二重人格》

【馮註】從政的人士，如果因正派而失敗，不應消沉，不應灰心，他（她）更應勇敢，因為「到處都有路可走」！

「國家最尊貴的成員是誰？是誠實正直的國民。國家不管什麼形式，國民永遠是最高貴的材料。」

—歌德《詩·四季》

「新聞檢查與言論自由，從古至今一直互相爭鬥不停。權力者要求檢查，實行檢查，但是少數派卻要求言論自由。權力者並不喜歡自己的計畫或活動，因多管閒事的反對評論而受到妨礙，而希望少數派能服從，但是少數派卻只想闡訴他們不服從的正當理由。類似這種鬥爭，到現在還是在發生進行中，且處處可見。」

—歌德《箴言與省察》

「認為不自由就是自由的人，除了奴隸，不做第二人想。」

—歌德《箴言與省察》

「我認為這些真理是不證自明的，所有的人生而平等，他們由其創造者賦予若干不可剝奪的權力，其中有生命、自由及追求幸福的權力；政府的正當權力，是從統治者的同意中產生出來的；任何形式政府，當它對於這些目的有損害時，人民便有權力將它改變或廢除，以建立一個新政府。」

　　　　　　　　　　　　　—〔美〕傑弗遜《獨立宣言》

「我曾明白告訴你們，在國家內部存在各種派系，是很危險的，尤其是那種基於地區偏見，所形成的不同派別。

因為，派系鬥爭必然產生報復情緒，這在不同國家、不同時代，都曾造成恐怖的暴行。由於這種報復情緒的支配，兩派你勝我敗的交替循環，本身就是一種可怕的暴行，最終就會導致更為獨裁的永久性暴政。因為，派系鬥爭會帶來動盪和苦難，使人民逐漸傾向於個人的絕對權力，以尋求安全與保障。」

　　　　　　　　　　　　　—華盛頓〈退休告別演說〉

「黨派惡鬥風氣，往往使各種公共政策不能集中討論問題，也削弱公共行政機構的功能。它使國民毫無根據的被嫉恨和虛驚所困擾；它煽動一派仇恨另一派，有時甚至挑起騷動與叛亂。

對於民主性質，或純粹由選舉產生的政府，這種黨派惡鬥風氣實在不宜提倡，……問題在於黨派惡鬥的風氣，常有過份的危險，我們應該努力以公眾輿論壓力，去緩和它、抑制它。」

　　　　　　　　　　　　　—喬治·華盛頓〈告別演說〉

【馮註】華盛頓被尊為美國國父，主要因為他有恢宏的胸襟與遠見。他在告別演說的這些話，提醒後人不要派系鬥爭、黨同伐異，

也就是不要只看黨派、不看是非，才能促進美國民主政治，也才能發揮理性與明辨是非的力量，至今仍然深具警惕性。

若以台灣為例，便因經常黨派惡鬥，發生「只問黨派、不問是非」的毛病，導致民生不安，社會分裂，深深值得反省與改進。

「大家對於彼此的政治見解，要互相寬容些，並且在各方面都要互相容忍、或暫時讓步，不要再犯那種傷感情的猜疑、和刺激人的指責；但我們的某些報紙，卻非常強烈的充滿這種氣息；如果這樣下去的話，只會把事態推向極端，從而把整個國家機器拆得亂七八糟。如果互不容忍，我就看不出政府怎樣治理國家？我也看不出各州的聯盟，怎能支持得更久？」

——〔美〕華盛頓《華盛頓文集》

「讓我們一心一意地團結起來吧！讓我們恢復和諧與友愛的社會！因為，如果沒有和諧與友愛，那麼自由，甚至於生活本身，就將成為枯燥而乏味的事情。」

——〔美〕傑弗遜《總統就職演說》

「如果我們讓政治上的偏見存在，讓它成為如同宗教上不寬容同樣的專制與邪惡，並造成痛苦與流血的迫害，那麼我們的一切努力，都會付諸流水！」

——〔美〕傑弗遜《總統就職演說》

【馮註】本文是美國第三任總統傑弗遜（1743-1823），在 1800 年的就職演說，他也是美國「獨立宣言」起草人；因為憂心黨派惡鬥，造成仇恨，撕裂社會，所以他特別發此呼籲，語重心長；對於今天

台獨人士經常引發族群對立、製造仇恨，深具警示作用。另如大陸在文革時強調「鬥爭哲學」，造成了十年浩劫，現已改成推動「和諧社會」，便知本句名言深深具有警世作用！對於有良心、有胸襟的政治家，更具有重大的啟發作用。

「所有權力都會導致腐敗，絕對權力導致絕對腐敗。」

—〔英〕艾克頓

「政府的偉大與唯一基礎，乃是人民的信任。」

—柏克（Edmund Burke, 1729-1797）

「人民是最公正的，我們為什麼不對這點，抱有最堅定的信心呢？在世界上，我們還能對別的什麼，寄予同樣的或更大的希望嗎？」

—林肯〈第一次就職演說〉

「只要人民保持道德情操和警惕戒備，任何行政官員，縱使極端腐敗或愚蠢，也不能在短期四年，對這政體造成嚴重的損害。」

—林肯〈第一次就職演說〉

「八十七年前，我們祖先在這個大陸，建立起一個嶄新的國家。這個國家以自由為理想，致力於實現人人享有天賦的平等權利，以此為其目標。」

—林肯〈蓋茲堡演說詞〉

「在上帝的庇護下，自由將在我國得到新生，我們這個民有、民治、民享的政府，將永存於世上！」

—林肯〈蓋茲堡演說詞〉

「伏爾泰獨自一人，向社會上邪惡的聯合力量宣戰。向這個恐怖世界宣戰，並與之搏鬥，他的武器是什麼呢？是那輕若為風而重如霹靂的——一枝筆。

伏爾泰勝利了！他發動了一場非同尋常的戰爭，一場以一敵眾的戰爭，一場氣壯山河的戰爭。這是思想向物質作戰，理性向偏見作戰，正義向不義作戰，被壓迫者向壓迫者的作戰，這是善之戰、仁愛之戰！伏爾泰同時具有女性的溫柔和英雄的怒火，他也同時具有偉大的頭腦，和浩瀚無際的心胸。

他承受了一切威脅、辱罵、迫害、譭謗，他還遭到了流放。但是他不屈不撓，堅定不移。他以微笑戰勝暴力，以諷刺戰勝專橫，以嘲弄戰勝宗教的自命一貫正確，以堅韌戰勝頑固偏執，以真理戰勝愚昧無知！」

— 〔法〕雨果《紀念伏爾泰》

「文明曾服從於武力，以後，文明將服從於思想。王仗和寶劍折斷了，光明取而代之。也就是說，權威已經變換為自由。自此以往，高於一切的，是人民的法律，和個人的良心。」

— 〔法〕雨果《紀念伏爾泰》

「青年人啊，熱愛理想、崇敬理想吧！理想是上帝的語言。高於所有國家和人類是精神的王國，是靈魂的故鄉。」

— 朱瑟珮·瑪志尼〈致義大利青年〉

「讓我們看，非暴力抵抗主義的力量所在！顧名思義，它的力量在於對真理堅韌不拔的追求。這種真理，用強有力的字眼來表達，就是愛。愛的法則要求我們，不要以怨報怨，不要以暴制暴，而要以

德報怨。」

— 〔印〕甘地〈非暴力抵抗主義的力量〉

「非暴力抵抗主義的力量,在於確認真正的宗教精神,以及與這種
精神相協調的行動。一旦你將宗教信仰的因素引進政治,你就使你
的全部政治觀點完全改變了。於是你就能夠進行改革,不是通過把
苦難強加給抵抗改革的人,而是通過自己承受苦難,以達到改革的
目的。」

— 〔英〕甘地〈非暴力抵抗主義的力量〉

「我始終相信,只有我們用放大鏡來看自己的錯誤,而用相反的方
法來對待別人的錯誤,才能對自己和別人的錯誤,有一個比較公正
的評價。」

— 〔印〕甘地〈甘地自傳〉

「我所能奉獻的,只有熱血、辛勞、汗水與眼淚!
若問我們的政策是什麼?我的回答是:在海、陸、空作戰,盡我們
所能、以上帝賜予我們的一切力量作戰!我們的敵人,是人類犯罪
史上空前暴虐兇殘的暴君,我們要和敵人決一死戰!這就是我們的
政策!
若問我們的目的是什麼?我可以用兩個字回答,那就是:勝利!」

— 〔英〕邱吉爾〈1940 年 5 月 13 日在英國國會演講〉

「狂熱份子,就是既不會改變心態、又不肯改變議題的人。(A
fanatic is one who can't change his mind and won't change the subject.)」

— 〔英〕邱吉爾

「如果我們失敗了，全世界包括美國在內，包括我們所熟悉所熱愛的一切，將陷入一個新黑暗時代的深淵。發達的科學，使這個黑暗時代更險惡、更漫長！因此，讓我們振作精神，克盡職責！假若英帝國及聯邦得以永世長存，人們將說道：『這是他們最光榮美好的時刻！』」

——〔英〕邱吉爾〈對不列顛之戰的展望〉

「我們努力保證，未來的歲月能夠安定，我們期待將來，有一個建立在人類四項基本自由基礎之上的世界。

第一，是在世界的一切地方，一切人都有言論與表達意見的自由。

第二，是在世界的一切地方，一切人都有自由以自己的方式崇拜上帝。

第三，是免於匱乏的自由。從世界範圍的意義上說，就是在經濟上達到諒解，保證世界一切地方，每一個人，都能過一種健康的和平生活。

第四，是免於恐懼的自由。」

——〔美〕羅斯福〈論四大自由〉

「害怕，是我們唯一應當害怕的東西。」

——〔美〕羅斯福

「種族偏見，不幸已成為美國的一種傳統，毫無批判地從上一代傳到下一代。唯一的補救辦法，是啟蒙和教育。這是所有正直的人，都應當參與的一種緩慢而費勁的過程。」

——〔德〕愛因斯坦《答「旦尼記錄」問》

「我相信，凡是徹底認真地努力思考問題的人，都會立即承認，這種歧視黑人的傳統偏見，是多麼不光彩和多麼可悲！但是，有善良意志的人，又該怎樣與這種根深蒂固的偏見奮鬥呢？他應當有勇氣，用文字和行動，來樹立榜樣，並且應該注意，使他們的孩子，不要再受這種種族偏見的影響！」

——〔德〕愛因斯坦

「每一個民族與任何別的民族，往往有不同的感情，並且常常讓自己的行為，受偏見的控制。我們要認識到我們自己的偏見，並且學會去克服他們。」

——〔德〕愛因斯坦《對中國上海的印象》

「這個民族在勞動著、在呻吟著、並且是頑強的民族……這是地球上最貧困的民族，他們被殘酷的虐待著，他們所受的待遇比牛馬還不如。」

——〔德〕愛因斯坦《對中國上海的印象》

「要在人類事物中理智地行動，只有做這樣的努力才有可能，那就是努力充分瞭解對方的思想、動機和憂患，做到設身處地，從他方的角度觀察世界。一切善良的人，都應盡可能獻出力量，來增進這種相互了解。」

——〔德〕愛因斯坦《對蘇聯科學家的答覆》

「寬容，意味著尊重別人無論哪種可能有的信念。」

——〔德〕愛因斯坦，轉引自《紀念愛因斯坦譯文集》

「在長時期內，我對社會上那些我認為非常惡劣的、和不幸的情

況，公開發表了意見；對他們沉默，就會使我覺得是在犯同樣的罪。」

──〔德〕愛因斯坦《人權》

「我相信，每個人應當根據它的良心行事，即使這種行動勢必觸犯國家的法律。我相信他應當這樣做，即使他明明知道，他會被當局判罪，他也應當如此。」

──〔德〕愛因斯坦《良心與法律》

「我想做的事，不過是以我微弱的能力，來為真理和正義服務，準備為此，甘冒不受任何人歡迎的危險。」

──〔德〕愛因斯坦《為以色列「獨立紀念日」準備的未完成講稿》

「為了使每個人都能表白他的觀點，而無不利的後果，在全體人民之中，必須有一種寬容的精神。」

──〔德〕愛因斯坦《自由與科學》

「我們應決心為和平而犧牲。要不是人民自己愛好和平，就沒有什麼辦法可以終止戰爭。」

──〔德〕愛因斯坦《為和平而犧牲》

「暴民最容易幹壞事，對於理智的話，他們聽不進去。」

──〔德〕愛因斯坦《50年的思考還不能回答光量是什麼》

「今天，軍國主義的存在，比過去任何時候都更危險；因為可以供侵略國利用的武器，要比防禦的武器威力強得太多。」

──〔德〕愛因斯坦《評析軍國主義》

「政府的民主形式本身，並不能自動解決問題，但它為那些問題的解決，提供有用的框架。一切最後，都取決於公民的政治品質、和道德品質。」

——〔德〕愛因斯坦

「只有當每個公民，都認識到他有義務，為保衛憲法做出自己的貢獻時，憲法上的權力才有保障。因此，保衛憲法，人人有責，誰也不應當逃避這種義務，那怕他自己和家庭，都可能因此遭到危險和威脅。」

——〔德〕愛因斯坦《為保衛學術自由與公民權力而奮鬥》

「人權的存在和有效性，不是從天上掉下來的。」

——〔德〕愛因斯坦《人權》

「我認為每個公民都有責任盡其所能，來表明它的政治觀點。如果有才智和有能力的政府忽視這種責任，那麼健康的民主政治，就不可能成功。」

——〔德〕愛因斯坦《科學與政治》

「社會的健康狀況，取決於組成它的個人的獨立性，也同樣取決於個人之間的密切的社會結合。」

——〔德〕愛因斯坦《社會與個人》

「從下面的事實，一定可以看出我們這個時代，學術自由所受到的威脅：藉口我們的國家遭到所謂外來的危險，教學和交換意見的自由，出版和使用其他傳播工具的自由，都受到侵犯和阻撓。

　　這是靠著製造出讓人們覺得自己經濟受到威脅的一些條件所實

現的。結果，愈來愈多的人避免自由發表意見，甚至在他們私人交往中都是如此，這是一種危及民主政治生存的局勢。」

　　　　　　　　——〔德〕愛因斯坦《為保衛學術自由與公民權力而奮鬥》

「民主，就其狹義而言，也就是從純粹政治的意義來看，已由那些掌握經濟和政治權力的人，佔有捏造輿論的工具，為他們自己的階級利益服務，而受到損害。」

　　　　　　　　　　　——〔德〕愛因斯坦《答「旦尼紀錄」問》

「研究自由和研究結果，在此時能否有益地應用，要取決於政治因素。這就解釋了，為什麼科學家不能以專家的身份，而只能以公民的身份來發揮他們的影響。它也進一步解釋了，為什麼科學家為了自由地進行科學研究，有義務在政治上積極起來。」

　　　　　　　　　　——〔德〕愛因斯坦《民主與學術自由問題》

「每個人，都有一定的理想，這種理想決定著它的努力，和判斷的方向。」

　　　　　　　　　　　　　　——〔德〕愛因斯坦《我的世界觀》

「這個宣言（編按：指一九四八年十二月十日聯合國大會通過的《世界人權宣言》），規定了許多具有普遍約束力的條款，用以保護個人，防止他在經濟上受剝削；保護他的發展，並且保證他在社會中，能夠自由地從事他所愛好的事業。」

　　　　　　　　——〔德〕愛因斯坦《文化總是世界和解的一個基礎》

「我深信，熱烈追求正義和真理的熱忱，其為改善人類的狀況所做的貢獻，要勝過政治上的權謀術數，後者只會引起普遍的不信

任。」

——〔德〕愛因斯坦《道德衰敗》

「日積月累的，非正義行為的壓力，使的人心中的道義力量加強了，這種力量會使公眾生活得到解放，並清除他的污泥濁水。」

——〔德〕愛因斯坦《猶太復國主義》

「在上海，歐洲人形成一個統治階級，而中國人則是他們的奴僕。他們好像是受折磨的、魯鈍的、不開化的民族，而與他們國家的偉大文明的過去好像毫無關係。他們是淳樸的勞動者，歐洲人所以欣賞他們的也正是這一點。」

——〔德〕愛因斯坦《對上海的印象》

「中國人受人注意的，是他們的勤勞，他們對生活方式和兒童福利要求的低微。他們比印度人更樂觀，也更天真。他們大多數是負擔沉重的，男男女女為每日五分前的工資，天天敲石子。……實在是一幅悲慘的圖像。」

——〔德〕愛因斯坦《對上海的印象》

「一百年前，一位美國偉人簽署了《解放宣言》。現在我們站在他紀念像投下的影子裏。這重要的文獻，為千千萬萬在非正義烈焰中煎熬的黑奴，點燃起一座偉大的希望燈塔。這文獻，有如結束獄牢中漫漫長夜的一束歡樂曙光。

……然而，一百年後的今天，我們卻不得不面對：黑人依然沒有自由這一可悲的事實。一百年後的今天，黑人的生活，依然悲慘地套著種族隔離和歧視的枷鎖！」

—金恩博士〈我有一個夢想〉

「在爭取合法地位的進程中，我們不要用錯誤的行動使自己犯罪。我們不要用仇恨的苦酒，來緩解熱望自由的乾渴。我們必需永遠站在高處，使我們的奮鬥方式保持尊嚴、堅守紀律。我們一定不能使富有創造性的抗爭，淪為使用暴力的低下行動。我們必須努力不懈，站在以靈魂力量，來對付肉體力量的神聖高度！」

—金恩博士〈我有一個夢想〉

「我夢想有一天，在喬治亞州的紅色山崗上，從前奴隸的兒子，能與從前奴隸主的兒子，平起平坐，親如手足。」

—金恩博士〈我有一個夢想〉

「我夢想有一天，我的四個小兒女，能生活在一個不是以膚色、而是以品德優劣，做為評判標準的國家！」

—金恩博士〈我有一個夢想〉

「我夢想有一天，阿拉巴馬州會有所改變……，在那裡，黑人兒童能與白人兒童，如同兄弟姐妹般，牽手並行。」

—金恩博士〈我有一個夢想〉

「我不贊成你所說的內容，但我誓死捍衛你這麼說的權利。」

—〔英〕托勒泰利《伏爾泰的朋友們》

「太陽能比大風，更快的脫下你的大衣；仁厚友善的方式，比任何暴力，更容易改變別人的心意。」

—〔美〕戴爾·卡內基《人性的弱點》

「『可能』問『不可能』：

　『你住在什麼地方呢？』

　回答是：『在那無能為力者的夢境裡。』」

　　　　　　　　　　　　　　—〔印〕泰戈爾《泰戈爾散文詩選》

「雙方信奉同一宗教，敬拜同一上帝，都祈求上帝幫助戰勝對方。說來奇怪，竟有人敢於要求公正的上帝，幫助自己人去榨取別人的血汗。」

　　　　　　　　　　　　　　　　　　　　　　　—〔印〕泰戈爾

「自由的歷史，為限制政府權力的歷史。（The history of liberty is a history of the limitation of governmental power.）」

　　　　　　　　　　　　　　　　—美國總統威爾遜（W. Wilson）

「對於正面的敵人，我總能應付，但是對於來自背後的狙擊，我卻總是不能保護自己。」

　　　　　　　　　　　　　　　　—〔美〕麥克阿瑟《麥克阿瑟傳》

「人生最重要的事，就要有遠大的目標，同時要有達成目標的能力和體力。」

　　　　　　　　　　　　　　　　　　　　　　—〔德〕歌德

「國家所做的最大惡事，並不在於破壞人們的生活，而在於消滅了愛，造成了人與人之間的分裂。」

　　　　　　　　　　　　　　　—〔俄〕托爾斯泰《人生之道》

「誰贏得了年輕人，誰就擁有了未來。」

　　　　　　　　　　　　　　　—〔德〕雅士培《什麼是教育》

「學者成為政治家之後，通常要扮演喜劇角色；他們必須成為國家決策時的良知。」

　　　　　　　　　　　　　　　——〔德〕尼采《太有人性的人》

「政治，意指尋求分享權力，或尋求影響權力的分配。」

　　　　　　　　　　　　　　　　　　　　——馬克思·韋伯

「民主政治涉及到兩種角度，一個是競爭，一個是參與。」

　　　　——〔美〕杭亭頓《第三波——20 世紀後民主化浪潮》

「首要的問題不是自由，而是建立一個合法的公共秩序。人當然可以有秩序而無自由，但不能有自由而無秩序。必須先存在權威，而後才談得上限制權威。」

　　　　　　　　　　——〔美〕杭亭頓《變化社會中的政治秩序》

「即使是最卓越的政治家，如果他打算作一個『獨嘴』演員，就註定失敗。」

　　　　　　　　　　　　　　　　　　　　——〔美〕季辛吉

「政治家，就是一個經常同難以處理的素材打交道，仍念念不忘某些意義遠大的構思的藝術家。」

　　　　　　　　　　　　　　　　　　　　——〔美〕季辛吉

「統治者，就是坐在歷史這輛汽車的方向盤前面的人；他既負責開動汽車，又隨著汽車的前進而動。」

　　　　　　　　　　　　　　　　　　　　——〔美〕季辛吉

「人生成功的秘訣，在於機會來時，已經預作準備。」

—〔美〕季辛吉

「政治家，永遠是個努力把它『預見』告訴別人的教化者。」

—〔美〕季辛吉

「拿破崙之所以能征服各國，就是因為他運用了敵人認為行不通的規則作戰。」

—〔美〕季辛吉

「戰爭的成功是勝利，和平的成功是穩定；勝利的條件是承擔義務，穩定的條件是自我克制。」

—〔美〕季辛吉

「歷史的大悲劇，不是發生於正確一方與錯誤一方對抗之時，而是發生於兩個正確者相互對抗之際。」

—〔美〕季辛吉

【馮註】季辛吉（Henry Kissinger, 1923-），原美國哈佛大學的教授，後來成為美國名外交家，並促成尼克森總統與中國大陸簽訂「上海公報」；另外曾與北越和談，簽訂《巴黎協定》；同時在中東問題，始創「穿梭外交」，做出一定貢獻。由於越南停火談判有功，在 1973 年與北越黎德壽，分享 1973 年諾貝爾和平獎。

　　由於季辛吉生平經驗，經常親自目睹，全球各地的重大對抗悲劇，都因雙方自命真理，形成兩個正確者，分別自以為是，而造成僵硬的對抗；對這種「基本教義派」，只有以溝通取代仇恨，以對話取代對抗，增加瞭解，降低誤解，從而將心比心，互重互諒，才能真正邁向和平、穩定與雙贏。

「如果正當的非暴力反抗，看上去威脅了公民的和諧生活，那麼責任不在抗議者那裡，而在那些濫用權威和權力的人身上，那些濫用恰恰證明這種反抗的合法性。」

　　　　　　　— 〔美〕羅埃斯（John Rawls）《正義論》

「一切問題，在根本上都取決於政治。」

　　　　　　　— 〔美〕羅埃斯（John Rawls）《正義論》

「適用於個人的一個原則：即公平的原則。」

　　　　　　　— 〔美〕羅埃斯（John Rawls）《正義論》

「政治正義，即憲法的正義。」

　　　　　　　— 〔美〕羅埃斯（John Rawls）《正義論》

「『參與原則』認為所有公民，至少在形式上，應有進入公職的平等途徑。為了競選候選資格，並在權力機構中享有地位，每個人都有權參加各種政黨。」

　　　　　　　— 〔美〕羅埃斯（John Rawls）《正義論》

「我們可以把下面一點看成是理所當然的：即一個民主政權，以言論、集會、思想和良心的自由，為先決條件。

如果公共論壇對所有人，都是自由的、開放的、連續的，那每個人就都應能利用這個論壇。」

　　　　　　　— 〔美〕羅埃斯（John Rawls）《正義論》

「最明顯的政治不公平，是對一人一票的規則侵犯。」

　　　　　　　— 〔美〕羅埃斯（John Rawls）《正義論》

「法官必須是獨立的、公平的，而且不能判決他自己的案子。各種
審判必須是公平的、公開的，不能因公眾的吵鬧，而帶有偏見。
自然正義的準則，要保障法律秩序被公正地、有規則地維持。」

— 〔美〕羅埃斯（John Rawls）《正義論》

「正義原則也是康德意義上的絕對命令。因為康德把一個絕對命令
理解為一個行動原則；這個行動原則，是根據一個人做為自由的、
平等的、理性存在的本質，而用到他身上的。」

— 〔美〕羅埃斯（John Rawls）《正義論》

「和平、進步、人權，這三個目標相互聯繫，不可分離；不可能實
現其中一個，而忽略其他兩個。」

— 〔俄〕沙卡洛夫

【馮註】沙卡洛夫（Andrei Sakharov, 1921-1989），俄國科學家，1953
年為蘇聯製造出第一顆氫彈，被西方稱為「蘇俄氫彈之父」。

但是，他深具人道精神和人權思想，在 1968 年發表「進步、
共處，與知識分子的自由」，呼籲美蘇停止軍備競賽；後來並曾多
次上書，要求蘇聯實現新聞自由，保障聯合國所公佈的各種人權。

1975 年，他獲諾貝爾和平獎，以表彰其「為捍衛人權、裁
軍，和所有國家合作所進行的奮鬥，其最終目的，都是為了和
平」。

「為他們自己人權天天作戰的人，才配擁有自由和生命。」

— 〔俄〕沙卡洛夫

「為了實現保護人權這個偉大目標，任何偉大的行動都是必要的，

不管這條道路看來多麼漫長。」

—〔俄〕沙卡洛夫

「我們關心的,是創造一個更好、更友善的社會,以及更好的世界秩序。」

—〔俄〕沙卡洛夫

「一個人若是容忍他人作惡,不加反對,就等於鼓勵作惡。」

—〔印〕泰戈爾

「沒有正義,就沒有秩序。」

—〔法〕卡繆

「惟有我們自己不求諸暴力,我們才能有效地反對暴力。」

—〔波蘭〕華勒沙

「我們堅信,我們的事業是正義的,我們必須找到一條和平的道路,藉以達到我們的目標;這種信念給予我們力量,和對底線的警覺;出了這底線,我們絕不能走。」

—〔波蘭〕華勒沙

「承認人類大家庭中,所有成員國都應有尊嚴、平等和不可剝奪的權力,是世界上自由、正義、與和平的基礎。」

—〔波蘭〕華勒沙

【馮註】華勒沙(Lech Walesa, 1943-),波蘭工人運動家,為工人與人權奮鬥多年,1983 年獲諾貝爾和平獎,以表彰他「為自由,博愛,而奮鬥的光輝典範」,1990 年當選為波蘭共和國總統。

「曼德拉的領導風格：

『1.勇敢不是無所畏懼而已，更是激勵他人克服恐懼。

　2.高瞻遠矚，也讓支持者跟上腳步。

　3.虛懷若谷，鼓勵人們各抒己見。

　4.瞭解你的敵人。

　5.留住朋友，同時籠絡對手。

　6.平日要保持儀表堂堂，笑容尤其重要。

　7.超越非黑即白的思考。

　8.放棄權位，也是一種領導。』」

—〔美〕〈時代〉雜誌總編史丹格（Richard Stengel）

「在孔子和儒家的哲學系統中，政治思想與道德精神，乃是融而為一的。」

—〔中〕方東美《中國人生哲學》

「儒家一再強調，國家的根基要以『德』為本，而政治上的標準要以『仁』為主，孔子在論語中，一再提倡的就是這種『德治』。」

—〔中〕方東美《中國人生哲學》

「大道之行也，天下為公。」

—《禮記·禮運》

「無偏無黨，王道蕩蕩。」

—《尚書·洪範》

「爾奉爾祿，民祿民膏。」

—《尚書》

【馮註】本段內容，提醒文武百官與公務員，所有薪水，均來自人民辛苦的納稅錢，正如經國先生所說：「每一個銅板敲開來都是血」——都是人民的心血！所以公務人員，絕不能浪費公帑，更不能營私貪腐，作威作福。

「國雖大，好戰必亡；天下雖安，忘戰必危。」

—〔春秋〕《司馬法‧仁本》

「治國之難，在於知賢，而不在自賢。」

—〔戰國〕《列子‧說符》

「民之所好好之，民之所惡惡之，此之謂民之父母。」

—《禮記‧大學》

「怨之所聚，亂之本也。」

—《左傳‧成公十六年》

「安而不忘危，存而不忘亡，治而不忘亂。」

—《易經‧繫辭下》

「國家之將興也，君子自以為不足，其亡也，若有余。」

—《國語‧普語九》

「任人之長，不強其短；任人之工，不強其拙。」

—晏子《春秋‧內篇問上》

「國家將敗，必用奸人。」

—《國語‧楚語下》

「選賢與能，講信修睦。」

　　　　　　　　　　　　　　　　　　　　　　　　　　　　　　—《禮記・禮運》

「為川者決之使導，為民者宣之使言。」

　　　　　　　　　　　　　　　　　　　　　　　　　　　　—《國語・周語上》

「防民之口，甚於防川」

　　　　　　　　　　　　　　　　　　　　　　　　　　　　—《國語・周語上》

「明主者務聞其過，不欲聞其善。」

　　　　　　　　　　　　　　　　　　　　　　　　　　　—《戰國策・燕策一》

「明君在上，下多直辭；君上好善，民無諱言。」

　　　　　　　　　　　　　　　　　　　　　　　　　　—《晏子春秋・內篇染上》

「財聚則民散，財散則民聚。」

　　　　　　　　　　　　　　　　　　　　　　　　　　　　—《禮記・大學》

「生財有大道，生之者眾，食之者寡；為之得疾，用之者舒，則財恆足矣。」

　　　　　　　　　　　　　　　　　　　　　　　　　　　　—《禮記・大學》

「政者正也，子帥以正，孰敢不正？」

　　　　　　　　　　　　　　　　　　　　　　　　　　　　—孔子《論語》

【馮註】孔子本句，強調「以身作則」的重要性；因為上行下效，如果上樑不正，自然下樑會歪，這在今天仍然極具警世性，對於政治清廉，風氣端正，極為重要。此亦孔子所說「其身不正，雖令不從」，證明政治與品德必須合而為一，用人必需注重品德才行。

「政之急者，莫大于使民富且壽也。」

　　　　　　　　　　　　　　　　　　　　　　　　—孔子《孔子家語》

冉有：「既富之，又何知？」
孔子：「教之」

　　　　　　　　　　　　　　　　　　　　　　　　　　　—孔子《論語》

【馮註】本段名言，代表孔子主張「富而後教」的政策，至今仍極
具啟發性；例如大陸人口眾多，政府施政第一急務，便應「使人民
富起來」；然而「富了」之後，便有「貧富不均」以及「暴發戶」
心態，因而必需趕緊加強教育，此時「富而後教」就極具重要性。

「民無信不立。」

　　　　　　　　　　　　　　　　　　　　　　　　　　—孔子《論語》

【馮註】孔子注重政府的誠信，甚至超過經濟（足富），與國防（足
兵），很有其遠大眼光與深入見解；這也正如英國政治哲學家柏克
（E. Burke, 1729-1797）所說：「政府的偉大與唯一基礎，乃是人民的
信任。」

「聽其言，觀其行。」

　　　　　　　　　　　　　　　　　　　　　　　　　　—孔子《論語》

【馮註】「政治家」與「政客」的最大不同，在於政治家言行一
致，政客則經常言行不一。

「先之、勞之。」

　　　　　　　　　　　　　　　　　　　　　　　　　　—孔子《論語》

【馮註】子路問政，孔子回答本句「先之勞之」；子路再問，孔子

則回答「無倦」。

　　這段代表孔子很重視勤政愛民的精神，而且一定要能「想」在人民前面，「走」在人民前面；若有任何災害，也要能在第一時間趕往災區，與人民苦在一起，才能真正苦民所苦，得到民心。

　　孔明所說「鞠躬盡瘁，死而後已」精神，就是真正典範。

「君子之德，風；小人之德，草。草上之風，必偃」

—孔子《論語》

「舉直錯諸枉，則民服；舉枉錯諸直，則民不服。」

—孔子《論語》

「如有周公之美與才，使驕其吝，其餘不足觀矣！」

—孔子《論語》

「有義則治，無義則亂。」

—墨子《天志》

「諂諛在側，善議障塞，則國危矣。」

—墨子《親士》

「民為貴，社稷次之，君為輕。」

—孟子

【馮註】本段的現代詮釋，代表人民最大、國家次之，總統最輕！即使在今天，也是最先進的民主思想！

「孔子作春秋，亂臣賊子懼。」

—孟子

「與民同樂。」

—孟子

「治大國，如烹小鮮。」

—老子《道德經》

【馮註】老子思想充滿自由主義，這句話最典型。美國雷根總統退休前的國情咨文，就引用此文，說明他的治國理念。本句強調，應該尊重人民，不要輕易擾民，所以用「烹」小鮮比喻，而不是用「炒小鮮」，否則折騰來折騰去，小魚就會面目全非，人民也會不堪其苦，潛能大受斲傷。

「天之道，損有餘而補不足；人之道則不然，損不足以奉有餘。」

—《老子》

「天下難事，必成於易；天下大事，必做於細。」

—老子

「吾言甚易知，甚易行。」

—老子

「藏舟於壑，藏山於澤，謂之固矣；然而夜半有力者負之而走，昧者不知也……，藏天下於天下，而不得所遯，是恆物之大情也。」

—莊子

【馮註】很多人對本段不甚瞭解，方東美先生曾經特別說明，本段代表「藏天下於天下」的民主精神。

因為，任何大政治家，均應有此胸襟與遠見，不應將國家視為

私**囊**，也不能認為國家只靠經濟或武力，就可穩固（謂之固矣）；領導人如果違背民心，終必垮台，只是愚笨的人還不知道為什麼垮台（昧者不知也）。

因此，領導人只有尊重人民，爭取人心，才是永恆之道（恆物之大情）。

尤其，民主思想強調以民為主，視天下為全民的天下，而非一家、一姓、或一黨之天下，莊子可說最具這種民主精神。

因此，明末清初黃黎洲，進一步強調「天下者天下之天下也，非一人之天下也。」古今相映，充分證明中國文化本有很強的民主思想，今天部分人士誤以為中國開不出民主，實為明顯錯誤。

「生於憂患，死於安樂。」

　　　　　　　　　　　　　　　　　　　　　　　　一孟子

【馮註】孟子本段，亦即「多難興邦」之意，實為中華民族數千年來最重要的寫照。

中華民族是全世界唯一沒有亡過的民族，就因為深具憂患意識，在苦難中更加奮發團結，堅忍不拔。

2008 年汶川大地震時，溫家寶總理前往災區，也曾以此「多難興邦」勉勵學生。

筆者訪問大陸，與溫總理面談時，他也曾經親向筆者，深入闡述這句重點，可見他很能領悟這項民族精神，深值今後全民繼續發揚光大！

「不以仁政，不能平治天下。」

　　　　　　　　　　　　　　　　　　　　　　一孟子《離婁》

「仁者無敵。」

－孟子《梁惠王》

「以德行仁者王。」

－孟子《公孫丑》

「以不忍人之心，行不忍人之政，治天下可運之掌上。」

－孟子《公孫丑》

「尊賢使能，俊傑在位，則天下之士皆悅，而願立於其朝矣。」

－〔戰國〕孟子《公孫丑》

「得道者多助，失道者寡助。」

－〔戰國〕孟子《公孫丑》

「聖人知治國之要，故令民歸心於農。」

－《商君書·農戰》

「得天下有道，得其民，斯得天下矣。」

－〔戰國〕孟子《離婁》

「以異者視之，膽肝猶楚越也，以同者視之，中國猶一人也。」

－莊子

【馮註】本句提醒世人，大政治家應有胸襟，求同存異，擱置爭議，才能促進溝通，創造雙贏；並且避免分裂內訌，兩敗俱傷。此亦莊子所稱：「惟達者，知道通唯一」，深具現代的啟發性。

「上位者私，亂天下者也。」

－管仲

【馮註】管子堪稱法家與儒家的結合，他很早就明確指出，「私心」為一切亂源；試看今日世界各地，凡當權者貪腐亂政，莫不出於「私心」，即可得到明證。

「政之所興，在順民心，政之所廢，在逆民心。」

—管仲

「倉廩實，則知禮節；衣食足，則知榮辱。」

—管仲

「主之所以為功者，富強也。」

—管仲

「政者正也，所以正定萬物之命也。」

—管仲

「使天下兩天子，天下不可理世；一國而兩君，一國不可理也。」

—管仲

【馮註】本段對現代的啟發，就是任何制度，絕不可能行「雙首長制」，正如一個人不可能有兩個頭。

如今世界各國的憲法，要不就是「總統制」，要不就是「內閣制」，雖然法國號稱「雙首長制」，但其總統由兩輪投票多數選出，仍具有代表性；但如今李扁修憲七次，導致總統有權無責，又無監督機制，因而造成絕對權力，導致絕對腐化，這就形成李扁統治時貪腐橫行的最大亂源。

「聖王之治人也，不貴其人博學也，欲其人之和同聽令也。」

　　　　　　　　　　　　　　　　　　　一管仲

「非號令毋以使下，非斧鉞毋以威眾，非祿賞毋以勸民。」

　　　　　　　　　　　　　　　　　　　一管仲

「君之所審者三，一曰德不當其位，二曰功不當其祿，三曰能不當
其官，此三本者，治亂之源也。」

　　　　　　　　　　　　　　　　　　　一管仲

「國有四維，禮、義、廉、恥。」

　　　　　　　　　　　　　　　　　　　一管仲

「仁人之所以為事者，必興天下之利，除去天下之害。」

　　　　　　　　　　　　　　　　一墨子《兼愛中》

「善人賞而暴人罰，則國必治。」

　　　　　　　　　　　　　　　一墨子《尚同下》

「為人臣者，以富樂民為功，以貧苦民為罪。」

　　　　　　　　　　　　　　一《新書·大政上》

「觀國者觀君，觀軍者觀將。」

　　　　　　　　　　　　　　　一管仲《霸言》

「善為國者，必先富民，然後治之。」

　　　　　　　　　　　　　　　一管仲《治國》

「吏者，民之本、綱者也，故聖人治吏不治民。」

　　　　　　　　　　　　一韓非子《外儲說右下》

「明主使法擇人，不自舉也；使法量功，不自度��。」

—韓非子《有度》

「能去私曲就公法者，民安而國治。」

—韓非子《有度》

【馮註】陳水扁家人涉及洗錢與各種貪腐案，卻仍有部分民進黨人，自稱「情義」相挺，就是只見私曲，無視公法，自然會令人民不平而國家不治。

「言是而不能立，言非而不能廢，有功而不能賞，有罪而不能誅，若是而能治民者，未之有也。」

—管仲《七法》

「治國常富，而亂國常貧。」

—管仲《治國》

「爭天下者，必先爭人。」

—管仲《霸言》

「木受繩則直，人受諫則聖。」

—《孔子家語・子路初見》

「良藥苦于口，而利于病；忠言逆于耳，而利于行。」

—《孔子家語・六本》

「刑過不避大臣，賞善不遺匹夫。」

—韓非子《有度》

「賞罰不信，則禁令不行。」

—韓非子《外儲說左上》

「當官之法惟有三事，曰清、曰慎、曰勤。」

—《官箴》

「君臣同心，其利斷金。」

—《越絕德序外傳記》

「君者，民之源也，源清則流清，源濁則流濁。」

—《韓詩外傳》

「有國者，未嘗不以恭儉也，失國者，未嘗不以驕奢也。」

—《韓詩外傳》

「君賢者其國治，君不能者其國亂」

—荀子《議兵》

「政令信者強，政令不信者弱。」

—荀子《議兵》

「愛民者強，不愛民者弱。」

—荀子《議兵》

「足國之道，節用裕民，而善藏其餘。」

—荀子《富國》

「君好則臣為，上行則下效。」

—《人因困窮由君之奢慾策》

「善為國者，移謀身之心而謀國，移富國之術而富民。」

　　　　　　　　　　　　　　　　　　—《慎子》

「愛而利之，天下可從也；弗愛弗利，親子叛父。」

　　　　　　　　　　　　　　　　—《淮南子‧繆稱訓》

「國有賢士而不用，非士之過，有國者之恥。」

　　　　　　　　　　　　　　—〔漢〕《塩鐵論‧國病》

「多見者博，多聞者知，拒諫者塞，誇己者孤。」

　　　　　　　　　　　　　　　—〔漢〕《塩鐵論》

「國家存亡之本，治亂之機，在于明選而已矣。」

　　　　　　　　　　　　—〔漢〕王符《潛夫論‧本政》

「君之所以明者，兼聽也；君之所以暗者，偏信也。」

　　　　　　　　　　　—〔漢〕王符《潛夫論‧明暗》

「國無常治，又無常亂。法令行則國治，法令弛則國亂。」

　　　　　　　　　　　—〔漢〕王符《潛夫論‧述赦》

「國之所以治者，君明也；其所以亂者，君暗也。」

　　　　　　　　　　　—〔漢〕王符《潛夫論‧明暗》

「身之病，待醫而癒；國之亂，待賢而治。」

　　　　　　　　　　　—〔漢〕王符《潛夫論‧思賢》

「治天下，終不以亂私公。」

　　　　　　　　　—〔漢〕司馬遷《史記‧韓長孺列傳》

「安危在出令，存亡在所任。」

—〔漢〕司馬遷《史記·楚元王世家》

「馬上得之，寧可以馬上治之乎？」

—〔漢〕司馬遷《史記·陸賈列傳》

「泰山不讓土壤，故能成其大；河海不擇細流，故能就其深。」

—〔漢〕司馬遷《史記·李斯列傳》

「文武並用，長久之術也。」

—〔漢〕司馬遷《史記·酈生陸賈列傳》

「千人之諾諾，不如一士之諤諤。」

—〔漢〕司馬遷《史記·商君列傳》

「得人者興，失人者崩。」

—〔漢〕司馬遷《史記·商君列傳》

「治國之道，富民為始。」

—〔漢〕司馬遷《史記·平津侯主父列傳》

「治道之要有三，曰立志、責任、求賢。」

—〔宋〕《河南程氏粹言·論政篇》

「家貧思良妻，國亂思良相。」

—〔宋〕《資治通鑑·周威烈王二十三年》

「官在得人，不在員多。」

—〔宋〕《資治通鑑·唐太宗貞觀元年》

「兼聽則明，偏信則暗。」

　　　　　　　　　　　—〔宋〕《資治通鑑・唐太宗貞觀二年》

「政寬則民慢，慢則糾之以猛；猛則民殘，殘則施之以寬。寬以濟猛，猛以濟寬，政是以和。」

　　　　　　　　　　　　　　　—〔宋〕司馬光《資治通鑑》

「亡國之主自謂不亡，然後至於死；聖賢之君自謂將亡，然後至於不亡。」

　　　　　　　　　　　　—《三國志・魏志・高堂隆傳》

「為政之道，務於多聞。」

　　　　　　　　　　　　　　　　　—〔三國〕諸葛亮

「為君之道，以教令為先，誅罰為後。」

　　　　　　　　　　　　　　　　　—〔三國〕諸葛亮

「為人擇官者亂，為官擇人者治。」

　　　　　　　　　　　　　　—〔三國〕諸葛亮《舉措》

「國之有輔，如屋之有柱。柱不可細，輔不可弱；柱細則害，輔弱則傾。」

　　　　　　　　　　　　　　—〔三國〕諸葛亮《治人》

「邦之興，由得人也；邦之亡，由失人也。」

　　　　　　　　　　　　　　　　　—《辯興亡之由策》

「有諤諤爭臣者，其國昌；有默默諛臣者，其國亡。」

　　　　　　　　　　　　　　　　　　—《韓詩外傳》

「以公共為心者，人必樂而從之；以私奉為心者，人必唾而判之」

—《奉天請罷瓊林大盈二庫狀》

「聖王為政，賞不避仇讎，誅不擇骨肉。」

—《漢書·東方朔傳》

「樂聞過，罔不興；拒諫，罔不亂。」

—《新唐書·宋務光傳》

「官人惟賢，政所以治也。」

—《新唐書·陳子昂傳》

「國之將興，貴在諫臣；家之將盛，貴在諫子。」

—《世要論·諫爭》

「誹謗之罪不誅，而後良言進。」

—〔漢〕劉向《說苑·貴德》

「天下稍安，必須兢慎，若過驕逸，必至喪敗。」

—〔唐〕唐太宗《貞觀政要》

「夫讒佞之徒，國之蠹賊也。」

—〔唐〕唐太宗《帝範》

「砥身勵行，莫尚於忠信；敗德敗政，莫愈於讒佞！」

—〔唐〕唐太宗《帝範》

「明王納諫，病就苦而能消；暗主從諛，命因甘而致殞。」

—〔唐〕唐太宗《帝範》

「王者欲明，讒人蔽之，此奸佞之危也。」

—〔唐〕唐太宗《帝範》

「治國與養病無異也。病人覺癒，彌須將護，若有觸犯，必至殞命。治國亦然。」

—〔唐〕唐太宗《貞觀政要》

「古來弟子，生於深宮，及其成人，無不驕逸，是以傾覆相踵，少能自濟。」

—〔唐〕唐太宗《貞觀政要》

「以銅為鏡，可以正衣冠；以古為鏡，可以知興替；以人為鏡，可以明得失。」

—〔唐〕唐太宗《貞觀政要·任賢》

「用得正人，為善者皆勸；誤用惡人，不善者競進。」

—〔唐〕唐太宗《貞觀政要·擇官》

「眾人之唯唯，不如一士之諤諤。」

—〔唐〕唐太宗《貞觀政要·納諫》

「君，舟也；人，水也；水能載舟，亦能覆舟。」

—〔唐〕魏徵《貞觀政要·政體》

「安下稍安，無須兢慎，若便驕逸，必至喪敗。」

—〔唐〕唐太宗《貞觀政要·政體》

「自古失國之主，皆為居安忘危，處治忘亂，所以不能長久。」

—〔唐〕唐太宗《貞觀政要·政體》

「治國猶如栽樹，本根不搖，則枝葉茂榮。」

————〔唐〕唐太宗《貞觀政要·政體》

「為君之道，必須先存百姓，若損百姓以奉其身，猶割股以啖腹，腹飽而身斃。」

————〔唐〕唐太宗《貞觀政要·君道》

「政通人和，百廢俱興。」

————〔宋〕范仲淹《岳陽樓記》

「文臣不愛錢，武臣不惜死，天下太平矣。」

————〔宋〕《宋史·岳飛傳》

「富國之術，不在乎聚斂，而在惜費。」

————〔宋〕辛棄疾《九議》

「為政之道，以順民心為本。」

————〔宋〕程頤

「其身不正，而能治天下國家者，無之。」

————〔宋〕程顥《二程集·粹言·論學篇》

「為國不可以生事，亦不可以畏事。」

————〔宋〕蘇軾《因擒鬼章論西羌人事宜劄子》

「任賢，使能，賞功，罰罪——醫國四君子湯。」

————〔宋〕陸九淵《語錄上》

「國以任賢能而興，棄賢專己而衰。」

————〔宋〕王安石《興賢》

「朝有諤諤盡責之臣，無不昌也；任用阿諛唯唯之士，無不亡也。」

　　　　　　　　　　　　　　　　　——《晉書·段灼傳》

「正臣進者，治之表也；邪臣進者，亂之機也。」

　　　　　　　　　　　　　——《乞鑒別忠邪以定國事疏》

「簡能而任之，擇善而從之。」

　　　　　　　　　　　　　　——《諫太宗十思疏》

「疑則勿用，用則勿疏。」

　　　　　　　　　　　　　　——《君不行臣事策》

「天下之治亂，不在一姓之興亡，而在萬民之憂樂。」

　　　　　　　　——〔明〕黃宗羲《明夷待訪錄·原臣》

「法所宜加，貴近不宥；才有可用，孤遠不遺。」

　　　　　　——〔明〕張居正《與李太仆漸菴論治體》

「天下知識，不難於立法，而難於法之必行；不難於聽言，而難於言之必效。」

　　　——〔明〕張居正《請稽查章奏隨事考成以修實政疏》

「法無古今，惟其時之所宜，與民之所安耳。」

　　　　　　——〔明〕張居正《辛未會試程策》

「居官第一要義，就在耐煩。」

　　　　　　　　　　　　　　——〔明〕張居正

「不患無才，患無用之之道」

—《陳六事疏》

「有仁者出，不以一己之利為利，而使天下受其利。」

—〔明〕黃宗羲

【馮註】明末大儒黃宗羲曾經明確指出，真正有政治理想的大政治家，應有大公無私的風範與仁心。

同時，他也痛批很多政客在現實政治中，完全自私自利，害國害民。所以他說：「後之為人君者，以為天下利害之權皆出於我，我以天下之利盡歸於己，以天下之害盡歸於人。」

他痛斥這些政客們，「以我之大私，為天下之大公，始而慚焉，久而安焉，視天下為莫大之產業，傳之子孫受享無窮。」

今天，即使在民主時代，仍然很多這種貪腐政客與家人，他們視公帑為私囊，對洗錢「始而慚焉，久而安焉」，只謀家人私利，不顧眾人痛苦，肯定會被人民唾棄，也為在歷史享盡罵名！

「須識成城惟眾志，稱雄不獨恃群山。」

—〔清〕乾隆《入居庸關》詩

「在這個地球上，曾有過的最幸福的，並且人們最值得尊敬的時代，那就是人們遵從孔子法規的時代。」

—〔法〕伏爾泰

「古代的中國人不僅在忠孝方面（在這方面中國人是到了最完滿的道德標準），而且在科學方面也大大超越了近代人。」

—〔德〕萊布尼茲

「我們從前誰也不會相信，在這個世界上，還有比我們倫理更完善

的立身處世之道，或還有更進步的民族存在，現在東方的中國，竟使我們覺醒了！」

— 〔德〕萊布尼茲《論中國哲學》

【馮註】萊布尼茲（Leibnize），德國大數學家與哲學家，深深喜愛中國哲學與中國文化，並曾讚嘆易經「陰陽」觀念，遠遠超過其數學的發現，值得大家瞭解，以堅定民族自信心。

「兩千多年前的孔孟便主張民權，《禮運》中說『大道之行也，天下為公』，便是主張民權的大同世界。」

—孫中山《民權主義》

「在歐洲，在以法國大革命為背景的民主理想中，孔子哲學起了相當重要的作用，通過法國思想，它又間接影響了美國民主的發展。」

— 〔英〕顧立雅（Creel）《孔子與中國之道》

「中國要實行民主，就必須普及教育。」

— 〔英〕羅素《中國問題》

「中國領先於歐洲和美洲幾千年，就發展了一種民主哲學。」

— 〔中〕孫中山〈民權主義〉

「我們需要向歐洲學習的是科學，而不是政治哲學。因為在真正的政治哲學原理方面，歐洲人需要向中國學習。」

— 〔中〕孫中山〈民權主義〉

「將來統一世界的，大概不是西歐國家，也不是西歐化的國家，而

是中國。」

—〔英〕湯恩比

【馮註】湯恩比（Toynbee），英國名史學家，代表著有《歷史研究》（*A Study of History*），並創「挑戰與回應」（Challenge and Response）學說，認為中華民族能回應各種挑戰，所以能綿延不絕；他並以此強調「十九世紀是英國人的世紀，二十世紀是美國人的世紀，二十一世紀將是中國人的世紀。」他在此所說的「統一世界」，並非指軍事或政治，而是代表經濟、文化、與價值觀等綜合的影響。

「中國從公元前 221 年以來，幾乎在所有時代，都成為影響整個世界的中心。」

—〔英〕湯恩比

「實際上，現代英國的官吏制度，是仿照中國的官吏制度而建立的。同羅馬制相比較，中國的這種制度取得了很大的成功。」

—〔英〕湯恩比

「民主法典，莫妙於《春秋》一經。」

—熊十力《韓非子評論》

「天下人所共嚮往的最高理想，與最適於共存共舉、而極完備之法紀制度，是《春秋》之所謂王事也。」

—熊十力《韓非子評論》

「民為本而君為末，此孔子第一大義，一部《春秋》，皆從此發。」

―康有為《春秋大義微言考》

「吾國聖人以國家為一文化團體，決不利用國家為侵略他國之工具，但亦絕不受侵略者的侵略。」

―熊十力《韓非子評論》

「我們不能忘記，二千年來，中國主要的社會哲學學派有一條基本原則是：人民有權利和義務『反抗不符合儒家精神的君主』，這比歐洲的宗教改革者，提出類似觀點，還要早了近二千年。」

―〔英〕李約瑟

【馮註】李約瑟（Joseph Needham），英國科學史家，終其一生精力，研究與出版《中國科技文明史》，為中國科學討公道，用很多的證據證明，中國向來有先進的科學與技術，只是近兩百多年因政治社會因素，才緩慢下來，但從前一直領先於世界，令很多中國人為之慚愧。

1984 年他訪台期間，曾到東海大學講學，筆者時任哲學系主任，有機會與其對話問學，能親炙其風範，對他熱愛中華文化、與鍥而不捨的研究精神，深感欽佩。

「在四千年前，我們甚至還不能閱讀書本，中國人已經知道了我們現在用以炫耀的全部極其有用的東西。」

―〔法〕伏爾泰

「當然，我們不應盲目的崇拜中國人的長處，但是他們國家的政治哲學，實際上是最好的。」

―〔法〕伏爾泰

「中國是世界上唯一的一個國家，如果一個行省長官在離任時，不能贏得百姓稱讚時，就要受懲罰的國家，是世界上唯一一個獎勵美德的國家。」

——〔法〕伏爾泰

「中國政治家們都認為，國家機構建立於道德基礎之上，是理所當然的事情。」

——〔德〕凱薩琳

「我第一次發現，自己面對著以道德做為其最深要義的中國人。這種類型的人，在西方是不會有的。」

——〔德〕凱薩琳

「分裂的趨勢，既有害於中國，也不利於列強。」

——〔美〕杜威《中國、日本與美國》

「孟子教導說，要像把失去的東西找回那樣，去尋找失去的良心，好極了！」

——〔俄〕托爾斯泰

「盡己性、盡人性、盡物性，贊化育而與天地參，就是中國人做人的原則。這種廣大精微、高明博厚的思想，可說是世界上最哲學的哲學。」

——〔中〕方東美《中國人生哲學》

「現在尚有不少哲學的叛徒，如焦大其人者，譏訕謾罵，真是中國人的奇恥大辱。這些人連思想的國本都失了，還說什麼復興民族，解救國難！」

—〔中〕方東美《中國人生哲學》

「中華民族綿延於大宇長宙中，兀如一株古梅，根幹扶疏，花萼茂盛，迄今數千年而始終不變，惜乎晚近氣氛突變，出牆紅杏及牆內天桃，各以頃刻花姿態，淫冶鬥狠，乃競從四面八方呼來蠻風霉雨，冀以摧殘此數千年之神木以為快，庸知吾神木本植根深遠，是意義所生者，畢竟不可貶。」

—〔中〕方東美《中國人生哲學》

【馮註】方東美（1899-1977），被公認為學貫中、西、印的一代大哲，完成美國威斯康辛大學哲學博士後，長期在中央大學與台灣大學任教，深具民族文化意識與愛國精神，終生以弘揚中華文化為己任，廣受國際哲學界敬重。

　　諾貝爾獎得主海耶克，曾推崇其為「中國當代一位偉大的哲人」；美國東西方哲學會議創辦人查理·摩爾（Charles Moore）則讚嘆其為「中國最偉大的哲學家」。

　　上段引自方先生《中國人生哲學》，原稿係在抗戰之前，對全國青少年的演說；方先生在台灣版的序言，再增本段內容，用古梅比喻中華民族文化，並以「頃刻花」比喻各種外來侵略思想，最後強調中華文化「集義所生，畢竟不可毀」。試看中共在文革期間大肆誣衊孔子，企圖摧毀中華文化，但如今也全面撥亂反正，並在全世界推動「孔子學院」，足證方師的遠見非常正確。

「我們與其說中國民族文化歷史之所以能長久，是其他外在原因的自然結果，不如說這是因中國學術思想中，原有種種自覺的人生觀念，以使此民族文化之生命能綿延于長久而不墜。」

　──唐君毅、牟宗三、張君勸、徐復觀《為中國文化敬告世界宣言》

【馮註】本段引自 1958 年元旦，上述四位哲人聯合發表的長文，也收錄於唐君毅《說中華民族之花果飄零》，該文由唐先生主稿，經其他先生潤稿，充分表現在那時代，知識份子苦心孤詣、捍衛中華文化的精神。

　　筆者在東海大學曾接待唐先生伉儷，並曾邀請牟先生講學，深深覺得，方、唐、牟、張、徐等前輩的精神風範，堪稱中華文化的瑰寶，很值得青年一代弘揚光大。

「孫文先生為國民革命，立足中國國民文化復興，復活中國國民的創造力，強調中國文化的世界價值，以創造世界大同的基礎。」

　　　　　　　　　　　　　　　　　　　　──〔台〕蔣渭水

「我心理時常在想，你們是一個偉大的民族，你們創造了一個美的世界，我以為即是你們靈魂的表現，我記得每次我遇著不甚尊敬你們的那些人，我總覺得難受；他們的心是無情的、冷酷的，他們來到你們中間，任意地侵略、剝奪、與摧殘，他們忘懷你們文化的貢獻，也不曾注意你們偉大的藝術。」

　　　　　　　　　　　　　　　　　　　　──〔印〕泰戈爾

「他們（孔子與老子）的統一，體現在一些偉大的歷史人物身上，不是通過系統哲學，而是在中國人自我思索、自我澄明的生命智慧之中。」

　　　　　　　　　　　　　　　　──〔德〕雅士培《世界大哲學家們》

【馮註】雅士培（Karl Jaspers），德國存在主義大哲學家，胸襟恢

弘，器識宏偉，曾稱公元前五世紀為人類「歷史軸心時代」，因為
中國當時產生了孔老等諸子百家，西方則產生了蘇格拉底、柏拉圖
等大哲，印度也有佛陀等大師一時湧現，故應多多效法那種大氣磅
礴的時代精神；方東美先生也曾稱讚其為「德語世界第一大哲」。
本章名言，來自其名著《世界大哲學家們》。

「孔子是第一個在其廣度和可能性上，使理性大放光芒的人物。」

　　　　　　　　　　　　　—〔德〕雅士培《世界大哲學家們》

「從世界歷史來看，偉大的老子和中國精神是聯繫在一起的。」

　　　　　　　　　　　　　—〔德〕雅士培《世界大哲學家們》

「大政治家應容納百川，如同老子所說大道：『譬道之於天下，猶
谷川之於江海』。」

　　　　　　　　　　　　　—〔德〕雅士培《世界大哲學家們》

「大政治家應避免自以為是，如同老子所說：『不自見故明，不自
視故彰』。」

　　　　　　　　　　　　　—〔德〕雅士培《世界大哲學家們》

「大政治家應心胸開放，思想解放，如同老子所說：『知常容，容
乃公』。」

　　　　　　　　　　　　　—〔德〕雅士培《世界大哲學家們》

「大政治家不會歧視或放棄任何人，如同老子所說：『聖人常善救
人，故無棄人』。」

　　　　　　　　　　　　　—〔德〕雅士培《世界大哲學家們》

「大政治家本身沒有定見，而以百姓之心為心，如同老子所說：
『聖人無常心，以百姓之心為心』。」

— 〔德〕雅士培《世界大哲學家們》

「大政治家沒有自我中心，如同老子所說：『聖人後其身而身先，
外其身而身存』。」

— 〔德〕雅士培《世界大哲學家們》

「大政治家應學習水，謙下為懷，身段要低，『上善若水』，如同
老子所說：『江海之所以能為百谷王者，以其善下之』。」

— 〔德〕雅士培《世界大哲學家們》

「管得最好的政府，是管得最少的政府。」

— 〔美〕傑佛遜

「所有政治，皆是地方性的。」

— 〔美〕歐奈爾（Thoma O'Neil）

「老子本著寬容慈惠的精神與大公無私的美德，教人不論施政或從
政，都要仿效大道的『生而不有，為而不恃』，而且警告人們，絕
不可視國家政權為私囊；要放下一切私心成見，渾然以百姓之心為
心，以百姓之苦為苦，要能這樣大公無私，才能上下一心，同登幸
福之域。」

— 方東美《中國人生哲學》

「大政治家在他們的一切措施中，應該效法『道』的生育創造，
『天』的化育完成，或『自然』的創造進化，善貸且成，使一切萬
物都能雍雍然、歙歙然，休養生息於此精神感召之中。如此才能一

方面善於救人，使人盡其才，二方面善於救物，使物盡其用，這才是一種為而不恃、和而不爭的政治精神。」

—方東美《中國人生哲學》

「老子極端厭惡專制君主的剝削人民，所謂『損不足以奉有餘力』，所以他要極力提倡『損有餘而補不足』的天道，這種看似無為其實無不為的政治，就是我說的『德治』，深諳此中精神的人，正是老子所說：『善行者無轍迹』，這都是十分積極的理想政治，絕不能稱之為『無政府主義』，更不能誤解為『君人南面之術』。」

—方東美《中國人生哲學》

「老莊所提倡的哲學，是自由的哲學。」

—〔英〕羅素

「莊子的政治思想，成古今中外最徹底的個人主義，亦古今中外最極端的自由思想。」

—　蕭公權《中國政治思想史》

【馮註】本句前半段有誤解，因為莊子強調「心齋」與「忘我」，不可能是「個人主義」，但後段則相當中肯。

「從古帝王將相，無人不由自立、自強做出；即為聖賢者，亦各有自立自強之道，故能獨立不懼，確乎不拔。」

—曾文正公《家信》

「古來豪傑皆以難禁風浪為大忌，並以懦弱無剛為大恥。」

—曾文正公《家信》

「總之，危急之際，莫靠他人，專靠自己，乃是穩著。」

——曾文正公《家信》

「凡事皆有極困難之時，打得通的，便是好漢。」

——曾文正公《家信》

「居官以堅忍為第一要意，帶勇者亦然。」

——曾文正公《家信》

「古之成大業者，多自克勤少物而來。」

——曾文正公《家信》

「辦事之法，以五到為要，五到者：身到、心到、眼到、手到、口到也。」

——曾文正公《家信》

【馮註】本段為曾文正公辦事成功的秘訣，也是行政成功的要領；若以颱風地震為例，成功的領導者，必定首先身到，親臨現場勘查，然後用心慰問災民，眼睛誠懇觀人，親手筆記救災重點，並且叮嚀囑咐部屬，這才能讓災民感到真誠。

「不貪財、不失信、不自足、有此三者，自然鬼服神欽，處處人皆敬重。」

——曾文正公《家信》

「世家子弟最易犯——『奢』字，『傲』字。」

——曾文正公《家信》

「今日所學講求者，唯在用人一端爾。」

　　　　　　　　　　　　一曾文正公《家信》

「擇友是第一要事，須擇志趣遠大者。」

　　　　　　　　　　　　一曾文正公《家信》

「邪正看眼鼻，聰明看嘴唇；功名看氣宇，事業看精神，壽夭看指爪，風波看腳跟；若要問條理，全在語言中。」

　　　　　　　　　　　　一曾文正公《家信》

【馮註】本段出自曾文正公相人口訣；孔子早在《論語》即稱「視其所以，觀其所由，察其所安，人焉廋！人焉廋哉！」孟子〈離婁篇〉也稱「聽其言也，觀其眸子，人焉廋哉！」均為重要相人方法。曾文正公對此閱歷很多，極有經驗，值得用人選才時參考。

「作大事之人，恆以多選替手為第一義，滿意之選不可得，姑節取其次，以待徐徐教育可也。」

　　　　　　　　　　　　一曾文正公《家信》

「古之成大事者，規模遠大與綜理密微，二者缺一不可。」

　　　　　　　　　　　　一曾文正公《家信》

「京官之辦事通病有二；曰畏縮，曰瑣屑；外官辦事通病有二，曰敷衍，約顢頇。」

　　　　　　　　　　　　一曾文正公《家信》

【馮註】曾文正公痛批，當時做官風氣非常敗壞，至今仍很有警惕性。

「吾生平長進，全在受挫受辱之時，務須咬牙勵志。」

一曾文正公《家信》

「凡富貴功名，皆有命定，半由人力，半由人事；唯學作聖賢，全由自己作主，不與天命相干涉。」

一曾文正公《家信》

「盡其在我，聽其在天，不可稍存妄想。」

一曾文正公《家信》

「科名有無遲早，總由前定，絲毫不能勉強。」

一曾文正公《家信》

「名位大小，萬般由命不由人。」

一曾文正公《家信》

「古來大戰爭、大事業，人謀僅占十分之三，天意恆居十分之七。」

一曾文正公《家信》

「往往積勞之人，非即成名之人；成名之人，非即享福之人。」

一曾文正公《家信》

「但在積勞上著力，成名二字則不必問及，享福二字則更不必問矣。」

一曾文正公《家信》

「君子之道，以知天命為第一要務，不知命，無以為君子也。」

一曾文正公《家信》

「以余閱歷多年，見事之成功與否，人之得名與否，蓋有命焉，不

盡關人事也。」

—曾文正公《家信》

「盛時當作衰時想，上場當會下場時，富貴人家不可不牢記也。」

—曾文正公《家信》

「子孫之貪富，各有命定；命果應富，雖無私產，亦必自有飯吃，命果應貧，雖有私產，多於五馬之中，被徙什佰，亦仍歸於無飯可吃。」

—曾文正公《家信》

【馮註】曾文正公上述各句，均在勸慰其弟與家人，只要盡心盡力，不必奢求名利，亦即平日盡其在我，不必為富貴患得患失；頗合儒家「生死有命，富貴在天」，以及君子立命「樂天知命」之道。

「大約凡做大官，安榮之境，即時有可危可辱之道，古人所謂富貴當蹈危機也。」

—曾文正公《家信》

「有福不可享盡，有勢不可使盡。」

—曾文正公《家信》

「凡將相皆無種，聖賢豪傑亦無種，只要人肯立志，都可以做得到的！」

—曾文正公《家信》

「禍勢以來，本難逆料，然唯不貪財，不敢巧，不沽名，不驕盈四

者，究可彌縫一二。」

—曾文正公《家信》

「居官不過偶然之事，居家乃長久之道。」

—曾文正公《家信》

【馮註】本段提醒世人，做官只是一時，做人才是永遠；很多人不能看開這點，做官時喪失風骨，毫無人格，只有令人輕蔑，以至去官之後便享盡罵名，而淪為千古恨。

「縱人以巧詐來，我仍以渾含應之，以誠愚應之。」

—曾文正公《家信》

「中國有一段最有系統的政治哲學，在外國的大政治家還沒有看到，還沒有說到那麼清楚的，『格物、致知、誠意、正心、修身、齊家、治國、平天下』那一段話，把一個人從內發揚到外，由一個人的內部做起，推到平天下止。像這樣精微開展的理論，無論外國什麼政治哲學家，都沒有提到，都沒有說出，這就是我們政治哲學的智識中所獨有的寶貝，是應該要保存的。」

—孫中山《民族主義》

「我們生在中國，正是英雄用武之地。要能建一頭等民主大共和國，以執世界之牛耳！」

—孫中山《民族主義》

「中華民族者，世界最古之民族、世界最大之民族，亦世界最文明而最富於同化力之民族也。」

—孫中山《民族主義》

「夫以世界最古、最大、最富於同化力之民族,加以世界之新主義,而為積極行動,以發揚光大中華民族,吾絕不久必能駕美超歐,而為世界之冠!」

—孫中山《民族主義》

「我們鑒於古今民族生存的道理,要救中國,想中國民族永遠存在,必要提倡民族主義。」

—孫中山《民族主義》

「大的哲學家,像羅素那一樣的人,有很大的眼光,一到中國來,便可以看出中國之文化超過於歐美。」

—孫中山《民族主義》

「中國要能統一,人民才能享福;中國不能統一,人民只會受害!」

—孫中山《民族主義》

「歐美之民權政治,根本上還沒有辦法,所以我們提倡民權,便不可以完全仿效歐美。」

—孫中山《民族主義》

「聰明才力越大的人,當盡其能以服千萬人之務,造千萬人之福;聰明才力略小之人,當盡其能力而服百十人之務,至於全無聰明才力之人,也應該盡一己能力,以服一人之務,造一人之福。」

—孫中山《民族主義》

「立志做大事,不要做大官。」

—孫中山《全集》

「師馬克斯之意則可，用馬克斯之法則不可。」

> ——孫中山《民生主義》

「若夫最大權力者，無如政治。政治之勢力，可為大善，亦能為大惡，吾國人民之艱苦，皆不良政治之為之。」

> ——〔中〕孫中山《在廣州嶺南學堂的演說》

「夫國者人之積也，人者心之器也，而國事者一人群心理之現象也。是故政治之隆污，繫乎人心之振靡。」

> ——〔中〕孫中山《建國方略》

「政治兩字的意思，淺而言之，政就是眾人的事，治就是管理，管理眾人的事便是政治。」

> ——〔中〕孫中山《三民主義》

「國家之本，在於人民。」

> ——〔中〕孫中山《臨時大總統宣言書》

「古語云：『民之所欲，天必從之。』是知民心所趨，即國體之所由定也。」

> ——〔中〕孫中山《勸告北軍將士宣言書》

「國內的事情，要人民去管理；國內的幸福，也是人民來享受。」

> ——〔中〕孫中山《在上海民主學會的演說》

「我們知道要改造國家，非有很大力量的政黨，是做不成功的；非有很正確共同的目標，不能夠改造得好的。」

> ——〔中〕孫中山《中國國民黨第一次全國代表大會開幕詞》

「政黨中最要緊的事，是各位黨員有一種精神結合。要各位黨員能夠精神上結合：第一要犧牲自由，第二要貢獻能力。如果個人能夠犧牲自由，然後全黨方能得自由。」

　　　　—〔中〕孫中山《中國國民黨第一次全國代表大會開幕詞》

「黨爭為文明之爭，方能代流血之爭也。」

　　　　　　　　　　　　　　　　　—孫中山《全集》

「黨爭有一定之常軌，能嚴守文明，不能無規則之爭，便是黨德。」

　　　　　　　　　　　　　　　　　—孫中山《全集》

「如但求本黨之勝利，不惜用卑劣行為、不正當手段、讒害異黨，以弱本黨之政敵，此中政黨，絕無黨德。無黨德之政黨，聲望必墜地以盡，國民必不能信任其政策，何能望其長久存在呢？」

　　　　　　　　　　　　　　　　　—孫中山《全集》

【馮註】民進黨執政時，其鬥爭手法經常不擇手段，用各種罪名誣陷讒害反對人士，即孫中山先生所稱之「卑劣行為、不正當手段」，終會被人民淘汰。足證孫中山先生在此所說非常正確，今後對所有政黨，均深值啟發性與警惕性。

「吾黨想立於不敗之地，今後奮鬥之途徑，必先要得民心。」

　　　　　　　　　　　　　　　　　　　　　—孫中山

「中華文化之基礎，一為倫理，故曰『孝悌也者，其為仁知本欲』。其始也，固在『人人親其親，長其長』；且使『老有所終，壯有所用，幼有所長，鰥寡孤獨廢棄者，皆有所養』。

二為民主，故曰，『民為貴』，『民為邦本，本固邦寧』」，乃曰『大道之行也，天下為公』。

三曰科學，此即『正德利用厚生』之道，故孔子以為政之急者，莫大于使民富且壽。而致富且壽道，則均無貧，和無寡，安無辱。余篤信倫理、民主、科學乃三民主義思想之本質，亦即為中華民族傳統文化之基石也。」

一蔣中正，「中華文化復興運動推行委員會」成立致詞

「除非所有其他的政府形式，皆已經得起再三的考驗，否則民主政治仍然是最佳的政府形式。」

一〔英〕邱吉爾

「第一、不要有偏心，第二、不要有私心，第三、不要為自己著想。」

一蔣中正《蔣經國先生全集》

【馮註】本文為蔣中正先生，在民國 34 年提示經國先生的從政重點；當時中國國民黨召開六次代表大會，經國先生首次當選中央委員，後來他終生即以此自省自勉。

民國 75 年，國民黨召開第 12 次全國代表大會三中全會，經國先生再以本文提醒同志，要求大家反省「是不是有偏心？是不是有私心？是不是曾為自己著想？」

經國先生於民國 77 年過世，但這種「無私無我」的精神，至今仍令人民感念。所以雖已逝世超過二十年，仍在台灣各種民調中，高居為第一名。

「中華民族的特性是永不屈服——不向強權屈服。」

　　　　　　　　　　　　　—蔣經國《蔣經國先生全集》

「今天的問題在什麼地方？最主要都在不忘本。我們中國人有一個基本道理，那就是飲水思源，不忘本。本是什麼？『本』就是我們國家民族和歷史文化。」

　　　　　　　　　　　　　—蔣經國《蔣經國先生全集》

「要做官的莫進來！想發財的請出去！」

　　　　　　　　　　　　　—蔣經國《蔣經國先生全集》

【馮註】這兩句話，是重慶中央政治幹部學校門口兩項標語，經國先生當時任教育長，常用這兩句話期勉重要幹部，可以看出其情操與苦心。

「清清白白做人，實實在在做事！」

　　　　　　　　　　　　　—蔣經國《蔣經國先生全集》

【馮註】這兩句話，也是重慶中央政治幹部學校操場兩項標語。同樣可以表現經國先生「清廉務實」的風範。

「盡心、盡力、盡責；任勞、任怨、任謗。」

　　　　　　　　　　　　　—蔣經國《蔣經國先生全集》

【馮註】這兩句話，是經國先生擔任行政院長時期，在行政院進門牆上所刻兩項名言，很值得公務人員共同借鏡。

「人家罵你是真的，誇你是假的！」

　　　　　　　　　　　　　—蔣經國《蔣經國先生全集》

「以後對我個人，不要再講什麼『英明』、『擁護』、『偉大』、『導師』之類的頌詞，在地方黨部也不要再講！」

—蔣經國《蔣經國先生全集》

【馮註】經國先生生前曾向筆者提到，他生平最愛看的一本書，就是《貞觀政要》，強調「每天睡前都會翻翻看幾頁」。其目的就在提醒自己要能「納諫任賢」，並且杜絕逢迎諂媚之徒。這是經國先生早從贛南就已豎立的風範，所以大家都勇於講真話，共同改革。但後來李扁執政二十年，因為無法任賢納諫，導致政風敗壞，是很沉痛的經驗與教訓，深值今後領導階層警惕！

「今天不做，明天會後悔！」

—蔣經國《蔣經國先生全集》

【馮註】本項名言，是經國先生生前推動台灣「十大建設」時期所說，很能激勵人心，提振士氣，讓全民充滿幹勁，並對前途充滿希望，深具前瞻性與鼓舞性。後來證明，他終能創造成功的「台灣經驗」，受到舉世肯定。其中大力投資高科技，培植相關人才，至今仍然讓台灣人民受惠，足證領導人的遠見與魄力至為重要。

「領導幹部一定要管住管好自己的配偶子女。中國早有『修身齊家治國平天下』的古訓。家都治不好，何談治黨治國？」

—江澤民，2000 年 1 月 14 日，《文選》

「我衷心期望，兩岸都能大力進行民主的改革，為兩岸人民謀求更大福利。尤其，江主席所說的『三個代表』中，第一個代表『促進生產力』，意味今後將建設大陸成為『經濟大國』，這也正是民生

主義注重均富的精神；第二個代表『先進文化水準』，意味今後將建設大陸成為『文化大國』，這也正是民族主義注重中華文化的精神；第三個代表『全民根本利益』，意味今後將建設大陸成為『民主大國』，這也正是民權主義的民主法治精神。因此，緬懷中山先生的理念，對照今後大陸發展，的確令人感覺充滿進步的希望！」

—許歷農，辛亥革命 90 週年紀念活動致詞

【馮註】本文為許歷農將軍在 2001 年 10 月 10 日，應邀於大陸紀念辛亥革命 90 週年活動中致詞；許將軍曾任國防部總政戰部上將主任，退役後曾任行政院退除役官兵輔導會主任，並曾任新黨籍國大代表、國家統一促進會副主委、新同盟會會長等；文中提到江澤民所說的「三個代表」，與中山先生的三民主義精神相通，很有重大意義；尤其，「三個代表」已經列入中共黨章與憲法，明確成為今後大陸奮鬥總目標；大陸未來若能成為經濟繁榮、文化進步的民主大國，不僅將為全民之幸，同時也是中華民族之幸，深值大家共同推動，盼其早日實踐完成！

「我們效法國父，當年為了『驅逐韃虜，恢復中華，建立民國，平均地權』創立中國同盟會的偉大精神，特此鄭重主張：

依據民族主義，追求國家和平統一，反對分裂國土！

依據民權主義，追求民主改革，反對專制集權！

依據民生主義，追求全民均富，反對貪污腐化！

所以，本著愛國的良知，面對歷史的責任，我們挺身而出，義無反顧，正式成立『新同盟會』——奉獻出我們愛國救國的決心與熱忱。我們的宗旨——維護憲法，救國救民！

我們的理念——堅定不移，百折不回！

我們的作法——理性和平，光明正大！

我們不敢或忘的是——先賢的遺訓：『國家興亡，匹夫有責！』

我們念茲在茲的是——國父的遺言：『和平、奮鬥、救中國！』

我們深信：在『因理念而結合，以道義相砥礪』的督責下，凝聚中華民族所有愛國者的決心與力量，必能扶危救亡，力挽狂瀾，為國家伸公理，為人民張正義，讓青天白日，重照中華！」

—許歷農《許歷農文稿集》

【馮註】本文為「新同盟會」在 1994 年 5 月 8 日成立的宣言。「新同盟會」效法孫中山先生創辦「同盟會」的精神，以弘揚中華民族精神為己任；當天參加的有李煥、郝柏村、梁肅戎、蔣緯國等黨國大老，並公推許歷農上將為會長，筆者為秘書長，為反對台獨、追求統一，反推貪腐、追求民主，發出民間正義之聲。

　　同年八月十三日，「新同盟會」舉辦「我是中國人大遊行」，用行動駁斥台獨自稱「不是中國人」的謬論；並接辦在 1992 年 7 月由筆者個人創辦的民間愛國刊物《國是評論》，長期透過月刊、廣播、以及定期舉辦愛國演講、各種街頭活動，凝聚廣大愛國人心；在李扁統治的黑暗時代，成為忠義救國的中流砥柱，為了台獨促統，做出很多貢獻。

「其實真的『愛台灣』，就應該支持『和統會』的兩岸主張，『台灣不獨立，大陸不動武』，認真談判，解決當前僵局，共同追求國家和平統一。」

—許歷農《許歷農文稿集》

【馮註】本文為許上將在海峽兩岸「和平統一促進會」週年會慶致詞內容；該會由立法院前任院長梁肅戎在 1998 年 4 月 19 日創立，並由郭俊次與沈野、筆者等擔任副會長；梁肅老逝世之後，由郭俊次繼任會長，成為推動統一使命的重要民間團體。

「『大陸之希望在台灣，台灣之前途在大陸』，兩岸統一為歷史必然走向，不能迴避，也不該迴避。」

—許歷農《許歷農文稿集》

「今天談國家統一，不再是該不該統一的問題，而是如何統一的問題，不是理論的問題。一九九七年，我個人曾率團訪問大陸，在上海會見大陸海協會會長汪道涵先生，當時我說，根據台灣的民意調查，贊成台獨的很少，贊成馬上統一的也不多，大多主張維持現狀，汪先生說，『一個中國不代表中華人民共和國，也不代表中華民國，是兩岸同胞共同締造的一個統一的中國，一個中國不是現在式，也不是未來式，是現在進行式，是一個尚未統一的中國，正在邁向統一的中國』。假定如汪先生所說『兩制』就是維持現狀，而『一國』無論形式上、實質上，真的都是兩岸同胞共同締造，兩岸同胞都樂於接受的一國。我個人認為，確是對等尊嚴雙贏的最佳國家統一方案。」

—許歷農《許歷農文稿集》

【馮註】本文為許上將在 2003 年 9 月 10 日，應邀在莫斯科舉行的「中國和平統一」全球大會演講內容。

　　文中所提的 1997 年參訪行程，是由許上將率領「新同盟會」，前往北京訪問江總書記，並於 11 月 16 日在上海，與海協會

汪道涵會長對談；內容至為重要，台灣各報均登頭版頭條，對於今後兩岸關係史，留下了重要記錄。

當時陳志奇副會長曾經詢問，有關國旗國號問題，兩岸是否也可以談？汪道涵引述鄧小平的話說，既然在「一個中國原則之下，什麼都可以談」，當然也包括國旗國號問題。然後汪會長進一步指出，「一個中國並不等於中華人民共和國，也不等於中華民國，而是兩岸同胞共同締造統一的中國」。

因此，許歷農上將即提出，兩岸今後何妨均用「中國」的國號，因其為五千年來歷代均用的名稱；汪道涵正面肯定的稱「可以」！汪道涵並且強調，兩岸共有五種「緣」：㈠地緣、㈡鄉緣、㈢親緣（及血緣）、㈣文化緣、㈤風俗緣；因而更應共同邁向統一。他還舉例說，現在所稱「台灣話」，其實即為閩南話，仍為中國話的方言。

另外，李慶華立委時任副會長，也特別詢問，大陸對「民主化」能否切實推行？筆者時任祕書長，曾引江總書記在哈佛大學演講內容，結論宣稱中國在廿一世紀將成為繁榮、民主的文化大國，以此詢問大陸對「民主化」的看法與計畫。

汪道涵回答，大陸肯定民主的方向，「真正民主，應由人民選出自己的人，為人民服務」；因此首先，大陸不會干涉台灣選擇自己的體制，只是大陸堅決反對金錢與黑道介入；其次汪道涵也指出，民主為不斷實踐的過程，「有所保護，也有所禁止」，如果極端民主，也會天下大亂，所以也要重視法治，逐步推廣教育與法治。

再其次，汪道涵指出，大陸已從鄉鎮長選舉逐步推動，因為民

主要從基層表現，「讓人民有挑選的餘地」。汪道涵並稱，大陸民主的「民主集中制」，與西方不盡相同，有關不同之處值得研究。

另外，針對「中國威脅論」，汪道涵指出，中國的政策與實力，均不會威脅他國，現在不會、將來也不會。他並強調，「中國哲學向來不講侵略」，「中國沒有侵略之心，只有自強之意」。

上述重要內容，為汪道涵會長針對兩岸關係，生平最為完整的論述；尤其許上將詢問，今後中國統一的國號，何妨兩岸均用「中國」？汪道涵會長令人驚訝的明快回答「可以」，非常開明而有智慧，所以廣受各方好評。

次年二月，筆者曾經再到上海，個人專程訪問汪會長，私下問他，該項談話曾被台獨人士批評，曾否給他帶來困擾？他回答「沒有呀」！然後答說，「這就是總書記的意思」。

因為該項提議，未來統一後的國號，若能兩岸各讓一步，雙方均稱「中國」，便能完全符合「對等、尊嚴、雙贏」的精神，而且是最和平統一的方案，所以深值今後有識之士共同推動。

「情，為民所繫，權，為民所用，利，為民所謀。」

—胡錦濤

【馮註】本項三句，為中共總書記胡錦濤就任後，公開強調的施政原則，很多大陸人民稱之為「新三民主義」，因為與孫中山先生三民主義，精神很能相通。

「在當年，中國內憂外患的情況下，中山先生第一個提出了『振興中華』的口號，這裡應成為我們兩岸中國人共同的追求和責任。」

—胡錦濤，2005 年歡迎連戰致詞

「中山先生為中華民族和中國人民，留下了許多珍貴的精神遺產，值得我們永遠地繼承與發揚。」

—胡錦濤，2005 年歡迎連戰致詞

【馮註】上段二句，為中共總書記胡錦濤在 2005 年 4 月 29 日，歡迎國民黨連戰主席的致詞，充分證明「中山先生」為兩岸共同的語言，中山先生的遺志「振興中華」，也成為兩岸共同的奮鬥目標；在此大目標下，今後兩岸只要能求同存異、擱置爭議，自然必能「共創雙贏」，為中華民族開拓光明的遠大前程！

「我相信有智慧、有能力的中華兒女，都可以理解，化刀劍為犁鋤，化干戈為玉帛，點滴的心血，可累積而成我們長長久久的和平關係。」

—連戰，2005 年訪問北大的演講

「我們不能一直活在過去，就像邱吉爾講的，永遠的為了現在和過去，在那裡糾纏不清的話，那你很可能失去未來。」

—連戰，2005 年訪問北大的演講

【馮註】本文二段內容，為連戰 2005 年 4 月 29 日在北大演講重點；前段令人想到，台獨人士在台灣，不斷渲染過去「228 事件」兄弟相殘的悲情，經常扭曲糾纏，的確耗費很多社會成本，可能失去未來。同樣情形，兩岸如果仍停在過去國共鬥爭的仇恨中，糾纏不清，也會兩敗俱傷，而失去未來。

因此，真正健康進取之道，應以溝通取代仇恨，化干戈為玉帛，要能一笑泯恩仇，才是真正雄才大略、有大胸襟、大氣魄的成

功之道。唯有如此，才能真正共創未來雙贏！

　　至於有關具體作法，自需「大處著眼，小處著手」；連戰引用英文名言「Peace by Pieces」，強調「一點一滴的努力累積」，非常務實可行，深值今後兩岸人民，共同重視與努力。

「清華這個學校，我們用十六個字來形容，叫做『一塊招牌，兩間店名，殊途同歸，自強不息』，這不正是兩岸當前的一個縮影嗎？」

—宋楚瑜，2005 年 5 月 11 日在北京清華大學演講

「現在是中華民族有史以來最繁榮、富足的時候，也是中國人擺脫百年屈辱最關鍵的時刻；因此，兩岸真正的敵人不是兄弟彼此，而是束縛了中國數百年的落後和貧窮，如何讓中國人掙脫落後和貧窮，成為一個均富的社會，這才是海峽兩岸共同追求的目標。」

—宋楚瑜，2005 年 5 月 11 日在北京清華大學演講

「什麼是自由主義？自由主義我們從學理上來講，你出一本書，他出一本書，學理上非常高深。對我而言，沒有複雜，自由主義只是兩個部份，一是反求諸己的部份，一是反求諸憲法的部份。」

—李敖，2005 年 9 月在北京大學演講詞

「『中華人民共和國憲法』裡面列舉的，一條條列舉的自由，是全世界最完整的，出版自由、言論自由、罷工自由……，什麼都有，每一條都列舉出來了，我不以為它是假的，只要我們認真，它就是真的。」

—李敖，2005 年 9 月在北京清華大學演講詞

「我是有名的自由主義，為什麼我到了祖國，我公開宣佈，我願意放棄自由主義？為什麼？因為自由主義本身是虛無飄渺的，從 17 世紀、18 世紀到 20 世紀，自由主義所要的就是落實，一部份就是對我自己，我自己反求諸己，能夠心靈上獲得解脫，關著門和自己幹的；但一出門，就是和政府的關係，我要政府給我言論自由、思想自由、出版自由等。像我在復旦大學公開演講的自由，這就是和政府幹的。

可是大家想想看，當這些東西都在中華人民共和國憲法裡面，一條一條列舉的時候，誰還要自由主義啊？我要憲法，我不要自由主義。」

—李敖，2005 年 9 月在上海復旦大學演講詞

【馮註】2005 年 9 月，李敖大師應邀同時前往北大、清華、復旦演講，很有深遠影響；若與同年連戰在北大、宋楚瑜在清華的演講相比較，連宋風格如同孔孟，雍容大度，義正辭嚴，李敖風格則如莊子，曠達不羈，馳情無礙，在嘻笑怒罵中，正言若反，但其寓意深遠，獨與天地精神相往來，很有其深度與高度。

李敖早在台大唸書時，就很有名士的高遠胸襟；當時高資敏（後成名醫）曾向他說，早就聽他「名氣很大」，他答：「不是我名氣大，而是台灣太小」。所以他到老都以「台灣太小」提醒人們，盼望大家能提神高空，放曠慧眼，如同莊子的大鵬鳥，深具啟發性。在其看似高傲、偏激、與潑辣的背後，其實有其重情重義的真性情，值得深入研究省思。

方東美先生曾評莊子是「中國氣魄最大的哲學家」，錢賓四先

生也認為，莊子是「絕世的大文豪」，若從莊子看李敖，才能真正瞭解李敖，也才可發現他堪稱「當代莊子」。

　　因為筆者在 2000 年，曾有幸與李敖大師搭配，參選正副總統，李大師在 2005 年大陸行前，曾向筆者說明其演講重點，其宗旨在盼望大陸貫徹憲法規定的「自由清單」。後來我曾聽到很多北大教授評論，一致認為「很聰明」、「很高明」。

　　李大師並曾指出，其三場演說，在北大如同「金剛怒目」（注重批判性），在清華如同「菩薩低眉」（注重慈悲心），在復旦如同「尼姑思凡」（注重務實性）；但一以貫之的基調，均在呼籲大陸實踐憲法，「就它的湯，下它的麵」，堪稱用心良苦，但更具可行性以及啟發性，也極具成熟圓融的智慧，比起硬碰硬的對立抗爭，明顯更為和平人道，並能避免社會動盪等成本。

「因為台灣是全球唯一在中華文化土壤中，順利完成二次政黨輪替的民主範例，如果這個政治實踐能夠成功，我們將為全球華人的民主發展，做出史無前例的貢獻，這是我們無法推卸的歷史責任。」

　　　　　　　　　　　　　—馬英九，民國 97 年 5 月 20 日就任總統演講內容

【馮註】本文為馬英九總統就職演說首段內容，因為中外學術界常爭論「民主是否適合中國國情？」馬總統首先以台灣經驗給出肯定答案，並引述美國布希總統所稱「台灣是亞洲與世界民主的燈塔」，以表信心與決心；名學者余英時同年六月在中央大學演講時，也給予同樣肯定，很可看出，民主化為今後有識之士的共同目標。

　　然而，馬總統上任後，因為面臨世界性的金融海嘯，從經濟

「興利」無法馬上見效，加上肅貪的「除弊」，也需要尊重司法程序，因而民調低迷下滑，形成重要警訊。今後自應更真切的傾聽人民心聲，加強溝通，並滿足人民期望，早日兌現他「打贏反貪腐這一仗」的承諾，才是民主政治能否成功的重要標準。

「中華民國總統最神聖的職責，就是守護憲法，在一個年輕的民主國家，遵憲與行憲比修憲更重要。身為總統，我的首要任務，就是樹立憲法的權威，與彰顯守憲的價值；我一定會以身作則，嚴守憲政分際，真正落實權責相符的憲政體制。」

—馬英九，民國 97 年 5 月 20 日就任總統演講內容

【馮註】馬總統為哈佛大學法學博士出身，深知從長遠來看，「遵憲」與「行憲」至為重要，尤其經過李扁 20 年統治，憲法被修七次，不但改得面目全非，而且很多監督機制已被破壞殆盡；所以他要以身作則，切實遵憲，具有重大意義；若能真正力行，而且成功運行，相信對於大陸也很有啟示性。

然而，因為很多民眾在以往積非成是情形下，並不十分瞭解他的苦心，甚至稱他「退居二線」形同「落跑宅男」，這就亟需其加強溝通與說明，並且加強憲政教育，尤需表現整體施政效率與魄力，才能真正符合民心、又符合遵憲行憲的精神。

「兩岸人民同屬中華民族，本應各盡所能，齊頭並進，共同貢獻國際社會，而非惡性競爭，虛耗資源。我深信，以世界之大、中華民族智慧之高，台灣與大陸一定可以找到和平共榮之道。」

—馬英九，民國 97 年 5 月 20 日就任總統演講內容

【馮註】馬總統上文中，放眼整體中華民族，很有恢宏胸襟與遠大氣勢，他並引用 4 月 11 日在博鰲論壇所提「正視現實，開創未來，擱置爭議，追求雙贏」，以及胡錦濤 4 月 29 日主張兩岸「建立互信，擱置爭議，求同存異，共創雙贏」，強調兩岸理念相當一致，足可奠定今後良性互動的新基礎，也可開創光明的新願景。

今後重要的是，正如孟子所說「徒法不如自行」，主要的仍然要觀察，什麼人在執行？如果陸委會與海基會的執行人員，仍用民進黨時期的舊思維與舊作風，則上述理想仍會落空；因此，展望今後兩岸領導階層，必須言行一致，實事求是，並且力行承諾，才能符合誠信的原則，也才能真正開拓兩岸的共同雙贏！

「兩岸直航，代表兩岸和解，不再對立衝突，『戒急用忍』與『有效管理』，都走入了歷史。」

—馬英九，在兩岸直航日致詞

【馮註】本文是馬英九總統在 2008 年 12 月 15 日，於高雄主持海運直航時的致詞，同日兩岸海運空運直航，並且直接通郵，「大三通」時代正式來臨，結束了六十年的對立封閉，也結束了李登輝所說「戒急用忍」，以及陳水扁所說「有效管理」的鎖國時代，深具重大意義，所以馬英九特別致詞，彰顯其中的歷史性意義。

同年 (2008) 的 8 月 23 日，為兩岸「823」砲戰的 50 週年；馬英九也曾特別到金門巡視，發表感言「從殺戮戰場到和平廣場」，強調「戰爭沒有贏家，只會造成遺憾，不能再讓兩岸人民有共同的遺憾」，深深值得兩岸人民重視，共同為和平雙贏而奮鬥努力！

「政治的好壞，繫於一種風氣；學校的好壞，也繫於一種風氣。風

氣一經養成，則在這風氣感召之下的人，自然感覺到一種環境的壓力——這就是道德的壓力——以使善者日趨於善，惡者不敢為惡，潛移默化，一道同風。這種風氣在政治上叫做政風，在學校裡叫做學風。」

「本校是中央政治學校，顧名思義，各位是將來要從事於政治的人。但是各位將來政治上一定不能隨俗浮沉，一定要轉移風氣，要肅清貪污風氣，而樹立廉潔風氣；要打開無動為大的風氣，而樹立果敢有為的風氣；要破除狹小傾軋的風氣，而樹立廣博雄厚的風氣。」

——羅家倫《從樹立學風到樹立政風》

【馮註】本文二段引自羅家倫的《從樹立學風到樹立政風》，是他1931 年 1 月 26 日在中央政治學校的演講；該校原名「中央黨務學校」，由中國國民黨建立於 1927 年北伐時期，後改稱「中央政治學校」，羅家倫曾任教育長，負責實際校務；抗戰時遷重慶，改稱「中央幹部學校」，由蔣經國先生任教育長，校門樹立兩句名言：「要做官的莫進來，想發賜的請出去！」很多學生看到均感精神振奮，極能代表當時人心，該校即為今日的政治大學前身；羅家倫在本文所強調的內容，對今日政風與學風，仍然深具啟發作用。

「每一位公務員，都要有像觀世音菩薩那種『聞聲救苦』的慈悲心。」

——馬英九 2009 年元旦祝詞

【馮註】本文來自馬英九總統在2009年1月1日的元旦祝詞，今後兩岸公務員，如果都能樹立清廉風氣，並且具有慈悲心，加強為人民服務的精神，相信必能造福全民，進而共創中華民族的光明盛世！

第七章　法律與良心

【導言】

「別讓你的權利睡著了！」

這句法律名言，提醒每一個人，生活在現代社會，特別需要法律知識，才能保護自己權益，也保護親人的權益，不會任由他人欺侮。

然而，司法獨立，卻是法律公正的先決條件。

如果政治可以壓迫司法，或者特權可以破壞司法，那法律的公平正義，就會蕩然無存，人民的權益保障，更會蕩然無存！

所以，西方法界提醒世人：「法律是社會正義最後一道防線」！

如果這道防線崩潰了，社會正義毫無保障，肯定就會進入黑暗時代！

英國大哲培根本身曾遭司法案件折磨，所以很早就提醒法界：「當法官必須謹慎，不可輕率偏頗，陷人於罪；因為，沒有比司法折磨更壞的折磨！」

尤其，「遲來的正義不是正義」，司法折磨如同精神凌遲，足以令人身心俱疲，血肉模糊，而且全家受累，老少不寧；此時人權

何在？尊嚴何在？正義何在？

然而，自古以來，真不知有多少冤案，令人無語問蒼天，含有無窮無盡的辛酸淚！

因此，西方有句名言：

「司法獨立如同皇后貞操，絕對不容置疑！」

放眼「亞洲四小龍」中，韓國早在二十多年前，因為司法能獨立，就可以針對全斗煥、盧泰愚兩個總統貪污案，速辦嚴辦，後來對歷任的第一家庭成員，也是懲治貪腐，毫不手軟！

另如新加坡法律，對領導人瑕疵，也毫不寬貸；香港廉政公署成立後，更是雷厲風行、六親不認，所以均能贏得人民信任。

至於日本法界，也早在二十多年前，就已認定「法官應該只認法，不認官」，所以能法辦田中角榮首相的貪污案；近年安信內閣多人涉貪，均逃不過法治，紛紛辭職，安信最後也只有辭職。

凡此種種，充分證明，唯有司法獨立，才是獲得民心信任的最重要原因！

然而反觀台灣，陳水扁任內，其家庭多人涉及貪腐，但陳水扁竟濫用總統特權，在國務機要費案中，將吳淑珍的「證據」列為「國家機密」、「永久機密」、甚至「絕對機密」，公然企圖干擾司法！後來，幸經馬英九決定「註銷」其為機密，全案才能順利進行司法程序。

另外，陳水扁在 2008 年 8 月 14 日，公開承認「做了法律所不許可的事」，因為瑞士檢方，查出扁媳婦黃睿靚，在瑞士設帳戶涉及洗錢，高達新台幣七億元！後來特偵組還發現，其他各種可疑帳戶，所涉貪腐案情之廣大與複雜，更是令人震驚！

因此，很多民眾本能的都期望，政府應該速辦嚴辦，甚至還認為馬英九沒有早日抓扁，是「太軟弱」。

然而，馬英九仍堅持司法的獨立性，強調總統「不能干預司法，不能指揮辦案」；即使在濃烈的民粹氛圍之下，他仍強調應該尊重司法獨立，並曾明白指出：「司法不能向總統投降」；堪稱為建立法治制度，確保社會長治久安，樹立了重要的典範。

相形之下，很多客觀事實證明，陳水扁在任內，卻經常違法亂紀，並經常用政治力干預司法、踐踏司法，以致連他恩師前司法院長翁岳生，在退休時都曾說，他於八年任內，對於政治踐踏司法，「身當其位，痛苦萬分」，甚至到了「椎心泣血」的程度！

另外，馬英九即使本身受到重大冤屈，但卻從未攻擊司法；即使陳水扁任內，民進黨政府利用「特別費案」對其司法折磨，令其悲憤已極，連檢察官也涉嫌篡改筆錄，令很多人合理質疑，其中存有政治迫害，企圖讓馬不當選，但馬英九仍心存寬厚，一再強調「對自己清白有信心，對司法公正有期待」，從未口出惡言，也可說為維護司法尊嚴，樹立了清新的榜樣。

反之，陳水扁及家人所涉各種貪腐弊案，明明證據確鑿，司法單位也是依法查辦，扁卻不斷扭曲，大言不慚的自稱遭到「政治迫害」與「政治追殺」，如此公然顛倒黑白，混淆視聽，真是令人感慨，不知良心何在！

所以，美國國父華盛頓，很早就曾提醒世人：

「要努力讓你心中那朵被稱為『良心』的火花，永遠不要熄滅！」

由此足證，無論是任何人，即使平日擅長辯論，很有硬拗技

巧，但若喪失了良心，反而更會作惡多端，更會危害嚴重！

蘋果日報在 2008/9/20，曾刊登名律師與中國人權協會理事長李永然的投書：「法律之前，人人不平等。」語重心長，也很發人深省。

他在文中指出，本來憲法規定，人人在法律上一律平等，但是吳淑珍竟然連續請假十七次，「若發生在一般民眾身上，早就遭到拘提！」

更何況，相較於「聯電搜索案」，司法機關對其大動作的搜索起訴，兩相對照，「可謂有天壤之別！」

因此，他深深的感慨：

「無怪乎聯電前董事長曹興誠，會發出如此不平之鳴了！」

根據曹興誠在同年 9/17，各大報所刊登廣告，陳水扁涉及未審先判，在搜索後第二天，就找人通知他，說他本人「不會有事」，但其他二人「會有麻煩」。

另外，竟然檢調方面也分別傳話；新竹檢察長洪威華稱「是非事實不重要」，要他「速找政府高層長官給他明確指示」；調查局長葉盛茂更告訴他，「此案如欲解決，可求總統府馬永成！」凡此種種，均可看出，「良心」對司法人員是多麼重要！

法國文豪巴爾扎克，說的非常精闢：

「良心，始終是一位正直的法官。」

另外，英國詩人雪萊講的也很中肯：

「良心，就是內心的審判者」！

陳水扁執政時，部分人員奉命辦案，失去良心，對司法形象造成很大傷害，其中違法濫權、枉法亂判，更造成很多冤屈；因此，

本文特別整理中外大哲對「法律與良心」的看法，提供讀者借鏡；盼能藉此提升全民的法治意識，加強全民監督，促進司法改革；同時也盼喚醒部分違法人員的良心，俾能早日重振司法公信，堅守司法獨立，那才真正是整體社會與全民之幸！

———————＊———————＊———————＊———————

「依靠法律所實現的智慧，才能建立完善的社會」

——〔希臘〕柏拉圖《法律篇》

「治國不能過份相信統治者的智慧和良心，即使是一個年輕英明的政治家，權力也能把他變成貪腐暴君。」

——〔希臘〕柏拉圖《法律篇》

「人性，總是把人類拉向貪婪、自私、逃避痛苦，並且毫無理性地去追求快樂。」

——〔希臘〕柏拉圖《法律篇》

「端正的法官，先正己而後責人。」

——〔希臘〕蘇格拉底

「法官的四條守則：謙恭的聽取，機智的答復，冷靜的思考，公正的判決。」

——〔希臘〕蘇格拉底

「在家庭和國家方面，都要服從我們內心中那種永恆的素質，它就是理性的命令，我們稱之為法律。」

——〔希臘〕柏拉圖《法律篇》

「法律一部分是為善良的人們制訂的，以指導他們友好相處，一部
分則是為拒絕接受教導的人所訂。因為他們的靈魂桀驁不馴、或頑
固不化、或一意孤行、或造孽作惡。」

—〔希臘〕柏拉圖《法律篇》

「人類必須有法律，並且遵守法律，否則他們的生活將像最野蠻的
獸類一樣。」

—〔希臘〕柏拉圖《法律篇》

【馮註】從上段內容，可以看出柏拉圖對「人性」並無充分信心，
他把人性分成「金銀銅」三層，同時含有理性、氣概與欲望；因而
在《理想國》之後，他晚年所寫《法律篇》，即以「人性可能為
惡」做為基礎，盼望用理性與法律，節制人性中惡的部份，提昇人
性善的部份。

「那些只根據部分人的利益，來制訂法律的國家，不是真正的國
家，他們所說的公平，是毫無意義的。」

—〔希臘〕柏拉圖《法律篇》

「我稱這些官吏，是法律的僕人，或法律執行官。我這樣稱呼他
們，並不是隨便說的，官吏與法官們必須具有遵守法律的品德，這
是決定國家興衰的因素。」

—〔希臘〕柏拉圖《法律篇》

「如果一個國家的法律屬於從屬地位，沒有權威，我敢說，這個國
家一定要覆滅；然而，一個國家的法律如果超然官吏之上，而這些
官吏都服從法律，不會知法玩法，都行政中立，這個國家，就會獲

得諸神的保佑和賜福。」

　　　　　　　　　　　　　—〔希臘〕柏拉圖《法律篇》

「在一個國家中，法律永遠是由強者的權力來制訂的。」

　　　　　　　　　　　　　—〔希臘〕柏拉圖《法律篇》

「人在達到完美境界時，是最優秀的動物，然而一旦離開了法律和
正義，他就是最惡劣的動物。」

　　　　　　　　　　　　　—〔希臘〕亞里士多德《政治篇》

「法律是制度的一種形式，好的法律就一定代表好的制度。」

　　　　　　　　　　　　　—〔希臘〕亞里士多德《政治學》

「法律，是國家公民相互進行裁決的一個公約。」

　　　　　　　　　　　　　—〔希臘〕亞里士多德《政治學》

「要使事物合乎正義（公平），需有毫無偏私的權衡；法律恰恰正
是這樣一個中道的權衡。」

　　　　　　　　　　　　　—〔希臘〕亞里士多德《政治學》

「善德就在行於中庸，所以最好的生活方式，就應該是實行中庸，
實行每個人都能達到的中庸。」

　　　　　　　　　　　　　—〔希臘〕亞里士多德《政治學》

「國家雖有良法，人民如果不能遵循，仍然不能實現法治。」

　　　　　　　　　　　　　—〔希臘〕亞里士多德《政治學》

「法律所以能見成效，全靠民眾的服從；而遵守法律的習性，須經
長期的培養，如果輕易地對法律常常廢改，民眾守法的習性必然消

減，而法律的威信也就跟著削弱了。」

—〔希臘〕亞里士多德《政治學》

「法律就像一位出色的弓箭手，應該瞄準適當的判罰尺度，並在一切情況下，都對準應得的懲罰。」

—〔希臘〕亞里士多德《政治學》

「普遍良好的秩序，基於普遍遵守法律。」

—〔希臘〕亞里士多德《政治學》

「主張法治的人，並不想抹殺人們的智慧，他們是認為，這種審議與其寄託一人，毋寧交給眾人。」

—〔希臘〕亞里士多德《政治學》

「貧與富，善與幸福，……法律的基本意圖，是讓公民盡可能的幸福，並在彼此友好關係中，最高度地結合在一起。」

—〔希臘〕亞里士多德《政治學》

「世間最大的罪惡，往往不是起因於飢寒，而是產生於放縱。」

—〔希臘〕亞里士多德《政治學》

「法治應包含兩重意義：以成立的法律，獲得普遍的服從，而大家所服從的法律，又應該本身是制訂良好的法律。」

—〔希臘〕亞里士多德《政治學》

「法官是公平的保護者，保護公平即保持平等，法官判斷一事是為公正，無所取益於其中，均為了他人。」

—〔希臘〕亞里士多德《倫理學》

「為政最重要的一個規律是：一切政體都應建立法制，並安排它的經濟體系，使執政者和官員不能假借公職，營求私利。」

——〔希臘〕亞里士多德《政治學》

「法律是正義與非正義事物之間的界線……它們與自然的標準相符，並對邪惡予以懲罰，對善良予以捍衛，以充分保護人類安全與福祉。」

——〔羅馬〕西塞羅《論法律》

「人民的福利，是根本的法律。」

——〔羅馬〕西塞羅《反腓力辭》

「法律是表現神意的公理原則。它指導行善，禁止作惡。」

——〔羅馬〕西塞羅《勒奇布斯》

「法律的基礎不是理論，而是事實。」

——〔羅馬〕西塞羅《勒奇布斯》

「一個執政者的職責，就是依照法律，對人民進行統治，並給予正當的、有意義的指導。因為，法律統治執政者，執政者又統治人民，所以我們可以說，執政者乃是會說話的法律。而法律乃是不會說話的執政者。」

——〔羅馬〕西塞羅《法律篇》

「法律是一種自然的權力，是理智人的精神和理性，是衡量正義與非正義的標準。」

——〔羅馬〕西塞羅《法律篇》

「不應該提出個人例外的法律。」

—〔羅馬〕西塞羅《法律篇》

「無論在候選期間、或任期內,或是任期以後,不准任何人贈送和接受禮物。對於違犯任何法律的懲罰,應與犯法行為相符合。」

—〔羅馬〕西塞羅《法律篇》

【馮註】本句後句強調「比例原則」,不應罪小而罰大,或罪大而罰小,而應合乎理性與合理比例。

「法律永遠是社會的最高權威。」

—〔英〕彌爾頓《為英國人民聲辯》

「法律必須以整個社會的福利,為其真正的目標。」

—〔意〕阿奎那《政治著作選》

「只憑一面之詞就給案子定罪,即使定得再正確,也有冤屈之嫌。」

—〔羅馬〕塞涅卡《美猶亞》

「有多少罪孽,就會有多少法律。」

—〔英〕彌爾頓《失樂園》

「應用懲治其他人民的同一法律,來懲治君王,我看不出其中有任何例外。」

—〔英〕彌爾頓《為英國人民聲辯》

「理性,也就是自然法。」

—洛克《政府論》

「服從法律所得的後果，是一個獨立國家的長久幸福，和由此衍生的一些福利；反過來說，不服從法律與毀棄誓約，就有國家覆亡、和巨大艱苦的危險。」

—史賓諾莎《神學政治論》

「法律只有以自然法為根據時，才是公正的，它們的規定和解釋，必須以自然法為根據。」

—洛克《政府論》

「統治者應該以正式公佈、和被接受的法律為根據，而不是以臨時的命令、和未定的決議，來進行統治。」

—洛克《政府論》

「我把一切馬虎敷衍的作風，特別是政治方面的，當作罪孽來痛恨，因為政治方面的馬虎敷衍，會造成千百萬人的災難。」

—〔德〕歌德《歌德談話錄》

「每個民族就像個人一樣，有著一個青春時期，或許也可以說是一個成熟時期，必須等到這個時期，才能使他們服從法律。」

—〔德〕盧梭《社會契約論》

「人們關於一個君王及其器識的第一印象，就是看他周圍是些什麼人物。」

—〔義〕馬基雅維里《君王論》

「在所有政體之中，民主政治是最自然的，是與個人自由最能契合的政體。」

—〔荷〕史賓諾莎《神學政治論》

「一個國家的政府，應該對一切言論保持完全的超脫然度。宗教上
的歧視，是最血腥、最狠毒的偏見，是從政府偏袒中產生的。」

— 〔英〕雪萊《人權宣言》

「如果只因為一個人的言論見解，就對他處以刑罰，這種行為唯一
的適當名稱，就是迫害。」

— 〔英〕雪萊《致艾稜巴羅勳爵的信》

「對人們發表言論，而採取迫害手段，是不公正的。」

— 〔英〕雪萊《致艾稜巴羅勳爵的信》

「良心，是內心的審判者。」

— 〔英〕雪萊《關於建立慈善家協會的倡議》

「越是行刑寬緩的民族，越是以犯罪率低而著稱。」

— 〔英〕雪萊《論死刑》

「政府是為了保障權利而設置的。人的權利是自由權，以及平等地
使用自然界的權利。」

— 〔英〕雪萊《人權宣言》，《雪萊政治論文選》

「生命誠可貴，愛情價更高；但為自由故，兩者皆可拋！」

— 〔英〕雪萊《致艾稜巴羅勳爵的信》

「放棄自己的自由，就是放棄自己做人的資格，也是放棄人類的權
利，甚至就是放棄自己的義務。」

— 〔法〕盧梭《社會契約論》

「個人的絕對自由是瘋狂，一個國家的絕對自由則是混亂。」

　　　　　　　　　　　　　—〔法〕羅曼羅蘭《約翰·克里斯朵夫》

「在有信心的男人和女人心目中，良心並不是兒戲。」

　　　　　　　　　　　　　　　—〔法〕羅曼羅蘭《母與子》

「上帝在創造人的時候，最大的贈品、最偉大的傑作，最為祂所珍視的，就是自由意志。」

　　　　　　　　　　　　　　　　　—〔義〕但丁《神曲》

「公正法官的立場，是冷酷的中立。」

　　　　　　　　　　　　　　　　　　　—〔英〕伯克

「法官的天平，向同情方面傾斜，還是比向嚴肅方面傾斜要好。」

　　　　　　　　　　　　　　　　　—〔西〕塞萬提斯

「人們的良好習慣，需要有良好的法律來支持；因此，遵守法律，就是要求人們養成良好的習慣。」

　　　　　　　　　　—〔義大利〕馬基雅維利《論李維的羅馬史》

「我寧可孤立，也不願把我的自由思想和王座交換。」

　　　　　　　　　　　　　　　　—〔英〕拜倫《唐璜》

「民族仇恨有些奇怪。你會發現在文化水平最低的地方，民族仇恨最強烈。」

　　　　　　　　　　　　　　—〔德〕歌德《歌德談話錄》

「要每天爭取自由和生存的人，才有享受兩者的權利。」

　　　　　　　　　　　　　　　—〔德〕歌德《浮士德》

「政府所有的一切權力，既然只是為社會謀幸福，因而不應該是專

斷的，或憑一時高興的，而是應該根據既定的公佈法律來行使。」

—〔英〕洛克《政府論》

「如果法律不能被執行，那就等於沒有法律。」

—〔英〕洛克《政府論》

「法律一經制訂，任何人也不能憑他自己的權威，逃避法律的制裁；也不能以地位優越為藉口，放任自己或任何下屬胡作非為，而要求免受法律的制裁。公民社會中的任何人士，不能免受它的法律制裁。」

—〔英〕洛克《政府論》

【馮註】馬英九總統在 2008 年 10 月 31 日接受東森電視專訪也曾指出：「再大的官，再偉大的貢獻，面對司法都要低頭，否則不叫法治社會」。法治精神於此很能相通。

「立法權，不論屬於一個人或較多的人，不論經常或定期存在，是每一個國家中的最高權力。」

—〔英〕洛克《政府論》

「哪裡沒有法律，哪裡就沒有自由。」

—〔英〕洛克《政府論》

「法律的目的，不是廢除或限制自由，而是保護和擴大自由。」

—〔英〕洛克《政府論》

「法律按其真正的含意而言，與其說是限制，還不如說是要一個自由而有智慧的人，去追求他的正當利益。」

　　　　　　　　　　　　——〔英〕洛克《政府論》

「所謂良心並不是別的，只是自己對於本身行為的品德或墮落，所抱的一種意見或判斷。」

　　　　　　　　　——〔英〕洛克《人類理解力論》

「法律的目的，是對於受法律支配的一切人，公正地使用法律，藉以保護和救濟無辜者。」

　　　　　　　　　　　　——〔英〕洛克《政府論》

「法律不是為了法律自身而被制定的，而是通過法律的執行，成為社會的約束，使國家的各部分各得其所、各盡其應盡的職能。」

　　　　　　　　　　　　——〔英〕洛克《政府論》

「有一條基本規律，就是只有人民可以制定法律。」

　　　　　　　——〔法〕孟德斯鳩《論法律的精神》

「自由，是做法律所許可的一切事情的權利；如果一個公民能夠做法律所禁止的事情，他就不再有自由，因為其它的人也同樣會有這個權利。」

　　　　　　　　——〔法〕孟德斯鳩《論法律精神》

「當立法權和行政權集中在同一個人，或同一個機關之手，自由便不復存在了；因為人們害怕這個統治者或議會，會制訂暴虐的法律，並暴虐地執行這些法律。」

　　　　　　　　——〔法〕孟德斯鳩《論法律精神》

「如果司法權同立法權合而為一，則將對公民的生命和自由，施行

專斷的權力；因為法官就是立法者。如果司法權同行政權合而為一，法官更將握有壓迫者的力量。」

　　　　　　　　　——〔法〕孟德斯鳩《論法律精神》

「如果同一個人，或是由重要人物、貴族、或平民組成的同一個機關，行使這三種權力，即同時制訂法律權、執行公共決議、和裁判私人犯罪或爭議權，則一切便都完了！」

　　　　　　　　　——〔法〕孟德斯鳩《論法律精神》

「當公民的無辜得不到保障，自由也就沒有保證。」

　　　　　　　　　——〔法〕孟德斯鳩《論法的精神》

「一切有權力的人，都容易濫用權力，這是萬古不易的一條經驗。有權力的人們，使用權力，會一直到遇有界限的地方才停止。」

　　　　　　　　　——〔法〕孟德斯鳩《論法律精神》

「要防止濫用權力，就必須以權力約束權力。」

　　　　　　　　　——〔法〕孟德斯鳩《論法律精神》

「適中寬和的精神，應當是立法者的精神；政治的『善』就好像道德的『善』一樣，是經常處於兩個極端之中的。」

　　　　　　　　　——〔法〕孟德斯鳩《論法律精神》

「公民的自由，主要依靠良好的刑法。」

　　　　　　　　　——〔法〕孟德斯鳩《論法律精神》

「一切官職，如果權力大，任期就應該短，以資補救。」

　　　　　　　　　——〔法〕孟德斯鳩《論法的精神》

「法治是很有利於保國的;所以沒有法治,國家便將腐化墮落。」

　　　　　　　　　　──〔法〕孟德斯鳩《論法律精神》

【馮註】台灣自從李登輝七次「修憲」,破壞對總統的監督法制之後,政風便開始腐化,到陳水扁更加嚴重,堪稱對於本句慘痛的印證。

「懲罰罪犯,總應該以恢復秩序為目的。」

　　　　　　　　　　──〔法〕孟德斯鳩《論法律精神》

「良心始終是一位正直的法官。」

　　　　　　　　　　　　　　──〔法〕巴爾扎克

「照耀人心的唯一明燈,是理性;

　引導生命于迷途的唯一手杖,是良心。」

　　　　　　　　　　──〔德〕海涅《德意志的宗教哲學》

「啊!良心、良心!你是人類最忠實的朋友!」

　　　　　　　　　　──〔俄〕高爾基《小市民》

「法律不會成為任何人的敵人,也不會成為任何人的對頭。……法律本身是絕不會錯的,只是某些惡毒的法律解釋者,濫用和敗壞了法律。」

　　　　　　　　　　──〔英〕邊沁《政府論》

「專制的國家,沒有任何的基本法律,也沒有法律的保衛機構。」

　　　　　　　　　　──〔法〕孟德斯鳩《論法律精神》

「各種政體的腐化,幾乎總是從原則的腐化開始。」

　　　　　　　　　　　——〔法〕孟德斯鳩《論法律精神》

「一個共和國，如果小的話，則亡於外力；如果大的話，則亡於內部的邪惡。」

　　　　　　　　　　　——〔法〕孟德斯鳩《論法律精神》

「一個良好的立法者，應該關心預防犯罪，多於懲罰犯罪；注意激勵良好的風俗，多於施用刑罰。」

　　　　　　　　　　　——〔法〕孟德斯鳩《論法律精神》

「監察制度的建立，原來為防止風俗的敗壞，但是經常風俗的敗壞，卻消滅了監察制度；因為當風俗已經普遍腐爛的時候，監察制度就無能為力了。」

　　　　　　　　　　　——〔法〕孟德斯鳩《論法律精神》

「當法律體制臃腫的時候，人們就把它當做一部浮誇的著作看待。」

　　　　　　　　　　　——〔法〕孟德斯鳩《論法律精神》

「在一個國家裡，也就是說在一個有法律的社會裡，自由僅僅是：一個人能夠做他應該做的事情，而不被強迫去做他不應該做的事情。」

　　　　　　　　　　　——〔法〕孟德斯鳩《論法律精神》

「人民的安全，就是最高的法律。」

　　　　　　　　　　　——〔法〕孟德斯鳩《論法的精神》

「惟有服從人們為自己所規定的法律，才是自由。」

　　　　　　　　　　　　　　　　　　　　　　—盧梭《社會契約論》

「任何人，都不能擺脫法律的光榮和束縛。」
　　　　　　　　　　　　—盧梭《論人類不平等的起源和基礎》

「一個人，不論是誰，擅自發號施令，就絕不能成為法律。」
　　　　　　　　　　　　　　　　　　—盧梭《社會契約論》

「國內任何人，都不能自居於法律之上。」
　　　　　　　　　　　　—盧梭《論人類不平等起源和基礎》

「立法權是屬於人民的，而且只能是屬於人民的。」
　　　　　　　　　　　　　　　　　　—盧梭《社會契約論》

「政府濫用法律的危害，遠遠比不上立法者的腐化。」
　　　　　　　　　　　　　　　　—〔法〕盧梭《社會契約論》

「這種法律既不是銘刻在大理石上，也不是銘刻在銅表上，而是銘
刻在公民們的內心裡，形成了國家的真正基石。」
　　　　　　　　　　　　　　　　　　—盧梭《社會契約論》

「法律的僵硬性，會妨礙法律因事制宜，所以在某些情況下，可能
法律成為有害，並且在危機關頭，還能因此導致國家滅亡。」
　　　　　　　　　　　　　　　　—〔法〕盧梭《社會契約論》

「好的法律，會使人制訂出更好的法律；壞的法律，則會導致更壞
的法律。」
　　　　　　　　　　　　　　　　—〔法〕盧梭《社會契約論》

「凡是不曾為人民所親自批准的法律，都是無效的，那根本就不是

法律。」

—〔法〕盧梭《社會契約論》

「一旦法律喪失了力量，一切就都告絕望了；只要法律不再有力量，一切合法的東西，也都不會再有力量。」

—〔法〕盧梭《社會契約論》

「人民和各民族，由于他們彼此間的互相影響，需要有一個法律的機構組織，把他們聯合起來，服從一個意志，這樣他們才可以分享到公正。」

—〔德〕康德《康德的法律哲學》

「帶來安定的是兩種力量：法律和禮貌。」

—〔德〕歌德《歌德的格言和感想集》

「一切邪惡，全靠法治加以禁錮，如果撤除了柵欄，那就無法過阻邪惡。」

—〔德〕歌德《歌德敘事詩集》

「如果沒有政府、武力和法律的約束，以壓抑人的慾望與無節制的衝動，社會是站不穩的。」

—〔荷〕史賓諾莎《神學政治論》

「若是人生來只聽清醒的理智指揮，社會顯然就用不著法律了。」

—〔荷〕史賓諾莎《神學政治論》

「若是一個國家的所有分子，都忽視法律，就足以使國家解體與毀滅。」

　　　　　　　　　　　　—〔荷〕史賓諾莎《神學政治論》

「法律是如此神聖和不可侵犯，它自身就表明必須來自最高的、無
可非議的立法者，以致那怕對它有一絲懷疑，或對它的執行停止片
刻，都簡直是一種犯罪。」

　　　　　　　　　　　　—〔德〕康德《道德的形而上學》

「沒有了公平和正義，在這個世界上，人類的生命，就沒有任何的
價值了。」

　　　　　　　　　　　　—〔德〕康德《道德的形而上學》

「刑法，是一種絕對命令。」

　　　　　　　　　　　　—〔德〕康德《道德的形而上學》

「人類最大的實際問題，就是如何建立一個文明社會，根據法律，
全體一致的執行公正原則。」

　　　　　　　　　　　　—〔德〕康德《道德的形而上學》

「人在面對良心，省察胸中的日常行動的時候，往往黯然神傷！」
　　　　　　　　　　　　—〔法〕雨果《悲慘世界》

「公共法庭應代表國家的正義；至於實際上這種公共正義的執行，
是否真正公正，可以看成所有司法效益中最重要的問題。」

　　　　　　　　　　　　—〔德〕康德《道德的形而上學》

「法律必須普遍地為人知曉，然後它才有拘束力。」

　　　　　　　　　　　　—〔德〕黑格爾《法哲學原理》

「用復仇的形式，來對付犯罪的那種法律，是不合乎法的形式的，

它的實存，是不合乎正義的。」

——〔德〕黑格爾《法哲學原理》

「國家是不容分裂的，因為國家所依存的乃是法律。」

——〔德〕黑格爾《法哲學原理》

「沒有任何理由可以認為，事實構成只能單獨由專職法官來認定，因為這是每一個受過普通教育的人都能做的事，而不只是受過法律教育的人才能做的。」

——〔德〕黑格爾《法哲學原理》

【馮註】本段精神，後來形成美國的「陪審團」制度，由一般受過普通教育的人認定事實，而不是只由少數法官認定；本文精義在於，審判必需根據真實而客觀的具體證據，必需一般人都沒有任何的「合理懷疑」（亦即英文所說"beyond reasonable doubt"），才能真正定罪；若有任何一個人仍覺得有合理懷疑，便不能輕率判罪。這對人權保障很有助益，深值重視。

「司法以一切個人的特有利益為其客體，然而過去一個時期，它曾變成一個營利和統治的工具，這是由於法律知識被淹沒在淵博的學識、和生疏的言語中，法律程序也被蒙蔽在錯綜複雜的形式主義中。」

——〔德〕黑格爾《法哲學原理》

「從觀念說，報復是對侵害的侵害。」

——〔德〕黑格爾《法哲學原理》

「如果否認一個文明的民族和它的法學界，具有編纂法典的能力，

這是對這一民族和它法學界莫大的侮辱。」

—〔德〕黑格爾《法哲學原理》

「好的法律可以使國家昌盛，其中自由所有制，是國家繁榮的基本條件。」

—〔德〕黑格爾《法哲學原理》

「法學是哲學的一個部門，現存所有事物和整個世界，都以一種『絕對精神』為本源和基礎。」

—〔德〕黑格爾《法哲學原理》

「在封建制度下，有權勢的人往往不應法院的傳喚，藐視法院，並認為法院傳喚有權勢的人到庭，是不法的。但這種封建狀態與法治的理念相違背。在近代，君王必須承認，法院就私人事件對他自身有管轄權，而且在自由的國家裡，君王敗訴，也事屬常見。」

—〔德〕黑格爾《法哲學原理》

「名譽是表現在外的良心，良心是隱藏在內的名譽。」

—〔德〕叔本華

「你的良心在說什麼？你要成為你自己！」

—尼采《快樂的科學》

「上帝在每個人心中，安上一盞明燈，這盞明燈就是良心。」

—〔英〕勃朗寧《斯特拉福德》

「要努力，讓你的心中那朵被稱為『良心』的火花，永遠不要熄滅！」

——〔美〕喬治·華盛頓《道德格言集》

「良心，通常只以沉默的形式說話。」

——〔德〕海德格《存有與時間》

「就人性來說，唯一的嚮導，就是人的良心。」

——〔英〕邱吉爾《下議院演講》

「良心，是我們自己對自己的反應。」

——〔美〕弗洛姆《為自己的人》

「凡制訂的法律，必須和以前存在的法律，能夠構成前後一貫的整體。」

——約翰·穆勒《代議制政府》

「在莊嚴的法律面前，是不分種族和膚色的。」

——〔英〕毛姆《天作之合》

「國內的一切人，在法律面前必須是完全平等；政府任何政策，如果破壞這種人人一律平等的規定，都是不可容忍的濫權行動，必須加以取消。」

——伯斯特爾《羅斯真理》

「應當把整個法學當成一種『社會工程』，對立法者、法官和法學家，就像對工程師一樣，應當根據他所完成的工程品質優劣，來判斷他的才能，而不是根據他的工作是否符合傳統的形式來判斷。」

——龐德《法律史解釋》

「不是看法官說了什麼內容，而是看他們實際上怎樣判決的內容，

才是對法律進行科學研究的最主要課題。」

—奧利芬特《回到判例》

「我們不能把法律當作嚇鳥用的稻草人，讓它安然不動地矗立在那邊，鳥兒們見慣以後，會在它頂上棲息，不再對它害怕。」

—〔英〕莎士比亞《量罪記》

「過分寬大的法律，不容易使人服從；太嚴厲的法律，則絕少被遵守。」

—〔美〕富蘭克林

「法律和制度，必須跟上人類思想的進步。」

—〔美〕傑弗遜《文集》

「法律如果沒有法院來詳細說明，並解釋其真正意義和作用，就是一紙空文。」

—〔美〕漢密爾頓《聯邦黨人文集》

「法律是顯露的道德，道德則是隱藏的法律。」

—〔美〕林肯

「如果法官的個性，是司法案件的中樞因素，那麼法律就可能要看審理某一案件的法官個性而定。」

—弗蘭克《法律和現代精神》

「人民高於國家。國家是為人民，而不是人民為了國家。」

—馬里旦《人和國家》

【馮註】本段重點是在強調「人民」的重要性，亦即孟子早在兩千

多年前所說「民為貴，社稷次之，君為輕。」所以民主國家憲法必把「人民的權益」，優先放在國家政府體制之前，此即「人民最大」之意；只有法西斯等專制集權，才會用抽象的「國家」為由，壓迫具體的人民權利。

「不公正的法律，便不是法律。」

—馬里旦《人權和自然法》

「法治思想要求一個法律制度，必須體現『正當程序』（due process）的概念，像法官必須獨立和公正無私地進行審理，審理必須公平和公開進行等等。」

—羅埃斯《正義論》

「姑息的結果，只是放縱了罪惡。」

—〔英〕莎士比亞《雅典的泰門》

「思想不是具體的事實，居心不良，不能作為判罪的根據。」

—〔英〕莎士比亞《一報還一報》

「法律對一切人都應當平等。」

—〔法〕羅伯斯比爾《革命法制和審判》

「服從法律所得的後果，將是一個獨立國家的長久幸福，和衍生的其他福利；反過來說，不服從律法和毀棄誓約，就有國家覆亡和巨大艱苦的危險。」

—〔荷〕史賓諾莎《神學政治論》

「法律也者，必需國家才可以制定，且必而以明顯的方式昭告人

民，否則人民無從由之。」

—〔英〕霍布士《利維坦》

「要使行政部門能夠強而有力，所需要的因素是：第一，統一；第二，穩定；第三，充分的法律支持；第四，足夠的權力。」

—〔美〕漢彌爾頓、麥迪遜《聯邦黨人文集》

「如果立法權不具有權力和手段，來擊退司法權方面的侵犯，立法權就會成為軟弱無力，或無足輕重，它的全部力量就會轉到司法權方面。」

—〔法〕羅伯斯比爾《革命法治和審判》

「明智的立法者知道，再沒有人比法官，更需要立法者進行仔細的監督；因為權勢的自傲感，是最容易觸發人性弱點的東西。」

—〔法〕羅伯斯比爾《革命法治和審判》

「任何專橫形式和暴虐形式的法院判決，都是對無辜人民、對社會自由、和個人自由的侵犯。」

—〔法〕羅伯斯比爾《革命法制和審判》

「一次不公平的審判，比多次不平的舉動為害猶烈。因為這些不平的舉動，不過弄髒了水流，但不公平的審判則把水源敗壞了。」

—〔英〕培根《論文集》

「一個做法官的人，主要職責就是減除暴力與詐騙。」

—〔英〕培根《論文集》

「司法官們應當記住，他們的職權是解釋法律，而不是立法或違

法。」

—〔英〕培根《論文集》

「當法官者必須謹慎，不可輕率偏頗，故入人罪；因為，沒有比司法折磨更壞的折磨。」

—〔英〕培根《論文集》

「在有關人命的大案中，法官應當在法律範圍內，以公平為念，而毋忘慈悲，應當以嚴厲的眼光對事，而以悲憫的眼光對人。」

—〔英〕培根《論文集》

「法官務必要記住羅馬十二銅標底結語（按：指羅馬古法典）：『人民的幸福，即是最高的法律』。」

—〔英〕培根《論文集》

「當法官的人，應當學問多於機智，尊嚴多於享樂，而且謹慎多於自信。」

—〔英〕培根《論文集》

「報復猶如蔓草，是野性的產物。人性自然地趨向於它，但法律和文明卻應當剪除它。」

—〔英〕培根《論報復》

「刑事訴訟程序，……是法律對於法官弱點和私欲，所採取的預防措施而已。」

—〔法〕羅伯斯比爾《革命法治和審判》

「法律絕對不應在判定有罪無罪的事情上，只聽憑法官的自由心證

來決定，而應堅決的對法官說：『如果你們沒有確鑿如山的證據，你們就不應判罪。』」

——〔法〕羅伯斯比爾《革命法治和審判》

【馮註】本句強調法官判案，應遵守積極的「證據原則」，法官應該只看證據，不看情緒，不應看政治黨派，更不應看上級好惡，亦即只看真相，不看立場，至今仍極有重要的啟發與警惕性。

「在一切自由的國家裡，公職人員的瀆職，也像公民個人的犯罪一樣，應當加以嚴厲和迅速的處罰。」

——〔法〕羅伯斯比爾《革命法制和審判》

「凡是侵害不可剝奪的人權法律，按其本質來說，都是非正義的和暴虐的；它不是法律。」

——〔法〕羅伯斯比爾《革命法治和審判》

「必須使法律，對執行法律的人特別嚴格。如果國王犯罪，更應依法嚴懲。」

——羅伯絲比爾《革命法治與審判》

「如果國王犯罪可以不受懲罰，就意味著他自己對於法律已經表示反對，他怎樣能號召公民服從法律呢？」

——羅伯絲比爾《革命法治與審判》

「法官不是天使，而是可能會犯錯的人，因此絕不能把法官當成抽象的、或鐵面無私的人物」。

——羅伯絲比爾《革命法治與審判》

「當法官們有權負責對人和私人利益，做出判決的時候，很難說不受個人因素的影響。這就有必要用明確和固定的規則，指導法官辦案，因此，也就產生了刑事調查一向都得遵守的訴訟程序形式。」

—羅伯絲比爾《革命法治與審判》

「陪審制度的重大特點，就是公民是由與他們平等的人們來審判。它的目的，是要使公民受到最公正、和最無私的審判，保證他們的權利，不受法院專制作風的打擊。」

—羅伯絲比爾《革命法治與審判》

「現行常設法院，既認定事實，又使用法律，使專橫獨斷支配著人們的命運。如果實行陪審制，任命一些從社會各階層選出、得到社會信任的公民，來首先認定做為訴訟根據的事實，而法官的責任，只是對事實適當的使用法律，就會消除這方面的弊病。」

—羅伯絲比爾《革命法治與審判》

「誰要是只對別人認定的事實，使用法律，就不會企圖強使法律，適合他對爭訟事實所形成的看法。」

—羅伯絲比爾《革命法治與審判》

「由選出的公民介入審判，就會抑制特權者對審判的影響，就會使法官由於怕激怒社會輿論，而不敢不講正義、或不依法判決。」

—羅伯絲比爾《革命法治與審判》

「如果不守法而不受處罰，貌似法律的決議或命令，事實上只不過是勸告和建議而已。」

—漢密爾頓《聯邦黨人文集》

「法律，必須對執行法律的人特別嚴格。」

　　　　　　　　—〔法〕羅伯斯比爾《革命法治和審判》

【馮註】本句強調對司法人員應有嚴格的訓練與紀律，如果執行法律的人知法犯法，或知法玩法，便應罪加一等。

「在一個法治政府之下，善良公民的金科玉律是什麼呢？那就是『嚴正地服從，自由地批判』。」

　　　　　　　　—〔英〕邊沁《政府片論》

「法律的制定，是為了保證每一個自由人，發揮自己的才能，而不是為束縛他（她）們的才能。」

　　　　　　　　—〔法〕羅伯斯比爾《革命法治和審判》

「自由，是人所固有的、任意表現自己一切能力的權利。它以正義為準則，以他人的權利為限制，以自然為原則，以法律為保障。」

　　　　　　　　—〔法〕羅伯斯比爾《革命法治和審判》

「在一切自由的國家裡，法律應特別保護社會自由，和個人自由，使之不受當權者濫用權力的侵犯。」

　　　　　　　　—〔法〕羅伯斯比爾《革命法治和審判》

「一個國家，只有真正是一切國民的祖國，並且所有公民都關心它和保衛它，才會有民主。」

　　　　　　　　—〔法〕羅伯斯比爾《革命法治和審判》

「如果立法機關掌在人民手裡，那麼，人民不久就會有最英明、和最有益的法律。」

　　　　　　　　　　　　　—〔法〕馬布利《馬布利選集》

「立法、行政和司法權，若置於同一人手中，不論是一個人、少數
人或許多人，不論是世襲的、自己任命的、或選舉的，均可公正地
認定它是虐政。」

　　　　　　　　—〔美〕漢彌爾頓、麥迪遜《聯邦黨人文集》

「研究道德和政治的真正目的，是為了獲得快樂和幸福。」

　　　　　　　　　　　—〔英〕葛德文《政治正義論·概說》

「服從不依法而下命令的人，就是對法律本身的侮辱，就是助長那
侵奪法律權力的人。」

　　　　　　　　—〔法〕羅伯斯比爾《革命法治和審判》

【馮註】 當領導人為了私利，而命令公務人員為他掩蓋罪行時，公
務人員若盲目服從，自然就成包庇的共犯結構，也應受到法律制
裁。這句名言，至今仍然很有啟發性。

「法律如果沒有輿論的支持，幾乎毫無力量。」

　　　　　　　　　　　　　　　—〔英〕羅素《權力論》

「在每個政府中，不管它的政府是什麼形式，要維護民主，就必須
存在某些不受政府控制、而能享受某些獨立性的人民團體，重要的
應包括大學。」

　　　　　　　　　　　　　—〔英〕羅素《自由與學院》

「文王罔攸兼于庶言，庶獄庶慎，惟有司之牧夫；是訓是違，庶獄
庶慎，文王罔敢知于茲。」

—周文王《尚書》立政

【馮註】本段引自《尚書》，說明從周文王起，就對司法刑獄之事，非常謹慎，力求證據嚴謹（庶獄庶慎），並且非常尊重司法獨立（惟有司之牧夫）；文王即使身為君主，也不敢詢問或干預（周敢知于茲），足證中華文化早有「尊重司法獨立」的進步思想；即使君主也不能干預司法，更不能知法犯法，踐踏司法。反觀陳水扁出身律師，卻經常詢問與干預司法，明顯比古代還退步，深值今後猛省與改進。

「敬爾由獄，以長我王國，茲式有慎，以列用中罰。」

—周公《尚書》立政

【馮註】本段是周公告訴司寇（類似今天司法院長）蘇忿生的名言，意指斷獄應該慎重（敬爾由獄），才能延長國運（長我王國）；並且刑罰要慎重適中，既不偏重，也不偏輕（列用中罰），正如同今日所稱符合「比例原則」以及「理性精神」，足證中國很早就有優秀的法律哲學。

「典獄非起于威，惟起于富。」

—《尚書・呂刑》

【馮註】本段是周公強調，斷獄刑法，不應以政府立威為目的，而應以造福人民為目的；如同孔子所說的「訟期無訟」以及「刑期無刑」的精神，既深具人道精神，也深具人文關懷與王道思想，絕非酷吏專政的霸道所能及。因此，孔子才會極力推崇周公。

「民之亂，罔不中聽獄之兩辭，無或私家于獄之兩辭。」

──《尚書》

【馮註】本段內容強調，司法官論案，應公正的聽取兩造之辭（兩辭），不能有私心偏心，只聽一面之辭，否則就會產生民怨民亂，至今仍然很有啟發性。

「五過之疵，惟官、惟反、惟內、惟貨、惟來。其罪為鈞，其審克之。」

──《尚書·呂刑》

【馮註】本段內容指出，司法人員若犯五種過錯──如「仗勢濫權」（惟官），「挾怨報復」（惟反），「內有私心」（惟內），「接受賄賂」（惟貨），「接受關說」（惟來），均有枉法之罪，應和犯人一樣受罰，並交付審判，在查證後論刑。足證中國很早就非常重視司法人員的操守與人品，深值今天的司法改革借鏡。

「惟敬五刑，以成三法。」

──《尚書·呂刑》

【馮註】本段內容是指，法官判罪論刑，應該嚴格遵守法令規定，與「證據法則」（惟敬五刑），不能僅用臆測或假設論罪，才能實踐「正直、剛志、柔志」這三種美德（以成三法）；足證在中華文化，很早就已強調，刑法應重視「程序正義」與「證據法則」，堪稱極為先進的法律哲學。

「罪疑惟輕，功疑惟重。」

──《尚書·大禹謨》

【馮註】本段內容強調，論罪若有疑義，證據無法確認，利益便應歸當事人，判為無罪；論功若有疑義，證據無法確認，利益也應歸當事人，判為有功，堪稱極為先進的法律哲學，早於歐洲三千多年之久。

「古之治民者，勸賞而畏刑，恤民不倦。」

—《左傳》襄公二十六年

【馮註】本段內容指出，真正聖明的領導人，應該注重獎賞鼓勵，對刑罰應慎重嚴謹，以免冤枉好人；並應體恤民情民苦，永不倦怠，充滿展現了仁民、溫厚與公正的精神。

「明君察於治民之本，本莫要於令。」

—〔春秋〕《管子·重令》

「言是而不能立，言非而不能廢，有功而不能賞，有罪而不能誅，若是而能治民者，未之有也。」

—〔春秋〕《管子·七法》

「政令信者強，政令不信者弱。」

—〔春秋〕荀子《議兵》

「刑過不避大臣，賞善不遺匹夫。」

—〔春秋〕《韓非·有度》

「徒善，不足以為政：徒法，不能以自行。」

—《孟子·離婁上》

「天下從事者，不可以無法儀；無法儀而其事能成者，無有也。」

　　　　　　　　　　　—〔春秋〕《墨子·法儀》

「法與時轉治，治與世宜則有功。」

　　　　　　　　　　　—〔戰國〕《韓非子·心度》

「家有常業，雖飢不餓，國有常法，雖危不亡。」

　　　　　　　　　　　—〔戰國〕《韓非子·飾邪》

「賞罰不信，則禁令不行。」

　　　　　　　　　　　—《韓非·外儲說》

「賞人善而暴人罰，則國必治。」

　　　　　　　　　　　—《墨子·當同》

「以不忍人之心，行不忍人之政，治天下可運之掌上。」

　　　　　　　　　　　—《禮記·哀公問》

「聖王為政，賞不避仇讎，誅不擇骨肉。」

　　　　　　　　　　　—《漢書·東方朔傳》

「君臣、上下、貴賤皆從法，此謂大治。」

　　　　　　　　　　　—管子《任法》

「法令行則國治，法令馳則國亂。」

　　　　　　　　　　　—〔漢〕王符《潛夫論》

「賞罰必信，無惡不懲，無善不顯。」

　　　　　　　　　　　—〔晉〕陳壽《三國志》

「死者不可再生，用法務在寬簡。」

—〔唐〕吳兢《貞觀政要》

「法，國之權衡也，時之準繩也。權衡所以定輕重，準繩所以正曲直。」

—〔唐〕吳兢《貞觀政要·公平》

「刑之大本，亦以防亂也。」

—〔唐〕柳宗元《駁復仇議》

「法軌既定之則行之，行之信如四時，執之堅如金石。」

—〔唐〕房玄齡等《晉書·劉頌傳》

「人勝法，則法為虛器；法勝人，則人為備位；人與法並行而不相勝，則天下安。」

—〔宋〕蘇軾《應制舉上兩制書》

「法施於人，雖小必慎。」

—〔宋〕歐陽修《春秋論下》

「言多變則不信，令頻改則難從。」

—〔宋〕歐陽修《准認言事上書》

「令在必信，法在必行。」

—〔宋〕歐陽修《司門員外部李公謹等磨勘改官制》

「世之專於法者，不患於通，而患於刻薄。」

—〔宋〕歐陽修《劍州司理參軍董壽可大理寺丞制》

「法出於仁，成於義。」

—〔宋〕蘇軾《王振大理少卿》

「有法不行，與無法同。」

　　　　　　　　　　　　—〔宋〕蘇軾《放榜後論貢舉合作事狀》

「法行於賤而屈於貴，天下將不服。」

　　　　　　　　　　　　　　—〔宋〕蘇轍《上皇帝書》

「法貴必行。」

　　　　　　　　　　　—〔宋〕司馬光《資治通鑑·唐紀》

「君子為國，正其綱紀，治其法度。」

　　　　　　　　　　　　　　—〔宋〕蘇轍《新論下》

「天下之事，不難於立法，而難於法之必行。」

　　　　　　　　　　　　—〔明〕張居正《修實政疏》

「法無古今，唯其時之所宜，與民之所安耳。」

　　　　　　　　　　—〔明〕張居正《辛未會試程序》

「凡事不可輕疑，惟斷獄不可不疑。此疑字從慎重矜恤中來。」

　　　　　　　　　　　　—〔明〕呂坤《呻吟語選》

「治國者，必以奉法為重。」

　　　　　　　　　　　—〔明〕羅貫中《三國演義》

「九州生氣恃風雷，萬馬齊暗究可哀。」

　　　　　　　　　　　—〔清〕龔自珍《己亥雜詩》

【馮註】本句強調大力改革的重要性，意指九州要有生氣，必須對改革雷厲風行，如果人人都沉默不語，才是國家的悲哀。

「邪正者治國之本，賞罰者治亂之典。」

－〔宋〕杜甫《省心錄》

「法令者，人主之大柄，而國家治亂安危之所繫焉，不可不慎。緣近歲以來，賞罰之典，或尚因循，見人知法令之不可信，則賞罰何以阻勸乎！」

－〔宋〕包拯《致君》

【馮註】本文為宋朝包公上奏皇帝文，強調如果司法因循苟且，人民認為法令不可信，就會是非不分、賞罰不明，國家也會危亂，對今天司法改革極具警示性。

「若唐文宗問宰相李石：『天下何以易治？』李石對以『朝廷法令行則易治』，誠哉！治要之道，無大於此！伏望陛下臨決不改，信任正人，賞者必當其功，不可以恩進，罰者必當其罪，不可以倖免。邪佞者雖近必黜，忠直者雖遠必收，法令既行，紀律自正，則無不治之國，無不化之民。」

－〔宋〕包拯《致君》

【馮註】包公本段要言不煩，說明法治公正的重要性，極為中肯，包公經常直諫，並且勇於彈劾貪官污吏，平反冤假錯案，廣受人民愛戴，所以世稱「包青天」，實有至理在內。

「臣聞廉者，民之表也；貪者，民之賊也；今天下郡縣至廣，官吏至眾，而贓污摳發，無日無之……雖有重律，僅同空文，貪猥之徒，殊無畏憚……欲乞今後應臣僚犯贓抵罪，不從輕貸，並依條施行，縱遇大赦，更不錄用。」

—〔宋〕包拯《乞不用贓吏》

「後世子孫仕官有犯贓濫者，不得放歸本家；亡歿之後，不得葬於大塋之中，不從吾志，非吾子孫。」

—〔宋〕包公《家訓》

【馮註】綜上二則，可以看出包公對於貪官污吏，至為痛恨，除了上奏請求「不從輕貸」，而且一定要能依法施行，不能讓法令形同空文；另外更用重話交代子孫，做為家訓，子孫若有貪官必定逐出家門，不認其為子孫；足證包公極為重視清廉公正，難怪能在歷史永留令名。

「良知只是個是非之心。」

—〔明〕王陽明《傳習錄》

「人民之安寧乃最高之法律。」（The safety of the people is the supreme law.）

—《法諺》

【馮註】本句引自台大法律系鄭玉波教授譯解之《法諺》（民73年，台北三民書局，以下均同）。因其內容簡明扼要、寓意深遠，深具法律教育的意義，故特摘錄若干，做為關心司法改革的讀者借鏡。

「法律若極端，便不是法律。」（Legal extremeities are not law.）

—《法諺》

「遇有疑義，以比較寬大而便利的推定為優先。」（In case of doubt, the more generous and favorable presumptions are to be preferred.）

—《法諺》

【馮註】本句名言精神，即與我國《尚書》所稱「罪疑惟輕，功疑惟重」相通。

「明示其一，排除其他。」（The expression of thing is the exclusion of another.）

—《法諺》

「兩否成一可。」（A double negation is an affirmative.）

—《法諺》

「確認一面，即否認他面。」

—《法諺》

「違反道理者，無論如何，亦不適法。」（Nothing that is against reason is lawfull.）

—《法諺》

「法律幫助勤勉的人，不幫助睡眠的人。」（The laws give help to the vigilant, not to those who sleep.）

—《法諺》

「不知自己之權利，即不知法律。」（It is ignorance of the law when we do not know our own right.）

—《法諺》

「矛盾陳述，法不聽許。」（One making contradictory allegation is not to be heared.）

— 《法諺》

「任何人不可因思想而受處罰。」（No man deserves punishment for a thought.）

— 《法諺》

「法律常賜予救濟。」（The law will always give a remedy.）

— 《法諺》

「法律叱責延遲。」（The law disapproves of delay.）

— 《法諺》

【馮註】此即代表，「遲來的正義不是正義」。

「息訟乃國家之福。」

— 《法諺》

【馮註】本句如同孔子所稱，「訟期無訟」的精神。

「一事不二理。」

— 《法諺》

「舉證責任，在乎主張者，不在乎否認者。」（The burden of proof lies upon him who affirms, not him who denies.）

— 《法諺》

【馮註】本句亦即刑事訴訟法所說，應由檢察官主動舉證。

「原告不能舉證，則被告免責。」（when the plaintiff ((prosecution)) does not prove his case, the judgment is for the defendant. ((the accused is acquitted)).）

—《法諺》

「不能證明之事與不存在同；斯非法律上之缺點，乃證據上之缺點。」〔What is not proved and what does not exist are the same.〕

—〔英〕《法諺》

「本總統提倡人道，注重民生，奔走國難，二十餘載，對於亡清虐政，曾聲其罪狀，布告中外人士，而於刑訊一端，尤深惡痛絕，中夜以思，情逾剝膚！

今者光復大業，幸告成功，五族一家，聲威遠暨，當肅清吏治，休養民生，蕩滌煩苛，咸與更始。

為此令仰該部轉飭所屬，不論行政司法官署及何種案件，一概不准刑訊鞫獄，當視證據之充實與否，不當偏重口供；其從前不法刑具，悉令焚燬；仍應不時派員巡視，如有不肖官司，日久故智使萌，重煽亡清遺毒者，除褫奪官職外，付所司，治以應得之罪。

吁！人權神聖，豈容并髦，刑期無刑，古有名訓，布告所司，咸喻此意。」

—孫中山，《大總統令內務司法兩部通飭所屬禁止刑訊文》

【馮註】本令為國父孫中山先生任大總統時，明白禁止「刑訊」、強調「人權神聖」的內容，令人深深敬佩其先進思想與人道精神！

但是證諸當今兩岸，「刑訊」仍時有所聞，實應痛切反省改進，才能符合孫中山先生此中苦心。有關領導人更應切實禁止刑訊，同時重視人權，才能告慰中山先生在天之靈。

「天賦人權，胥屬平等，自專制者設為種種無理之法則，以凌轢斯

民，而自張其獨焰，于是人民之階級以生。前清沿數千年專制之秕政，變本加厲，抑又甚焉。若閩粵之『蛋戶』，浙之『惰戶』，豫之『丐戶』，及所謂發功臣暨披甲家為奴，即俗所稱『義民』者，又若薙髮者，並優倡、隸辛等，均有特別限制，使不得與平民齒。一人蒙垢，辱及子孫，蹂爛人權，莫此為甚！當茲共和告成，人道彰明之際，豈容此等苛令久存，為民國玷！

為此特申令示：凡以上所述各種人民，對於國家社會之一切權利，公權若選舉參政權，私權若居住、言論、出版、集會、信教之自由等，均許一體享有，毋稍歧異，以重人權，而彰公理。該部接到此令之後，即行通飭所屬，一體遵照，並出示曉諭該省軍民人等，咸喻比意。此令。」

—孫中山

【馮註】 本段同樣代表國父孫中山先生重視人權平等、反對歧視人民的仁心與遠見，更可看出開國氣象，雍容恢宏；文中所述歧視，今天雖然表面已經解除，但在性別、族群、身心障礙方面人權，仍有諸多應予重視與改進之處，深值今後共同改革完成。

「成文憲法是美國最好，不成文憲法是英國憲法；英是不好學的，美是不必學的。」

—孫中山

「在司法管轄範圍，縱使貴為總統，也必須對司法尊重，甚至低頭。」

—馬英九

【馮註】根據2008.8.7蘋果日報刊登，馬英九決定註銷陳水扁總統任內自訂的機密後，曾告訴幕僚：「我在美國期間，歷經美國總統尼克森水門案，看到一個總統為掩飾自己犯的罪，去阻撓司法，但最後還是要為自己的行為負責下台，給我們很大的衝擊。」因此他要求專案小組以「發現事實、查明真相、就事論事、勿枉勿縱」態度行事。根據同日聯合報資深記者范凌嘉、蕭白雲共同採訪刊載，馬英九除了表示上述內容「感觸良多」，還特別說「在司法管轄範圍，縱使貴為總統，也必須對司法尊重，甚至低頭。」因而決定「註銷」陳水扁核定的「絕對機密」，讓刑事案件回歸司法獨立審判。這令筆者想起先師方東美先生，在美國尼克森發生「水門案」下台之後，曾經指出「美國民主法治畢竟仍能發揮作用」，一代大哲的評語，在今天仍深值效法與力行。

「司法程序對於人權的威脅，以相關人員行使公權力，並使用強制手段的刑事程序，情形最嚴重。」

—李永然

【馮註】本文為著名人權大律師李永然在中國時報（2008.9.3）的投書。

　　李大律師為中國人權協會理事長，他在文中指出，「人權的保障在許多方面，圍繞在司法活動附近的問題，我們都稱之為『司法人權』。」文中論及，聯電董事長曹興誠遭檢調搜索後，曹興誠登廣告批評，新竹地檢署核辦是否違法；李大律師因而將本文訂名為：「人民對聯電搜索案有權評論」，很值得公正之士參考與借鏡。

「中華民國基於三民主義，為民有、民治、民享的民主共和國。」

【馮註】本文為中華民國憲法開宗明義第一條，說明三民主義為中華民國的立國基礎，如果基礎喪失，自然動搖國本。但李登輝任內，卻將三民主義「廢考、廢名、廢教」，以致從公務員到大學入學考試，均取消考三民主義，公務員與青年在思想上自然無所依從。

另外，中研院與多所大學原先均設「三民主義研究所」，同樣為遵憲的教育措施，但在李登輝的任內，同樣大部分被改名，性質也已改變，今後均應回歸憲法規定的精神才行。

綜觀李扁統治時期，李登輝任內修憲七次，除了破壞對總統的監督機制、造成貪腐橫行的主因，而且廢除教育經費比率，另外並對三民主義極盡打壓能事；有關「三民主義獎學金」、「三民主義基金會」等紛紛取消，以便台獨主義乘虛而入，令人深感痛心！反觀大陸，卻正興起研究中山思想，如北大成立「孫中山思想國際研究中心」（筆者即承聘為客座研究員），其重大建設更有很多來自中山思想實業計畫（如三峽大壩、青藏高原鐵路、上海洋山港等）；兩相對照之餘，今後台灣實應加強反省，從各項政策到根本的教育，均應回顧三民主義這項立國基礎，才算真正遵憲行憲！

「中華民國領土，依其固有之疆域，非經國民大會決議，不得變更之。」

【馮註】本文為憲法第4條，明文規定我國固有疆域，充分證明領土涵蓋大陸，不容分裂；雖然台獨人士經常譏諷本條，稱其甚至包括外蒙古，但即使惡法亦法，在未修改之前，自然仍應遵守；尤其

憲法中的「一中原則」，不容任意否定，否則即為毀憲。

「余謹以至誠，向全國人民宣示，余必遵守憲法，盡忠職務，增進人民福利，保衛國家，無負國民付託。如違誓言，願受國家嚴厲之制裁。謹誓」

【馮註】本文為總統就職時的誓詞，明文訂於憲法第 48 條，足證其重要性；陳水扁涉及重大貪污案後，特偵組即引用本文，要求法院給予「最嚴厲之制裁」，堪稱全文最經典的重點。

馬英九總統在 2008 年 12 月 21 日，參加「釋憲 60 週年研討會」，也曾引用特偵組的本段，說他深受「感動」，也會以此「自我警惕」，可見本文確有加強憲政教育的作用。

事實上，李登輝任內輕率修憲達七次之多，很多台獨主張與黑金政策，均已明顯違憲，堪稱毀憲的始作俑者。他卸任後更公然提倡「制憲」，並企圖催生「台灣新憲法」，是為「法理台獨」，很明顯踐踏憲法尊嚴；只因積非成是，很多國人未覺其嚴重性，今後自應從根本喚醒民眾，才是真正遵憲之道！

筆者在大學任教三十多年中，經常問全班同學「從頭到尾看過憲法一遍的，請舉手！」結果，從來沒有一人舉過，連大學生都是如此，更何況一般普通國民？這也形成李扁違憲幾乎橫行無阻的重大原因，由此更可看出今後推廣憲法教育的緊迫性與重要性！

「教育文化，應發展國民之民族精神、自治精神、國民道德，健全體格與科學及生活智能。」

【馮註】本文為憲法第 158 條內容，明文規定，教育文化應發展中華民族的民族精神，足證李扁時期的「去中國化」政策，其「文化

台獨」明顯在違憲毀憲，今後自應及早撥亂反正才行。

「為因應國家統一前之需要，依照憲法第 27 條第 1 項第 3 款及第 174 條第 1 款之規定，曾修本憲法條文如下……」

【馮註】本文為憲法「增條條文」的「前言」，等於憲法的一部份，效力也等同於憲法，所以明文規定「國家統一」為終極的目標，此即「終極統一」的憲法基礎，絕對不容抹煞，更不能否定，否則亦形同違憲。

因此，今後全體國民若要真正遵守憲法，便應共同以此「終極統一」，做為國家總目標，政府也應遵此規定，施行各項政策，才算真正行憲，也才能對全民共識，賦予憲政基礎。

放眼兩岸今後，均應互不否定，各自遵憲努力建設，等到水到渠成，自能協商統一；否則如果視憲法為空話，便會淪為「只有憲法，沒有憲政」、「只有法律，沒有法治」，只是各自努力認真行憲，等時機成熟再和平統一，才是整體中華民族之幸！

第八章　文藝與歷史

【導言】

達爾文發明了「進化論」，公認為近代科學界一大突破。

然而，他在「進化論」中所說的「物競天擇」，強調「弱肉強食」，卻引起很多爭議。

很多有識之士批評，他對於天生萬物的仁心，以及宇宙瀰漫的生機，缺乏更有深度的領悟，也缺乏更有高度的宏觀。

然而，人生這種深度與高度，應從哪裡培養？

簡單的說，應從文、史、哲、與藝術培養而來。

所以，達爾文到晚年，自己也承認，他如果能重新再活一遍，一定要經常欣賞文學作品、朗誦詩歌，並定期聽音樂、欣賞藝術，閱讀歷史，以及偉人傳記。

他的這種感慨，以及彌補之道，並不只為了調劑身心，也不只為了減輕壓力，而是為了拓深眼光、擴大視野，並且提昇靈魂。

因為，人生唯有如此，從深處看、從高處看、從遠處看，才能掙脫困境，突破困局，進而海闊天空，開創無限光明！

所以，歌德曾經強調：

「為了不失神明所賜給我們對美的感覺，我們必須天天聽點音

樂，天天朗讀一點詩，天天看點畫。」

歌德本身所寫的名作《浮士德》，規模宏大、意蘊深遠；就是因為不僅有文采、有詩情、有藝術心靈，同時還有哲學智慧、歷史遠見，以及宗教情操。

這種綜合體，挾生命之幽情，參生命之妙智，才足以鑄造出不朽結晶，成為舉世公認德國民族文化的經典作品。

所以，德國大哲尼采也曾明確指出：

「美術能夠拯救苦惱者，藝術能夠淨化苦惱，昇華苦惱。」

俄國文豪托爾斯基更曾強調：

「藝術，是人類心力最高度的發揮。」

事實上，早從柏拉圖就曾提醒人們：「美的靈魂與美的外表，和諧地融為一體，人們就會看到，這是世界上最完善的美。」

正因為這種對美的追求，來自心靈的慧根與善良，所以對真正境界美的藝術欣賞，本身過程就能提昇靈魂、不斷上進，直到最高意境。

所以黑格爾也曾提出：

「藝術的真正職責，就在幫助人們認識心靈的最高旨趣。」

在中國，最有名的文學理論、與文學批評經典《文心雕龍》，開宗明義就強調「原道」，說明「文以載道」的核心價值，也可看出文學藝術對人生的重要性。

至於歷史，更是人生的明鏡，足以鑑往知來，改過遷善，更足以讓人生看開名利、看穿權位，甚至看破生死，形成頂天立地的人格正氣。

所以羅馬哲學家西塞羅指出：「歷史是時代的見證、真理的火

炬、記憶的生命、生活的老師，和古人的使者。」

　　西班牙文學家塞萬提斯，也曾強調：

　　「歷史孕育了真理，它能和時間抗衡，把遺聞舊事保藏下來，它是古代的遺跡，當代的鑒戒，後世的教訓。」

　　因此，台大早期校長傅斯年，曾經要求台大通識課程，特別要讀兩本書，一是《孟子》，二是《史記》；前者可以培養人生的浩然之氣，後者可以培養歷史的遠大眼光，兩者並進，才能培養有風骨、有遠見的時代青年。

　　所以，本章特別整理有關文藝與歷史的中外古今名言，提供給有志氣、有抱負、有膽識、有理想的青年們借鏡。

————————＊————————＊————————＊————————

「美的靈魂與美的外表，和諧地融為一體，人們就會看到，這世界上最完善的美。」

　　　　　　　　　　　　　　—〔希臘〕柏拉圖《理想國》

「美、節奏好、和諧，都由於心靈的慧根和善良。」

　　　　　　　　　　　　　—〔希臘〕柏拉圖《文藝對話集》

「我們所追求的境界美，儘管會遭遇到困難，但這追求本身也還是美的。」

　　　　　　　　　　　　　—〔希臘〕柏拉圖《文藝對話集》

「這種美是永恆的，無始無終、不生不滅，不增不減的。」

　　　　　　　　　　　　　—〔希臘〕柏拉圖《文藝對話集》

「這時他憑臨美的汪洋大海,凝神觀照,心中起無限欣喜,於是孕育無量數的優美崇高的道理,得到豐富的哲學收穫。如此精力瀰滿之後,他終於能夠豁然貫通涵蓋一切的唯一學問,以美為對象的學問。」

　　　　　　　　　　　　　　——〔希臘〕柏拉圖《文藝對話集》

「文章要做的好,主要的條件,是作者對於所談問題的真理,要知道得很清楚。」

　　　　　　　　　　　　　　——〔希臘〕柏拉圖《文藝對話集》

「若是一個人不知真理,只在人們的意見上捕風捉影,他所做出來的文章就顯得可笑,而且不成藝術。」

　　　　　　　　　　　　　　——〔希臘〕柏拉圖《文藝對話集》

「我的藝術最有趣的特徵是:獨創是出於無意的。」

　　　——〔希臘〕柏拉圖《歐梯佛羅篇》,《蘇格拉底的最後日子》

「斯巴達人說的好:『在言辭方面,脫離了真理,就沒有、而且也永遠不能有真正的藝術』。」

　　　　　　　　　　　　　　——〔希臘〕柏拉圖《文藝對話集》

「凡是高一等的藝術,除掉本行所必有的訓練以外,還需要對於自然科學能討論、能思辯:我想,凡是思想既高超、而表現又能完美的人們,都像是從自然科學所學的門徑。」

　　　　　　　　　　　　　　——〔希臘〕柏拉圖《文藝對話集》

「這兩種音樂調子,一種是勇猛的,一種是溫和的;一種是逆境的聲音,一種是順境的聲音;一種表現勇敢,一種表現智慧。我們都

要保留下來。」

——〔希臘〕蘇格拉底《理想國》

「音樂和旋律，足以引導人心，走進靈魂的秘境。」

——〔希臘〕柏拉圖《理想國》

「心中充滿音樂的人，才會對最美好的東西充滿愛。」

——〔希臘〕柏拉圖《理想國》

「哲學，是最高的藝術。」

——〔希臘〕柏拉圖

「音樂對於人們不僅可資愉悅，就解除疲乏而言，也很有益處。音樂的效用，似乎正在這裡。」

——〔希臘〕亞里士多德《政治學》

「悲劇所摹仿的行動，不但要完整，而且要能引起恐懼與憐憫之情。」

——〔希臘〕亞里士多德《詩學》

「悲劇是對於一個嚴肅、完整，有一定長度的行動摹仿，它的媒介是語言，具有各種悅耳之音，分別在戲劇的各部分使用；摹仿方式是借人物的動作來表達，而不是採用敘述法；藉引起憐憫與恐懼，來使這種情感得到陶冶。」

——〔希臘〕亞里士多德《詩學》

「美是一種善，其所以引起快感，正因為它是善。」

——〔希臘〕亞里士多德《政治學》

「體操和音樂兩個方面，應該並重，才能夠造就完整的人格。因為體操能夠鍛練身體，音樂可以陶冶我們的心靈，並使我們習慣於真正的愉快。」

—〔希臘〕亞里士多德

「心靈的真正醫藥，是哲學。」

—〔羅馬〕西塞羅

「具有非凡靈感的人，才能成為偉人。」

—〔羅馬〕西塞羅《底奧盧姆的誕生》

「哲學，是一切藝術之母。」

—〔羅馬〕西塞羅《圖斯庫盧姆談話錄》

「哪裡有音樂，哪裡就樂融融。」

—〔西〕塞萬提斯《唐吉訶德》

「美，是一種恰到好處的調和與適中。」

—〔法〕笛卡爾

「美，就是道德善的象徵。」

—〔德〕康德

「音樂有一種魔力，可以感化人心向善，也可以誘人走上墮落之路。」

—〔英〕莎士比亞《一報還一報》

「無論怎樣堅硬、頑固、狂暴的事物，音樂都可以立刻改變它們的性質。」

　　——〔英〕莎士比亞《威尼斯商人》

「靈魂裡沒有音樂，或是聽了甜蜜和諧的樂聲，卻不會感動的人，這種人是不可信任的人。」

　　——〔英〕莎士比亞《威尼斯商人》

「藝術能夠拯救苦惱者，藝術能夠淨化苦惱、昇華苦惱。使苦惱也能成為偉大的一種恍惚狀態。」

　　——〔德〕尼采《權力意志》

「藝術可以拯救認識它的人……對於生存具有悲劇性認識的人，藝術可以伸出拯救之手。」

　　——〔德〕尼采《權力意志》

「藝術——藝術是至高無上之物！它是使生存變成可能的偉大之物，也是對生存的偉大誘惑者，更是對生存構成極大激勵之物！」

　　——〔德〕尼采《權力意志》

「所有一切作品之中，我獨愛用血完成的作品。」

　　——〔德〕尼采

【馮註】本段內容，很清晰的表達，偉大作品必定來自心血之作，也是真誠之作，所以才能研血為墨，感動人心。《紅樓夢》代表曹雪芹一生苦難經歷，《浮士德》也代表歌德一生心血之作，均為明顯例證。詞評家王國維因為用生命心血欣賞詩詞，所以很能領悟此句的真切，曾在《人間詞話》中，特別強調本段內容。

「對美的欣賞，需要完整的理性能力，以及堅實的活潑心靈。」

—〔德〕黑格爾

「一個人如果真正做善人，必須能深廣地想像，必須能設身處地的替人着想，讓人類的憂喜苦樂，變成他的憂喜苦樂。所以要達到道德上的善，最大的途徑是想像；詩就是從這根本上做功夫，所以能發生道德的影響。」

—〔英〕雪萊

「藝術，是人類心力最高度的發揮。」

—托爾斯泰《阿爾拔特》

「歷史學家關心的是結果，藝術家關心的，是事件本身。」

—托爾斯泰《再論《戰爭與和平》》

「為什麼近代的科學家與藝術家都沒有完成，也無法完成自己的使命？因為他們把自己的義務當成了權利。

真實的學問研究或者藝術活動，只有在不認識權利、只認識義務的時候，才能夠收到成果。」

—托爾斯泰《怎麼辦》

「藝術，是辨別善惡的方法之一，也是認識美的方法之一。」

—托爾斯泰《日記》

「藝術，是教育與遊樂的最偉大事業。」

—托爾斯泰《筆記》

「藝術當中最重要的問題是：美到底是什麼？美，就是我們心中的愛。」

—托爾斯泰《日記》

「藝術，是人類生活的精神機構，缺之而不可。」

　　　　　　　　　　　—托爾斯泰《藝術論》

「科學和藝術就如同肺臟和心臟一樣，兩者互相緊密地連接在一起，只要其中一個故障了，另一個就無法正常地運作。

　　真正的科學是研究真理——亦即某個時代社會中最重要的知識，並灌輸真理到人們的意識中。藝術的工作，就是把真理，由知識的領域轉移到感情的領域。所以，要是科學走上錯誤的道路，藝術也有可能會走上同樣錯誤的道路。」

　　　　　　　　　　　—托爾斯泰《藝術論》

「藝術不是快樂，也不是消遣，更不是遊戲。藝術是偉大的事業，藝術具有把人類的理性意識，轉移到感情上的功用。

　　藝術的任務是非常重大的。受科學幫助以及受宗教引導的真實藝術，有維護人類平穩生活的使命。人類依靠外在的手段——亦即法院、警察、慈善機構、勞動監督所等，才勉強維持今天的生活，另外，還要靠人類自動自發的活動來達成，這正是藝術的使命。

　　此外，排除暴力也是藝術的使命。只有藝術，才負擔得起這樣的使命。」

　　　　　　　　　　　—托爾斯泰《藝術論》

「沒有愛的力量，詩便不存在。」

　　　　　　　　　　　—托爾斯泰《給飛特的信》

「詩，是人類靈魂中燃燒的火燄，這把火燄燒焦、炙熱、照亮。真

正的詩人即使多麼痛苦，他仍燃燒了自己，也燃燒了別人——這就
是詩所有的本質。」

—托爾斯泰《筆記》

「在大師之中，如貝多芬及韓德爾，用音樂來鼓吹行動的人，總是
令我傾倒。」

—羅曼羅蘭《鬥爭十五年》

「沒有一種偉大的藝術，不擁有連繫行動與夢想的力量。

　因為，行動與夢想是兩個相輔相成的力量。

　『不能沒有夢想！』——列寧

　『不能毫無行動！』——歌德」

—羅曼羅蘭《由革命而來的和平》

「由於貝多芬交響樂的鼓勵，才使我能在軍隊中接受磨練，得到成
長。它給予我勇氣，突擊那些否定、懷疑、過激的混亂情緒，這便
是貝多芬的交響樂！它讓我即使是在一敗塗地的時候，仍能堅持奮
鬥，去迎接那個強大軍隊的勝利歡呼！」

—羅曼羅蘭《第九交響曲》

「貝多芬的前八首交響曲，都直接代表著他人生中的某一時期，或
某一特別的時刻。其中有充滿朝氣的希望、愛，與命運的悲壯戰
鬥，也在大自然懷抱裡的小憩、如森林般幽暗無際的夢幻回憶，或
在忘我狂熱中的憂愁或喜悅，也有單純（甚至一點點）只為逃離煩憂
而笑的精神舒緩。」

—羅曼羅蘭《第九交響曲》

「《第九交響曲》是一個交會點。從非常遙遠的地方、以及完全不同的地方，奔流而來諸多狂流——所有時代人們的各種夢想與意念，都注入在《第九交響曲》中。

《第九交響曲》和其他八首交響曲不同，它可以說是從山頂俯瞰過去的『回顧』！」

　　　　　　　　　　　　　　　　—羅曼羅蘭《第九交響曲》

「最重要的不是音符，也不是音符與音符之間的關係，而是音符組合起來之後，如張弓般的內在張力。」

　　　　　　　　　　　　　　　　—羅曼羅蘭《第九交響曲》

「貝多芬與席勒共同的奮鬥，是規模如宇宙般的奮鬥。星雲們根據上帝的偉大計劃，歡歡喜喜地飛行於無限的空間，兩者進行的動力均是『歡喜』。」

　　　　　　　　　　　　　　　　—羅曼羅蘭《第九交響曲》

【馮註】此處所說的「歡喜」，也就是「快樂頌」中，對宇宙人生充滿了欣賞讚嘆，甚至用一切樂器都無法表達時，最後只有用渾聲大合唱，才能充分宣暢對宇宙人生的歌頌！

　　然而，當貝多芬完成「快樂頌」之際，卻是他已喪失聽覺之時，充分證明，大音樂家是用心靈，直通天人合一、馳神無碍的最高境界。

「貝多芬在他的備忘錄中，將『道德律』與『星空』並列思考，彷彿是將它們當作上帝的雙眼一般。」

　　　　　　　　　　　　　　　　—羅曼羅蘭《第九交響曲》

「只有音樂，才是真正將感官生活，引領至精神生活的媒介。」

—羅曼羅蘭《歌德與貝多芬》

「歌德這麼寫給貝多芬——

『許多人對你的音樂之讚美，我都聽到了……每次我聽到藝術家或卓越的業餘演奏家演奏你的作品，我便很想聆聽你自己在鍵盤上的演奏，飽嘗你那非凡的演奏……』

由此看來，在歌德的心目中，貝多芬似乎不只是個鋼琴演奏方面的名人而已。」

—羅曼羅蘭《歌德與貝多芬》

【馮註】曾經有一次，貝多芬演奏完後，有聽眾請他詮譯歌曲內容，他於是再演奏一遍；但是，當有聽眾再要求詮釋時，他就只用流淚以對。

這就說明，連貝多芬自己，都不願用多餘的言語詮釋音樂；因此，當任何人演奏他作品時，若要評論，最好的評價者，仍是他本身演奏的作品。

「好的畫，本身便具有宗教性，與使人虔敬的本質。」

—羅曼羅蘭《米開朗基羅》

「在米開朗基羅心中，對美的關心，以及對信仰的關心，是同樣濃烈的。」

—羅曼羅蘭《米開朗基羅》

「米開朗基羅的雕刻，以及所有藝術作品的根源，可以說是素描。因為素描是他最直接、最非物質的思考形式。」

—羅曼羅蘭《米開朗基羅》

「從米開朗基羅的素描中，我們不只可以進入他神秘的創作世界，或孤獨靈魂的夢想與獨白中，還可以看到他最內在、無人可以比擬的完美表現。它把自己完完全全表現在素描當中，正如貝多芬在四重奏與鋼琴小曲一般。

我再次將這兩個人並列在一起來思考，因為這兩個人的天性，都同是孤獨的、知性的、熱情的，而且只有在最單純、最抽象的形式當中，他們的天份才能徹底地表現。」

—羅曼羅蘭《米開朗基羅》

【馮註】羅曼羅蘭在此，將雕刻界與音樂界的兩大巨星比較研究，對兩人的天性與創作形式進行對照，也反映了本身的卓越才華與敏銳精神；由此也可看出「比較研究」的重要性。

「米開朗基羅的理想主義裡，有堅定的修正，那便是努力之美與勞苦的神聖感情。

『除了尋求完美作品外，再也沒有任何東西能更接近神，因為神是完美的。』他曾如此寫道。

有人能像他一樣不停地吃苦、努力不懈嗎？當他在西士汀教堂的圓形天花板上工作時，曾為『在沒有意義的事情上浪費時間』而流淚。他用『自己的鮮血』做出那樣的藝術品，就在即將完成的那一瞬間，他還厭惡他那至高無上的作品。直到最後一天，他仍沉浸在苦悶的淚水當中，因為作品一直尚未完成……」

—羅曼羅蘭《米開朗基羅》

【馮註】本段可說「英雄惜英雄」的內心創作過程告白，羅曼羅蘭一方面指出，偉大的作品，都是自己「鮮血」的作品，二方面又指出，當作品完成前，心中均會湧起苦悶與矛盾；因此很多偉大藝術家，在完成作品後，只有趕緊另尋精神出路，或創造另外的偉大作品，才能克服心中的苦悶。

這就是為什麼米開朗基羅，只有以充滿熱誠的宗教信仰為動力，才能克服各種困難與心中苦悶，在梵蒂岡西士汀教堂圓頂上，創作出震古鑠今、永恆不朽的《創世紀》。

「《拾穗》或《晚禱》的形式，都是調和的、真誠的、樸實的、嚴肅的……但這些形式，在其敵人的眼裡，卻是寒酸的。」

— 羅曼羅蘭《米勒》

「米勒所喜愛的大師們：有義大利文藝復興之前的畫家、法國十七世紀的大師，還有米開朗基羅。他最喜愛那些『為了使萬物非常活潑而使之美，為了使萬物非常高尚、非常美，而使之善的優雅大師們。』」

— 羅曼羅蘭《米勒》

【馮註】羅曼羅蘭除了評論雕刻大師米開朗基羅、音樂大師貝多芬外，同時也評論畫家如米勒，再次展現他驚人的敏銳性，堪稱絕佳的文藝評論家。

「在法國，讚美一位藝術家的時候，必定要犧牲所有與他不同的藝術家。」

— 羅曼羅蘭《約翰·克利斯朵夫》

【馮註】本句代表讚美一位藝術家，常會得罪其他藝術家，可見「文人相輕」不只自古皆然，中外也皆然。可能因為藝術的原創力來自感性，既是感性，便難免會帶有人性中另一種本能，亦即相輕相嫉的部分。

「貝多芬的音樂才能，並沒有因為變聾了而有所影響。

　　歌德不是音樂家，他是如何正確地了解這一點的呢？因為他完全看清了，會受到打擊的只有凡人，對音樂家則不會！」

—羅曼羅蘭《歌德與貝多芬》

「世界上只有兩種藝術，一種是啟發生命（生活）的源泉，一種是對因習的滿足。」

—羅曼羅蘭《回憶錄》

「科學與藝術，就像麵包與水一般重要，甚至更加重要。真正的科學了解其使命，並且是使人類得到真正幸福的知識。而真正的藝術，則是所有人類的使命、與真正幸福的知識之表現。」

—羅曼羅蘭引托爾斯泰語《托爾斯泰傳》

「我心目中兩位擅於調和的大師，是莎士比亞與歌德。雖然兩者原本是很難和解的，但就在夢與行動、悲觀與樂觀之間，提供了和解理想與現實的方法。」

—羅曼羅蘭《伙伴們》

「文學的一般任務，就是把人的美、誠實、崇高的品質，表現在色彩、文字、音樂形象中。」

—高爾基《論文學》

「文學使思想充滿血和肉，它比哲學或科學，更能給予思想明確和
巨大的說服力。」

──高爾基《論文學》

「第一流的藝術大師，很少能夠做到像您（編按：指高爾基）那樣既
是自己社會的公僕，又是改進人類命運的戰士。」

──愛因斯坦《祝賀高爾基 65 歲生日的賀信》

「常聽人說，藝術不應被用來為政治，或為其他實際目的服務，我
絕不能同意這種觀點。」

──愛因斯坦《藝術與政治》

「不論是一件藝術品，或重大的科學成就，其所以高貴與偉大，是
因它具有獨特的品格。」

──愛因斯坦《愛因斯坦通信選》

「我所理解的學術自由，是一個人有探求真理、以及發表和講授他
認為正確東西的權利。這種權利，也包含著一種義務：一個人不應
當隱瞞他已認識到是正確東西的任何部分。顯然，對學術自由的任
何限制，都會抑制知識的傳播，從而也會妨礙合理的判斷，和合理
的行動。」

──愛因斯坦《為保衛學術自由與公民權利而鬥爭》

「哲學相近於詩，皆在尋求表現至善的『意義感』。」

──〔英〕懷海德

「文學，是一種導人向善的工具。」

──〔美〕朗費羅

「文學作品中最主要的，是作者的靈魂。」

—〔俄〕托爾斯泰

「一個作者是否可貴及需要，惟一的衡量標準，是他有沒有向我們表露他靈魂的內在感動。」

—〔俄〕托爾斯泰

「文學經常預測人生。文學不是複製人生，其目的是鑄造人生。」

—〔英〕王爾德《生的頹廢》

「光有才華，是成不了作家的，還得有毅力。」

—〔英〕艾迪生《代表人物·歌德》

「天才的作家如果不屬於人民，那麼又屬於誰呢？他們是屬於你的，人民；他們是你的兒子，也是你的父親；你生育他們，而他們教導你。他們在你的混沌中開導光明。」

—〔法〕雨果《莎士比亞論》

「小說家的意圖，應該是怎樣的？應該通過有趣的故事，闡明一個有用的真理。」

—〔法〕雨果《論司各特》

「作者不流淚，讀者也不會流淚。」

—〔美〕羅伯特·弗羅斯特《詩集》

「莎士比亞為我們顯示了，人類激情的最廣大疆域；但丁則展現了人類激情的最高與最深的層次。」

—〔美〕艾略特《但丁論》

「圖案之美麗,雕像之生動,建築之豪華,演講之精彩,主要訣竅都在於自然。」

—〔美〕愛默生《論藝術》

「夢想寫一本書容易,動手寫一本書很難。」

—〔法〕巴爾扎克《古董陳列室》

「寫得好的本領,就是刪掉寫得不好地方的本領。」

—〔俄〕《契訶夫》

「無論基督、釋迦牟尼還是蘇格拉底,都沒有寫過書;因為寫書,就等於把生命兌換成一個邏輯過程。」

—〔愛爾蘭〕葉慈《自傳·疏遠》

「藝術就像學生,以其師『自然』為榜樣,以最大的限度遵從自然。」

—〔意〕但丁

「藝術並不超越自然,不過使自然更完美而已。」

—〔西〕塞萬提斯

「大自然創造的是花卉,把它們編成花環的是藝術。」

—〔德〕歌德

「藝術有制定權——藝術家制定美,而不是接受現成的美。」

—〔德〕歌德

「一切藝術最大的難題,是如何運用直觀的表現手法,創造出一個意境更高的虛幻世界。」

　　　　　　　　—〔德〕歌德《詩與真》

「藝術是立足於一種宗教感上的，它有著既深刻且堅固的虔誠。正因為這樣，藝術才樂於跟宗教攜手而行。」

　　　　　　　　—〔德〕歌德《歌德的格言和感想集》

「自由與進步是藝術的目標，如在整個人生中一樣。」

　　　　　　　　　　　　—〔德〕貝多芬

「人心是藝術的基礎，就好像大地是自然的基礎一樣。」

　　　　　　　　—〔法〕雨果〈《秋葉集》序〉

「要毀滅藝術，首先就要毀滅人心。」

　　　　　　　　—〔法〕雨果〈《秋葉集》序〉

「藝術中沒有管束、手銬、刺刀的用武之地。……在那裡，沒有禁地。」

　　　　　　　　　　　　—〔法〕雨果

「藝術的大道上荊棘叢生，這也是件好事，常人都望而卻步，只有意志堅強的人例外。」

　　　　　　　　　　　　—〔法〕雨果

「藝術最深刻的美質，是植根在祖國文化的故土裡。」

　　　　　　　　　　　　—〔美〕愛默生

「藝術創作的過程，不是靠邏輯思維，而是靠狂熱的衝動來完成它。」

　　　　　　　　　　　　—〔俄〕托爾斯泰

「藝術是人類威力的最高表現，它只給予極少數佼佼者。」

　　　　　　　　　—〔俄〕托爾斯泰《阿爾貝特》

「藝術像一架顯微鏡，藝術家用它揭示自己心靈的秘密，向所有的人顯示人們共有的秘密。」

　　　　　—〔俄〕托爾斯泰《《安娜·卡列尼娜》的創作過程》

「沒有什麼比藝術中的因循守舊，更為有害的了。」

　　　　　　　　　　　　—〔俄〕托爾斯泰

「沒有生命，便沒有藝術。」

　　　　　　　　　　　　　—〔法〕羅丹

「藝術——藝術才是至上之物！它偉大到使人在痛苦中，仍有活下去的意志，它是生命偉大的誘因，是生命強烈的動力。」

　　　　　　　　　　—〔德〕尼采《權力意志》

「對於藝術的存在，對於任何美學行為或美學感覺的存在，一種特定的心理上先決條件，是必不可少的，那就是：陶醉。」

　　　　　　　　—〔德〕尼采《日暮途窮的偶像》

「如果藝術放棄了它富有想像力的媒介，那麼，藝術也就放棄了一切。」

　　　　　　　　　　　　　—〔英〕王爾德

「藝術是一種享受，一切享受中最迷人的享受。」

　　　　　—〔法〕羅曼·羅蘭《約翰·克利斯朵夫》

「我們所能經歷的最美好事情，是神秘，它是所有真正藝術和科學

的源泉。」

—〔美〕愛因斯坦

「朋友啊！你想從事藝術工作嗎？請在握筆時，把自己當作是上帝的手。」

—〔意〕米開朗基羅

「我的箴言始終是：無日不動筆；如果我有時讓藝術之神瞌睡，也是為了使它醒後更興奮。」

—〔德〕貝多芬

「無論藝術家描寫的是什麼人：聖人、強盜、皇帝、僕人，我們尋找的、看到的，只是藝術家本人的靈魂。」

—〔俄〕托爾斯泰

「所謂大師，就是這樣的人，他用自己的眼睛，去看別人見過的東西，在別人司空見慣的東西上，他（她）能夠看出美來。」

—〔法〕羅丹

「不要說現實生活沒有詩意。詩人的本領，正在於他（她）有足夠的智慧，能從慣見的平凡事物中，看出引人入勝的一面。」

—〔德〕歌德

「真正的詩人，像上帝一樣，在他自己的作品中，無時不在，而且無處不在。」

—〔法〕雨果《《克倫威爾》序》

「詩人的兩隻眼睛，其一注視人類，其一注視大自然。他的前一隻

眼叫做觀察，後一隻眼叫做想像。」

——〔法〕雨果《《光與影集》序》

「詩，應該只有一個模範，那就是自然。」

——〔法〕雨果

「惟有那些淨我靈魂、鼓我勇氣的，才叫詩。」

——〔美〕愛默生《文學與社會目的·靈感》

「所謂詩，不是感情的解放，而是從感情中脫穎而出；不是人格的表現，而是從人格中超脫。」

——〔英〕艾略特

「真正的詩，永遠是心靈的詩，永遠是心靈的歌，它很少談論哲理，它是羞於大發議論的。」

——〔蘇聯〕高爾基《給薇葉·加克爾——阿林斯》

「詩，不是一種表白出來的意見。它是從一個傷口或是一個笑口，湧出的一首歌曲。」

——〔黎巴嫩〕紀伯倫

「簡而言之，我將給詩下個定義：有韻律的美的創作。審美觀，是它惟一的仲裁。」

——〔美〕愛倫坡《詩律》

「魔鬼不能忍受音樂；因此，音樂是和魔鬼進行鬥爭的最有效方法。」

——〔德〕馬丁·路德

「對於一顆苦難的心，一首悲歌是最美的音樂。」

　　　　　　　　—〔英〕錫德尼《阿卡迪亞》

「音樂是惟一可以縱情，而不會損害道德宗教觀念的享受。」

　　　　　　　　　　　　—〔美〕愛迪生

「音樂是天使的演說；這句話，真是說得太好了。」

　　　　　　　　　　　　—〔英〕卡萊爾

「音樂屬於最高的主宰地位，叫人把旁的東西都忘了。」

　　　　　　　　　　　　—〔奧〕莫札特

「通過音樂來打動的，就是最深刻的主體內心生活；音樂是心情的藝術，它直接針對著心情。」

　　　　　　　　　—〔德〕黑格爾《美學》

「音樂，盡管它千變萬化，但歸根到底，是精神生活同感官之間的橋樑。」

　　　　　　　　　　　　—〔德〕貝多芬

「音樂，比起任何智慧、任何哲學，都是更高的啟示……能把握我的作品意義的人，就能超脫一切、超越一切。」

　　　　　　　　—〔德〕貝多芬《書簡集》

「音樂是苦惱的控訴處，同時也是苦惱的避難所。」

　　　　　　　　　　　　—〔德〕貝多芬

「音樂，應從男人心中燒出火來，從女人眼中帶出淚來！」

　　　　　　　　　　　　—〔德〕貝多芬

「音樂，可以稱做人類的萬能語言；人類的感情用這種語言，能向
任何心靈說話，和被一切人理解。」

　　　　　　　　　　　　　　　　　──〔匈牙利〕李斯特

「音樂，使一個民族的氣質更高貴，例如《馬賽曲》。」

　　　　　　　　　　　　　　　　　　　──〔法〕福樓拜

「音樂，是人類共同的語言。」

　　　　　　　　　　　　　　　　　　　──〔美〕朗費羅

「如果你生活坎坷，失掉了一切希望和信仰，那麼，一首合唱曲，
就足以使你重新振作起來。」

　　　　　　　　　　　　　　　　　　　──〔德〕舒曼

「音樂的魔力，足以使一個人，對未能感覺的事情有所感覺，對理
解不了的事情有所理解，使不可能的事，一變而為可能。」

　　　　　　　　　　　　　　　　　　──〔俄〕托爾斯泰

「沒有音樂的生活，簡直是一個錯誤，一種苦難、一次流放！」

　　　　　　　　　　　　　　　　　　　──〔德〕尼采

「音樂就像數學一樣，自身幾乎是完整的世界。音樂的世界，蘊含
了人類自感官因素、到高度理智、和諧的全部經驗領域。」

　　　　　　　　　　　　　　　──〔西〕桑塔亞那《理性生活》

「音樂給我們啟示了：生命在表面死亡之下繼續奔流，一種永恆的
精神，在世界廢墟中百花齊放。」

　　　　　　　　　　　　　　　　　　──〔法〕羅曼羅蘭

「莫札特從不為了永恆才作曲，但卻正是為這個理由，所以他的許多作品都是永恆的。」

－〔美〕愛因斯坦

「貝多芬使舞蹈有了宏偉的節奏；華格納使舞蹈有了生動的形式，尼采則使舞蹈有了內在的精神。」

－〔美〕鄧肯

「一個優秀的畫家，應描畫兩件主要的東西──人和他的思想意圖。」

－〔意〕達‧芬奇《論繪畫》

「畫家和自然比賽，比得上自然。」

－〔意〕達‧芬奇

「畫家是自然和人之間的仲介者，是自然創造物的再現者，他的精神必須包羅自然萬象。只有向自然學習，才能做到這一點。」

－〔意〕達‧芬奇《論繪畫》

「畫，不應當過分像畫。」

－〔美〕愛默生《論藝術》

「藝術的目的不在模寫，而在傳神。……只有那表達某種神情的，才能稱作藝術品。」

－〔法〕米勒（J.F. Millet, 1814-1875）

「如果只滿足於形態，即使到亂真的程度，或只拘泥於無足道的細節，如此表現的畫家，將永遠不能成為大師。」

——〔法〕羅丹

「畫家之所以為畫家，是由於他能看到旁人只能隱約感到、或依稀瞥見、而不能真正看到的東西。」

——〔意〕克羅齊《美學原理》

「我不知道什麼是『抽象派』，什麼是『主體派』；我只知道創造！創造！創造！」

——〔西〕畢加索

「優秀藝術家抱持的任何構思，都能通過一塊大理石表現出來。」

——〔意〕米開朗基羅

「雕刻，是古典理想中的真正藝術。」

——〔德〕黑格爾《美學》

「你們記著：一件真正完美的藝術品，任何一個部分都不應該比整體重要、更突出。」

——〔法〕羅丹

「建築是凝固的音樂，音樂是流動的建築。」

——〔德〕謝林

「希臘式的建築，使人感到明快；摩爾式的建築，使人覺得憂鬱；歌德式的建築，神聖得令人心醉神迷；希臘式的建築，風格像艷陽天；摩爾式的建築風格，像星光閃爍的黃昏；歌德式的建築風格，像璀璨的朝霞。」

——〔德〕恩格斯

「為了不失去神賜給我們對美的感覺，我們必須天天聽點音樂，天天朗讀一點詩，天天看點畫。」

——〔德〕歌德

「鑑賞力，不是靠觀賞中等作品，而是要靠觀賞最好作品，才能培養成功。」

——〔德〕歌德

「一般來說，所謂的哲學，只不過是使用了難以理解的詞句，來表達常識而已。」

——〔德〕歌德《格言與反省》

「詩，是成熟的自然；哲學，是成熟的理性。」

——〔德〕歌德《格言與反省》

「哲學的終點，往往是詩的起點。」

——〔德〕席勒《哲學與當代世界》

「哲學，是認識具體事物發展的科學。」

——〔德〕黑格爾《哲學史講演錄》

「粗通哲學的人，會成為無神論者；精通哲學的人，則會變成宗教的信徒。」

——〔英〕培根《隨筆集·無神論》

「哲學，是思考的顯微鏡。」

——〔法〕雨果《悲慘世界》

「哲學，是用大腦解釋世界法則的一門學問。」

—〔美〕愛默生《代表人物·柏拉圖》

「觀察自然，觀察人吧！在這裡，你們可以看到哲學的秘密。」

—〔德〕費爾巴哈《關於哲學改造的臨時綱要》

「任何真正的哲學，都是自己時代精神的精華。」

—〔德〕馬克思《《科倫日報》社論》

「不管自然科學家，採取什麼樣的態度，他們還是得受哲學的支配。」

—〔德〕恩格斯《自然辯證法》

「隨著自然科學領域中，每一劃時代的發現，唯物主義也必然要改變自己的形式。」

—〔德〕恩格斯

「什麼叫哲學家？他是經常用經驗、見聞、猜疑、希望、夢想那些不尋常事物的人。」

—〔德〕尼采《善惡之外》

「如果把哲學，理解為最普遍和最廣泛的形式中，對知識的追求；那麼，哲學顯然就可以被認為是全部科學之母。」

—〔美〕愛因斯坦

「哲學和宗教一樣，具有一種神秘的力量，可以使人們心靈上得到一些安慰！所以每一個人應該懂得一些哲學，也就是多懂得一些做人的藝術，使你格外可以接近美滿生活！」

—〔美〕卡耐基

「哲學不是給予，它只能喚醒。」

──〔德〕雅士培《哲學導論》

「我們固然不能說，凡是合理的都是美的，但凡是美的，確實都是合理的，至少應該是合理的。」

──〔德〕歌德

「若要把感性的人，變為理性的人，惟一途徑，是先使他成為審美的人。」

──〔德〕席勒《審美教育書簡》

「藝術作品的美，表現得愈充分，愈優美，它的內容和思想，也就具有越深刻的內在真實。」

──〔德〕黑格爾

「審美帶有令人解放的性質。」

──〔德〕黑格爾

「我深信，真和善只有在美中間，才能水乳交融。……一個人如果沒有美感，做什麼都是沒精打采的，甚至談論歷史，也無法談得有聲有色。」

──〔德〕黑格爾

「如果一個人缺乏美感，那麼他在任何一個領域中，也不會成為精神世界完美的人。」

──〔德〕黑格爾

「全部的美，都是從純潔的血液，和偉大的腦髓產生出來的。」

—〔美〕惠特曼

「你不要忘了，我最喜歡的一句箴言：『自然總是美的』。」

—〔法〕羅丹《羅丹藝術論》

「在藝術中，有『性格』的作品，才算是美的。」

—〔法〕羅丹

「美，就是性格和表現。」

—〔法〕羅丹

「美，是人自己從他靈魂深處，所創造出來的。」

—〔蘇聯〕高爾基

「哲學，你是人生的導師，至善的良友，罪惡的勁敵，如果沒有你，人生又值得什麼？」

—〔古羅馬〕西塞羅

「歷史，是時代的見證，真理的火炬，記憶的生命，生活的老師，和古人的使者。」

—〔古羅馬〕西塞羅

「古人充滿了對更遙遠古人的頌揚。」

—〔法〕伏爾泰《哲學詞典》

「載有世界大事的歷史，只是一部充滿罪惡的歷史。」

—〔法〕伏爾泰《風俗論》

「史學家，從來就是信什麼寫什麼，而不是有什麼寫什麼。」

—〔美〕富蘭克林《格言勵書》

「除了一系列對邪惡、叛逆、篡奪、屠殺和戰爭的描述之外，還有什麼歷史記載呢？」

——〔法〕盧梭

「歷史的真正職責是，只留記述人生的事實，以及它們給人的教訓，至於見仁見智，各陳己見，則讓人們各自運用才力，自由判斷好了。」

——〔英〕培根

「歷史告訴人們，什麼是過去，並幫助他們預測未來。」

——〔美〕哥爾斯密《理查‧納什轉》

「人類的歷史，在很忍耐地等待被侮辱者的勝利。」

——〔印〕泰戈爾《飛鳥集》

「世界的歷史，像一個幻燈。」

——〔丹麥〕安徒生《光榮的荊棘路》

「在歷史的每一步上，都可發覺人類自由意志（雖然未表現出來）問題的存在。」

——〔俄〕托爾斯泰《戰爭與和平》

「歷史，理應不是帝王的家譜，和爭鬥的史實，而是思想的歷史。」

——〔俄〕契訶夫《契訶夫手記》

「歷史給我們的最好的東西，就是它所激起的熱情。」

——〔德〕歌德《歌德的格言和感想集》

「歷史所指的,是這樣一種高度文化修養的感覺,它在評價本時代的功績和勛業時,也考慮到過去的時代。」

　　　　　　　— 〔德〕歌德《歌德的格言和感想集》

「世界歷史無非是『自由』意識的進展,這一進展,是我們必須在它必然性中加以認識的。」

　　　　　　　— 〔德〕歌德《歌德的格言和感想集》

「歷史是精神的形態,它採取故事的形式,即自然的直接現實性的形式。」

　　　　　　　— 〔德〕黑格爾《法哲學原理》

「理解人類的生命力,乃是歷史認知的一般主題和最終目的。」

　　　　　　　　　　— 〔德〕卡西勒《人論》

「歷史的空間和歷史的時間,二者都被包含在一個更大的整體中。歷史的時間,只不過是普遍宇宙時間的一個渺小片斷而已。」

　　　　　　　　　　— 〔德〕卡西勒《人論》

「各人的生命中,都有一段歷史,只要觀察他以往的行為性質,便可以用近似的推測,預判他此後的變化。那變化的萌芽雖然尚未顯露,卻已潛伏在它的胚胎之中。」

　　　　　　　　— 〔英〕莎士比亞《亨利四世下篇》

「整個過去,是現在的財富。」

　　　　　　　— 〔英〕卡萊爾《英雄和英雄崇拜》

「只有認識到,權力嗜好是社會事務中重要活動的起因,歷史,無

論是古代的或現代的，才能得到正確的解釋。」

　　　　　　　　　　　　──〔英〕羅素《權力論》

「歷史──我將這樣堅持認為──就像人們公認的詩歌那樣，是每個人精神生活中，值得嚮往的一部分。」

　　　　　　　　　　　　　　　──〔英〕羅素

「歷史的本質，不在於構成它的個別事實──不論這事實有多大的價值，而在於它是一個過程，一種由此及彼的發展。」

　　　　　　　　──〔英〕柯林伍德，《人心中的歷史》

「歷史的價值，在於它告訴我們，人做過了什麼，從而告訴我們：人是什麼。」

　　　　　　　　──〔英〕柯林伍德，《人心中的歷史》

「歷史是什麼？歷史是把古人的事情，告訴現在的人。」

　　　　　　　　　　　──〔法〕雨果《笑面人》

「詩是詩，歷史是歷史。詩人歌詠的是想當然的情節，不是真情實事。歷史家就不然了，他記載過去的一言一行，絲毫不能增減。」

　　　　　　　　　──〔西〕塞萬提斯《唐吉訶德》

「歷史好比聖物，因為含有真理。」

　　　　　　　　　──〔西〕塞萬提斯《唐吉訶德》

「我們永遠在我們私人的經驗中，遭遇到歷史上顯著的事實，然後在我們私人的經驗中證實它們。一切歷史都成為主觀的；換句話說，實在是並沒有歷史，只有傳記。」

　　　　　　　　　　—〔美〕愛默森《歷史》，《愛默森文選》

「歷史家的任務，在於區別真實的和虛偽的，確定的和不確定的，以及可疑的和不能接受的。」

　　　　　　　　　　—〔德〕歌德《歌德的格言和感想集》

「歷史學並不以揭示物理世界的以往狀態為目的，而是要揭示人類生活、和人類文化的以往階段。」

　　　　　　　　　　—〔尼〕卡西勒《人論》

「歷史學家，必須學會閱讀和解釋他的各種文獻和遺跡——不是把它們僅僅當作過去的死東西，而是看作來自以往的活生生的信息；這些信息，在用它們自己的語言向我們說話。」

　　　　　　　　　　—〔德〕卡西勒《人論》

「在政治史中，使我們感興趣的，絕不是赤裸裸的事實。我們想要理解的，不僅是行動，而且是行動者。」

　　　　　　　　　　—〔德〕卡西勒《人論》

「偉大歷史學家與眾不同之處，正是在於他個人經驗的豐富性、多樣性、深刻性和強烈性。否則他的著作，就一定是死氣沉沉，平庸無力的。」

　　　　　　　　　　—〔德〕卡西勒《人論》

「歷史學，不可能描述過去的全部事實。它所研究的，僅僅是那些『值得紀念的』事實，與『值得回憶』的事實。」

　　　　　　　　　　—〔德〕卡西勒《人論》

「藝術和歷史學，是我們探索人類本性最有力的工具。沒有這兩個知識來源的話，我們對於人，會知道些什麼呢？」

——〔德〕卡西勒《人論》

「詩歌，不是對自然的單純摹仿；歷史不是對僵死事實或事件的敘述。歷史學與詩歌，乃是我們認識自我的一種研究方法，是建築我們人類世界文明，一個必不可少的工具。」

——〔德〕卡西勒《人論》

「歷史的過程，不是單純事件的過程，而是行動的過程；它有一個由思想過程所構成的內在方面；而歷史學家所要尋求的，正是這些思想過程。一切歷史都是思想史。」

——〔英〕柯林伍德《歷史的觀念》

「由摘錄和拼湊各種不同權威們的證詞，所建立的歷史學，我稱之為剪刀加漿糊的歷史學。……它實際上根本就不是歷史學，因為它並沒有滿足科學的必要條件。」

——〔英〕柯林伍德《歷史的觀念》

「思想史，乃至一切歷史，都是歷史學家在自己頭腦中，對過去思想的重演。」

——〔英〕柯林伍德《人心中的歷史》

「歷史學家不是單純的重演過去思想，而是將其納入自己的知識結構中來重演它；因此，重演它就是批判它，並對它形成自己的價值判斷，糾正他所能辨認出來的錯誤。」

——〔英〕柯林伍德《人心中的歷史》

「歷史研究的出發點，不是搜集和思考未加解釋的原始材料，而是提出一個問題，來引導我們尋找能夠回答這一問題的史料。一切歷史研究，都是以這種方法，專注於一些特別疑點或問題，並以此確定自己的研究對象。」

——〔英〕柯林伍德《人心中的歷史》

「歷史學家，總在社會裡生活和工作，他們的職責，一般只說明這些社會的思想，而不是糾正這些思想。」

——〔英〕湯因比《歷史研究》

「正確地描寫過去，是歷史家的責任。」

——〔法〕雨果《笑面人》

「寫歷史而撒謊的人，就該像偽幣鑄造者一樣，活活燒死。」

——〔西〕塞萬提斯《唐吉訶德》

「『歷史的人』，按我對這個詞的理解，並按所有大史學家對它的看法，乃是一種正全力以赴、向自我完成前進的文化人。在此以前，在此以後，在此以外，人是沒有歷史的。」

——〔德〕史賓格勒《西方的沒落》

「藝術不是享樂、安慰、或娛樂；藝術是一樁偉大的事業，藝術是人類生活中，把人們理性意識轉化為感情的一種工具。」

——〔俄〕托爾斯泰《藝術論》

「藝術家首先是自己時代的人，是自己時代悲喜劇的直接觀看者，和積極參加者。」

——〔蘇〕高爾基〈維諾格拉多夫的《時代的三色》一書序〉

「對於一個文學家來說，自以為超越共同利益和民族需要之上，避免使自己精神對當代人有所影響，並把個人的利己生活，和社會偉大的生活隔絕起來，這是一種錯誤，而且是犯罪性的錯誤。」

　　　　　　　　　　　　　　　——〔法〕雨果《論文學》

「寫作沒有目的，又不求有益於人，這在我是絕對做不到的。」

　　　　　　　　——〔俄〕托爾斯泰《1852 年 11 月 28 日日記》

「莎士比亞是一個偉大的心理學家，從他的劇本中，我們可以學會懂得人類的思想感情。」

　　　　　　　　　　　　——〔德〕歌德《歌德談話錄》

「詩所給予的是恢弘的氣度、道德和愉快。因此，詩一向被人認為是參與神明的。因為，詩可以使人提高，使人向上。」

　　　　　　　　　　　　——〔英〕培根《學術的進展》

「文字是有力量的，一滴墨水，一旦像露珠般滴上了一個概念，就會產生使千萬人思索的東西。」

　　　　　　　　　　　　　　——〔英〕拜倫《唐璜》

「詩人負擔著靈魂的責任，不應該讓群眾，沒有得到一些辛辣而深刻的道德教訓，就走出戲院。」

　　　　　　——〔法〕雨果〈《留克萊斯·波日雅》序〉

「詩人的使命，原就是扶弱鋤強。」

　　　　　　——〔法〕雨果《秋葉集》，《雨果詩選》

「思想，在詩句中得到冶煉，立刻就具有了某種更深刻、更光輝的

東西。」

—〔法〕雨果〈《克倫威爾》序言〉

「還有什麼比題材更重要呢？離開題材，還有什麼藝術學呢？如果題材不適合，一切才能都會浪費掉。」

—〔德〕歌德《歌德談話錄》

「情節必須是動人的，因為一切的心靈，都要求受到感動。」

—〔法〕伏爾泰《論史詩》

「為了使一部藝術作品，能夠深入人心，必須對它加以琢磨。所謂琢磨，就是使它在藝術上，達到完美的地步。」

—〔俄〕托爾斯泰，《俄國文學史》

「詩，是用精緻的手法，千錘百煉出來的。大作家的詩，好比無價的精金。」

—塞萬提斯《唐吉訶德》

「一首詩，可以寫得十分漂亮而又優雅，但卻沒有靈魂。一篇敘事作品，可以寫得精確而又井然有序，但卻沒有靈魂。一篇節日的演說，可以內容充實而又極盡雕琢的能事，但卻沒有靈魂，一些談吐可以不乏風趣，而又娓娓動聽，但卻沒有靈魂。甚至一個女人，可以長得漂亮、溫雅、而又優美動人，但卻沒有靈魂。」

—〔德〕康德《判斷力批判》

「我愈來愈深信，詩是人類的共同財產。」

—〔德〕歌德《歌德談話錄》

「如果詩人只複述歷史家的記載,那還要詩人幹什麼呢?詩人必須比歷史家走得更遠些,寫得更好些。」

— 〔德〕歌德《歌德談話錄》

「詩人之所以成為詩人,就在於努力使自己的靈魂,擺脫一切與虛偽世界相近的東西,使自然在他身上,恢復他原初的素樸。」

— 〔德〕席勒《論素樸的詩與感傷的詩》

「詩是最豐富、最無拘束的一種藝術。」

— 〔德〕黑格爾《美學》

「詩的眼淚,並不是『天使的眼淚』。而是人們自然的眼淚。」

— 〔英〕渥茲渥斯〈《抒情歌謠集》序言〉

「詩,是強烈情感的自然流露。它起源於從平靜中回憶起來的情感。」

— 〔英〕渥茲渥斯〈《抒情歌謠集》一八○○年版序言〉

「偉大的詩人,與訓誡無緣,也不堅持道德規範──他只知道靈魂。」

— 〔美〕惠特曼〈《草葉集》序〉

「今天,小說家最高的品格,就是真實感。」

— 〔法〕左拉《論小說》

「一個寓言,可分為身體與靈魂兩部:所敘述的故事好比是身體,所給予人們的教訓,好比是靈魂。」

— 〔法〕拉·丹

「作者個人的人格，比他做為藝術家的才能，對於聽眾要起更大的影響。」

—〔德〕歌德《歌德談話錄》

「每個人對他那一專業，都有必不可少的知識，但是也應努力避免狹隘和片面。」

—〔德〕歌德《歌德談話錄》

「一個詩人，如果想要搞政治活動，他就必須加入一個政黨；一旦加入政黨，他就失其為詩人了，就必須同他的自由精神和公正見解告別，把偏狹、盲目、和仇恨這頂帽子拉下來，蒙住耳朵了。」

—〔德〕歌德《歌德談話錄》

「在一個偉大民族覺醒起來，為實現思想上、或制度上的有益改革而奮鬥中，詩人就是一位最可靠的先驅、夥伴、和追隨者。」

—〔英〕雪萊《為詩辯護》

「詩人和哲學家、畫家、雕刻家、音樂家一樣，在某種意義上，是他們時代的創造者，在另一種意義上，又是他們時代的創造物。最卓越的人物，也無法逃避這種支配。」

—〔英〕雪萊〈《解放了的普羅米修斯》序言〉

「誰要是名叫詩人，同時也就必然是歷史家與哲學家。」

—〔法〕雨果《莎士比亞的天才》，《古典文藝理倫譯叢》

「詩人是哲學家，因為他想像。這就是為什麼莎士比亞能如此隨心所欲地操縱現實，並使他自己主觀的偏好，可以和現實並行不悖的原因。」

——〔法〕雨果《莎士比亞的天才》

「一個歌德是詩中的音樂家,正如同一個貝多芬是音樂中的詩人一樣。那些單是音樂家、和那些單是詩人的人,不過是一些列國的諸侯,歌德和貝多芬卻是靈魂宇宙的至尊。」

——〔法〕羅曼·羅蘭《歌德與音樂》

「建造人類真正的世界——生氣勃勃的真與美之世界——即是藝術的功能。」

——〔印〕泰戈爾《一個藝術家的宗教觀》

「藝術揭示了人類生活的富裕,它在完美的形式中尋求自由,它本身,就是目的。」

——〔印〕泰戈爾《一個藝術家的宗教觀》

「藝術不是一種技藝,它是真實情操底表白。」

——〔俄〕托爾斯泰《托爾斯泰傳》

「藝術的真正生命,在於對個別特殊事物的掌握和描述。」

——〔德〕歌德《歌德談話錄》

「最大的藝術本領,在於懂得限制自己的範圍,絕不旁馳博騖。」

——〔德〕歌德《歌德談話錄》

「藝術,並不完全服從自然界的必然之理,它有自己的規律。」

——〔德〕歌德《歌德談話錄》

「藝術,要通過一種完整體向世界說話,但這種完整體,不是他在自然中所能找到的。而是他自己心智的果實,或者說,是一種豐沛

的神聖精神，灌注生氣的結果。」

— 〔德〕歌德《歌德談話錄》

「在藝術和詩裡，人格確實就是一切。」

— 〔德〕歌德《歌德談話錄》

「當自然開始把它的公開秘密，給人顯示出來的時候，人就對自然最稱職的解釋者——藝術，感到情不自禁的渴念。」

— 〔德〕歌德《歌德的格言和感想集》

「要想逃避這個世界，沒有比藝術更可靠的途徑；要想同世界結合，也沒有比藝術更可靠的途徑。」

— 〔德〕歌德《歌德的格言和感想集》

「藝術在本質上就是高尚的，因此藝術家不必為一個鄙陋的、或者普通的題材，而憂心忡忡。不，只要掌握了它，藝術就會使題材得到昇華。」

— 〔德〕歌德《歌德的格言和感想集》

「只有文藝和科學，才能使我們和別的民族保持聯繫；只有文藝和科學，才能使異邦結成朋友；只有文藝和科學，才能增進彼此的瞭解。」

— 〔穗〕歌德《克拉維戈》

「藝術有自然的一切長處，而沒有它的束縛。」

— 〔德〕席勒《審美教育書簡》

「在患難中支援我的，是道德；使我不曾自殺的，除了藝術以外，

也是道德。」

──〔德〕貝多芬《貝多芬傳》

「藝術的真正職責，就在幫助人們，認識心靈的最高旨趣。」

──〔德〕黑格爾《美學》

「藝術家之所以為藝術家，全在於他們認識到真實，而且把真實放到正確的形式裡，供我們觀照，打動我們的情感。」

──〔德〕黑格爾《美學》

「最傑出的藝術本領，就是想像，想像是創造性的。」

──〔德〕黑格爾《美學》

「藝術的起源，與宗教的聯繫最密切。最早的藝術作品，都屬於神話一類。」

──〔德〕黑格爾《美學》

「一切藝術都是詩，但是，在一定意義上，同樣也可以說，一切藝術是音樂、雕塑、繪畫術。」

──〔德〕費爾巴哈《費爾巴哈哲學著作選集》

「人比任何其他事物都美，這樣，展示人的本質，即為藝術之最高目的。」

──〔德〕叔本華《意欲與人生之間的痛苦》

「藝術，是生命的最高使命，和生命本來的形而上活動。」

──〔德〕尼采《悲劇的誕生》

「藝術的產生，並不是純粹為了藝術。它們的主要目的，是在發洩

那些在今日大部分已被壓抑的衝動。」

　　　　　　　　　—〔奧〕弗洛伊德《圖騰與禁忌》

「進步是科學的推動者，理想是藝術的動力。」

　　　　　　　　　　　—〔法〕雨果《論文學》

「數目字在藝術中，就像在科學中一樣。代數學是屬於天文學的，而天文學是接近詩的；代數學在音樂中也有，而音樂也是接近詩的。」

　　　　　　　　　　　—〔法〕雨果《論文學》

「藝術不是一一連續的。所有的藝術是一個整體。」

　　　　　　　　　　　—〔法〕雨果《論文學》

「越往前進，藝術越要科學化，同時科學也要藝術化。二者從底基分手，回頭又在頂尖結合。」

　　　　　　　　　—〔法〕福樓拜《包法利夫人》

「如果說科學需要一切國家的合作，那今天的藝術和文學，也應該放棄那種『光輝的孤立』地位，這對它們是同樣有利的。」

　　　　　　　—〔法〕羅曼‧羅蘭《羅曼‧羅蘭文鈔》

「假如藝術，不把根深深紮在人們的苦難、或狂熱的血肉中，假如它不是從我們的歡樂與哀愁中，滋生出來的花朵，那我與它有什麼相干？」

　　　　　　　—〔法〕羅曼‧羅蘭《羅曼‧羅蘭文鈔》

「藝術對歷史最大的功能，是使它接近一個時代的靈魂，從而使它

觸及情感的源泉。」

    —〔法〕羅曼·羅蘭《羅曼·羅蘭文鈔》

「一個民族的政治生活，僅僅是它生命的表面，為了探索它內在的生命——各種行動的源泉——我們必須通過文學、哲學和藝術，而深入其靈魂；因為這些領域，反映了人民的種種思想、熱情、與理想。」

    —〔法〕羅曼·羅蘭《羅曼·羅蘭文鈔》

「重點是感動、是愛、是希望、是戰慄、是生活。在做藝術家之前，先要做一個人！」

    —〔法〕羅丹《羅丹藝術論》

「藝術，是一門學會真誠的功課。」

    —〔法〕羅丹《羅丹藝術論》

「在每一個藝術家身上，都有一顆勇敢的種籽。沒有它，就不能設想有才能。」

    —〔德〕歌德《歌德的格言和感想集》

「藝術家應該從外來材料中，抓到真正有藝術意義的東西，並且使對象在他心裡，變成有生命的東西。」

    —〔德〕黑格爾《美學》

「藝術家的藝術活動，是他那個時代的兒子；藝術的使命，就在於替一個民族的精神，找到適合的藝術表現；這就是藝術的時代性或當代性。」

    —〔德〕黑格爾《美學》

「要做一個藝術家，不僅先要做為一個匠人或手藝人，根據現成的形式和規矩，用機械的、抽象的、一般化的方式進行工作，而且要在自己特別創造的作品中，呈現出自己的獨特個性。」

— 〔德〕黑格爾《美學》

「生活罷，盡量的生活罷！……凡是感覺不到自己有這種生命力的酣然醉意，沒有這種對生活的歡欣——哪怕是極痛苦生活的人，便不是藝術家。這等於一塊試金石，必須不問歡樂與痛苦，都能歡欣鼓舞的，才是真正的偉大。」

— 〔法〕羅曼·羅蘭《約翰·克利斯朵夫》

「拙劣的藝術家，永遠戴別人的眼鏡。」

— 〔法〕羅丹《羅丹藝術論》

「真正的藝術家，總是冒著危險，去推倒一切既存的偏見，而表現他自己所想到的東西。」

— 〔法〕羅丹《羅丹藝術論》

「對偉大的藝術家來說，自然中的一切，都具有性格——這是因為他的堅決而直率的觀察，能看透事物所蘊藏的意義。」

— 〔法〕羅丹《羅丹藝術論》

「凡人呼吸，藝術家吐納。」

— 〔法〕雨果《論文學》

「一個藝術家，一旦把別人當作自己的模型，那他就完了。」

— 〔西〕畢加索《二十世紀藝術家論藝術》

「要把某種特殊類型的政治思想、或政治詞句，強加給藝術家，固然是絕對錯誤，令人厭惡；但是藝術家自己強烈的感情傾向，卻常常產生出真正偉大的藝術作品。」

　　　　　　　　　　　—〔美〕愛因斯坦《藝術和政治》

「每個重要的、有才能的劇作家，都不能不注意莎士比亞，都不能不研究他。一研究他，就會認識到莎士比亞，已把全部人性的各種傾向，無論在高度上還是在深度上，都描寫得竭盡了。」

　　　　　　　　　　　—〔德〕歌德《歌德談話錄》

「我通過劇本，來提高演員。因為不斷研究和運用卓越的劇本，必然會把一個人訓練成材，只要他不是天生的廢品。」

　　　　　　　　　　　—〔德〕歌德《歌德談話錄》

「一個偉大的戲劇體詩人，如果同時具有創造才能，和內在的強烈而高尚的思想情感，並把它滲透到他的全部作品裡，就可以使他劇本中所表現的靈魂，變成民族的靈魂。」

　　　　　　　　　　—〔德〕歌德式歌德談話錄》

「我們都驚讚古希臘的悲劇，不過用正確的觀點來看，我們更應驚讚的是，使它可能產生的那個時代和那個民族，而不是一些個別的作家。」

　　　　　　　　　　　—〔德〕歌德《歌德談話錄》

「常言道，萬事開頭難。但是，在戲劇這一行，這話的反面才是正確的：萬事收尾難。」

　　　　　　—〔德〕叔本華《意欲與人生之間的痛苦》

「戲劇，無論在內容上還是在形式上，都要形成最完美的整體，所以應該看成詩、乃至一般藝術的最高層。」

— 〔德〕黑格爾《美學》

「最好的戲劇，也不過是人生的縮影。」

— 〔英〕莎士比亞《仲夏夜之夢》

「戲劇是完備的詩。短歌和史詩中，只具有戲劇的萌芽，而戲劇中卻有充分發展的短歌和史詩，它概括了它們，包括了它們。」

— 〔法〕雨果《論文學》

「建築無論在內容上，還是在表現方式上，都是道地的象徵型藝術。」

— 〔德〕黑格爾《美學》

「美，就像這個世界的太陽光一樣，是永遠不滅的。」

— 〔丹麥〕安徒生《鄰居們》

「美是不能制訂規範的，創造它的常常是機遇，而不是公式。」

— 〔英〕培根《論美》

「美，就是理念的感性顯現。」

— 〔德〕黑格爾《美學》

「理解力總是困在有限的、片面的、不真實的事物裡。美本身卻是無限的，自由的。」

— 〔德〕黑格爾《美學》

「藝術哲學的主要任務，就在於憑思考去理解：這種充實的內容，

和它的美的表現方式，究竟是什麼？」

—〔德〕黑格爾《美學》

「美沒有明顯的用處，也不要刻意的修養。但文明不能沒有它。」

—〔奧〕弗洛伊德《弗洛伊德談美文選》

「藝術家是自然的情人；所以，它是自然的奴隸，也是自然的主人。」

—〔印〕泰戈爾

「真正的藝術，應該產生於創造力豐富的藝術家，心中有那股不可抑制的激情。」

—愛因斯坦

「藝術是以最簡單的形式，表達出來的最深奧思想。」

—愛因斯坦

【馮註】本項名言，也能以「詩」做為代表。所以，方東美先生常引懷海德（A.N. Whitehead）名言「偉大的哲學，即偉大的詩。」名美學家桑地亞那（G. Santayana）也有此說，足證詩與藝術的精神，可以完全相通。

「沒有任何美好的東西，不需耗費精力。」

—〔英〕葉慈

【馮註】葉慈（William Battles, Yeats, 1865-1939）名詩人，愛爾蘭文藝復興運動的指標性人物，曾獲 1923 年諾貝爾文學獎，以表彰「他那些始終充滿靈感的詩，透過高度的藝術形式，展現了整個民族的精

神。」

「文藝，也是生活中的必需品。」

—〔英〕蕭伯納

「戲劇不是為了消遣，而是為了教育與宣傳。」

—〔英〕蕭伯納

「藝術家的使命，是正直地同讀者談話，向世人說出真理——有時是嚴峻的，但永遠是勇敢的真理。」

—〔俄〕蕭洛霍夫

「藝術具有影響人的智慧、和心靈的偉大力量；而只有把這一力量，運用於創造人類靈魂中的美，和造福於人類的人，才有權被稱做藝術家。」

—〔俄〕蕭洛霍夫

「不應當忘記，作家應該直截了當地對讀者講真話，無論講出真話是多麼痛苦。評價一部份藝術作品，首先要著眼於它的真實性與說服力。」

—〔俄〕蕭洛霍夫

「我期望我的書，能幫助世人變得更好，心靈更純潔，能喚起對人的愛，喚起積極為人道主義、和人類進步理想而奮鬥的志向。如果我在某種程度上，已經做到了這一點，我就是幸福的。」

—〔俄〕蕭洛霍夫

「藝術，能為我們心靈，打開黑暗堅硬的外殼，通往更精純的精神

境界。」

——〔俄〕索忍尼辛

「一個作家的任務，就是要涉及人類心靈和良心的秘密，涉及生與死之間衝突的秘密，涉及戰勝精神痛苦的秘密，涉及那些全人類都適用的規律——這些規律，產生於數千年前無法追憶的深處，直到太陽毀滅時才會消失。」

——〔俄〕索忍尼辛

【馮註】索忍尼辛（Altkandr Solzhentsyn），俄國大文豪，因為批評史達林，1945 年被迫害流放，1956 年才恢復名譽，並且開始寫作。

　1962 年出版《伊凡的一天》，很多其他作品被禁，但仍以堅忍不拔的毅力，繼續為人道奮鬥；因其「在追求俄羅斯文學不可或缺的傳統時，所具有的道德力量」，在 1970 年獲得諾貝爾文學獎；唯因政治壓力未能前往領獎，後來曾到哈佛演講，廣受敬重，也曾到台灣訪問，演講生動感人。其代表作還有《癌症病房》，《古拉格群島》等。

「藝術，能使人打破個人經歷的局限，而接受他人經驗的影響，這就是藝術中蘊藏的奇異力量。」

——〔俄〕索忍尼辛

「傻瓜好為人師，聰明人甘為學生。」

——〔俄〕索忍尼辛

「生命最長久的人，並不是活得最久的人。」

——〔俄〕索忍尼辛

「童年，畢竟是藝術創作者，所能汲取的最純潔源泉。」

　　　　　　　　　　　　　　　　　　　—〔英〕懷特

「唯一能產生優秀作品的方式，是艱苦的工作。」

　　　　　　　　　　　　　　　　　　　—〔波蘭〕辛格

「真正的藝術家，應該振奮讀者的精神，給讀者提供一個消遣和避難的所在。」

　　　　　　　　　　　　　　　　　　　—〔波蘭〕辛格

「也許，有才能又敏感的人，才能拯救文化；說不定藝術家，也具有先知的才智。」

　　　　　　　　　　　　　　　　　　　—〔波蘭〕辛格

「一般地說，我們都不應把畫家的筆墨、或詩人的語言，看得太死、太窄狹。一件藝術作品，是自由大膽的精神創造出來的，我們也就應盡可能地用自由大膽的精神，去觀照與欣賞。」

　　　　　　　　　　　　　　—〔德〕歌德《歌德談話錄》

「希臘的雕刻，生命使它們跳動的肌肉，顯得靈活而溫暖；至於學院派藝術的脆弱玩偶，死亡使它們顯得冰冷。」

　　　　　　　　　　　　　　—〔法〕羅丹《羅丹藝術論》

「如果藝術家像照相所能做到的一樣，只畫出一些浮面的線條，如果他一模一樣地記錄出臉上的紋路，卻不能和性格聯繫起來，那麼他絲毫不配受人的讚美。應該獲得的肖似，是靈魂的肖似——只有這種肖似是唯一重要的。雕塑家或畫家，應當通過面貌去探索的，就是這種靈魂的肖似。」

—〔法〕羅丹《羅丹藝術倫》

「我把一幅藝術品,看作是期望的結果,通常是作者本人所意識不到的期望。這就像信鴿,必然會飛回鴿棚一樣。期望是智力的先導。」

—〔西〕畢加索《二十世紀藝術家論藝術》

「一個畫家告訴我,沒有一個人能畫一棵樹,除非他先多少成為一棵樹。」

—〔美〕愛默森《歷史》,《愛默森文選》

「音樂,是任何地方都可以理解的,真正的普遍性語言。」

—〔德〕叔本華《意欲與人生之間的痛苦》

「要評判美,就要有一個有修養的心靈。」

—〔德〕黑格爾《美學》

「外貌只能炫耀一時,
　真美方能百世不減。」

—〔德〕歌德《浮士德》

「在一個民族裡,審美修養的高度發展和廣大普及,是與政治自由和公民美德攜手並進的;美的習俗,也是與善的習俗,共同攜手並進的。」

—〔德〕席勒《審美教育書簡》第 53 頁

「只有做為一種審美對象,人生和世界才顯得是有充足理由的。」

—〔德〕尼采《悲劇的誕生》

「『美』的判斷是否成立，和緣何成立，這是一個人或一個民族的力量問題。」

　　　　　　　　　　　　——〔德〕尼采《悲劇的誕生》

「只要有熱心和才能，就能養成一種審美能力；有了審美的能力，一個人的心靈就能在不知不覺中，接受各種美的觀念，並且最後接受，能與美的觀念相聯繫的道德觀念。」

　　　　　　　　　　——〔法〕盧梭《愛彌兒——論教育》

「美，是到處都有的；對於我們的眼睛，不是缺少美，而是缺少發現。」

　　　　　　　　　　　　——〔法〕羅丹《羅丹倫藝術》

「我憑上帝給我的頭腦，知道美的東西都可愛。」

　　　　　　　　　　　——〔西〕塞萬提斯《唐吉訶德》

「凡是真的、善的和美的事物，不管它們外表如何，都是簡單的，並且還總是相似的。」

　　　　　　　　——〔德〕歌德《歌德的格言和感想集》

「有史以來，哲學家和藝術家，就表明他們是致力於把真和美，注入眾生的心靈深處。哲學家與藝術家不可摧毀的生命力，都在奮鬥中，勝利地向上昂揚發展。」

　　　　　　　　　　——〔德〕席勒《審美教育書簡》

「作品的善，在於思想；美則在於詞章的雕飾。」

　　　　　　　　　　　　——〔意〕但丁《筵席》

「在學習、和追求真與美的領域中，我們可以永保赤子之心。」

—〔美〕愛因斯坦《愛因斯坦談人生》

「創造美就是藝術。」

—愛默生《論美》

「崇高，使我們凌駕於世界之上。」

—〔美〕桑塔耶納《美感》

「既然災難不可避免，既然人生不能虛耗，精神振作的人，就有一種崇高的意境；當他陷入困境之際，他能高瞻遠矚，彷彿從另一個世界，來靜觀事變。」

—〔美〕桑塔耶納《美感》

「志於道，據於德，依於仁，游於藝。」

—孔子《論語》

「充實之謂美。」

—《孟子·盡心下》

「不全不粹之不足以為美。」

—《荀子·勸學》

「聖人者原天地之美，而達萬物之理。」

—莊子

「溫柔敦厚，詩教也。」

—《禮記·經解》

「天地有大美而不言，四時有明法而不議，萬物有成理而不說。」

一《莊子·知北遊》

「水之積也不厚，則負大舟也無力，置杯水於拗堂之上，則芥為之舟，置杯焉則膠，水淺而舟大也。風之積也不厚，則其負大翼也無力。故九萬里，則風斯在下矣，而後乃今培風。」

一莊子《逍遙遊》

「真者，精誠之至也。不精不誠，不能動人。」

一《莊子·漁父》

「樸素而天下莫能與之爭美。」

一《莊子·天道》

「大樂與天地同和。」

一禮記《樂記》

「陰陽相摩，天地相盪，鼓之以雷霆，奮之以風雨，動之以四時，煖之以日月，而百化興焉。如此，則樂者天地之和也。」

一禮記《樂記》

「道統書源，匪不相通。」

一項穆《書法雅言》

「君子以鐘鼓道志，以琴瑟樂心。」

一〔戰國〕《荀子·樂論》

「聲樂之入人也深，其感人也速。」

一〔戰國〕《荀子·樂論》

「其曲彌高，其和彌寡。」

—〔戰國〕宋玉《對楚王問》

「情動於中而形於言，言之不足，故嗟嘆之；嗟嘆之不足，故詠歌
之；詠歌之不足，不知手之舞之足蹈之也。」

—《詩大序》

「堯、舜、禹、周皆為聖人也，獨孔子為聖之大成，史、李、蔡、
杜皆書祖也，唯右軍為書之正鵠。」

—項穆《書法雅言》

【馮註】中國將書法當藝術，為全世界特有的文化，尤其將書法與
道統融為一體，並與修身養性融為一體，更為世界文明史中，空前
唯一的特例，深值比較文化史的研究者重視。

「評鑑書蹟，要訣何在？溫而厲，威而不猛，恭而安，宣尼德性，
氣質渾然，中和氣象也。」

—項穆《書法雅言》

「書之為功，同流天地，翼衛教經者也。」

—項穆《書法雅言》

「論書如論相，觀書如觀人。」

—項穆《書法雅言》

「人由心正，書由筆正，即《詩》云思無邪，《禮》曰毋不敬。書
法大旨，一語括之矣。」

—項穆《書法雅言》

「心正則筆正。」

　　　　　　　　　　　　　　　　　　　　　—〔唐〕柳公權

「詩總六義，風冠其首，斯乃化成之本源，志氣之符契也。」

　　　　　　　　　　　　　　　—劉勰《文心雕龍·風骨篇》

「道沿聖以垂文，聖因文而明道。」

　　　　　　　　　　　　　　　　　　—劉勰《文心雕龍》

【馮註】《文心雕龍》為我國最偉大的文學理論、與文學批評鉅著，深深代表中華文化「先器識後文藝」的偉大傳統；舉凡「原道」，「宗經」、「申論」、「風骨」，「養氣」等，均已形成中華文化精神特色，深值今後重視與發揚。

「書，心畫也。」

　　　　　　　　　　　　　　　　—揚雄《法言·問神》

「凡畫，人最難，次山水，次狗馬。」

　　　　　　　　　　　　　　　　　—蔡邕《筆論》

「傳神寫照，正在阿堵中。」

　　　　　　　　　　　　　—〔晉〕顧愷之《論畫》

「屈曲真草，皆盡一身之力而送之。」

　　　　　　　　—〔晉〕王羲之《題衛夫人〈筆陣圖〉後》

「一點失所，若美人之一目：一面失節，如壯士之折一肱。」

　　　　　　　　　—〔晉〕王羲之《筆勢論十二章》

「大凡學書，指欲實，掌欲虛，管欲直，心欲圓。」

　　　　　　　　　　—〔唐〕李世民《論執筆法》

「深識書者，惟觀神彩，不見字形。」

　　　　　　　　　　　—〔唐〕張懷瓘《文字論》

「攬彼造化力，持為我神通！」

　　　　　　　　　　　　　—〔唐〕李白

「文章千古事，得失寸心知。」

　　　　　　　　　　　　—〔唐〕杜甫《偶題》

「咫尺之圖，寫百千里之景。東西南北，宛爾目前；春夏秋冬，生於筆下。」

　　　　　　　　　　　—〔唐〕王維《畫學秘訣》

「外師造化，中得心源。」

　　　　　　　　　—〔唐〕張彥遠《歷代名畫記》

「夫運思揮毫，自以為畫，則愈失於畫矣；運思揮毫，意不在於畫，故得於畫矣。」

　　　　　　　　　—〔唐〕張彥遠《歷代名畫記》

「肇自然之性，而達造化之功。」

　　　　　　　　　　　　　—〔唐〕王維

「大率直書如立，行書如行，草書如走。」

　　　　　　　　　—〔唐〕張懷瓘《六體書論》

「風神骨氣者居上，妍美功用者居下。」

　　　　　　　　　　—〔唐〕張懷瓘《書斷》

「點畫皆有筋骨，字體自然雄媚。」

　　　　　　　　　　　　——〔唐〕顏真卿《述張長史筆法十二意》

「臣自有師，今階囚下廄馬，皆臣師也。」

　　　　　　　　　　　　　　　　　　——〔唐〕韓愈

「韓幹畫馬，筆端有神。」

　　　　　　　　　　　　　　　——〔唐〕杜甫《畫馬贊》

「丹青難寫是精神。」

　　　　　　　　　　　　　　——〔宋〕王安石《讀史》

「畫竹必先得成竹於胸中，執筆熟視，乃見其所欲畫者，急起從之，振筆直遂，以追其所見，如兔起鶻落，少縱則逝矣。」

　　　　　　　　——〔宋〕蘇軾《文與可畫篔簹穀偃竹記》

「非人磨墨，墨磨人。」

　　　　　　——〔宋〕蘇軾《次韻答舒教授觀余所藏墨》

「畫之為用大矣，盈天地之間者萬物，悉皆含毫運思，曲盡其能，而其所以曲盡其能者，止一法耳，一法何也？曰傳神而已！……故畫法以氣韻生動為第一。」

　　　　　　　　——〔宋〕鄧椿《畫繼學律對樂本》

「余之竹，聊以寫胸中逸氣焉耳，豈復較其似與非，葉之繁與疏，枝之斜與直哉！」

　　　　　　　　　　　　　　　——〔元〕倪雲林

「貴有古意，若無古意，雖工無意。」

　　　　　　　　　　　　　　　——〔元〕趙孟頫

「畫品全法氣韻生動，不求物趣，以得天趣為高。」

— 〔明〕屠隆《畫籤》

「畫家以神品為宗極，凡一有以逸品加於神品之上者，出於自然而後神也。」

— 〔明〕董其昌《畫旨》

「以形作畫，以畫寫形，理在畫中。」

— 〔明〕石濤《大滌子題畫詩跋》

「古人寄興於筆墨……因有蒙養之功，生活之操，……以墨運觀之，則受蒙養之任，……以筆操觀之，則受生活之任，……然則此任者，誠蒙養生活之理。」

— 〔明〕石濤《畫語錄》

「詩中畫，性情中來者也，則畫不是可擬張擬李而後作詩。畫中詩，境趣時生者也，則詩不是便生吞活剝而後作畫。」
「夫畫，天下變通之大法也，山川形勢之精英也，古今造物之陶冶也，陰陽氣度之流行也，借筆墨以寫天地萬物而陶泳乎我也。」

— 〔明〕石濤

「山川使予代山川而言也，山川脫胎於予也，予脫胎於山川也。……山川與予神遇而跡化也。」

— 〔明〕石濤

「畫人物是傳神，畫花鳥是寫生，畫山水是留影。」

— 〔明〕唐志契《繪事微言》

「凡畫山水，最要得山水性情，……自然山情即我情，山性即我性，而落筆不生軟矣。……自然水情即我情，水性即我性，落筆不板滯矣。」

—〔明〕唐志契《繪事微言》

「讀萬卷書，行萬里路。胸中脫去塵濁，自然邱壑內營，成立鄞鄂，隨手寫出，皆為山水傳神！」

—〔明〕董其昌

「學畫所以養性情，且可滌煩襟，破孤悶，釋躁心，迎靜氣。」

—〔清〕王昱《東莊論畫》

「畫山水，貴乎氣韻，氣韻者非雲煙霧靄也，是天地間之真氣。」

—〔清〕唐岱《繪事發微》

「吾作山水樹石，不知所謂陰陽向背也，得物之天也。」

—〔清〕黃崇惺《草心樓讀畫集》

「胸中具上下千古之思，腕下具縱橫萬里之勢，立身畫外，存心畫中，潑墨揮毫，皆成天趣。讀書之功，焉可少哉！」

—〔清〕唐岱《繪事發微》

「其實胸中之竹，並不是眼中之竹也。因而磨墨展紙，落筆倏作變相，手中之竹又不是胸中之竹也。」

—〔清〕鄭燮《題畫》

「學畫者先貴立品，立品之人，筆墨外自有一種正大光明之概，否則畫雖可觀，卻有一種不正之氣，隱躍毛端。文如其人，畫亦有

然。」

—〔清〕王昱《東莊論畫》

「畫有邪正，筆力遒直透紙背，形貌古樸，神彩煥發，有高視闊步、旁若無人之概，斯為正派大家。若格外好奇，詭僻狂怪，徒教驚心炫目，輒謂自立門戶，實乃邪魔外道也。初學見識不定，誤入其中，莫可救藥，可不慎哉！」

—〔清〕王昱《東莊論畫》

「學畫所以養性情……昔人謂山水家多壽，蓋煙雲供養，眼前無非生機。」

—〔清〕王昱《東莊論畫》

「畫家寫意，必須有意到筆不到處，方稱逸品。畫梅者若枝枝相連，朵朵相連，墨蹟沾紙，筆筆送到，則刻實板滯，無足取矣。」

—〔清〕查禮《題畫梅》

「一望即了，書法所忌，花卉人物家最易犯此病。然所以不了者，其訣在趣味深長，精神完固，非細密之謂也。山水家祕寶，止此『不了』兩字。」

—邵梅臣

「氣韻生動，出於天成，人莫窺其巧也，謂之神品；筆墨超絕，傳染得宜，意趣有餘者，謂之妙品。得其形似而不失規矩者，謂之能品。」

—〔清〕夏文彥

「作畫以理、氣、趣，兼到為重；非是三者，不入精妙神逸之品，

故必於平中求奇，綿裡有針，虛實相生。」

—〔清〕王原祁《雨窗漫筆》

「筆墨一道，同乎性清，非高曠中有真摯，則性情終不出也。」

—〔清〕王原祁

「聲音一道，未嘗不與畫通。音之清濁，猶畫之氣韻也。音之品節，猶畫之間架也。音之出落，猶畫之筆墨也。」

—〔清〕王原祁《麓台題畫稿》

「氣韻藏在筆墨，筆墨都成氣韻。」

—惲格

「氣韻有發於筆者，有發於墨者，有發於意者，有發於無意者。」

—〔清〕張庚《圖畫精意識》

「詞以境界為最上，有境界則自成高格，自有名句。」

—王國維《人間詞話》

「詩詞者，物之不得其平而鳴者也。」

—王國維《人間詞話》

「古今之成大事業、大學問者，必須經過三種境界：
『昨夜西風凋碧樹，獨上高樓，望盡天涯路』，此第一境界也。
『衣帶漸寬終不悔，為伊消得人憔悴』此第二境界也。
『眾裡尋他千百度，驀然回首，那人卻在燈火闌珊處』，此第三境界也。」

—王國維《人間詞話》

「詩人對宇宙人生須入乎其內，又須出乎其外……入乎其內，故有生氣，出乎其外，故有高致。」

—王國維《人間詞話》

「政治家的眼，域於一人一事；詩人之眼，則通古今而觀之。」

—王國維《人間詞話》

「元曲之佳處何在？一言以蔽之，曰自然而已。古今之大事業，無不以自然勝，而莫著於元曲。」

—王國維《人間詞話》

「三代以下之詩人，無過於屈子、淵明、子美、子瞻者。比四子者，可無文學之天才，其人格亦自足千古。故無高尚偉大者之人格，而有高尚偉大之文學者，殆未之有也。」

—王國維《文學小言》

「作畫，妙在似與不似之間，太似則媚俗，不似為欺世。」

—齊白石

「學我者生，似我者死。」

—齊白石

「作畫如欲脫俗氣，洗浮氣，第一是讀書，第二是多讀書，第三是須有系統，有選擇地讀書。」

—張大千

「一個成功的畫家，畫的技能已達到化境，也就沒有固定的畫法能夠拘束他，限制他。」

・人生哲學名言論集・

一張大千

「孔子與儒家視宇宙人生為充滿純美的太和境界，所以對藝術傳統特別注重。在論語中，孔子便曾告訴門生『志於道，據於德，依於仁，游於藝。』」

一方東美《中國人生哲學》

「一切藝術，都是從體貼生命之偉大處得來的，我認為這是所有中國藝術的基本原則；甚至在中國佛教的雕塑、壁畫與繪畫，也不例外。」

一方東美《中國人生哲學》

「中國藝術的通性，乃在表現盎然的生意。」

一方東美《中國人生哲學》

「中國藝術所關切的，主要是生命之美。」

一方東美《中國人生哲學》

「道家在出發的時候，就是破有限，入無窮；然後在無窮空靈的境界裡面縱橫馳騁。就中國哲學家的藝術才能看起來，我們可以說道家遠超過墨家，甚至於超過儒家。」

一方東美《中國人生哲學》

「在藝術欣賞上，一定要有解脫的精神。所謂解脫的精神，是把人間世一切善惡的觀念觀察了之後，再超脫解放，層層的向上面追求美之外更美的，善之外更善的，真之外更真的。」

一方東美《全集》

・444・

「真正哲學家觀照宇宙的方法要『全而歸之』，也就是把宇宙萬象紛歧的狀態，拿哲學家最高的智慧精神統攝起來，這也就是中國藝術家的精神：『提其神於太虛而俯之』。」

一方東美《全集》

「要瞭解一個大哲學家，不只須要有才情，也須要有大氣魄、大心胸，更要有開放的自由精神，才能夠同一個大哲學家的精神相應，才能夠瞭解這個創造性的思想家。要瞭解這一點，我們才可以把莊子寓言篇裏的『卮言』去掉，從『重言』起，再把所謂『荒唐之言，無端崖之辭』，化為『大言炎炎』，把它當作哲學上的偉大真理。然後才能欣賞讚嘆，也才能夠『原天地之美，以達萬物之理』，把握住統合性的整體真理。」

一方東美《全集》

「天地之大美，即在普遍生命之流行變化，創造不息。」

一方東美《全集》

「以美育代宗教。」

一蔡元培

「歷史者，記載已往社會之現象，以垂示將來者也。吾人讀歷史而得古人之知識，據以為基本，而益加研究，此人類知識之所以進步也；吾人讀歷史而知古人之行為，辨其是非，研其成敗，法是與成者，而戒其非與敗者，此人類道德與事業之所以進步也；是歷史之益也。」

一蔡元培《華工學校講義》，《蔡元培美學文選》

「審美觀念是隨著修養而進步的，修養愈深，審美程度愈高。」

　　　　　　　　　　　　—蔡元培《蔡元培美育論集》

「善離了真，不免以惡為善；離了美，不免見善而不行。」

　　　　　　　　　　　　—蔡元培《蔡元培美育論集》

「哲學求真、道德或宗教求善，介乎二者之間，表達我們情緒中的深境，和實現人格和諧的，是『美』。」

　　　　　　—宗白華《論文藝的空靈與充實》，《美學散步》

「藝術家以心靈映射萬象，代山川而立言，他所表現的，是主觀的生命情調與客觀的自然景象交融互滲，成就一個鳶飛魚躍、活潑玲瓏、淵然而深的靈境；這靈境，就是構成藝術之所以為藝術的『意境』。」

　　　　　　　　　　　　　　　—宗白華《美學散步》

「藝術趣味的培養，有賴於傳統文化藝術的滋養。」

　　　　　　　　　　　　　　　　—宗白華《藝境》

「美感經驗，是一種極端的聚精會神的心理狀態。」

　　　　　　　　　　　　　　—朱光潛《文藝心理學》

「美感經驗的特徵，就在物我兩忘。」

　　　　　　　　　　　　　　—朱光潛《文藝心理學》

「凡是美，都要經過心靈的創造。」

　　　　　　　　　　　　　　—朱光潛《文藝心理學》

「美感經驗，就是形象的直覺。」

—朱光潛《文藝心理學》

「美和實際人生，有一個距離，要見出事物本身的美，須把它擺在
適當的距離之外去看。」

—朱光潛《談美》

「喜氣溢門楣，如何慘殺戮；

　惟欲家人歡，那管眾生哭！」

—弘一大師

【馮註】本詩為弘一大師豐子愷《護生畫集》所作詩品，意指世人
喜宴，經常殺生為慶，卻忘記設身處地，將心比心，為被害的牲畜
著想。在詩品中充滿慈悲為懷的仁心，堪稱文以載仁的例證。

　　另外，豐子愷在民國廿八年，結束其「藝術教育」課程時，曾
經特選荀門《樂記》三節，做為結論；他強調，授課十六講，歸納
不外三語：

　　「藝術心」——廣大同情心（萬物一體）；

　　「藝術」——心為主，技為從（善巧兼備），

　　「藝術教育」——藝術精神的應用（溫柔敦厚、文質彬彬）。

他最後並謂「以樂記結束者，亦是表明此要旨之意。」很有深意在
內，深值領悟與力行。

「對於自然美的真實愛護心，尤為美的教育上的要務。自然是美的
源泉、藝術的源泉、亦可說是人生的源泉。」

—豐子愷

「勿與照相機爭功。」

一李可染

【馮註】這是大陸名畫家李可染的生前名言，代表真正繪畫，要能傳其神韻，不只求其形似，所以不必與照相機爭功，而要表現出天地間的盎然生機；這與李白所說「攬彼造化力，化為我神通」很相通。當然，如郎靜山大師，能將照相與山水藝術融合一體，用其藝術家心靈，重新詮釋照片中的山水，本身又創造了新藝術，便應另當別論。

「我堅信情感比理智重要，要洗刷人心，並非幾句道德家言所可了事，一定要從『怡情養性』做起，一定要於飽食暖衣、高官厚祿等等之外，別有較高尚、較純潔的企求。要求人心淨化，先要求人生美化。」

一朱光潛《說美》

「人性本來是多方的，需要也是多方的。真善美三者俱備，也才可以算是完全的人。」

一朱光潛《說美》

「有審美的眼睛，才能見到美。」

一朱光潛《說美》

「偉大的藝術，也不必有偉大的時代做背景，席勒和歌德的時候，德國還是一個沒有統一的紛亂國家。」

一朱光潛《說美》

「在固定的遺傳和環境之下，個人還有努力的餘地。」

一朱光潛《說美》

「藝術家在寫切身的情感時，都不能同時在這種情感中過活，必定把它加以客觀化，必定由站在主位的嘗受者，退為站在客位的觀賞者。」

一朱光潛《說美》

「一篇生命史就是一種作品，從倫理的觀點看，它有善惡的分別，從藝術的觀點看，它有美醜的分別。」

一朱光潛《說美》

「偉大的人生和偉大的藝術，都要同時並有嚴肅與豁達之勝。」

一朱光潛《說美》

「人心之壞，由於『未能免俗』，『俗』，無非是缺乏美感的修養。」

一朱光潛《說美》

「人要有出世的精神，才可以做入世的事業。……偉大的事業都出於宏遠的眼界，和豁達的胸襟。」

一朱光潛《說美》

「文學是民族的表徵，是一切社會活動留在紙上的影子；無論詩歌、小說、音樂、繪畫、雕刻，都可以左右民族思想的。他能激發民族精神，也能使民族精神趨於消沉。」

一宗白華《美學散步》

「把我國的文學史來看：在漢唐的詩歌裏，都有一種悲壯的胡笳意味和出塞從軍的壯志，而事實上證明漢唐的民族勢力極強。」

一宗白華《美學散步》

「初唐詩人的壯志，都具有併吞四海之志，投筆從戎，立功塞外，他們都在做著這樣悲壯之夢，他們的意志是堅決的，他們的思想是愛國主義的，這樣的詩人才可稱為『真正的民眾喇叭手』！中唐詩人的慷慨激昂，亦大有拔劍起舞之概！」

一宗白華《美學散步》

「看吧！唐代的詩人怎樣的具著『民族自信力』，一致地鼓吹民族精神！」

一宗白華《美學散步》

【馮註】上述各均出自一代美學宗師宗白華先生（1897-1986），很能與羅家倫先生《新人生觀》相互呼應，亦即，一定要恢復唐以前的審美觀，才能帶動雄健進取的民族精神，激發國民奮發圖強的生命意志，從而達到振興中華的神聖偉業，至今仍然深具重大的啟發意義！

第九章　科學與管理

【導論】

　　科學幫助人生頭腦清楚，科學更幫助民生富裕；科學當然很重要，也是人類進步的必需品。

　　但是，科學不是一切，科學更不是上帝；人生還需人文關懷，也需宗教情操。愛因斯坦對此說得很好：

　　「科學與宗教好比鳥的雙翼，科學沒有宗教，只是跛子；宗教沒有科學，則是瞎子。」

　　因為，人類如果沒有科學，無法增加知識，自然無法進步，就如同跛子；另外，人類如果沒有宗教，無法充實靈性，無法看到人生真理，也會變成瞎子。

　　那麼，如何才能讓科學進步呢？

　　愛因斯坦講的很中肯：

　　「我沒有什麼特別才能，只不過喜歡追根究底，追究問題罷了。」

　　由此足證，人們要能追根究底，善於提出關鍵問題，就是科學本身進步的重要動力。

　　同樣情形，巴爾扎克也曾強調：

「問號，是打開任何科學大門的鑰匙。」

另外，科學哲學家柯恩（Thomas kuhn）講得也很中肯：

「科學的進步，來自正確的問題。」

所以說，學問、學問，就是「學」著發「問」；問題提得愈好，就愈能促成科學的反省、突破、與進步。而且，小扣則小鳴，大扣則大鳴，不扣則不鳴；在科學發展上，更是如此。

尤其，科學愈加進步，愈需要緊記本身的目的，才能真正造福人群。

大科學家伽利略，對此說得很中肯，值得科學家們重視：

「科學的唯一目的，就是減輕人類生存的苦難，科學家應為大多數人著想。」

另外，科學化的管理，近年也已成為世界顯學；其終極目的不在為私人賺錢，同樣在造福人群。

因此，如何促進企業界能夠改進管理、增進效能，能造福更多人群，也成為重要的世界性問題。

在中外企業家內，王永慶被公認「台灣經營之神」，李嘉誠被稱為香港「經營之王」，還有台灣首富郭台銘等人，他們對科學管理的經驗，均有很多值得借鏡之處。

例如，王永慶一生特別強調自立更生，他經常提醒員工：

「一個人必須有志氣，做什麼事情，都不能先存有依靠他人幫忙的想法。」

這種自立自強的精神，至今仍然對兩岸都深具重要的啟發性。

尤其，王永慶警告大家：「技術可以用金錢買到，但是企業經營管理，是錢買不到的。」這種深刻的遠見，至今對於兩岸，都同

樣深具警惕性。

另外，王永慶雖然對事很嚴格，但對人很尊重，如果會議中有一個人聽不懂台語（閩南語），他便絕不會用台語說話；雖然他的國語不好，但仍會努力使用，他告訴部屬：「這是對人的尊重」，這種親切與體貼的風範，也非常令人感佩。

所以，2008 年 10 月，當王永慶到美國巡視公司業務時，因病深夜猝逝，海內外華人均深感哀悼。

尤其，王永慶明知身體不適合遠行，但因美國發生金融風暴，他必須親自前往，穩定公司軍心，所以不辭辛勞，風塵僕僕，親赴紐約，以慰問員工，並且加油打氣。

郭台銘深知這種心情，所以，當他聽到王永慶到美國，連夜召開會議，當晚不幸猝逝時，很感慨的指出：「真正英雄勇士，總是戰死在沙場上！」

他以此比喻，王永慶親赴沙場的奮戰精神，鞠躬盡瘁，死而後己，的確寓意深遠，生動而又悲壯！

後來，郭台銘是用跪拜大禮，向王永慶靈位致敬，也可看出「英雄惜英雄」的心意。此中深意，很值得大家深入體認。

除此之外，香港的李嘉誠，總結他五十年的經濟哲學，也曾特別強調：

「成功不能靠幸運，而是要靠奮鬥，只有奮鬥才能成功，而且這種成功，才是最有意義的事情。」

郭台銘也深具同樣的奮鬥精神，所以能夠成為台灣首富；他就曾經強調：

「過程愈艱苦，結果就愈甜蜜，實踐需要恆心與毅力。」

　　事實上，西方與中國大陸很多成功的企業家，也有很多重要經驗，非常發人深省，值得重視。

　　例如，猶太企業家的聖經《塔木德》，就曾強調：

　　「即使面臨強敵也要戰鬥，生命不息，戰鬥不止！」

　　這種奮鬥不息、戰鬥不止的精神，就形成了猶太企業家的成功哲學。

　　同樣情形，大陸成功的企業家阿里巴巴公司創辦人馬雲，也曾語重心長的指出：

　　「我們需要一個對手；如果沒有了對手，我們還玩什麼呢？」

　　這種永保「敵情觀念」的競爭精神，正是從前成吉思汗成功的秘訣，也是今後企業競爭成功的關鍵，深深值得大家警惕！

　　所以本篇內容，收集很多中外大科學家、與大企業家的名言警句；他們的智慧光芒與奮鬥精神，可以讓人生充滿陽光，並且讓世界充滿希望，深深值得大家共同領悟與力行！

―――――――――＊―――――――＊―――――――＊―――――――

「一切崇高科學之目的，都是引導人們丟掉惡習，並使他們的理性更加完美。」

―〔波〕哥白尼

「科學的唯一目的，是減輕人類生存的苦難，科學家應為大多數人著想。」

―〔意〕伽利略

「如果科學家們被權力所嚇倒，科學就會變成一個軟骨病人。」

—〔意〕伽利略

「真理就是具備這樣的力量，你越是想要攻擊它，你的攻擊就愈加充實了它，和證明了它。」

　　　　—伽利略《關於托勒密哥白尼兩大世界體系的對話》

「真正的科學家，應當是個幻想家，誰不是幻想家，誰就只能把自己稱為實踐家。」

　　　　　　　　　　　　　　　　　—〔法〕巴爾扎克

「問號，是打開任何科學大門的鑰匙。」

　　　　　　　　　　　　　　　　　—〔法〕巴爾扎克

「熱愛科學就是熱愛真理，因此，誠實是科學家的主要美德。」

　　　　　　　　　　　　　　　　　—〔德〕費爾巴哈

「真正的思想家、科學家，既是為了服務人類，同時也是為了服務真理。」

　　　　　　　　　　　　　　　　　—〔德〕費爾巴哈

「什麼知識最有價值？一致的答案就是科學。」

　　　　　　　　　　　　　—〔英〕史賓賽《教育論》

「科學沒有國界，科學家卻有國界。」

　　　　　—〔俄〕巴甫洛夫，轉引自《巴甫洛夫百年誕辰》

「掌握無論哪一種知識智力，都是有用的，它會把無用的東西拋開，而把好的東西留住。」

　　　　　　　　　　　　　—〔義〕達·芬奇《筆記》

「對全人類來說，只有一種共同利益，那就是科學的進步。」

　　　　　－〔法〕聖西門《一個日內瓦居民給當代人的信的復信》

「人只有靠教育才能成人，人完全是教育的成果。」

　　　　　　　　　　　　　　　－〔德〕康德《教育論》

「讀書使人充實，思考使人深邃，交談使人清醒。」

　　　　　　　　　　　　　　－〔美〕富蘭克林《格言歷書》

「讀一切好書，如同與以往時代最優秀的人們交談。」

　　　　　　　　　　　　　　　－〔法〕笛卡爾《方法談》

「人類之所以千差萬別，便是由於教育之故。」

　　　　　　　　　　　　－〔英〕約翰‧洛克《教育漫話》

「閱讀，是一項高尚的心智鍛鍊。」

　　　　　　　　　　　　－〔美〕梭羅《沃爾登‧閱讀》

「只有一副好腦筋不行，主要的是怎樣去好好利用它。」

　　　　　　　　　　　　　　　－〔法〕笛卡爾《方法談》

「一切偉大的科學理論，都意味著對未知的新征服。」

　　　　　　　　　　　　　　－〔英〕波普《猜想與反駁》

「科學已經成為我們文明中，一個不可缺少和最重要的部分，而科學工作，就意味著對文明的發展做出貢獻。」

　　　　　　　　　　　－〔德〕玻恩《我的一生和我的觀點》

「沒有科學理論來指導實踐，猶如航船行駛，沒有舵和指南針一樣。」

—〔德〕雅士培《什麼是教育》

「科學是對付狂熱和狂言，很有效的解毒劑。」

—〔英〕亞當史密斯《國富論》

「科學精神，拒絕接受沒有證據的事實事物。」

—〔英〕羅素《真與愛》

「科學和藝術屬於整個世界，在它們面前，民族的障礙都消失了。」

—〔德〕歌德《與一位德國歷史學家的談話》

「一切教育的最終目的，就是形成人格。」

—〔美〕杜威《教育論著述》

「教育不但能發展兒童與青年，並能發展將來的社會。」

—〔美〕杜威《民本主義與教育》

「科學最偉大的進步，是由嶄新大膽的想像力所帶來的。」

—〔美〕杜威

「教育的目的，應當是向人傳送生命的氣息。」

—〔印〕泰戈爾《泰戈爾評傳》

「真正的教育，不在於口訓，而在於實行。」

—〔法〕盧梭《愛彌兒》

「如果一個人只想着謀生度日，他的思想怎麼高尚得起來？」

—〔法〕盧梭《懺悔錄》

「所有偉大的真理，最初都被看作是大逆不道的謬論。」

—〔英〕蕭伯納《安娜簡斯卡》

「在我們中間，真理和自由最危險的敵人，便是人滿為患的大多數。」

—易卜生《國民公敵》

「真理往往在少數人一邊。」

—易卜生《國民公敵》

「堅持真理和熱愛自由的精神——這就是社會的棟樑。」

—易卜生《社會支柱》

「把大師們的繪畫，胡亂地堆在博物館裡，是一種災難；把一百個傑出的才智之士湊在一起，也會產生一個白痴。」

—〔瑞士〕榮格《書評》

「發明的深刻影響，往往在失去其新鮮感時，才獲得承認。」

—〔法〕柏格森《創造的進化》

「就主將而言，真正的智慧，乃在堅毅的決心。」

—〔法〕拿破崙《拿破崙兵法語錄》

「不可能這字，只有在愚人的字典裡，才可以翻出。」

—〔法〕拿破崙《我的童年》

「必須不斷地聽取他人的自我—這也就是所謂的讀書。」

—〔德〕尼采《瞧這個人》

「有一些讀書的技巧是有待學習的，而在今天，這些東西已經逐漸

為人淡忘了——那便是反芻。所以，如果你們真的想要閱讀我的著作，必須要花上一段不算短的時日才行。為此，讀者必得像牛反芻一樣，一再地閱讀才行，那種『現代人』式的匆匆瞄過，是不能真正了解書中真諦的。」

——〔德〕尼采《系譜·序》

「所謂天才，不過是在尋找更高的目標，和前往那裡的手段的人。」

——〔德〕尼采《人性的》

「『哲學家』是一種可怕的爆炸物，誰出現在它的面前，都可能飽受威脅——這是脫離康德的『反芻動物』，其他哲學教授所為它下的定義。包括康德在內的所有哲學家，對它仍無正確的概念。他們這群人的所作所為，都和哲學家之路背道而馳。」

——〔德〕尼采《瞧這個人·反時代的》

「連康德（Immanuel Kant）都不配被譽為哲學家，因為他缺乏為生活而活的那股衝勁，充其量不過是一個處在蛹中的人。」

——〔德〕尼采《瞧這個人·反時代的》

「哲學家不但是一位偉大的思想家，而且更要是一位『真實的人』。」

——〔德〕尼采《瞧這個人·反時代的》

「探索事物之始的眼光，是身為一位哲學家所必須具備的條件。」

——〔德〕尼采《反時代的》

「哲學家本來是指那些下命令的人，亦即指立法者而言。」

——〔德〕尼采《彼岸》

「智慧願我們勇敢、無憂、剛強，她是一個女人，永遠只愛著戰士。」

——〔德〕尼采《扎拉圖斯拉如是說》

「當我看見哲學、科學、宗教的歷史後，方才了解，所有普及於多數人的意見，且能充分迎合人類精神庸俗狀態的情勢，經常都會佔優勢。如此一來，那些以高度教養為理念的人，必需覺悟自己將會遭到多數人的反對。」

——歌德《箴言與省察》

「如果有一個物理學的教授，在他自著的物理學提要與圖表中，述說奧秘的自然與高於精神的要求，是無與倫比的東西，而學生們也都能充分地接受的話，那麼這位教授，應該是一位值得世人尊敬的教授。」

——歌德《箴言與省察》

「科學與藝術是一樣的。可以流傳、學習的部份，就是真實的部份，而無法流傳、學習的部份，也就變成了理想的部份。在科學的爭論方面，最重要的是，不要使多方面的問題流於空洞。」

——歌德《箴言與省察》

「在科學的範圍中，不容許神話及傳說的存在。如果能將神話與傳說，託付給受世人喜愛、對世間有功的詩人就好了；科學家只會將自己侷限在最淺近也最明確的『現在』。」

——歌德《箴言與省察》

「我不阿諛宗教或科學、與政治上的所有事情。但是，大膽地說出心裡想的事，卻經常讓我煩惱。」

—歌德《艾克曼·對話》

「我們不需要為了瞭解，天空為何到處都是藍藍的一片，而環遊世界一周。」

—歌德《箴言與省察》

「在科學思維中，常常伴著詩的因素。真正的科學和真正的音樂，要求同樣的想像過程。」

—〔德〕愛因斯坦

「科學是永無止境的，它是一個永恆之謎。」

—〔德〕愛因斯坦

「偉大的科學家和偉大的作曲家，兩者在這一點是相同的——他們都是偉大的詩人。」

—〔德〕愛因斯坦

「科學研究能破除迷信，因為它鼓勵人們根據因果關係，來思考和觀察事物。在一切比較高級的科學工作背後，必定有一種關於世界的合理性，或者可理解性的信念，這有點像是宗教的感情。」

—愛因斯坦《科學的真理》

「科學所創造的知識和方法，只是間接地有助於實用的目的，而且在很多情況下，還要等到幾代以後才見效。」

—愛因斯坦《科學的困境》

「相信世界在本質上，是有秩序的和可認識的這一信念，是一切科學工作的基礎。這種信念是建築在宗教感情上的。」

— 愛因斯坦《論科學》

「科學是一種強有力的工具。怎樣用它？究竟它是給人帶來幸福、還是帶來災難？全取決於人自己，而不取決於工具。刀子在人類生活上是有用的，但它也能用來殺人。」

— 愛因斯坦《科學與戰爭的關係》

「哲學家們創造才能的缺陷，常常表現在他們不是根據自己的觀點，來系統地說明對象，相反地，卻是借用其他作者的現成論斷，並且只想對他們進行批判或者評論。」

— 愛因斯坦《評溫特尼茨的「相對論與認識論」》

「本世紀初只有少數幾個科學家，具有哲學頭腦，而今天的物理學家幾乎全是科學家，不過，他們都傾向於壞的哲學。」

— 愛因斯坦《關於科學史與科學家的談話》

「在我講到科學家時，我只能指那些科學精神狀態，真正是生氣勃勃的人。」

— 愛因斯坦《科學家的道義責任》

「追求真理的科學家，他內心受到像清教徒一樣的那種約束。他不能任性或感情用事。」

— 愛因斯坦《科學定律與倫理定律》

「經濟和政治權力，集中到愈來愈少的人手裡，不僅使科學家經濟上依附於人，而且也從精神上威脅著他的獨立；對科學家在理智上

和心理上，施加影響的種種狡詐技倆，必會阻礙真正獨立人格的發展。」

—愛因斯坦《科學家的道義責任》

「科學家已經倒退到這樣程度：他居然把國家政權強加給他的奴役，當作不可避免的命運接受下來，他甚至自甘墮落到這種地步，竟然馴服地獻出自己的才能，去幫助完成那些註定要造成人類普遍毀滅的工具。」

—愛因斯坦《科學家的道義責任》

「在真理的認識方面，任何以權威者自居的人，必將在上帝的微笑中垮臺。」

—愛因斯坦，赫爾內克著《愛因斯坦傳》

「要理解這樣的人（按：指牛頓），惟有把他看成，是為爭取永恆真理而鬥爭的戰士。」

—愛因斯坦，赫爾內克著《愛因斯坦傳》

「哥白尼的這個偉大的成就，不僅鋪平了通向近代天文學的道路，而且也幫助人們，在宇宙觀上引起了決定性的變革。」

—愛因斯坦《在哥白尼逝世 410 週年紀念會上的講話》

「伽利略的主要目的，是要竭力反對任何根據威權而產生的教條。它只承認，經驗和周密的思考，才是真理的標準。」

—愛因斯坦《伽利略「對話」序》

「她（按指居禮夫人）一生最偉大的科學功績——證明放射性元素的存在，並把它們分離出來——所以能取得，不僅是靠著大膽的直

覺，而且也靠著在難以想像的極端困難情況下，工作的熱忱和頑強
的毅力。這樣的堅苦，在實驗科學的歷史中是罕見的。」

—愛因斯坦《悼念瑪莉·居里夫人》

「我們懷著感激的心情，領受他的遺產，這不僅是他的一份天賦的
才能，而且也是交給我們手中的一項使命。因為，尋找怎樣正確使
用這份天賦的途徑，這一任務正落在新生一代人的肩上。只有解決
了這一任務，新一代才有資格繼承他們的遺產，而且會比他們的先
輩，真正幸福得多。」

—愛因斯坦《悼念 T·A·愛迪生》

「用純粹邏輯方法所得到的命題，對於實在來說，完全是空洞的。
由於伽利略看到了這一點，尤其是由於他向科學諄諄不倦地教導了
這一點，他才成為近代物理學之父——事實上，也成為整個近代科
學之父。」

—愛因斯坦《理解物理學的方法》

「一個人，如果不承認追求客觀真理和知識，是人的最高的和永恆
的目標，他就不會受人重視。」

—愛因斯坦《道德衰敗》

「想像力比知識更重要，因為知識是有限的，而想像力概括著世界
上的一切，推動著進步，並且是知識進化的泉源。嚴格地說，想像
力，是科學研究中的實在因素。」

—愛因斯坦《論教育》

「這些寶貴的東西（按：指知識），是通過與教育者親身接觸，而不

是——至少主要的不是——通過教科書傳授給年輕一代的。本來構成文化和保存文化的，正是這個。當我把『人文學科』作為重要的東西，推薦給大家的時候，我心理想的就是這個，而不是歷史和哲學領域，十分枯燥的專門知識。」

—愛因斯坦《培養獨立思考的教育》

「真理，是經得起考驗的。」

—愛因斯坦

「真理，總是最簡單的，樸實的，明白如畫的。」

—愛因斯坦

「科學家的目的，是要得到關於自然界在邏輯上前後一貫的摹寫。邏輯對於他，有如比例和透視規律對於畫家一樣。」

—愛因斯坦《因果性與自由意志問題》

「凡是科學研究受到阻礙的地方，國家的文化生活就會枯竭；結果會使未來發展的許多可能性，都受到摧殘。這正是我們必須防止的。」

—愛因斯坦《科學的困境》

「每一位嚴肅的科學工作者，都痛苦地意識到，他們被違反本意地，放到一個不斷縮小著的知識領域裡。

　　這是一種威脅，它會使研究者喪失廣闊眼界，並使他下降到一個匠人的水準。」

—愛因斯坦《祝賀柏林內爾 70 歲生日》

「先生們，不管你們喜不喜歡，科學是、並且永遠是國際的。」

　　　　　　　　　　　　　—愛因斯坦《祝賀柏林內爾 70 歲生日》

「科學家中的偉大人物，毫無例外地都知道這一點，並且對它有強烈的感受；甚至在國際衝突的年代，當他們在心胸狹窄的同事中處於孤立的時候，也堅持如此。」

　　　　　　　　　　　　　　　　—愛因斯坦《科學的國際主義》

「一個人為人民最好的服務，就是讓他們去做某種提高思想境界的工作，並且由此間接提高他們的思想境界。這尤其適用於大藝術家，在較小的程度上也適用於科學家。當然，提高一個人的思想境界，並且豐富其本性的，不是科學研究的成果，而是追求理解的熱情，是創造性的、或者是領悟性的腦力勞動。」

　　　　　　　　　　　　　　　　　　　　—愛因斯坦《善與惡》

「要是我沒有什麼研究工作可做，我就不想活下去了。」

　　　　　　　　　　　　　　—愛因斯坦《張伯倫是什麼東西》

「如果把哲學理解為，在最普遍和最廣泛的形式中，對知識的追求，那麼，顯然哲學就可以被認為是全部科學研究之母。可是，科學的各個領域，對那些研究哲學的學者們，也發生強烈的影響，此外，還強烈地影響著每一代的哲學思想。」

　　　　　　　　　　　—愛因斯坦《物理學、哲學與科學的進步》

「理性和哲學，雖然看來不大可能在不久的將來，成為人們的嚮導，但它們一如既往，仍將是出類拔萃的少數人，最珍愛的安身立命基礎。」

　　　　　　　　　　　　　　　—愛因斯坦《哲學家與政治》

「整個科學，是建立在哲學實在論體系之上的。」

　　　　　　　　　　　　　　　　　　　—愛因斯坦《評梅耶松的書》

「我們一定要注意，切不可把理智奉為我們的上帝。它固然有強有力的身體，但卻沒有心性；它不能領導，而只能服務；而且它挑選它的領導人，是馬馬虎虎的。這種特徵反映在它的祭司——即知識份子的品質中。」

　　　　　　　　　　　　　　　　　　　—愛因斯坦《人類生活的目標》

「從希臘哲學、到現代物理學，整個科學史中，不斷有人力圖把表面複雜的自然現象，歸結為一些簡單的基本觀念和關係。這就是一切自然哲學的基本原理。」

　　　　　　　　　　　　　　　　　　　—愛因斯坦《物理學的進化》

「依我看來，康德哲學中最重要的東西，是他所說的，構成科學的先驗概念。」

　　　　　　　　　　　　　　　　　　　—愛因斯坦《論康德與馬赫》

「即使是最明晰的邏輯數學理論，它本身也不能使真理得到保證；要不是用自然科學中最準確的觀察來檢驗，它也會是毫無意義的。」

　　　　　　　　　　　　　　　　　　　—愛因斯坦《開普勒》

「純粹的邏輯思維，不能給我們任何關於經驗世界的知識；一切關於實在的知識，都是從經驗開始，又終結於經驗。」

　　　　　　　　　　　　　　　　　　　—愛因斯坦《理論物理學的方法》

「指引社會主義方向的，是一個社會倫理目的，可是，科學不能創

造目的，更不用說把目的的灌輸給人們；科學至多只能為達到某些
目的提升手段。」

—愛因斯坦《為什麼要社會主義》

「盡管大學裡的講座很多，但明智的和高尚的教師卻很少見；講堂
很多也很大，但真正渴望真理和正義的青年人卻不多。自然界慷慨
地生產出普通的庸才，卻難得創造出有高超才能的人。」

—愛因斯坦《學術自由》

「發展獨立思考和獨立判斷的一般能力，應當始終放在首位，而不
應當把獲得專業知識放在首位。」

—愛因斯坦《論教育》

「最重要的教育方法，總是鼓勵學生去實際行動。這對於初學的兒
童第一次學寫字如此，對於大學裡寫博士學位論文，也是如此。就
是簡單地默記一首詩、寫一篇作文、解釋和翻譯一段課文，解一道
數學題目，或者進行體育運動鍛鍊，也都莫不如此。」

—愛因斯坦《論教育》

「用專業知識教育人，是不夠的，通過專業教育，它可以成為一種
有用的機器，但是不能成為一個平衡和諧發展的人。要使學生對價
值有所理解，並產生熱烈的感情，那才是最基本的教育工作。」

—愛因斯坦《培養獨立思考的教育》

「學校的目標，應當是培養有獨立行動和獨立思考的人。」

—愛因斯坦《論教育》

「學校的目標，始終應當是：青年人在離開學校時，是做為一個平

衡和諧的人，而不是做為一個專家。照我的見解，在某種意義上，即使對技術學校來說，這也是正確的；盡管技術學校的學生將要從事的，是一種完全確定的專門職業。」

—愛因斯坦《論教育》

「教師使用的強制手段，要盡可能地少。

　學生對教師尊敬的惟一泉源，在於教師的德與才。」

—愛因斯坦《論教育》

「在地理課中，應該啟發學生，對於不同的民族特性，有一種身懷同情的理解；這種理解，應該包括那些通常認為是『原始的』或『落後的』民族在內，這一點至少有間接的重要性。」

—愛因斯坦《教育與世紀和平》

「在學校裡，歷史課應該用來，做為講述人類文明進步的工具，而不應該用來灌輸帝國主義勢力、和軍事成功的理想。」

—愛因斯坦《教育與世界和平》

「教育應當使提供的東西，讓學生做為一種寶貴的禮物來領受，而不是做為一種艱苦的任務，要他去負擔。」

—愛因斯坦《培養獨立思考的教育》

「科學沒有宗教，就像跛子；宗教沒有科學，就像瞎子。」

—愛因斯坦《科學與宗教》

「在我看來，人類精神愈是向前進化，愈可以肯定地說，通向真正宗教感情的道路，不是對生和死的恐懼，也不是盲目的信仰，而是對理性知識的追求。」

—愛因斯坦《科學與宗教》

「我不相信文明會因在戰爭中，使用了原子彈而毀滅掉。也許地球上有三分之二的人會死亡，但還會留下有思想的人，和足夠的書籍，能使我們從頭開始重建文明。」

—愛因斯坦《要原子戰爭還是要和平》

「只有在自由的社會中，人才能有所發明，並且創造出文化價值，使現代人生活得更有意義。」

—愛因斯坦《文明與科學》

「學術自由，和保護種族與宗教的少數，構成民主的基礎。使這條真理有充沛的生命力，並且認清個人權利不可侵犯的重大意義，這是教育最重要的任務。」

—愛因斯坦《關於民主與學術自由問題》

「我們不應當允許對科學工作的發表和傳播，有任何限制，這對於社會文化的發展非常有害。」

—愛因斯坦《美國科學家應當拒絕政府的不義要求》

「每個公民，對於保衛本國憲法上的自由，都應當有同等的責任。但是就『知識分子』這名詞的最廣泛意義來說，他負有更大的責任；因為，由於他受過特殊的訓練，他對輿論的形成，能夠發揮特別強大的影響。」

—愛因斯坦《為保衛學術自由與公民權利而鬥爭》

「科學的發展，以及一般創造性精神活動的發展，還需要另一種自由，這可以稱為內心的自由。這種精神上的自由，在於思想上不受

權威和社會偏見的束縛，也不受一般違背哲理的常規、和習慣的束縛。這種內心的自由，是大自然難得賦予的一種禮物。」

　　　　　　　　　　　　　　　　　　　　　　　─愛因斯坦《自由與科學》

「如果我重新是個青年人，並且要決定怎麼去謀生，我絕不想做什麼科學家、學者、或教師。為了希望求得在目前環境下，還可以得到的一點獨立性，我寧願做一個水管工，或者做一個沿街叫賣的小販。」

　　　　　　　　　　　　─愛因斯坦《不願做美國科學家，寧願做水管工或小販》

「在自然科學中，如果沒有借助於形而上學，就會有許多問題無法貼切地表達出來。但是形而上學卻不是屬於學院派、或言詞上的智慧。它存在於物理學之前，也與物理學並存，更可能存於物理學之後。它更是以前有、現在有、將來也會有的一種生生不息的學問。」

　　　　　　　　　　　　　　　　　　　　　　　─歌德《箴言與省察》

「成功＝勤奮工作＋正確的方法＋少說空話」

　　　　　　　　　　　　　　　　　　　　　　　　　　　─愛因斯坦

【馮註】愛因斯坦（Albert Einstein, 1879-1955），著名科學家，原籍德國，對於光電效應、電子力學、相對論，均有傑出貢獻；其「質能關係定律」（$E=mc^2$）對於核能研究，奠定重要基礎；1921 年獲諾貝爾物理獎，以表彰其「發現了布朗運動，闡明了光電效應，以及在宇宙學統一場論、物理哲學問題等多方的深入研究成果。」

「在天才和勤奮之間，我毫不遲疑地選擇勤奮。它幾乎是世界上一

切成就的催生婆。」

—愛因斯坦

「一個人只有以他全部的力量和精神，致力於某一事業，才能成為一位真正的大師。」

—愛因斯坦

「我沒有什麼特別的才能，只不過喜歡追根究底，追究問題罷了。」

—愛因斯坦

「在科學探索的路上走過叉路、犯過錯誤，並不是壞事，更不是什麼恥辱。重要的是，在實踐中要勇於承認和改正錯誤。」

—愛因斯坦

「科學絕不是、也永遠不會是，一本寫完的書。」

—愛因斯坦

「科學無止境，它是一個永恆之謎。」

—愛因斯坦

「耐力和恆心，總會得到報酬。」

—愛因斯坦

「科學是一種強有力的工具，問題在於怎樣運用？究竟它會給人帶來幸福還是苦難？全取決於人類自己，而不取決於工具。」

—愛因斯坦

「提出一個問題，往往比解決一個問題重要。因為解決問題，也許

僅是一個數學或實驗上的技能而已；然而提出新的問題、新的可能性、從新的角度去看舊的問題，都須要擁有創造性的想像力，而且標誌者科學的真正進步。」

—愛因斯坦

「追求真理和知識，並為之奮鬥，是人類最高品質之一。」

—愛因斯坦

「科學植根於對話之中。」

—〔法〕海森堡

「科學基於實驗，札根於討論，只有通過科學工作者的交談、商討，才能使實驗結果獲得正確的解釋。」

—〔法〕海森堡

「原子不是物，一旦我們進入原子層面，空間和時間的客觀世界就不復存在了。理論物理學的數學符號，只代表可能，而不能代表事實。」

—〔法〕海森堡

【馮註】海森堡（Wernerne Heisenberg, 1901-1976），德國大科學家，慕尼黑大學博士；因為「創立量子力學中的矩陣力學」，提出「測不準原理，為現代微觀世界理論——量子力學的建立，鋪下第一塊奠基石」，所以獲得 1932 年諾貝爾物理獎。

「要使山谷肥沃，就得時常栽樹；要使國家強盛，我們就得注意培養人才。」

—〔法〕居里

「不發展科學的國家，必然變成殖民地。」

— 〔法〕居里

「科學本身無所謂道德或不道德，只有利用科學成果的人，才有道德不道德之分。」

— 〔法〕居里

【馮註】居里（Fredreic Joliot-Curie, 1900-1958），法國名科學家，與居里夫人共同發現中子，並發現人工放射性，因為「發明了人工製造放射性同位素的技術，在放射學放射性同位素，和核裂變的研究中，取得重大成就」，榮獲 1935 年諾貝爾物理獎。

「科學世界是一個開放的世界——在已知的領域之外，總存在著另外一個未知的領域。而且，我發現，自己永遠活在已知與未知的邊界上。」

— 〔日〕湯川秀樹

「找出事物彼此之間的相似性，這種能力就是定向能力。 它的關鍵在於『幡然領悟』；俗語說的『有眼力』，就與定向能力有關；這種能力可以產生創造力，可以通過訓練提高它。」

— 〔日〕湯川秀樹

「抽象不能單獨起作用，任何富有成效的科學思維中，直覺與抽象都相互影響。」

— 〔日〕湯川秀樹

【馮註】湯川秀樹為日本物理學家，京都大學畢業，由於他在「介子」理論方面的貢獻，獲得 1949 年諾貝爾物理獎。

「學問與智慧是相輔為用、缺一不可的。我們不但需要學問,而且更需要智慧——需要以智慧去籠罩學問、透視學問、運用學問。」

—羅家倫《新人生觀》

「一定要培養學生的好奇心,讓他們敢於提出問題。」

—李政道

「只有思想活躍、頭腦複雜,敢於想問題,提問題,才能做出創造性的工作。」

—李政道

「遇到問題,要敢於問個為什麼?然後,從最簡單的方向尋找答案,錯了也沒關係;不要怕錯,錯了馬上改。可怕的是提不出問題,邁不開第一步。」

—李政道

「如何把學到的東西,真正變成自己的,這很重要。讀完了一段,就應當把書合上,自己把思路走一下。如果走不出來,再去看為什麼走不出來,別人為什麼走通了?」

—李政道

「科學家跟科學大不相同,科學家像酒,愈老愈可貴,而科學像女人,老了便不值錢。」

—錢鍾書《圍城》

「隨便做什麼事,都要跳到最前線去作戰。問題不是怎麼趕上,而是怎麼超過?要看準人家站在什麼地方,有些什麼問題不能解決?不能老是跟,免得永遠跑不到前面。」

　　　　　　　　　　　　　　　　　　　　　　　一李政道

「要有良好的社會，必先有良好的個人；要有良好的個人，就要先有良好的教育。」

　　　　　　　　　　　　　　　　　　　一蔡元培《教育文選》

「教育之宗旨何在，在使人為完全之人物而已。」

　　　　　　　　　　　　　　　　　一王國維《論教育之宗旨》

「創新不光是要膽子大，科學發展必須擁有堅實的根基。」

　　　　　　　　　　　　　　　　　　　　　　　一李政道

【馮註】李政道（1926-）出生於上海，1950 年獲芝加哥大學博士學位，年方 24，與楊政寧因為對「宇稱定律」的深入研究，於 1957 年共同榮獲諾貝爾物理獎，年方 31。他領獎時用「孫悟空翻十萬八千里，仍沒有翻出如來佛掌」做為比喻，說明科學距離絕對真理還很遠，足證很有謙虛的精神，值得敬佩與學習。

「一個做研究工作的人，一定要走自己的路。」

　　　　　　　　　　　　　　　　　　　　　　　一楊振寧

「成功的秘訣，在於多動手。」

　　　　　　　　　　　　　　　　　　　　　　　一楊振寧

「知識是人類在長期的實踐過程中，產生和積累起來的；具有連續性和繼承性。學知識、做學問、從事研究，都應該循序漸進。」

　　　　　　　　　　　　　　　　　　　　　　　一楊振寧

「只要持之有恆，待知識豐富了，終能發現其奧秘。」

　　　　　　　　　　　　　　　　　　　　　　　　　　　　　　　　　　一楊振寧

「『靈感』當然不是憑空而來，往往是經過一番苦思冥想後，出現的『頓悟』現象。」

　　　　　　　　　　　　　　　　　　　　　　　　　　　　　　　　　　一楊振寧

「西方文化的教育方法，尤其是美國的教育方法，著重廣泛的知識，不著重一步一步的系統教法。這樣教育出來的學生，膽子比較大，但不會考試。」

　　　　　　　　　　　　　　　　　　　　　　　　　　　　　　　　　　一楊振寧

【馮註】楊振寧（1922-）生於安徽合肥，西南聯大畢業，1948 年獲芝加哥大學博士，後與李政道合作，對傳統的「宇稱守恆」定律分析並且質疑，並經吳建雄博士實驗，證明為其正確，而于 1957 年與李政道同獲諾貝爾物理獎。

　　2006 年春天，楊政寧 83 歲，與 29 歲的翁帆結婚，楊政寧當時形容是，「上帝恩賜的最後禮物，給我的靈魂一個重回青春的歡喜。」2008 年 6 月 30 日，楊政寧應邀到台灣中壢的中央大學講演，筆者適逢其會，聆聽他對「數學與物理」分合關係的分析；他以「書畫同源」比喻物理與數學原本也同源，顯示其有多方才華，其演講內容擅長用生活化、人性化的說明，很能深入淺出；對於宇宙神奇妙奧之處，則歸於宗教，足證科學家的分寸。但他能有恢宏的心靈，不以科學否定宗教，令人印象深刻。筆者曾在 1977 年，於美國麻省理工學院聽其演講，深覺其境界很見提昇。

「任何科學研究者，最重要的是要看他對自己所從事的工作，有沒

有興趣。換句話說，偉大的事業，根源於堅韌不拔地工作，以全副精神投入，不避艱苦。」

—丁肇中

「不要教死的知識，要授之以方法，打開學生的思路，以培養他們的自學能力。」

—丁肇中

「一個人能否成才，關鍵在於是否能打好基礎。」

—丁肇中

「一個人在扎下根基時，要狠下苦功。」

—丁肇中

「學生具備動手的能力非常重要，這是發現問題、解決問題，參與競爭時不可缺少的條件。」

—丁肇中

「最浪費不起的，是時間。」

—丁肇中

【馮註】丁肇中，祖籍山東日照人，1969 年任美國麻省理工學院教授，因為與史丹福大學的黑克特，同時發現了新粒子，被科學界併稱「J/Ψ 粒子」，二人共同榮獲 1972 年「諾貝爾物理獎」。

「人的一生只有一刹那。所以，我們要珍惜它，在世一天，就要過好一天，切莫虛度年華」

—〔美〕黑克特

「這個世界就像一個洋蔥，你剝掉它一層，發現還有一層；在剝掉一層後，還有一層。所以，當時我認為這個系統並未完善，現在我還是這樣認為。」

— 〔美〕黑克特

「發現你的興趣，然後追隨它。」

— 〔美〕黑克特

【馮註】黑克特（Burton Richter, 1931-），美國科學家，1965 年獲美國麻省理工學院博士，後任史丹福大學物理教授，因為與丁肇中分別獨立發現 J/Ψ 粒子，而同獲 1976 年諾貝爾物理獎。

「如果說，科學上的發現，有什麼偶然的機遇的話，那麼這種偶然的機遇，只能給那些學有素養的人，給那些善於獨立思考的人，給那些具有鍥而不捨的精神的人，而不是給懶漢。」

— 華羅庚

「每種科學方法，都有它特定的應用範圍，萬能的方法是沒有的。」

— 華羅庚《一種科學方法的選擇》

「中鋼的管理經驗，特點有三：

　一是儒家精神，

　二是法家制度，

　三是科學方法。」

— 趙耀東《說中鋼經驗》

「瘦鵝一旦重獲溫飽的機會，很快會恢復正常的生長體態。在日本

人統治下居住於台灣的中國人，也要像瘦鵝一樣具有強韌的生命
力，才能夠長期忍受折磨，度過重重難關生存下去。」

—王永慶《王永慶奮鬥史》

「為了降低成本，強化對外競爭條件，我們對於所有可能涉及成本
的項目，都會一一用心追根究柢，求到最為節省才肯罷休。」

—王永慶《王永慶奮鬥史》

「經營管理，成本分析，要追根究柢，分析到最後一點，我們台塑
就靠這一點吃飯。我看美國人、ICI、史托福都沒有這樣做，我就
曉得我們台塑有飯吃。」

—王永慶《王永慶奮鬥史》

「所謂『追根究柢』也好，『原流方法』也好，本來就是處事的真
理原則。只要肯花心思把事情做好，自然就必須深入探討事務的本
源，這是做事的不二法門。在日本也好，在中國或世界其他各地也
好，道理都是一樣的。」

—王永慶《王永慶奮鬥史》

「我幼時無力進學，長大時必須做工謀生，也沒有機會接受正式教
育，像我這樣一個身無專長的人，永遠感覺只有刻苦耐勞才能補其
不足。而且，出身在一個近乎赤貧的環境中，如果不能刻苦耐勞簡
直就無法生存下去。直到今天，我還常常想到由於生活中受過的煎
熬，才產生了我克服困難的精神和勇氣，幼年生活的困苦，也許是
上帝對我的賜福。」

—王永慶《王永慶奮鬥史》

「天下的事情，沒有輕輕鬆鬆、舒舒服服讓你能獲得的，凡事一定要經過苦心的追求、經驗，才能真正明瞭其中的奧妙而有所收穫。」

─王永慶《王永慶奮鬥史》

「神創造人，畢竟是很公平的，道理只有一個，那就是人必須先苦而後才有甘。天下事都是要經過相當辛苦才可以得到的，這個道理很淺，卻很難實踐，這是一般人的毛病。」

─王永慶《王永慶奮鬥史》

「在美國，醫科學生在醫院實習的時候，一個個都施以嚴格的訓練，所以醫師的水準都很整齊，今天美國的醫療水準成為世界之冠，主要原因就在此。我們醫療的發展基礎比別人差，如果又不能吃人家所吃的苦，前途就很難樂觀。」

─王永慶《王永慶奮鬥史》

「失敗的人，說是運氣不好，再等下去，若不努力奮發、改善管理的話，運氣是不會來的；成功的人，認為運氣好，但若不去努力奮發、做好管理的話，他的運氣也會變壞了。」

─王永慶《王永慶奮鬥史》

「在以前，我失敗、無聊、失志的時候，我就把它當做是命運在捉弄的關係，來安慰自己。不過我總覺得把志氣拿出來，我想一個人不會永遠沒有機會的，只怕機會來了又抓不住，只要你抓得住，事業的成功也就隨著來臨。」

─王永慶《王永慶奮鬥史》

「一個人必須有志氣，做什麼事情，都不能先存有依靠他人幫忙的想法。」

——王永慶《王永慶奮鬥史》

「人在舒服的環境中，往往不太容易激發向上的志氣。人一旦鬆解，外在的條件都無濟於事。這種過程的演變，往往讓人不知不覺，疏於防範。所以說，富貴不超過三代。」

——王永慶《王永慶奮鬥史》

「如果有人覺得自己了不起而驕傲，他離失敗一定不遠，所謂『滿招損、謙受益』，又說『驕者必敗』。驕傲的人不僅不能認識自己，對自己所處的環境也一定認識不清，即使他真的能幹，因別人的幫助，仍然不能發揮，所以能幹也變得沒有用了。」

——王永慶《王永慶奮鬥史》

「我們都知道，剛生下來的小雞是很脆弱的，自己沒有辦法吃養雞人餵食的米粒。母雞會將米粒啄碎，再用口水潤滑後分給小雞吃，照顧得無微不至。但是等到小雞漸漸長大可以自己找食物吃了，母雞就要牠們自立；不但不再餵食，如果可以自立的小雞，還要來搶食母雞餵給下一窩小雞的米粒時，母雞會惡狠狠的將牠趕走。」

——王永慶《王永慶奮鬥史》

「很多做父母的人，對於自己的孩子，從小養到大，甚至大學畢業結婚以後，還要把財產分給他，養他一輩子。這種過度溺愛保護的結果，常常使得下一代懶惰腐化，害了他的一生。這種『愛之適足以害之。』的例子我們常常聽到，比起母雞養育小雞所奉行的原

則，實在應該感到慚愧。」

—王永慶《王永慶奮鬥史》

「做一個經營者，要追求做事的效率，父子天性，愛是一回事，企
業經營是另一回事，不能公私不分，混為一談的。」

—王永慶《王永慶奮鬥史》

「關於接棒人的問題，我公司裡面不是沒有人才，但也許是我要求
太嚴，我始終覺得他們還有待訓練。我將來的接棒人，可能不只一
人，而是由十個人左右所組成，當然裡面必須有一個領袖。」

—王永慶《王永慶奮鬥史》

「選擇接棒人，實際上是一件很重要而又困難的事情，但是話說回
來，道理卻又很簡單。一般來說，如果企業管理有合理化，事事明
朗，就能訓練出可用的人才；在這些人才當中，自然可以選出適任
的接棒人；否則的話，就不只是有無接棒人的問題，甚至連人才都
缺乏。」

—王永慶《王永慶奮鬥史》

「一個人永遠不能回憶自己出生時的情形，一個人也永遠想不到自
己何時死亡。所以我們在活著的時候，要時時提醒自己，這樣我們
就可以放開胸懷，趁活的時候，多做一點對社會大眾有意義的事。
等到我們死了以後，會有活的人想念我們，讚許我們，才算對人生
一場有了交代，沒有辜負此生此世。」

—王永慶《王永慶奮鬥史》

「企業家對社會的貢獻，不是所謂外銷，爭取外匯，而是培養人

才，替社會培養人才，這才是一個企業家的責任。」

──王永慶《王永慶奮鬥史》

「知人之先，自己要先深入事物的本末，判斷優劣真偽，才能夠具有知人的慧眼。」

──王永慶《王永慶奮鬥史》

「用人則要公平合理，才能服人，才能順利推動工作。」

──王永慶《王永慶奮鬥史》

「如果一位領導者喜歡別人奉承的話，那他的事業必定將是相當危險的。一個人，必須虛心地接受別人的意見和建議，絕不能喜歡聽奉承的話。」

──王永慶《王永慶奮鬥史》

「我們在任何其他條件都輸給人家，只有一個勤勞美德還有相當的力量，假如勤勞的特性再失去，那麼一切都會輸給人家。」

──王永慶《王永慶奮鬥史》

「我認為管理就是『點點滴滴都要求其合理』。根據我的經驗，人總會做錯事，這是無可厚非的，但只要發現做錯了，就得馬上更正。也許我是老頑固，經常發現這件事情不對，那件事情不對，發現了就要改正它。我就是這樣不斷地追求每件事情的合理化，我想這就是促使我努力的動力之一。」

──王永慶《王永慶奮鬥史》

「我們的經濟，就是靠國人克勤克儉建立起來的，勤勞是我們的美德，也是成功的最重要因素。還有，一個公司的資源可分為有形的

與無形的兩類，無形的就是人的智慧及品行等，無形的因素應重於有形的因素。一個公司發生多少錢的損失，只要算得出來，就不是很嚴重的損失；如果一個公司的員工工作士氣低落，這個損失就很嚴重。總之，成功的關鍵就是這些無形的資源。」

—王永慶《王永慶奮鬥史》

「王永慶家的肥皂剩下一小片時，是黏在新肥皂上再使用。王永慶每天做毛巾操所使用的毛巾，已用了二十七年。」

—王永慶《王永慶奮鬥史》

「人事的合理化，是發掘人才，公平待遇，適才適所，也就是人盡其才，不浪費人力，發揮智慧的極限，貢獻人類，創造文明。
還有管理的合理化，凡事要能夠運用思想，追根究底，腳踏實地去做，條理分明，系統有序，也就是所謂『科學管理』。」

—王永慶《商智》

「我們中國人有句俗話：『富不過三代』。為什麼呢？白手起家的第一代往往是因為缺乏各種條件，要接受很多現實的折磨，同時感覺如果自己不格外努力，根本沒有出頭之日，因此辛辛苦苦地經營，創立了良好的基礎。第二代、第三代如對此一基礎能善於運用，要謀致成就必定比第一代方便而容易。但事實往往相反，平順安逸的生活環境，非但不易養成奮鬥精神，反而可能銷蝕人奮鬥向上的志氣，因此第二代就比第一代弱，第三代就更糟了。」

—王永慶《商智》

「最令人擔憂的是，由於經濟發展、收入增加，而生活的重心偏向

於物質享受，還談不上有高雅的文化氣質，造成一股社會不良習慣，逐漸放蕩的生活，已使我們勤勞的美德慢慢消失掉。」

—王永慶《商智》

「我今天特別向各位強調，不要主觀，不要以為親信就什麼都好。在公司裏一個親戚大學畢業後進來服務，如果就讓他管理資歷經驗都比他老的人，換句話說，也就是讓不懂的管理懂的，這是很可怕的。」

—王永慶《商智》

「天生萬物皆離不開競爭，競爭的意義是什麼呢？競爭就是要追求進步，帶動進步。競爭的反面是保護，保護便造成脆弱。要孩子賢肖成人，就要讓他在一個有挑戰有競爭的環境中學習成長，假如太過分保護的話，怎樣的教育培養，都是白費的。」

—王永慶《商智》

「一般來講，技術可以用金錢買到，但是企業經營管理是錢買不到的。」

—王永慶《商智》

「我總認為『知道』是一回事，但是要實現就必須勞苦心力，去追求到底。如果事情沒有成功，我想大部分都是力行不夠的關係。」

—王永慶《商智》

「外在的環境條件一定會因為受到像油價、國際政治、經濟等因素的影響而發生變化，就像上面所說的，對於這些影響因素，企業的經營者往往是絲毫無能為力的。所以不管如何，強化企業的管理基

礎，培植本身克服困難的力量，就成為最重要的事。」

——王永慶《商智》

「我總是感覺社會一天天的繁榮，同時，浪費、奢侈風氣的瀰漫也是相當厲害，而這些對國家和社會人心的影響是非常深遠的，同時對於我們今後的發展也有密切的關係。」

——王永慶《商智》

「談企業經營管理最重要的課題，大家都很清楚，那就是要人。要什麼人呢？要懂事情的人，要會做事的人。怎樣才是會做事的人？就是要有實務經驗，實實在在做事的。」

——王永慶《商智》

「所以講到人的問題，如果沒有施予一套有系統的訓練的話，如何能造就出有用的人來？」

——王永慶《商智》

「企業管理光是各類規則一大堆是沒有用的。如果沒有確實去執行的話，各種管理缺乏合理基礎，又怎麼去訓練人，這些都是連帶關係。」

——王永慶《商智》

「企業是經濟建設的中堅，如果只靠外力的扶持，而不自己努力站起來，我們如何能善盡企業所擔負的富國裕民的重責大任呢？」

——王永慶《商智》

「經濟盛衰，匹夫有責。我們常見有關方面推行儲蓄運動，提倡節約，每一位公民都有責任力行節儉。只是比較起來，企業為社會創

造財富更來得直接而快速，所以在世界性不景氣的打擊之下，企業受到政府最大的關注。前面說儲蓄與節儉，在個人來說需要如此，一個家庭乃至一個企業，其需要節儉的精神是一致的。」

—王永慶《商智》

「我們民族固有的優良傳統，比任何國家更具勤勞刻苦忍耐的基礎，可說天性節儉，實行節儉應無任何困難。」

—王永慶《商智》

「生意是長期的，繼續的，不可中斷和失信的。我們對每一件事都應從根兒上去想，由每一細節影響的深遠處去考慮。否則不只是機會來了沒有本事接，維持現狀不求改進，好景一過，困難就又來了。」

—王永慶《商智》

「景氣之變有如月圓月缺，否極泰來原是世事之常。最重要的不是什麼時候景氣會好起來，如果管理不善，根本不穩固，沒有遠大的目標，搶一時的機會，只是投機，不是經營。」

—王永慶《商智》

「我們為達經營合理化，十多年來曾經聘請外國專家學者協助我們改善經營管理，當然多少是有所得，但總感覺效率仍不太高，品質仍未臻完善。我認為專家前來協助的時間很短，只能作一番全盤性的面的講解，無法從根掘起，聽眾無從領會與深入，以配合自己的需要。」

—王永慶《商智》

「目前國際情勢瞬息萬變，應付競爭最有利的條件，惟有優良的人的品質。一旦遭遇突變，經營者也才會緊張積極，主管也才會猛然醒悟。這樣，惡劣的環境倒反而是最佳的試金石，可以激發人的品質。平安的順境使人失去警惕性，則處逆境焉知非福。」

—王永慶《商智》

「若是說處於逆境就會一下子振作起來，也不是一定的。平時不注意、不認真，不養成良好的工作習慣，不自愛自強，臨時就來不及了。雖然有心做好，因為沒有基礎，也是好不起來的。」

—王永慶《商智》

「基礎，要靠平時建立，平時就要做的，不能等到面臨競爭與危機時，才下決心整頓品質差的人員。」

—王永慶《商智》

「要知道，保護無止境，不讓他開始努力，自力更生，接受磨練，接受打擊，怎麼能夠培養出抵抗力來？保護到什麼時候為止？孩子長大成人，一定要給他訓練，幫助他獨立，培養能力，奮鬥自強，這才是正確的愛護。」

—王永慶《商智》

「有了科學管理的觀念，還要能夠躬身力行，親自去體驗，瞭解事件的始末，有始有終，依照系統的、條理的科學方法去做，自然能夠掌握事件進行的狀況。」

—王永慶《商智》

「今天我們的工業發展落於日本和香港之後，絕對是經營者本身糊

裏糊塗所致。因為工業發展，無論如何，需要企業家的思想以為領導，其關鍵在於經營者本身所訂的經營方針。」

—王永慶《商智》

「競爭之中，千萬要注意，無論從事什麼行業，一定要注意大目標。即使一時失敗，可以自信的是，我的力量仍然存在，仍然可以再求發展，這一點志氣應該還有。」

—王永慶《商智》

「天下事，依賴分工合作而共存共榮。競爭的目的在求發展，在追求文明的進步，因此必須彼此守望相助。有競爭，我們始可知道如何充實自己的力量，而其最終目的則在貢獻社會，發展經濟，使我們的國家富強。」

—王永慶《商智》

「一個國家工業的發展，經濟的繁榮，其主要條件有三：一是民族性的勤勞，二是政策有方，三是資源豐富。

我們試對此三個條件，深入作一比較。東南亞一帶資源豐富，佔有第三項，一、二項則因比不上先進國家而落伍。美國過去200年來似乎三項條件俱全，所以有今日的繁榮。英國缺乏第三項，二次大戰之前擁有許多殖民地，彌補其國內資源之不足，那時候英國算是富裕國家。現在因為缺乏第三項，又因過去優裕成性，現在已經一天不如一天了。本省缺乏第三項，韓國、日本也一樣，但我們佔有第一項，民族性的勤勞為世界之冠，所以有今日之發展。目前我們還只是開發中的國家，要如何埋頭苦幹，急起直追，趕上先進國家，是我們今後的主要課題。」

—王永慶《商智》

「我和日本同行在談售價和成本時，乘機深入瞭解他們的成本實情，根據資料得知，我們的利潤比他們高。就是說，只要我們再進一步追求合理化，一切上軌道，相信樣樣都不輸給他們的，我不是為中國人的自尊才這樣說，而是經過分析的。」

—王永慶《商智》

「技術是金錢可以買到的東西，問題還是在管理。管理不上軌道，致機械工業及高級工業管理較複雜的停滯不進，不成比例。如果觀念打開，在短期內，各行各業要做到物美價廉是絕對可以的。」

—王永慶《商智》

「大家常聽說，保持原狀就是落伍，殊不知在今日競爭激烈，進步神速的時代，進步慢也要落伍的。所以進步慢也是落伍，怎能再以一點點的成就而沾沾自喜、自誇呢？要常常自問，我們的成就在哪裡？因為什麼才有這些成就？這些成就是不是合理？能不能做得更好？怎樣做到合理並能夠達到的程度？這些問題是鞭策自己不可鬆懈的座右銘。」

—王永慶《商智》

「最可怕的，是既不知道不合理、不知去瞭解改善，又自認滿意的話，就真正是無藥可救了。」

—王永慶《商智》

「我們中國人天生就有強韌的潛耐，雖然年年都有些進步，但仍然落伍，原因何在？我想責任不在被領導者，是在養鵝的人，不懂飼

養，瘦鵝永遠是瘦鵝；主管不能自強，不懂管理，計畫欠周，領導無方，至今我們仍不能快速進步，趕上先進國家。有了先天的條件，後天的飼養若不能配合起來，也是枉然。」

—王永慶《商智》

「尤其，階級越高的主管，越顯得忙，常會感到忙得喘不過氣來，卻又覺這個未辦，那個沒做，一晃就下班了，說時間過得真快啊！其實是因為沒有計劃，工作沒有安排，時間沒有控制。忙的時候時間過得快固然不錯，如果凡事有計劃，相信會做得從容不迫，周密而無錯。」

—王永慶《商智》

「說忙，是什麼意思呢？我以為這是諷刺罵人的話。忙是表示沒有計劃，不懂追求需要，不懂分析，不懂管理，所以才會忙亂。忙就是盲，對事情不清楚，不知輕重緩急，沒有次序。影響所及，損失重大，誤人誤事、其結果也會害了自己。」

—王永慶《商智》

「我認為當主管的，要懂得找時間，怎樣找法呢？把自己的權交給部屬，這樣做並不是油條，也不是懶，如果把權交給部屬，他做，你看，做得好不好，對不對，從旁觀察較容易判斷；而最重要的，是因此能夠抽出時間，思考別的更重要的事情。」

—王永慶《商智》

「日本人說要愛公司，什麼叫愛呢？怎樣去愛呢？我認為辦事認真就是愛，敷衍應付就是不愛；精明的做就是愛，盲目的做就是不

愛，道理很簡單。」

─王永慶《商智》

「必須先主動去服務他人，大家都心存服務人群的念頭，蔚為風氣，社會才能進步。」

─王永慶《商智》

「企業要有完善的經營管理，必須要有『懂事』的人做領導，同時也要有科學的管理制度。我認為懂得追求需要，追究目的，以最適當的手段去達成，謂之管理。」

─王永慶《商智》

「無論企業的機會如何，最後的成敗取決於管理，這一點是絕對正確的。」

─王永慶《商智》

「一個人工作要精神集中，要一條心，只能有一個主管，一個目標，若是人事單位也管到他，等於有兩個主管，究竟要聽誰的呢？」

─王永慶《商智》

「有競爭才有進步，企業家必須先要瞭解，應該在各方面和國外的同行競爭，由競爭中來培養力量。競爭難免會傷腦筋，不傷腦筋絕不會做好事情；腦筋緊張，人的潛力就可以激發出來。所以，要競爭才能發展。」

─王永慶《商智》

「經營者應留心細節問題。」

—王永慶《商智》

「要知道高樓大廈是由一磚一石砌成的，一塊磚石之不固，足以傾覆整座樓房；又譬如一條鐵鏈，其中有一環鏽壞，整條鏈子的拉力都成為零。」

—王永慶《商智》

「主管一方面由部屬做『事』的品質，瞭解其『人』的能力；一方面由其『人』的能力，查知其做『事』的品質。這種『人』『事』兩方面深切的瞭解，始為完整的『人事管理』。」

—王永慶《商智》

「做事要有品質，絕不是沒有計劃、草率從事所能獲致，台灣有一句俗話：『爛土糊不上牆壁。』意思是說沒經用心搗過的泥土，因為裏面所含空氣太多，無法粘於壁上，就像人不經過磨練，是不會精明的。一分耕耘才會有一分收穫，絕無僥倖之處。」

—王永慶《商智》

「蔣院長（按指經國先生）在一次談話中，訓示我們要有志氣，不要意氣；我們此時此地是不能有絲毫馬虎的，要知道，惟有自強才是根本之道，由進口原料的問題逐點分析，研究檢討，而定出可行的計劃，一步一步去實行，除此別無良策。」

—王永慶《商智》

「分析，要有智慧和耐心，因為分析工作最是乏味，如果我們懂得優勝劣汰的道理，知道現實的無情，便會咬緊牙關，埋頭苦幹，有了一番覺悟，逆境便可以順受，忍辱是為了雪恥；到時何愁家仇不

報，國恨難消。」

—王永慶《商智》

「預算一定要經過分析，花費功夫去做的，要有骨頭。談到骨頭，
忽然想起曾聽某同仁說，有某教授不懂我說的骨頭是什麼？其實我
所謂的骨頭，是一種比較粗俗的說法，就是說內容要有骨幹，很充
實的，不是皮毛的，是深入的，不是膚淺的。預算必須有骨頭，有
骨幹才可以編定、發表，這是非常重要的。」

—王永慶《商智》

「其次是經營管理方面，我工商界鑒於要工業進步，能稱得上現代
化的工業，對於管理技術非革新不可，幾年來聘請許多外國管理專
家前來演講及指導，至今究竟有多少成果呢？這是誰都不敢確定
的，不能用數字表現出來的，大家都知道，技術可以用金錢買到，
經營管理則是用錢買不來的。」

—王永慶《商智》

「從事企業先要有節儉的精神，這便是根。經營管理講究成本，不
節儉，物料就會浪費，當主管的要有這種認識，才會提高警覺，避
免人、事、物的不合理。不合理的現象就是浪費。」

—王永慶《商智》

「成敗的關鍵並不是指物資的，而是指人的『質』。例如有錢人家
的子女，和貧苦家庭的子女便不相同，有錢人家的子女一切都有依
靠，不需太多的努力，也不必在競爭中求生存。可是貧苦家庭的子
女為了生活，即使缺乏興趣也非做不可，得到一點辛苦的代價也必

定克勤克儉。他的知識多半由工作實踐中得來，因此基礎得以建立，力量由此產生。」

—王永慶《商智》

「一個擔任管理負責的人，必須要懂得如何用人。所謂如何用人，就是選拔適當的人，培養他的知識和經驗，這樣新進之人才會有出頭的機會。」

—王永慶《商智》

「經營企業最重要的不外兩點：一是發掘培養人才，一是生產價廉物美的東西。價廉物美始能具備競爭力量，能價廉物美，背後即以良好的管理為基礎。那麼，要如何才會價廉物美呢？要有人才，由第一項產生第二項。」

—王永慶《商智》

「無論為公司利益也好，為愛惜人才、培育人才也好，都應該在他們進入公司的時候，給予從基層做起的機會，實地到現場去參與輪班工作，切實瞭解現場基層工作的內容，訓練完成之後，再給予酬勞鼓勵。」

—王永慶《商智》

「當你覺得最苦的時候，那正是你磨練意志、鍛煉體魄的最佳時刻，經不起磨練的人，將來何以擔負大任？吃點苦能夠有這種價值，高興都還來不及，怎麼會感覺是在受罪呢？」

—王永慶《商智》

「人第一要有志，第二要有識，第三要有恆。」

　　　　　　　　　　　　　　——李嘉誠《50 年經商哲學》

「世界原本就沒有永遠的救世主，想成功必須依靠自己的努力奮鬥。」

　　　　　　　　　　　　　　——李嘉誠《50 年經商哲學》

「決定一件事時，事先要小心謹慎研究清楚，一旦做出決定，就勇往直前地去做。」

　　　　　　　　　　　　　　——李嘉誠《50 年經商哲學》

「別人做 8 個小時，我就做 16 個小時，其實別無他法，只能用勤補拙。」

　　　　　　　　　　　　　　——李嘉誠《50 年經商哲學》

「對於任何機構來說，創新是十分重要的，但切記要實際可行。」

　　　　　　　　　　　　　　——李嘉誠《50 年經商哲學》

「坦白一點說，你必須對你的工作、事業有興趣，並且要全心地投入工作。」

　　　　　　　　　　　　　　——李嘉誠《50 年經商哲學》

「做人最重要的，是讓人由衷地喜歡你，敬佩你本人，而不是你的財力，也不是表面上讓人聽你的。」

　　　　　　　　　　　　　　——李嘉誠《50 年經商哲學》

「我喜歡友善交易，這是我的哲學，我曾告誡兩子，不要佔任何人便宜。」

　　　　　　　　　　　　　　——李嘉誠《50 年經商哲學》

「做生意一定要像打球一樣，若第一桿打得不好的話，在打第二桿時，心更要保持鎮定及計劃，這並不是表示這次會輸。就好比是做生意一樣，有高有低，身處逆境時，你先要鎮定考慮如何應付。」

—李嘉誠《50 年經商哲學》

「一位有使命感的企業家，應該努力堅持走一條正途，這樣我相信大家一定可以得到不同程度的成就。」

—李嘉誠《50 年經商哲學》

「能夠將書本知識和實際工作結合起來，那才是最好的。」

—李嘉誠《50 年經商哲學》

「我覺得，顧及對方的利益是最重要的，不能把目光僅僅侷限在自己的利上，兩者是相輔相成的，自己捨得讓利，讓對方得利，最終還是會給自己帶來較大的利益。佔小便宜的人不會有朋友，這是我小時候母親就告訴我的道理，經商也是如此。」

—李嘉誠《50 年經商哲學》

「要成為一位成功的領導者，不僅要努力，更要聽取別人的意見，要有耐心，提出自己意見前，更要考慮別人的見解，最重要的是創出新穎的意念。然而，當你做出決定後，便要一心一意地朝著目標走，常常記著，名譽是你個人的最大資產，要盡快建立起來。」

—李嘉誠《50 年經商哲學》

「我一心要建立的不僅是中國人感到驕傲的企業，更是讓外個人看得起的企業。」

—李嘉誠《50 年經商哲學》

「商業合作必須有三大前提：一是雙方必須有可以合作的利益；二是必須有可以合作的意願；三是雙方必須有共存共榮的打算。此三者缺一不可。」

一李嘉誠《50 年經商哲學》

「隨時留意身邊有無生意可做，才會抓住時機，愈快著手愈好。遇到不尋常的事發生時，立即想到賺錢的機會，這是商人應該具備的素質。」

一李嘉誠《50 年經商哲學》

「創業是絕不容易的事，在發展事業的過程中，我深深感受到知識是助我立足社會的最主要工具，因此，雖然沒有接受正規高等教育的機會，但很早我就立志，只要能力所及，一定大力支持教育和醫療事業的發展。」

一李嘉誠《50 年經商哲學》

「在面臨危機時，我們更要冷靜、和諧。只有冷靜、和諧，才能把問題處理好，才能度過危機。」

一李嘉誠《50 年經商哲學》

「命運對任何人都是公平的，你付出多少，你想要多少，命運便會為你提供得到它的條件，只不過，這些條件都是隱晦的，需要你去識別。」

一李嘉誠《50 年經商哲學》

「我每逢做出商業決定前，總會先將其可能性研究得清清楚楚。」

一李嘉誠《50 年經商哲學》

「擴張中不忘謹慎，謹慎中不忘擴張。進取中不忘穩健，在穩健中不忘進取，這是我投資的宗旨。」

—李嘉誠《50 年經商哲學》

「人們讚譽我是超人，其實我並非天生就是優秀的經營者。到現在我只敢說經營得還可以，我是經歷了很多挫折和磨難之後，才領會到一些經營要訣的。」

—李嘉誠《50 年經商哲學》

「一間小的家庭式公司，要事必躬親去做，但當公司發展大了，便要讓員工有歸屬感，令他們安心，這是十分重要的。管理之道，簡單來說就是知人善任，但在原則上一定要令他們有歸屬感，要他們喜歡你。」

—李嘉誠《50 年經商哲學》

「只有博大的胸襟，自己才不會那麼驕傲，不會認為自己樣樣出眾；承認其他人的長處，得到其他人的幫助，這便是古人所說的『有容乃大』的道理。」

—李嘉誠《50 年經商哲學》

「假如今日沒有那麼多的人替我辦事，就算我有三頭六臂，也沒有辦法應付那麼多的事情，所以成就事業最關鍵的，是要有人能夠幫助你，樂意跟你工作，這就是我的哲學。」

—李嘉誠《50 年經商哲學》

「在我心目中，不理他是什麼樣的膚色，不理他是什麼樣的國籍，只要他對公司有貢獻、忠誠、肯做事、有歸屬感，即有長期的打

算，我就會幫他慢慢地經過一個時期，而成為核心分子，這是我公司一向的政策。」

—李嘉誠《50 年經商哲學》

「人才取之不盡，用之不竭。你對人好，人家對你好是自然的，世界上任何人，都可以成為你的核心人物。」

—李嘉誠《50 年經商哲學》

「我個人對生活一無所求，吃住都十分簡單，上天給我的恩賜，我並沒多要財產的奢求。如果此生能多做點對人類、民族、國家長治久安有益的事，我是樂此不疲的。」

—李嘉誠《50 年經商哲學》

「我在創業初期，幾乎 100% 不靠運氣，而是靠辛苦、靠工作能力賺錢。」

—李嘉誠《50 年經商哲學》

「成功不能靠幸運，而是要靠奮鬥，只有奮鬥才能成功，而且這種成功，才是最有意義的事情。」

—李嘉誠《50 年經商哲學》

「人生有其沉浮，每個人都應該學會忍受生活中屬於自己的一份悲傷；只有這樣，你才能體會到，什麼叫做成功，什麼叫做真正的幸福。」

—李嘉誠《50 年經商哲學》

「苦難的生活，是我人生的最好歷練，尤其是做推銷員，使我學會了不少東西，明白了不少事理。所有這些，是我今天花 10 億、100

億也買不到的。」

一李嘉誠《50 年經商哲學》

「老闆養活員工，是舊式老闆的觀點。現代企業的觀念，應該是員工養活老闆、養活公司。」

一李嘉誠《50 年經商哲學》

「衣服和鞋子是什麼牌子，我都不怎麼講究，一套西裝穿十年八年是很平常的事。我的皮鞋十雙有五雙是舊的。皮鞋破了，扔掉太可惜，補好了照樣可以穿。」

一李嘉誠《50 年經商哲學》

「我不打算擺滿月酒，省下的錢拿去做公益。將來第二個兒子結婚，如果女家方面肯聽我勸，我照樣不鋪張。我認為一些事在內心慶祝就可以了，我一生都未擺過生日酒。」

一李嘉誠《50 年經商哲學》

「『不義而富且貴，於我如浮雲。』是我的錢，一塊錢掉在地上我都會去撿。不是我的，1000 萬塊錢送到我家門口，我都不會要。我賺的錢每一毛錢都可以公開，也就是說，我的每一分都是明明白白賺來的錢。」

一李嘉誠《50 年經商哲學》

「品質是生命和尊嚴，但它不講人情」。

一郭台銘《郭台銘與富士康》

「品質，是一場不流血的革命，它靜悄悄地，沒有硝煙」。

一郭台銘《郭台銘與富士康》

「走出實驗室，沒有高科技，只有執行的紀律。」

—郭台銘《郭台銘與富士康》

「機會，總是留給有準備的人。」

—郭台銘《郭台銘與富士康》

「經營，就是要掌握人理、事理和物理。這些年我學了很多人理和事理，雖然我物理不一定很強。」

—郭台銘《郭台銘與富士康》

「我比客戶自己，更關心客戶。」

—郭台銘《郭台銘與富士康》

「技術的研發、人才的培育，就是從根做起。我覺得，我們中國最有價值的不是長城，不是黃河長江，而是長城的堅毅精神和黃河長江的水所影響、哺育出來的炎黃子孫，他們是我們的人力寶庫和智慧根源。人才本土化，是從根做起的重要一環。」

—郭台銘《郭台銘與富士康》

「讓優秀的本土人才，快步趕上國際化的步伐，是集團人才培養的重點之一。」

—郭台銘《郭台銘與富士康》

「中國前一〇〇位有錢人的名單常常變化。他們為什麼會被替換掉？就是因為沒有人才。所以說，有人才的一定有錢財，有錢財沒人才的，一定不會持久。」

—郭台銘《郭台銘與富士康》

「我們都嚮往『捨我其誰、誰與爭鋒』的境界，可是你的努力，如不深入基層，就無法談境界。大難不死，才有生命滄桑，才得美景；暴風雨之後才有彩虹，你才能領略生命的真諦。」

一郭台銘《郭台銘與富士康》

「過程愈艱苦，結果就愈甜蜜，實踐需要恒心與毅力。」

一郭台銘《郭台銘與富士康》

「當你準備放棄的時候，就是你最痛苦的時候，同時也是離成功最接近的時候。」

一郭台銘《郭台銘與富士康》

「富士康要學習成吉思汗。當年，成吉思汗征戰歐亞，所向披靡，就是憑著蒙古騎兵高度的機動性；部隊雖然龐大，征戰距離也非常遠，但蒙古軍隊能夠長途奔襲，並保持靈活機動的戰略戰術，保持強大的戰鬥力。」

一郭台銘《郭台銘與富士康》

「富士康在長期的經營過程中，所產生的是一種上行下效的執行力文化，公司強調『沒有管理，只有責任』。公司組織新進員工進行軍訓，主要在於磨鍊意志、鍛練身體、嚴明紀律。」

一郭台銘《郭台銘與富士康》

「做事成功三要素：策略、決心、方法。」

一郭台銘《郭台銘與富士康》

「失敗者找理由，成功者找方法。

　不怕競爭，視危機為轉機。

不怕沒工作，只怕沒能力；沒有『陸幹』和『臺幹』，只有『能幹』。

不能有派駐幹部的『小圈圈』，也不能有本土幹部的『大圈圈』。

要具備五戒：戒拖拉、戒偷懶、戒空談、戒消極、戒瞎忙。」

——郭台銘《郭台銘與富士康》

「對事情的觀察：望遠鏡、放大鏡、顯微鏡。」

——郭台銘《郭台銘與富士康》

「魔鬼都藏在細節裡。」

——郭台銘《郭台銘與富士康》

「領導者必須『胸懷千萬里，心思細如絲』。」

——郭台銘《郭台銘與富士康》

「我是『郭三點』，任何事情有三個理由我才做。反對，要有三個理由；贊成，也要有三個理由。」

——郭台銘《郭台銘與富士康》

「所有工作都要有三個壓力：時間、品質和成本。有壓力，才稱得上是工作，不然就是玩耍。」

——郭台銘《郭台銘與富士康》

「我們要的是能團隊合作的人才，不要天才，因為天才型的研發人員，到哪家公司，都會令人頭痛；天才就該讓他留在天上。」

——郭台銘《郭台銘與富士康》

「我認為富士康的管理嚴而不苛。我處分的步驟是：錯第一次，我提醒，因為不教而誅是不對的；第二次，會鄭重告訴他犯錯了；第三次再犯，就一定處分。如果我第三次還不處分，往後我的話，就會成為耳邊風。」

一郭台銘《郭台銘與富士康》

「要有自信，打敗你的沒有別人，只有你自己。」

一郭台銘《郭台銘與富士康》

「人啊，當他自以為成功的時候，就是所謂達到巔峰的時候，那第二天早上醒來，下一步必是下坡。」

一郭台銘《郭台銘與富士康》

「當你失敗的時候，絕不要氣餒，絕不要倒下，因為失敗的經驗是你下一步成功必須具備的智慧。所有的創業家，一定要學著面對失敗，不要倒下，因為那是對自己最好的歷練機會。」

一郭台銘《郭台銘與富士康》

「有困難才有機會，有挑戰才有創新。」

一郭台銘《郭台銘與富士康》

「約翰·賈德納（John Gardner）曾經擔任過美國衛生、教育與福利部部長，他曾經說過：

『贏得選民的方法，就是要他們感覺——不管是有意識的或潛意識的——領導人有能力解決他們的問題，以及滿足他們。』」

一詹姆士·庫塞基、貝瑞·波斯納《領導人的典範傳承》

「三十多年前，羅伯·格林里夫（Robert Greenleaf）曾在 AT&T 擔任

主管工作三十多年，並於 1970 年代在 MIT 管理學院任教時提出
『僕人領導學』（Servant Leadership）這個觀念，就觀察到：
『偉大的領導人總是從「僕人」身份出發，但是這麼簡單的事實卻
成就了他豐功偉業。』」

　　　　　─詹姆士·庫塞基、貝瑞·波斯納《領導人的典範傳承》

「南西·歐特伯（Nancy Ortberg）是柳溪社區教會領導人（Willow Creek
Comnmnunity Church；譯註：全美最大、最具創意的教會之一。每週約有 20,000
名會眾在此聚會）他對我們說：
『領導人若沒有「僕人」的氣質和元素，最多僅能靠「威嚇」來帶
領他人，凡是都訴諸「必須」這麼做、「必須」那麼做，久而久
之，只會將組織帶入狹窄的死胡同。』」

　　　　　─詹姆士·庫塞基、貝瑞·波斯納《領導人的典範傳承》

「熱情的人，就是願意接受苦難的人，而『有同情心』
（compassionate）的人，就是願意分擔別人苦難，並願意採取行動來
改善困境的人。」

　　　　　─詹姆士·庫塞基、貝瑞·波斯納《領導人的典範傳承》

「正如同彼得·杜拉克所說的，領導人所做的重要事情之一，就是
『以其身教言教，為民表率』。」

　　　　　─詹姆士·庫塞基、貝瑞·波斯納《領導人的典範傳承》

「偉大的教師，之所以比學生學得更多，偉大的領導人，之所以比
其子弟兵知道得更多，只有兩個原因：
第一，他們全心投入學習。第二，他們喜愛自己所學習的東西。」

　　　　　—詹姆士·庫塞基、貝瑞·波斯納《領導人的典範傳承》

「已過世的約翰·賈德納（John Gardner）是知名的領導統御學者，也曾經擔任過六位美國總統的國策顧問。他曾經說：

『被不忠實的批評者和不批評的「馬屁精」所包圍的領導人，最可憐。』（"Pity the leader caught between unloving critics and uncriticar lovers."）」

　　　　　—詹姆士·庫塞基、貝瑞·波斯納《領導人的典範傳承》

「正如埃爾文·費德曼（Irwin Federmnan）所說的：

『我們喜愛領導人的程度，將與領導人讓我們感受到其努力的程度成正比。』」

　　　　　—詹姆士·庫塞基、貝瑞·波斯納《領導人的典範傳承》

「知名的歷史學家多莉絲·基恩斯·古德溫（Doris Kearns Goodwin），訴說了美國第十六任總統亞伯拉罕·林肯（Abraham Lincoln）如何組閣的故事。

林肯故意找來一群在選舉中，被他擊敗的政敵入閣。

多莉絲稱呼此內閣為『敵手團隊』（team of rivals）。她從這兒，論述起林肯的為人處事技巧：

這事件展現了林肯的政治天份，他非凡的個人特質和智慧，竟然將過去的政敵轉變成朋友；這一招不但修復了與這群人的感情，也防止這些新仇舊恨在不處理的情況下，或許會泛濫成災，變成永久敵對的可能性。林肯深深曉得充份授權的道理，他總是為部屬擔負起失敗的責任，但卻將成功的榮耀歸功給部屬。更重要的是，他總是能從錯誤中學習！」

　　　　　—詹姆士·庫塞基、貝瑞·波斯納《領導人的典範傳承》

「布魯斯·希爾斯伯格（Bruce Hillsberg）是 IBM 主管『政府電腦儲存解決方案』的總監，我們曾經問過他：『你如何維持這麼高績效的專案小組？』他幾乎連想都不想就回答說：『聘用聰明又有能力的人，放手讓他們做自己最擅長的事。』」

—詹姆士·庫塞基、貝瑞·波斯納《領導人的典範傳承》

「我們的同事喬爾·巴克（Joe Barker；譯註：美國企業界推崇他為第一位大力宣導『典範移轉』（paradigm shifts）觀念的作家、和電影製作人），他是一位未來學家、知名作家、和電影製作人，曾經使用歷史類比法（historical analogy）來說明：領導人應如何號召其他人一起來進行『未來探險』：

『在西部蠻荒時代，好的運貨馬車車主，都會先派出斥候去偵察前方敵情，這些斥候所做的快速情蒐，總是提供非常關鍵的情報，讓馬車主能更有信心地做出明快的決策，也讓馬車行進速度增快不少……二十一世紀的領導人也需要有自己的斥候兵，只是這群先鋒部隊不是偵察地理方位，而是為你尋找『時間』方位，你最重要的時間線，應該抓在未來的五年到十年。』」

—詹姆士·庫塞基、貝瑞·波斯納《領導人的典範傳承》

「領導應有將『前瞻性』列為首要任務的自覺。而『前瞻性』也正是傳承『精神資產』、樹立典範的起始點。」

—詹姆士·庫塞基、貝瑞·波斯納《領導人的典範傳承》

「位於加州有家帕羅奧托（Palo Alto）的謝務合夥顧問公司（Sherwood Partners LLC；譯註：美國知名企業顧問公司之一，專業於企業危機處理、整頓、再造等專案）；副總經理蘇珊納·王（Susanna Wong）告訴我們說：

『好的領導人也必定是好的隨從。這句話聽起來有點矛盾，但是，
多年的工作經驗讓我體會到：好的領導人都知道自己的能力限度，
也都願意聽從部屬的良好建議。』」

一詹姆士・庫塞基、貝瑞・波斯納《領導人的典範傳承》

「受人崇敬的彼得・郭密斯牧師（Reverend Peter J. Gomes）曾經寫過一
篇文章說：

『我們都希望自己的生命長留青史，而不只是渾渾沌沌的過一生。
但是唯有勇者，才可能實現這種願望。』」

一詹姆士・庫塞基、貝瑞・波斯納《領導人的典範傳承》

「羅莎・帕克斯（Rosa Parks，1913 年 2 月生，2005 年 10 月逝，享年 92 歲，
美國國會授予『現代民權運動之母』的封號）；她過世後，在葬禮前，她
的遺體被安放在美國國會山莊大廳內，供民眾瞻仰，這種禮遇原本
只提供給政府最高首長，但她卻以一介平民獲得如此殊榮。
其緣由可追溯到五十多年前，她靜靜展現的勇氣如何讓她的生命永
留青史，並激發一連串的民權運動，改變整個美國的歷史軌跡。
回顧她的行動與事蹟，教導我們三個很重要的教訓，而它們剛好與
勇氣、領導、和遺愛人間有直接關係。」

一詹姆士・庫塞基、貝瑞・波斯納《領導人的典範傳承》

「羅莎・帕克斯拒絕移座的舉止行為，的確是源發於內心的勇氣。
她說：

『這種不公平的事，總該有個停止點。當天，我只是覺得：應該是
我表示不願意再被推來推去的立場而已，並且也藉此機會，找出我
到底擁有多少人權。』」

　　　　　　　──詹姆士・庫塞基、貝瑞・波斯納《領導人的典範傳承》

「籃球傳奇巨星麥可・喬登（Michael Jordan）怎麼說？他是籃球史上
最佳球員之一，但卻也發表過這樣子的看法：
『我在職業籃球員生涯中，沒有投進的球數超過九千次，也輸了三
百多場球賽；我有二十六次沒有投入決定輸贏的關鍵球，讓很信任
我的隊友們頗為失望。總之，我這一生經常遭遇失敗，但這也是造
成我今天成功的主因。』」

　　　　　　　──詹姆士・庫塞基、貝瑞・波斯納《領導人的典範傳承》

「約翰霍浦金斯大學（Johns Hopkins University）的研究教授詹姆士・
韋斯特（James E. West），他獲得的美國專利有五十多項，贏取外國
專利更超過二百多項。他說：
『其實，我失敗的機率遠大於成功，只是我不認為失敗有什麼錯，
因為我總是可以從當中學得一些經驗，我總是將它們視為「未能達
成最初所設定的目標」而已，就是這麼簡單！』」

　　　　　　　──詹姆士・庫塞基、貝瑞・波斯納《領導人的典範傳承》

「史賽克內視鏡設備公司（Stryker Endoscopy）的哈生・爾塔斯（Hasan
Ertas）的經驗怎麼說？哈生是這家設備廠的資深設計工程師，他為
我們解說：
『我體認到：不管我承認或否認自己的錯誤，其他人遲早都會發
現。於是我決定為他們節省時間和麻煩，並為自己保住尊嚴和顏
面，所以我一有錯誤，就立即承認。』」

　　　　　　　──詹姆士・庫塞基、貝瑞・波斯納《領導人的典範傳承》

「哈生也告訴我們，另一個同等重要的教訓。他說：

『我感覺：只要你能接受自己的錯誤，你就更能體諒和接受別人的錯誤。這麼一來，別人會覺得與你一起工作，很有安全感和信任感；他們會努力為你工作，卻不用擔心犯下錯誤，因為他們知道你也做過相同的錯事。所以，只要你是用心努力，並從錯誤中學習，犯錯是被允許的，一點兒問題也沒有。』」

—詹姆士·庫塞基、貝瑞·波斯納《領導人的典範傳承》

「擁有 140 多項專利的岱頓工程實驗室公司（Dayton Labolatories Company）創辦人為查理斯·凱特林（Charles Kettering），經常向人說：

『假如你一試再試，試了很多次，卻照樣失敗，這沒有一點可怕的；最怕的是，你嘗試失敗後，就放棄再嘗試。』」

—詹姆士·庫塞基、貝瑞·波斯納《領導人的典範傳承》

「美國二〇〇三年《福布斯》公佈了這樣一條消息：世界上三百億美元以上的財富巨人中，猶太人所占比例達七十五％。這說明猶太人的經商智慧堪稱一絕。他們經商哲學是值得借鑒的。」

—葉凡《學學猶太人》

「猶太人的《塔木德》與《聖經》、柏拉圖的《理想國》、亞里士多德的《政治學》和伊斯蘭的《可蘭經》，併稱為影響人類文明的巨著，是真正的傳世經典。」

—葉凡《學學猶太人》

「《塔木德》上說：『一位百發百中的神箭手，如果他漫無目標地

亂射，也不能射中一雙野兔。』成功的猶太人，非常重視明確的奮鬥目標的重要性。」

—葉凡《學學猶太人》

「生命有限，時光荏苒，只有奮鬥不已，方能生生不息。」

—《羊皮卷》

「人有兩片耳朵、一張嘴，是要人凡事應多聽少說。」

—《羊皮卷》

「能以微笑回答別人非難的人，是領袖之才。」

—《羊皮卷》

「《塔木德》上寫道：『當壓力出現，迫使我們改變自己的法規時，我們要不顧一切地戰鬥，即使面臨強敵也要戰鬥，生命不息，戰鬥不止！』」

—葉凡《學學猶太人》

「不去自己思考和判斷，就是把自己的腦袋交給別人，讓別人幫你看管。」

—《羊皮卷》

「《塔木德》說：『不要害怕保持與其他人不同的立場。』」

—葉凡《學學猶太人》

「《塔木德》說：『每個人的機會都一樣多，但是每個人對機會的識別和把握能力，是不同的。』」

—葉凡《學學猶太人》

「猶太人的傑出代表愛因斯坦曾說過：『機遇，只會偏愛有準備的頭腦。』」

—葉凡《學學猶太人》

「《塔木德》中寫道：『金錢能夠儲蓄，而時間不能儲蓄。金錢可以從別人那裡借，而時間不能借。人生這個銀行裡，還剩下多少時間也無從知道。因此，時間更重要。』」

—葉凡《學學猶太人》

「美國猶太人聯合募捐會前任主席保羅·朱克曼曾作過一番經驗之談，很能體現猶太人募捐的基本思路和方法：

『一個人永遠不應該單槍匹馬地去募集一大筆捐款，這是一條公認的原則。要拒絕一個人，特別是一個朋友或鄰居，那再容易不過了。如果兩個人或更多的人一起去，這就不是一個猶太人向另一個猶太人索取禮物——這是整個共同體，是猶太民族在這樣做。』」

—葉凡《學學猶太人》

「《塔木德》提示我們：『要用兩倍於自己說話的時間，去傾聽對方講話。』」

—葉凡《學學猶太人》

「《塔木德》上說：『你如何待人，人如何待你。』」

—葉凡《學學猶太人》

「《塔木德》說：『對於撒謊者最大的懲罰，就是當他說真話時，也沒人相信。』」

—葉凡《學學猶太人》

「《塔木德》的忠告是：『如果你的表現不盡如意，首先要採取的行動是以退為進，而不是鋌而走險。』『善於等待的人，最終得到他想得到的一切。』」

—葉凡《學學猶太人》

「『沒有任何藉口』，是美國西點軍校兩百年來，奉行的最重要的行為準則，是西點軍校傳授給每位新生的第一個理念。」

—葉凡《學學猶太人》

「猶太經典《塔木德》中有一句話：『和狼生活在一起，你只能學會嗥叫，和那些優秀的人接觸，你就會受到良好的影響，耳濡目染，潛移默化，而成為一名優秀的人。』」

—葉凡《學學猶太人》

「《塔木德》說：『只有蠢人和死人，永不改變他們的意見。』」

—葉凡《學學猶太人》

「《塔木德》說：『剛愎與衝動，就是愚蠢的明證。』」

—葉凡《學學猶太人》

「世界酒店大王希爾頓，在總結自己的成功經驗時說：
『發現自己的特有天資；有大志、敢想、敢幹、敢憧憬；充實自己、對生活要充滿激情；莫讓你所佔有的東西佔有了你；有麻煩莫擔憂；擔當起自己對這個世界的全部義務；不要沉溺於過去；尊重別人，對任何人也不要鄙視；不間斷的、滿懷信心的祈禱。』」

—葉凡《學學猶太人》

「『你必須懷有夢想。』這位聞名世界的『酒店業大王』希爾頓在

晚年的自傳中，揭開了他成功的奧秘：『我認為完成大事業的先
導，是偉大的夢想！』」

一葉凡《學學猶太人》

「我認為，做為一名管理者，最重要的職責，就是常常提防他人的
襲擊，並把這種防範意識傳播給手下的工作人員。」

一格魯夫

「格魯夫宣佈：英代爾要進步，就必須有所創新，要自己創造需
求。」

一葉凡《學學猶太人》

「羅斯柴爾德家族的家訓：『要堅持家族的和諧。』」

一葉凡《學學猶太人》

「列昂內爾說過的這句話，代表了這個家族的所有成員的思想：
『我有兩大榮譽：第一，我是羅斯柴爾德家族的一員；第二，我是
一個猶太人』。」

一葉凡《學學猶太人》

「這個人就是亨利，他有一句話，洛克菲勒非常讚賞，他認為：
『建立在生意上的友情，勝過建立在友情上的生意』。」

一葉凡《學學猶太人》

「美國著名石油地質學先驅華萊士·普拉特（Wallace Everette Pratt,
1885-1981），在總結其一生成敗經驗的論文《找油的哲學》（*Toward
a Philosophy of oil finding*）中寫道：
『找油就到人的大腦中找。』

他認為，人的大腦裡蘊藏著豐富的寶藏，而思考是其中最珍貴的資
源。」

—金日盛《沙發上的成功學》

「現代成功學鼻祖，《成功法則》（*The Law of Success*）的作者，拿破
崙‧希爾（NapoIeon Hill, 1883-1969）指出：
『思考可以致富。』」

—金日盛《沙發上的成功學》

「愛因斯坦常說：『學習知識要善於思考、思考、再思考，我就是
靠這個方法，成為科學家的。』」

—金日盛《沙發上的成功學》

「比爾‧蓋茲說：『人與人之間的區別，主要是脖子以上的區
別。』」

—金日盛《沙發上的成功學》

「被譽為『現代管理學之父』的管理學大師彼得‧杜拉克（Peter
Ferdinand Drucker, 1909-2005）曾經強調：
『中國什麼都能引進，就是不能引進管理者！』」

—金日盛《沙發上的成功學》

「美國傳奇詩人、名佈道家馬畢‧戴凡波特‧貝伯考克（Maltbie
Davenport Babcock, 1858-1901）說了一句至今仍被人奉為圭臬的名言：
『最常見、同時也代價最高昂的一個錯誤，就是認為成功依賴於某
種天才、某種魔力，某些我們不具備的東西。』」

—金日盛《沙發上的成功學》

「全球最大零售商沃爾瑪（Wal-Mart Stores, Inc.）總裁兼 CEO 史考特（H. Lee Scott, Jr.）說過：

『第一流人才的考驗，是他們同時在心裡堅持兩個相反的理想，卻仍然能夠運作。』」

—金日盛《沙發上的成功學》

「美國麻省理工學院的多媒體實驗室（MIT Media Lab），素以創意智庫聞名於世，其創始人之一尼葛洛龐蒂（Nicholas Negroponte）說過：

『我們在招人時，遇到大學畢業考成績全都是 A 的人，我們沒有興趣。但有人在大學畢業考有多科成績是 A，卻有兩科是 D，我們就有興趣了。我們發現，在大學表現得很好的學生，跟我們工作時，往往表現得卻並不如預期傑出。我們就是要找那些有個性的人，這種人在大學不一定很用功，做事情不會循規蹈矩。這些人通常對事物有其敏銳的知覺、思考靈活，富有創造力。所謂的人才，不一定是學業成績好的人；思考與傳統完全不一樣的人，多半才是真正的人才。真正的人才不是看他學了多少『知識』，而是看他能不能隨機應變、承擔風險、應付危機。』」

—金日盛《沙發上的成功學》

「一九九八年，年過七十的和田一夫，設立了一家經營顧問公司，決心將自己的經營經驗和教訓，傳授給年輕的經營者。其中最發人深省的就是：

『我在經營企業最困難時，總會以各式各樣的努力來克服困難，但在事業成功時，卻會驕傲自滿，造成判斷失誤。因此看來，事業取得最大成功時，風險也最大；失敗是人生財富，成功則是最大的危

機。』」

—金日盛《沙發上的成功學》

「奇異公司前 CEO 傑克・威爾許（John Francis Jack Welch, Jr.），一手打造『奇異傳奇』，讓奇異的身價暴漲四千億美元，躋身全球最有價值的企業之列，成為全球企業追求卓越的楷模。有『世紀經理人』之稱的威爾許，他就指出：

『人最重要的素質，就是工作速度。』」

—金日盛《沙發上的成功學》

「正如著名思想家杜威（John Dewey, 1859-1952）所說：『能將問題問得清楚，已經將問題解決了一半。』」

—金日盛《沙發上的成功學》

「美國 IBM 前營銷副總裁、曾被列入全美十大傑出推銷員的巴克・羅傑斯（Buck Rodgers）曾說：

『成功的經營團隊，不會坐等外界左右自己的命運，而是始終向前看，掌握未來的趨勢。』」

—金日盛《沙發上的成功學》

「美國鋼鐵大王，安德魯・卡內基（Andrew Carnegie, 1835-1919），富可敵國。

他如何運用時間呢？他說：『要能輕鬆做好事情，其實很簡單，只要安排好輕重緩急，一次只做一件事，無論遇上什麼情況，集中精力於一件事上，就可以了。』」

—金日盛《沙發上的成功學》

「比爾‧蓋茲說：

『一個出色的員工應該懂得：想要讓客戶再度選擇你的商品，就應該去尋找一個讓客戶再度接受你的理由，任何產品遇到了你善於思索的大腦，都肯定能有辦法，讓它和微軟的視窗一樣行銷天下。』」

—金日盛《沙發上的成功學》

「法國詩人拉‧封丹（Jean de La Fontaine, 1621-1695）強調：

『無論做任何事情，都應遵循的原則是：追求高層次。你是第一流的，你應該有第一流的選擇，在工作中加入『熱情』。』」

—金日盛《沙發上的成功學》

「流淚沒有用，創業者沒有退路，最大的失敗就是放棄。」

「創業者有未來，沒有昨天。」

「一個人可以窮，但不能沒有夢。」

—大陸「阿里巴巴」公司創辦人馬雲語錄

「阿里巴巴（Alibaba.com）首席執行官馬雲，杭州人，曾是一名英文教師。他是近 50 年來第一位榮登美國《富比士》雜誌封面的中國企業家。2001 年，他被評為『美國亞洲商業協會年度商業領袖』；2001 年，他被世界經濟論壇選為『全球未來 100 位領袖』之一；2005 年，他被評為『中央電視台 2004 年度經濟人物』。」

—沈威風《倒立思維》

「馬雲的『倒立』，用熊彼特（原註：Joseph A Schumpeter，1883-1950，20 世紀最受推崇的經濟學家之一）的話說，就是『創新』。用湯姆‧彼

得斯（原註：Tom Peters，全球最著名的管理學大師之一）的話說，就是『顛覆』。用安迪‧葛洛夫（Andrew Grove，前英代爾總裁）的話說，就是『唯有偏執才能生存』。用柳傳志（原註：聯想集團董事，聯想控股總裁）的話說，就是『重新寫一份菜譜』。結果，倒立者贏。」

—沈威風《倒立思維》

「用馬雲說的話，『我更多的工作，是在看未來的戰略在哪裡。』」

—沈威風《倒立思維》

「阿里巴巴的說法是，『我們需要一個對手。如果沒有了對手，我們還玩什麼呢？』」

—沈威風《倒立思維》

「如果你想要成功的推銷自己，先確定你的賣點是什麼！」

—凡禹《推銷教父》

「有了清楚的目標概念之後，接下來我會問自己，我該做些什麼以達成目的？」

—凡禹《推銷教父》

「判定一個人，從他的朋友來看。」

—凡禹《推銷教父》

「我應該向客戶提出哪些問題，才能促使客戶坦白的說出，對某一產品有哪些具體要求？這些問題是否符合客戶的實際情況？是否與客戶的切身利益息息相關？
我與客戶的談話中，有哪些令人信服的案例，既能說明產品的優

點，又可以激發客戶購買的興趣？

我怎樣幫助客戶解決他的問題？怎樣用簡單的幾句話，幫助客戶解決他的問題？

我能向客戶提供哪些有價值的資料，使他樂於接受我的產品？

在一開始時我應該說些什麼，才能保證與客戶進行有效的談話？」

—凡禹《推銷教父》

「習慣，若不是最好的僕人，便是最差的主人。」

—凡禹《推銷教父》

「米開朗基羅曾說『成功是由一些簡單的習慣所組成的。』

　你要經常問自己：『我應該有哪些習慣來幫助我成功？』」

—凡禹《推銷教父》

「優秀的推銷員應該養成哪些良好的習慣呢？

　守信、守時的習慣。

　閱讀的習慣。

　常讚美（笑口常開）的習慣。

　和主管互動的習慣。

　淺談產品的習慣。

　隨時補充『新名單』的習慣。

　每天和客戶見面的習慣。

　要求客戶介紹的習慣。

　聽演講、做筆記的習慣。

　傾聽客戶說話，點頭、微笑、做筆記的習慣。

　訂立目標的習慣。

獻身目標的習慣。

不斷捲土重來的習慣（改進技巧後）。」

—凡禹《推銷教父》

「成功的習慣，和失敗的習慣一樣容易養成。如果我們不建立好習慣，我們無形中就是在培養壞習慣。一個好的習慣，會成就一個成功的人生。」

—凡禹《推銷教父》

「以下是一些可以使你的推銷，令人難忘的方法：

親自送達。

快件送達。

額外贈送。

個性化的感謝。

用簡訊發個笑話。

引人注意的名片。

用郵件發一篇和他的愛好有關的文章。

他的生日時打電話祝賀。

送上表示感謝的禮物——禮物籃、植物、花。

送上個性化的、表示感謝的禮物——一本關於客戶愛好的書、他喜歡的運動雜誌。」

—凡禹《推銷教父》

「如果你每天肯花時間瞭解顧客，你就不怕沒有顧客。」

—凡禹《推銷教父》

「在建立自己的卡片檔案時,你要記下有關顧客和潛在顧客的所有
資料,他們的孩子、嗜好、學歷、職務、成就、旅行過的地方、年
齡、文化背景,及其他任何與他們有關的事情,這些部是有用的推
銷情報。

所有這些資料都可以幫助你接近顧客,使你能夠有效的跟顧客討論
問題,談論他們自己感興趣的話題,有了這些材料,你就會知道他
們喜歡什麼,不喜歡什麼,你可以讓他們高談闊論、興高采烈、手
舞足蹈……只要你有辦法使顧客的心情舒暢,他們不會讓你大失所
望。」

—凡禹《推銷教父》

「林肯曾說:

『在一場官司的辯論過程中,如果第七點議題是關鍵所在,我寧願
讓對方在前六點佔上風,而我在最後的第七點獲勝。這一點正是我
經常打贏官司的主要原因。』

同理,找出決定推銷關鍵點,並且把握此關鍵,也是極其重要的。
林肯在『羅克島鐵路審判案』中,便將這一招運用得恰到好處。審
判的最後一天,對方律師整整花了兩小時來總結此案,林肯原本可
以針對他所提出的論點加以駁斥,但是他並未如此做,而是將論點
集中於最重要的關鍵點,一共花了不到兩分鐘的時間,最後林肯贏
得這場官司。」

—凡禹《推銷教父》

「不論你的名字是什麼,別讓任何事玷污它。」

—凡禹《推銷教父》

「簽署獨立宣言之前,班傑明·富蘭克林曾說:『各位,我們必須團結一致,否則就會被各個擊破。』然後,本著這個原則,他們拿起筆,簽下名字。」

—凡禹《推銷教父》

「過去二十年裡,中國製造在全世界最大的制勝法寶,就是低成本。聯想也是通過『毛巾裡擰水』一路走過來的。這樣的創新首先是不得已:先把精力,集中在最容易切入的產品層面的技術創新,換來急需的市場和利潤,等積累好了生存和發展的基礎,才有逐步向核心技術靠近的本錢;但這樣的創新,更應該是主動的:中國企業起步較晚,跟在別人後面跑,總免不了要吃一些苦,好處是在艱苦的條件下更能練出絕活,加上領先的決心,就有領先的可能。」

—大陸聯想集團董事局主席柳傳志,《龍行天下》曾鳴、彼德·J·威廉森

「以低成本的方式進行技術創新,以技術創新的方式降低成本;這將成為未來全球競爭的核心。」

—大陸蒙牛集團董事長兼總裁牛根生,《龍行天下》曾鳴、彼德·J·威廉森

「要真正實現後來居上,中國企業必須儘快實現,由『中國製造』向『中國創造』的驚險一跳。」

—蒙牛集團董事長兼總裁牛根生

「國家與國家的競爭,戰爭年代靠軍隊,和平年代靠商隊。當賓士、寶馬跑遍天下時,德國崛起了;當索尼、佳能裝進普通百姓背

包時，日本起飛了；當可口可樂、百事可樂倒進人們胃裡時，美國撼動了世界；當我們中國企業堀起於世界之林時，中華民族的偉大復興就真正實現了！」

　　　　一大陸蒙牛集團董事長兼總裁牛根生，《龍行天下》曾鳴、
　　　　彼德·J·威廉森

「二十世紀八○年代，我願意做為一個庸才生在美國，而現在我一定選擇做為一個天才，出生在中國。」

　　　　　　　　　　　　一比爾·蓋茲，引自《世界是平的》

「德國前駐中國大陸大使 Hannspeter Hellbeck 博士說過：
『近二十多年來中國史無前例的上升，也許只有十九世紀末美國的崛起，才可與之媲美。』」

　　　　　　　　　一曾鳴、彼德·J·威廉森《龍行天下》

「我終於理解了九％的經濟增長率，意味著──一個從不停止運轉的經濟，工作晝夜不停的輪班制，以彌補失去的時間。對中國而言，需要彌補的時間是一百五十年。」

　　　　　　　　　　　一傑佛瑞·薩克斯《龍行天下》

「不能在中國取勝，就會在全球敗北。」

　　　　　　　　　　　　一松下電器《龍行天下》

「經濟學家約瑟夫·熊彼特早在一九四二年就指出，增長的過程是『從內部持續革新經濟結構，舊的技術不斷被破壞，新技術不斷產生，這一創造性破壞的過程，就是資本主義（在此理解為市場經濟）的精髓』。」

—曾鳴、彼德·J·威廉森《龍行天下》

「在壓力面前，任正非帶領『華為人』發下誓言：『處在民族通信工業生死存亡的關頭，我們要竭盡全力』；『不被那些實力雄厚的公司打倒』；『十年之後，世界通信行業三分天下，華為將占一分。』」

—曾鳴、彼德·J·威廉森《龍行天下》

「在設計中構建技術、質量、成本和服務優勢，是我們競爭力的基礎。日本產品的低成本、德國產品的穩定性、美國產品的先進性，是我們趕超的基準。」

—曾鳴、彼德·J·威廉森《龍行天下》

「我們堅持『壓強原則』，在成功關鍵因素、和選定的戰略生長點上，以超過主要競爭對手的強度配置資源，要麼不做，要做，就極大地集中人力、物力和財力，實現重點突破！」

—曾鳴、彼德·J·威廉森《龍行天下》

「一個很樂觀的判斷是，十年後，『中國創造』的企業，最有可能在新能源、環保等領域出現。」

—曾鳴、彼德·J·威廉森《龍行天下》

「今吾於人也，聽其言而觀其行。」

—孔子

「子貢問曰：『鄉人皆好之，何如？』子曰：『未可也。』『鄉人皆惡之，何如？』子曰：『未可也。』『不如鄉人之善者好之，其不善者惡之。』」

—孔子

「存乎人者莫良於眸子，眸子不能掩其惡，心中正則眸子眊焉，心
中不正則眸子眊焉。」

—孟子

「夫運籌帷幄之中，決勝於千里之外，吾不如張良；連百萬之眾，
攻必克，戰必取，吾不如韓信；鎮國家，撫百姓，給饋餉，不絕糧
道，吾不如蕭何；此三人皆人傑也，吾能用之；而項羽有一范增不
能用，此吾所以得天下，而項氏失之也。」

—漢高祖

「天生之材，各有偏長，國家之用人，備用眾長，然後因其材而取
之，審其能而任之，用其所長，捨其所短。」

—孔明

「咨之以計謀，以觀其識；告之已禍難，以觀其勇；醉之以酒，以
觀其性；臨之以財，以觀其廉；期之以事，以觀其信；問之以是
非，以觀其志；窮之以詞辯，以觀其變。」

—孔明

「為政之要，惟在得人，用非其才，必難改治。」

—唐太宗《貞觀政要》

「舟航之絕海也，必假橈楫之功；鴻鵠之凌雲也，必因羽翮之用；
帝王之治國也，必借匡弼之資。」

—唐太宗《帝範》

「治天下者，以人為本。」

—唐太宗《貞觀政要》

「貴則觀其所舉，富則觀其所養，居則觀其所好，習則觀其所言，窮則觀其所不受，賤則觀其所不為。因其材以取之，審其能以任之，用其所長，捨其所短。」

—唐·魏徵

「躁於其心者，其動妄；盪於其心者，其視浮；歉於其心者，其氣餒；忽於其心者，其貌惰；傲於其心者，其色矜。」

—王陽明

「領導之通病有四：

一曰退縮，同官互推，不肯任怨，動輒請示，不肯任咎是也；

二曰瑣屑，利析錙銖，不顧大體，察及秋毫，不見輿薪是也；

三曰敷衍，裝頭蓋面，但計當前，剜肉補瘡，不問明日是也；

四曰顢頇，外面完全，中已腐爛，粉飾太平，語無歸宿是也。」

—曾文正公

「成功的領導者，一定對人性和人心有深入的體會，領會愈深愈廣，領袖成功的機率愈大；反之，失敗的可能性也愈大。」

—梅可望，《領導成功的秘訣》

「領導成功十訣：

㈠魅力十足；	㈡度量寬宏；
㈢擁抱群眾；	㈣情深義重；
㈤樹立標竿；	㈥環境掌控；

(七)選才愛才；　　　(八)願景創夢；

(九)資訊迅確；　　　(十)謀略善用。」

—梅可望，《領導成功的秘訣》

「領導如何度量寬宏？

　1. 不計小過，不念舊惡；

　2. 不與他人斤斤計較；

　3. 原諒別人的錯誤，給部屬 Second chance（再給一次機會）

　4. 把被領導者當作自己人（心腹），不自築藩籬。

　5. 氣度小的人，不可能成大事。」

—梅可望，《領導成功的秘訣》

「領導者，如何情深義重？

　1. 同情部屬（含群眾）的困難，設法予以支援。

　2. 解決部屬的危難，使能安心工作。

　3. 用『人性』領導，避免使用『權威』。

　4. 在必要的場合，為部屬『兩臂插刀』，在所不惜。

　5. 要有『鐵肩擔道義』的氣概，部屬自然心悅誠服。」

—梅可望，《領導成功的秘訣》

「領導者如何選才愛才？

　1. 天下無不可用的人，把適當的人才放在適當的職位上（適才適所）。

　2. 用其所長，避其所短。

　3. 適量的授權，使部屬有表現的機會。

　4. 有計畫的培養人才，使部屬提昇其能力、學識與視野。

5.拔擢人才，使其擔任更高更重的責任，不可嫉妒部屬的能力。

6.用愛心真誠對待，培養堅強的團隊精神（Team spirit）。」

　　　　　　　　　　　　　　　　　　　—梅可望，《領導成功的秘訣》

「經營管理的秘訣，就像雨天打傘，晴天收傘一樣，凡事必需以率直之心去觀察，才能看出事物真相，並求得合理的解決方案。」

　　　　　　　　　　　—〔日〕「日本經營之神」松下幸之助

「不景氣時，正好提供一個最佳的磨練時機。」

　　　　　　　　　　　—〔日〕「日本經營之神」松下幸之助

「沒有挑剔的顧客，哪有更精良的產品？」

　　　　　　　　　　　—〔日〕「日本經營之神」松下幸之助

「有心提升生產力的經理人，一定得隨時傾聽員工的心聲。」

　　　　　　　　　　　—〔日〕「日本經營之神」松下幸之助

「身為領導者，當企業遭遇變故時，必需挺身而出，把一切責任都承擔下來。」

　　　　　　　　　　　—〔日〕「日本經營之神」松下幸之助

「找出一個人的特色，加以活用，這是用人最重要的原則。」

　　　　　　　　　　　—〔日〕「日本經營之神」松下幸之助

「領導人最糟的一點，就是不去培養接班人。」

　　　　　　　　　　　—〔日〕「日本經營之神」松下幸之助

「平凡的人創造不平凡的事業，其秘訣就在按步就班、循序漸進、持之以恆、努力不懈。把每天努力的『平凡』累積起來，就會變成

不平凡了。」

　　　　　　　　　　—〔日〕「日本經營之神」松下幸之助

「企業要維持競爭優勢的唯一方式，就是持續升級，持續將生產方式修得更精密。」

　　　　—〔美〕「競爭策略大師」哈佛教授麥克波特（Michael Porter）

「許多人說我專門研究未來趨勢，其實我是專門研究全球趨勢……，你必需對全球發展進行研究。」

　　　　　　—〔美〕「趨勢大師」約翰·奈恩比（John Naisbitt）

「資本主義社會即將凋零，知識社會（Knowledge society）正在取而代之。」

　　　　　　—〔美〕「管理學教父」彼得·杜拉克（Peter F. Drucker）

「在一昧的附和聲中，主管所做決策，不會收到最好效果。」

　　　　　　—〔美〕「管理學教父」彼得·杜拉克（Peter F. Drucker）

「贏家總是主動出擊者，輸家總是原有的企業。」

　　　　　　　　　　—〔日〕「管理大師」大前研一

「日新又新的創新，才是這家公司，向前衝刺的力量。」

　　　　　　　　—〔美〕「摩托羅拉公司總裁」羅伯·費文

第十章 宗教與命理

【導論】

人生是否有命？

如果有命，內容是什麼？是由什麼力量決定？為什麼如此決定？

連最理性的儒家，都認為「生死有命，富貴在天」。

只是，儒家並不主張「宿命論」，而是強調「立命論」。

所以，孟子曾經強調，「夭壽不貳，莫非命也；修身以俟之，君子所以立命也」。

道家莊子，也曾強調「榮辱、貴賤、貧富、得失、寵辱、生死，莫非命也」。

只是，道家立場在於順乎自然，放空自己，用「心齋」與「坐忘」，超越小我，融入大我，進而淡化萬物，合而為一。

中國大乘佛學，則是強調「因果論」，若問今世命，先看前世因；若問來世果，先看今世因，所以重點在於今世的修行與功德；一定要以菩薩心行善，透過終生功德，才能化滅罪業，產生福報好命。

凡此種種，均可看出，「命理」是人生的重要課題；重要的

是，如何面對它，瞭解它，然後再超越它！

所以，清代的《了凡四訓》中，特別強調作功德的重要性，認為人生若能「力行善事，廣積陰德」，就能趨吉避凶，創造新命。

事實上，這正是中華文化最根源的慧見；因此，以中華文化為己任的天帝教，創始人涵靜老人就曾強調說：「我命由我不由天」，並且，「向自己奮鬥，就是造命」，深深值得人們重視以及力行！

除此之外，人生還有一項重要問題，就是人間是否有神？神的定義是什麼？神與人的關係是什麼？

另外，人生是否有靈魂？靈魂是否不滅？靈界內容為何？靈魂與人生的關係又如何？

凡此種種，都是宗教與靈學的共同問題，也是人生在歷經坎坷、飽受滄桑之後，經常會省思的學問。

今天，即使是科學家，也愈來愈多認為，這是未來新世紀，很有研究價值的人生問題。

所以，台大校長李嗣涔，雖然身為電機博士，但他也曾由種種科學實驗之後，感慨的提到心得：

「原來宗教裡所講的靈界是存在的！」

他並明確指出，他相信，真正的「生命科學」—包括生物研究，人體特異功能，以及我們所謂的「靈」的世界，或者是另類「存在」的研究，才是「二十一世紀最具挑戰性的學問。」

針對這些問題，目前並沒有標準答案，因為不同的宗教，而會有不同的義理。但是，宗教間的對話與會通，則已經愈來愈受到共同的重視。

　　例如，大科學家愛因斯坦認為，他經過科學研究，肯定的宗教觀，是一種「宇宙宗教感」（cosmic religious feeling）。

　　另外，英美世界第一大哲學家懷海德（A.N. Whitehead）則認為，神有兩種特性，一是「原創性」（Primordial Nature），二是「後得性」（Consequent Nature）。

　　這與聖經《啟示錄》所說，堪稱完全相通：神是「阿爾法點」（α），神也是「奧米茄點」（Ω），神是起點，也是終點。

　　事實上，這也正如同道家老子所說，道是萬物之始，「道生一、一生二、二生三、三生萬物」；道，同時也是萬物之終，所以人心要能「歸根復命」。

　　《易經》中曾強調：「百慮而一致，殊途而同歸」，可說統攝了此中的通性，堪稱重要結論。

　　這也正如宗教哲學家休士頓‧史密斯（Houston Smith）所說：

　　「真理只有一個，聖人以不同的名字來稱呼它而已。」

　　由此足證，雖然中外各大宗教，用不同的名相來形容神，但其總目標，很多都相通，真正形成「道本同源，萬教歸宗」的世界大同氣象。

　　凡此種種，都非常值得重視與研究。

　　因此，本章特別收集中外古今的相關名言，針對很多名人對宗教與命理的看法，分別條列；希望透過多元化的切磋，提供大家對人生這項「終極關懷」（Ultimate concern）的省思，進而對人生靈性，能夠產生充實、穩定、成長、與提昇的重大功能。

———————＊—————＊—————＊———

「在天成象，在地成形。」

—《易經·繫辭傳》

【馮註】這句名言是《易經·繫辭傳》所記；《易經》專論天地人三才之道，以及性與天命之說；本句代表中國最早的天人互動觀，其內容言簡意賅，認為人的一生大事在天上已成象，在人間才成形；換句話說，若講人生如戲，其中有個劇本，則主要的劇情（如生死、婚姻、子女、貧富、貴賤等），在天上架構已成，亦即儒家「死生有命，富貴在天」之意。

雖然如此，儒家認為人生，仍應盡心盡力，盡其在我，只是不必執著結果，因為「謀事在人，成事在天。」這也正如希臘史詩家荷馬所說：「努力在人，成功在天」。

《紅樓夢》的結構，在此也很相通；在天有太虛幻境，在地有人間紅塵；人生劇本的悲歡離合，在天已成象，在地只是按照劇本演出成形。

早期國防部長俞大維，就曾經向筆者提到：「人生劇本已經寫好，重要的是如何盡心盡力，演好自己的角色」。經濟部長趙耀東也曾向筆者強調：「謀事在人，成事在天」，亦即「只問耕耘，不問收穫」之意，所以不用患得患失。監察院長王建瑄也曾呼籲民眾：「凡事盡心盡力，結果交給上帝」，在此精神均能相通。

2008 年 11 月 3 日，大陸海協會長陳雲林應邀訪台，是兩岸六十年第一次，深具歷史意義；當天新聞報導，他與海基會所簽四大協議，「將照劇本演出」，性質與此也很接近。

兩岸兩會的協議劇本，是由高層授權決定；相互對照之下，人

生劇本又是誰決定？《中庸》強調：「天命之謂性」，代表人生劇本來自高層天命；至於「天命」如何形成？其上又由誰決定？儒家則是存而不論，強調以人為本，「未知生，焉知死？未能事人，焉能事鬼？」到道家則訴諸「神仙論」，並有神仙位階圖；在佛教則訴諸「因果論」，並有六道輪迴說；此中精義，均值得進一步深入研究。

「易與天地準，故能彌綸天地之道。仰以觀於天文、俯以察於地理。」

—《易經·繫辭傳》

【馮註】這段內容顯示，《易經》所論述的道理，與天地都能旁通，所以能普遍包含天地萬物之道。「仰以觀於天文」，後來形成中國精微奧妙的「占星術」，由北宋國師陳希夷完成「紫微斗數」，其神奇之處，在《宋史》稱為「活神仙」；另外，「俯以察於地理」，則形成中國後來的「堪輿學」，其中風水地理之學，也很值得研究。

「死生有命，富貴在天。」

—《論語》

「天喪予……斯人也，而有斯疾也！」

—孔子《倫語》

「天命之謂性，率性之謂道，修道之謂教」

—《中庸》

「天壽不貳，君子修身以俟之。」

一孟子

【馮註】根據孟子，人生壽限早有定數，不能也不需強求，君子只需每天修身盡心、盡其在我，把握可以操之在己的部分，盡心盡大，若有不及，就可以問心無愧。

「榮辱、貴賤、貧富、得失、寵辱、生死，莫非命也。」

一《莊子》

【馮註】根據莊子，對人生的一切榮辱、貴賤、貧富、得失、寵辱、生死等等，均應該用平常心看待。因為，這些都是先天的命，得之不用喜，失之不用憂。

所以莊子強調，即使全世界稱讚，也用不著高興，即使全世界誹謗，也用不著沮喪：「舉世譽之而不加歡，舉世毀之而不加沮。」這才是真正的精神定力，也才能做到泰山崩於前而不驚，在大水災中也不滅頂，在大旱災中也不覺熱（大浸稽天而不溺，大旱金石流、土山焦而不熱）。

「欲知前世因，今世受者是；欲知來世果，今世為者是。」

一《佛經》

【馮註】根據佛教義理，今生所受，屬於前世所積的「果」，其「因」均為累世的前業所成；這也等於間接承認儒家、孟子與莊子所說，此生大事「莫非命也」，然後進一步指出命的根源，來於前世業力。可見大乘佛學並非消極的宿命論，強調人生仍要修行，多做功德，才能精進，消災解厄，並創福報。

「佛說，菩薩心不應住色布施，須菩提：菩薩為利益一切眾生，應

如是布施。」

—《金剛經》

【馮註】菩薩心應去離一切私心，去離一切執著，此即「離一切相」。因為菩薩一心只為利益眾生，但又絕不居功，絕不自誇；所以菩薩心腸，不應為了目的才布施，要能如此「無所住而生其心」，才是真正的菩薩。

「一切有為法、如夢幻泡影，如露亦如電、應作如是觀。」

—《金剛經》

【馮註】這四句偈很重要，是《金剛經》的壓軸名言，提醒人生無常，世人應把一切人間俗務，都看成過眼雲煙，如同夢幻泡影，甚至如晨露、閃電般的快逝。因此，只有把握現在，盡其在我，盡心盡力，不求居功，不求回報，才是真正修行，這與儒家精神便很相通。

「善男子、善女人受持讀誦此經，若為人輕賤，是人先世罪業，應墮惡道；以今世人輕賤故，先世罪業則為消滅。」

【馮註】佛家強調三世因果，認為今世若遭冤屈，受人輕賤，也不用生氣，應看成幫先人渡化罪業，代其受過，助其消罪，使其原先墮入惡道的靈魂可以超昇；所以，如果一個人蒙冤，反而可以因此消除前世業障，仍然有其正面意義，並且很能表達孝心。

　　孟子曾謂「莫非命也，順受其正」，代表人生大事雖然都由命定，但是碰到逆境，除了要能忍耐，逆來順受，更要能領受其中的正面意義，兩者精神在此頗可相通。

「如來云，如來有所說法，即為謗佛，不能解我所說。」

—《金剛經》

【馮註】本段指出，如來雖然有所說法，但那只是為了啟發，人仍應培養自己獨立思考，自立自強，不能依賴如來，否則即成「謗佛」。這是佛學「自力宗教」的特色，凡事仍要從本身的心靈修起，與西方的「他力」宗教不同，深值重視。

「忍辱波羅蜜，如來說非忍辱波羅蜜。」

—《金剛經》

【馮註】本文強調，對「忍辱」要能看成是「精進」的必需品，那就不再是「忍辱」，壓力反而就是動力，深具積極奮發的啟發性。

「對盡法界、虛空界、十方剎海所有眾生種種差別；所謂卵生、胎生、濕生、化生⋯⋯對種種生類，種種色身，種種形狀，種種相貌⋯⋯種種心性，種種異形⋯⋯人與非人等，如敬父母，如奉師長，及羅漢乃至如來等無所異，菩薩如是平等，奉養一切眾生。」

—《華嚴經·入法界品》

【馮註】本文特別強調「眾生平等」，無論人或非人，均為生命，均應尊重，包括對一切的動物（含寵物）、植物、礦物，均應看成有佛性的生命，均應如同對父母、師長、對菩薩一樣的敬重；這就對「愛護動物」與「環境保護」提供了極佳的理論基礎，在全世界都值得珍視與力行。

「於此蓮華藏，世界海之內，一一微塵中，見一切法界。」

—《華嚴經》

【馮註】這代表「一砂一世界，一花一生命」，所有世界萬物均涵生命，也均涵佛性，所以均有價值，均應尊敬。這與儒家所說「萬物含生論」相通，亦即陽明所說「合天地萬物為一體之仁心」，以及朱子所說「物物均太極」；並與道家所持「萬物在道論」相通，肯定道無所不在，整個宇宙均為大道所浹化的世界，且與西方所說「萬物均神創造」，也有相通之處。

「善男子！菩提心者，猶如種子；能生一切諸佛法故。菩提心者，猶如良田；能長眾生白淨法故。菩提心者，猶如大地；能持一切諸世間故。菩提心者，猶如大水；能滌一切煩惱垢故。菩提心者，猶如大風；普行世間無所礙故。菩提心者，猶如大火；能燒一切諸見薪故。菩提心者，猶如淨日；普照一切諸世間故。菩提心者，猶如盛月；普能圓滿白淨法故。菩提心者，猶如明燈；能放種種法光明故。

菩提心者，猶如淨目；普見一切夷險處故。菩提心者，猶如大道；普令得入大智城故。菩提心者，猶如正濟；令其得離諸邪法故。菩提心者，猶如大車；普能運載諸菩薩故。菩提心者，猶如門戶；開示一切菩薩行故。菩提心者，猶如宮殿；安住修習三昧法故。菩提心者，猶如園苑；於中遊戲受法樂故。菩提心者，猶如舍宅；安隱一切諸眾生故。菩提心者，則為所歸；利益一切諸世間故。菩提心者，則為所依；諸菩薩行所依處故。菩提心者，猶如嚴父；訓導一切諸菩薩故。菩提心者，猶如慈母；生長菩薩諸善根故。菩提心者，猶如乳母；養育守護諸菩薩故。菩提心者，猶如善友；成益一切諸菩薩故。菩提心者，猶如君主；勝出一切二乘人故。菩提心

者，猶如帝王；一切願中得自在故。菩提心者，猶如大海；普生一切諸功德故。菩提心者，如須彌山；於諸眾生心平等故。菩提心者，如鐵圍山；攝持一切諸世間故。菩提心者，如大雪山；長養一切智慧藥故。菩提心者，猶如香山；出生一切功德香故。菩提心者，如大虛空；諸妙功德廣無邊故。菩提心者，如妙蓮華；不染一切世間法故。」

—《華嚴經》

【馮註】本文力言「菩提心」能開種種善果，所以是最根本的善因，「菩提」即指光明，代表光明心能破一切黑暗，此與儒家肯定「人人可以為堯舜」、「人人均有善根」相通，與孟子所稱「性善」也相通；孟子肯定，正因人有「四端」，所以只要充分開發，即能改善世道，在今天均極有啟發性。

「如來不但獨為豪貴之人跋提迦王而演說法，亦為下賤優波離等。不獨偏受須達多阿那邠坻所奉飯食，亦受貧人須達多食。不但獨為舍利弗等利根說法，亦為鈍根周梨槃特。不但獨聽大迦葉等無貪之性，出家求道，亦聽大貪難陀出家。不但獨聽煩惱薄者優樓頻螺迦葉等出家求道，亦聽煩惱深厚造重罪者、波斯匿王弟優陀耶出家求道。不但獨為有智男子而演說法，亦為極愚胖合智者女人說法；不但獨令出家之人得四道果，亦令在家得三道果。不但獨為富多羅等捨諸勾務，閒寂思惟，而說法要；亦為頻婆娑羅王等統領國事理王務者，而說法要，不但獨為斷酒之人說，亦為耽酒郁伽長者荒醉者說。不但獨為入禪定者離婆多等，亦為喪子亂心婆羅門女婆私吒說。不但獨為己之弟子，亦為外道尼乾子說。不但獨為盛壯之年二

十五者，亦為衰老八十者說。不但獨為根熟之人，亦為善根未熟者
說。不但獨為末利夫人，亦為婬女蓮花女說。不但獨受波斯匿王上
饌甘味，亦受長者尸利鞠多雜毒之食。大王！當知尸利鞠多往昔，
亦作逆罪之因；以遇佛聞法，即發阿耨多羅三藐三菩提心。」

—《大般涅槃經》

【馮註】本文強調佛性慈悲，所以用平等心對待一切眾生，無論貧
窮貴賤、男女老幼，均是一視同仁，這與孔子所說「有教無類」均
極相通。文中精神，代表菩薩心能照顧一切眾生，並無任何分別
心，其現代啟發，即在人人平等，沒有族群、性別、省籍等分別，
甚至物物平等，也應視為有生命、有佛性的神聖存在。

「諸佛世尊，常說是言：有二方法，能救眾生：一慚，二愧。慚
者，自不作罪。愧者，不教他作。慚者，內自羞恥。愧者，發露向
人。慚者羞人。愧者羞天。是名慚愧。
無慚愧者，不名為人，名為畜生。有慚愧故，則能恭敬父母師長。
有慚愧故，說有父母兄弟姊妹。」

—《大般涅槃經》

【馮註】本文強調的「慚愧」，正如儒家說的「反省」，要能一日
三省吾身；亦即西方蘇格拉底所說，「沒有經過反省的生活，是不
值得活的。」因為，只有經過反省，真誠檢討，自我慚愧，才能自
己覺悟，才能重新做人。

「功德須自性內見，不是布施功德、供養之所求也。是以福德與功
德別。」

　　　　　　　　　　　　　　　　　　　　　——《六祖壇經箋註》

【馮註】梁武帝曾問達摩法師：「一生造寺渡僧、布施設齋，有何功德？」達摩師曰：「實無功德。」因為真正功德，是內在的自省，不是外在的供養。所以六祖特別指出，「功德」與「福德」並不同，一個人如果只知向外供養，不知內向反省，仍然不算功德。

「譬如高原陸地，不生蓮花；卑濕淤泥，乃生此花。煩惱泥中，乃有眾生起佛法耳。又如殖種於空，終不得生，糞壤之地，乃能滋茂。是故當知，一切煩惱，為如來種。譬如不下巨海，不能得無價寶珠。如是不入煩惱大海，則不能得一切智寶。」

　　　　　　　　　　　　　　　　　　　　　——《維摩詰經》

【馮註】本文強調「煩惱即菩提」之意，提醒世人不要討厭煩惱，而要面對煩惱、解決煩惱，事後就會發現，在煩惱過程中，反而能增加很多智慧；所以本文強調「煩惱泥中，乃有眾生起佛法」；甚至可說，沒有煩惱，即不能有智慧，「不入煩惱大海，即不能得一切智寶」。因此，小乘佛教原先的出世與厭世思想，至此一轉而成大乘佛教的入世與救世思想；大乘佛學認為，正因此世黑暗，才要發揮光明，正因眾生煩惱，才要善渡眾生；所以蓮花不在高原生長，而在汙泥中生長，甚至在糞壤之地會更為茂盛，象徵愈受污泥煩惱，愈能成長智慧光明。

「能行忍者，乃可名為有力大人。」

　　　　　　　　　　　　　　　　　　　　　——《佛陀遺教經》

【馮註】本文特別強調，凡能「忍辱」之人，才是真正的「有力大

人」，因為真正具有毅力、願力、耐力、與魄力，因而堪稱真正偉大的人格。

「釋迦牟尼和中國歷代高僧大德們，都不是靠經懺弘揚佛法，而是用佛教教義中的義理，來指導社會攝受信眾，普化人間。」

—聖嚴法師《法鼓山的方向》

「應將經懺佛事，當作我人通向成佛之道的橋樑，體認成佛之道的種種方法，不得視為營生的工具。」

—聖嚴法師《律制生活》

「忍辱波羅蜜也好，布施波羅蜜也好，都是從人與人的互動之中，特別是慰訪關懷、救災危難的工作中培養出來。」

—聖嚴法師

「這時要想，受我幫助的人反咬我一下，這是要成就我的忍辱心、精進心、智慧心、慈悲心，是要成就我的無我、無漏、無相的心，所以他是大菩薩的化現，既然遇到大菩薩，怎麼會不歡喜呢？」

—聖嚴法師

「信佛學法敬僧，三寶萬事明燈，提升人的品質，建設人間淨土。
　知恩報恩為先，利人便是利己，盡心盡力第一，不爭你我多少。
　慈悲沒有敵人，智慧不起煩惱，忙人時間最多，勤勞健康最好。
　為了廣種福田，那怕任勞任怨，施捨的人有福，行善的人快樂。
　時時心有法喜，念念不離禪悅，處處觀音菩薩，聲聲阿彌陀佛。」

—聖嚴法師《法鼓山四眾佛共勉語》

「面對它、接受它、處理它、放下它。」

—聖嚴法師

「現在的命運都是過去所造，未來的命運則是現在所做。現在的命運已成事實，無法改變，但是透過智慧，可以改善未來發展，轉變命運的方法。」

—聖嚴法師《轉變命運的方法》

「命好不如習慣好。」

—聖嚴法師《心六論》

「佛教一旦離開了生活，便不是我們所需要的佛法，不是指導我們人生方向的指針，佛教如果不能充實我們生活的內涵，那麼它的存在便沒有意義。」

—星雲大師

「在我的理解中，儒家是人文主義者，道家是自然主義，而佛教則是因緣主義者。」

—聖嚴法師《找回自己》

「這種超凡入聖的過程，佛教稱之為解脫，道家叫做『回歸於自然』，儒家就叫做『成聖成仁』。由此看來，各家雖然名稱不一，終極目標不同，但對心的重視，卻是相同的。」

—聖嚴法師《找回自己》

「命理是有的，但不能迷信。一般人所說的命運，或是運氣，也就是佛教中所說的業力；既然相信業力，自然就會有命理。」

—證嚴法師《靜思語》

「佛教中有句話說：『一切唯心造。』凡夫受命運的操縱，而聖人卻能操縱支配自己的命運。」

—證嚴法師《靜思語》

「佛門講定業因果，只要心安，處處皆安，心安即理得。在佛教中，任何方位都是好位子。」

—證嚴法師《靜思語》

「真正的神足通，是世間的路，我來走條條皆通。只要我們能秉持光明正大的心理，抱著誠正的態度待人接物，則天下無難事；既然天下無難事，當然也就道道皆行得通了。」

—證嚴法師《靜思語》

「佛陀，我會效法祢的勇氣；觀世音菩薩，我會模仿祢的耐力；地藏王菩薩，我會學習祢大無畏的精神。」

—證嚴法師《生活的智慧》

「我們想要知道過去未來，其實現在就已經一清二楚了。有句話說：『欲知前世因，今生受者是，欲知來世果，今生做者是。』這豈不是明顯的告訴我們過來和未來嗎？」

—證嚴法師《靜思語》

「盡人事，聽天命，不要把『難』放在心裡，人要克服難，不要被難克服了。」

—證嚴法師《靜思語》

「人若能遇到危機而不恐懼，處處盡本分，盡自己的功能，其他則聽天由命安排，不卑不亢，這是聖人之勇，是真正的勇敢。」

一證嚴法師《生活的智慧》

「佛陀之所以能成佛，就是在群體中，能容忍別人所不能忍的侮辱
和攻擊，做人家做不到的艱難事，所以他能成佛。」

一證嚴法師《靜思語》

「佛陀本懷是慈悲濟世，慈濟即是以佛陀之慈悲為『經』，以慈濟
人身體力行為『緯』，將佛陀所講的經典教義當作路來走，所以成
就慈濟四大志業。」

一證嚴法師

「逆境在佛教中稱『增上緣』，碰到逆境來，應該心生感激——可
遇不可求啊！」

一證嚴法師《證嚴法師靜思語》

「人不分種族，有愛就沒有怨，有愛就能化解異己的成見；如此寬
廣的心胸，才符合佛陀救人的精神。」

一證嚴法師《生活的智慧》

「愛你的朋友不稀奇，愛你的敵人才偉大。何況受災受難的，是長
期在貧窮、飢餓、災難、痛苦環境中生活的無辜老百姓，尤其他們
和我們又有很深的種族因緣——我們的祖先，不也是從那邊來的
嗎？這份緣甚深甚厚。所以他們有難，我們不能袖手旁觀，要以
『無緣大慈』的心，將愛化為實際行動，真正拔除災民的苦難。」

一證嚴法師《生活的智慧》

「學識淵博的學者，反對我（到大陸）救災，而五歲、七歲的兒
童，卻各拿一萬元來救災，這其中的差異，只因為在稚子單純的心

念中，『愛是沒有分別的』。」

—證嚴法師《生活的智慧》

「釋迦牟尼是人間佛教的創始者，六祖惠能及太虛大師，皆為人間佛教的提倡者。」

—星雲大師

「一、酷暑寒冬都很美。

　二、南北東西都好。

　三、高低上下都妙。

　四、人我界限都無。」

—星雲大師

「現實重於玄談，大眾重於個人，社會重於山林，利他重於自利。」

—星雲大師

「人間佛教就是佛陀本來的教示，佛陀本來的教化就是人間佛教，佛陀當初說法四十九年，不是對鬼神傳教，也沒有對畜生、地獄說法，完全是針對人間而說，對人所說的佛法，當然就叫做人間佛教。」

—星雲大師

「佛說的、人要的、淨化的、善美的；凡是有助於幸福人生之增進的佛法，都是人間佛教。」

—星雲大師

「人間佛教包括生命、生死、生活。生命是人間佛教的體，生死就

是人間佛教的相，生活是人間佛教的用，乃至人間萬有環環相扣的
關係，就是人間佛教。」

—星雲大師

「學道容易入道難，入道容易守道難；
　守道容易悟道難，悟道容易發心難。」

—星雲大師

「奮鬥再奮鬥，日新又日新。」

—涵靜老人（天帝教世尊）

「宗教如果不談感應，就只是倫理學」

—涵靜老人（天帝教世尊）引自其尊翁語《師語師與》

【馮註】涵靜老人，本名玉階先生，號極初，於民國 26 年 7 月 2
日歸隱西嶽華山，於民國 35 年離開後，曾在台灣接辦自立晚報十
五年；民國 69 年創立天帝教，以弘揚中華文化為天命，並以三民
主義統一中國為宏願，且以拯救劫難、促進世界和平、與宗教大同
為目標；信徒均稱「同奮」，以表「共同奮鬥」的心志精神與志
業，很令人欽佩。

「我命由我不由天，要打破定命論，盡人事以待天命。」

—涵靜老人（天帝教世尊）

「一門深入，萬流歸源。」

—涵靜老人（天帝教世尊）

「如如不動，心心相通。」

－涵靜老人（天帝教世尊）

「修道即修心。」

－涵靜老人（天帝教世尊）

「修道目的不在自了，而在救世。」

－涵靜老人（天帝教世尊）

「不為自己打算，不求個人福報。」

－涵靜老人（天帝教世尊）

「先盡人道，再盡天道。」

－涵靜老人（天帝教世尊）

「放下小我，自然登真。」

－涵靜老人（天帝教世尊）

「沒有『魔』，顯不出『道』來，『魔』並不一定是壞的，只是扮演相反的角色，藉此考驗，磨練一個修道人的決心與毅力而已。」

－涵靜老人（天帝教世尊）

「向自己奮鬥，就是造命。」

－涵靜老人（天帝教世尊）

「要愛自己的根。」

－涵靜老人（天帝教世尊）

「團結各宗教的力量，共同救劫。」

－涵靜老人（天帝教世尊）

「蓼莪父母，生我劬勞；欲報深恩，昊天罔極。」

－《詩經》

【馮註】中央大學哲研所劉述先教授，與夫人劉安雲女士曾經合譯《人的宗教》，在扉頁中，以本句為獻詞，充分表現對父母感恩的宗教性情懷。事實上，中華文化最早即以「祭天」與「祭祖」為宗教崇拜的核心價值，形成儒家重要特色。後來，佛教《父母恩重難報經》與本句精神，也很相通，加上佛教同樣肯定人性偉大——儒家認為人人可以為聖賢，佛家認為眾生皆有佛性，所以佛教在中國化之後，同樣形成中華文化的重要養分。

「偉大的宗教家，都是真正的神秘主義者。他們能夠通過重重難關而躍入『存有』的終極根源，那便是神明。在人對神性生命的終極關懷中，他才能覺知自身的存有，以及宇宙萬物原為一體之存有。」

－方東美《先生之德》

「公門裏面好修行，充什麼？
　刀筆殺人終自殺，习什麼？
　舉頭三尺有神明，欺什麼？
　文章自古無憑據，誇什麼？
　富貴榮華眼前花，傲什麼？
　他家富貴前生定，妒什麼？
　前世不修今生苦，怨什麼？」

－《雍正，皇帝的佛緣》

「世人都曉神仙好，只有功名忘不了。

　古今將相在何方？荒塚一堆草沒了！

　世人都曉神仙好，只有金銀忘不了。

　終朝只恨聚無多，及到多時眼閉了！

　世人都曉神仙好，只有嬌妻忘不了。

　君生日日說恩情，君死又隨人去了！

　世人都曉神仙好，只有兒孫忘不了。

　痴心父母古來多，孝順兒孫誰見了？」

—曹雪芹《紅樓夢》

「楞嚴咒是最長的符咒，又叫『靈文』，因為它太靈太妙，妙不可言，誰念誰就有感應，誰持誦，誰就得到金剛藏菩薩的護符。」

—宣化上人

「楞嚴咒是天地間的靈文，靈文中的靈文，密中之密，無法上寶，是一切眾生之寶。最重要的是有人誦《楞嚴經》，就是補天地正氣之不足。」

—宣化上人

「汝等必須將如來語，於我滅後，傳示末法，遍令眾生，開悟斯義；無令天魔，得其方便。保持覆護，成無上道。魔是我們修道人的一種考試，也是來試驗試驗，所以各位不要有一種恐懼心。你若有恐懼心，你就不想讓這魔來，他也會來；你若沒有恐懼心，他要來也來不了。這最要緊的秘訣，就是不怕。你若不怕，無所恐懼呢，就是個正。

正，什麼都是可以降服的，邪不勝正。所以那個魔，他所怕就是

『正大光明』這四個字。你若能有正大光明，魔也就循規蹈矩，也就向你叩首頂禮了。」

—宣化上人

「汝今既知非，將向來不發科第，及不生子之相，盡情改刷；務要積德，務要包容，務要和愛；務要惜精神。從前種種，譬如昨日死；從後種種，譬如今日生；此義理再生之身也。」

—〔明〕《了凡四訓》

【馮註】本段引自《了凡四訓》之中，雲谷禪師對了凡所說內容，真人真事；明末有位袁了凡，生於公元 1534 年，融合儒家、道教與佛學，將他一生對命理的親身體驗整理出來，訓示子孫，即為《了凡四訓》。

了凡原先聽信命理師孔老先生，孔老先生是根據《皇極經世》，判定他的一生，並告訴他福禍；一切官運、子運均為命定，「進退有命，遲速有時」，所以也就「澹然無求」。

後來，他到南京棲霞山拜訪雲谷禪師，雲谷禪師提醒他，如果認為「榮辱生死，皆有定數」，只是凡夫，因為「被他算定，不曾轉動一毫，豈非是凡夫」？雲谷禪師緊接著強調：「命由我作，福自己求」，並引六祖惠能開示：「一切福田，不離方寸；從心而覓，感無不通。」

因此，雲谷禪師用本名言，鼓勵了凡，要從新思想義理中「再生」；了凡經過這種心靈衝擊與思想頓悟，肯定「從前種種譬如昨日死，從後種種譬如今日生」，所以化為行動，全力累積功德，並全力包容、全力和愛，愛惜精神；如此「擴充德行，力行善事，多

積陰德」，果然自求多福，能夠超越了原先命定內容。

此中精義，正如《詩經》中所說：「永言配命，自求多福」，只要能夠永遠反省自己言行，是否符合天命天意，就能有很大的福報；這也如同《易經》所說：「積善之家，必有餘慶」，只要自己全力行善積德，就能自我造命，並且趨吉避凶。

這種訓誨開示，將消極的「宿命論」，提昇為積極的「作命論」，並融合了佛學的「行善論」、與儒家的「積善論」，即使在今天，仍具有非常重大的啟發性！

了凡聽訓之後，誠懇受教，從此立誓行善，「以報天地祖宗之德」，並且還製作「功過表格」，自我檢驗；把每天的行為功過自行記錄，同時勤念雲谷禪師所示咒語，甚至自行改名「了凡」，代表「了卻」從前「凡人」見解，「從此而後，終日兢兢業業，盡心行善，便覺從前不同。」

所以，如果只從命理來看，孔老先生原先為他批命，稱其鄉試只能考到第三，但他結果卻考了第一；本來算他不會考中舉人，沒想到在秋天，竟考中了舉人！

另外，孔老先生原先算了凡，無法生兒子，但經過了凡的行善陰德，並且許願要做三千善事，到了次年，居然生了兒子，因而命名為「天啟」，表示得自上天的啟示。

這段真實故事，深深提醒世人，任何人只要心存善念、全力行善，只要心夠真誠、並多積善，就能真正改命成功！

所以，了凡以自身為例，指出原先孔老先生算他壽限，僅能活到五十三歲，然而當他寫《了凡四訓》時，已經六十九歲，後來更活到七十四！

由此足證，《尚書》所說「天難諶，命靡常」非常中肯，換句話說，天道難以定論，命理也沒定數，只要本身行善積德，就可延福延壽。

另外，筆者也親自可證，中華奧運前主席徐亨老先生的真實故事。徐老先生（人稱「亨公」）生平非常熱心助人，行善無數，為公認大善人；他曾向我聊及，香港董慕節著名的「鐵板神術」，並將命簿拿給我看，我請問他「所算是否準？」他答稱「很準」。後來事實證明，只有一項不準－那就是亨公的長壽，已遠超過「鐵板神算」中所說的大限，可見「行善作命」之說，確實可得印證。

「汝之命，未知若何？即命當榮顯，常作落寞想，即時當順利，常作拂逆想；即眼前足食，常作貧窮想；即人相愛敬，常作恐懼想，即家世望重，常作卑下想；即學問頗優，常作淺陋想。」

—〔明〕《了凡四訓》

【馮註】本段內容，是了凡訓示兒子的重點，強調即使他命中有榮華富貴，也要警惕自己，不能任意揮霍；並要提醒自己，「遠思揚祖宗之德，近思蓋父母之愆；上思報國之恩，下思造家之福；外思濟人之苦，內思閉己之邪。」然後才能如他一樣，經由行善積德，真正趨吉避凶，添福添壽。

另外，了凡論述這種「作命」之說，曾經列舉很多真人真事的證明，強調乃「至精至邃，至真至正之理」，至今仍然深具重大的啟發性！

「鐘離授丹於呂祖，點鐵為金，可以濟世。呂問曰：『終變否？』曰：『五百年後，當復本質。』呂曰：『如此則害五百年後人矣，

吾不願為也。』曰：『修仙要積三千功行，汝此一言，三千功行已
滿矣。』」

—〔明〕《了凡四訓》

【馮註】本段為《了凡四訓》中的一項例證，指出呂洞賓學習「點
鐵為金」，但聽到鐘離說，五百年後又會轉變回鐵，他便回答，這
樣會危害五百年後的人，所以他不願這麼做。結果，他因為有此善
心，快速積滿了修仙的善行；可見只要去除貪念，永存善念，便是
重大的功德，足以增進很大的修行。

「凡有財有勢者，其立德皆易；易而不為，是為自暴。貧賤作福皆
難，難而能為，斯可貴矣。」

—〔明〕《了凡四訓》

【馮註】本段指出，凡是大財團與大官，要積德行善，都很容易，
因為手上有各種資源；但若竟然不做，便是自暴沉淪，罪過更大。
反之，若是窮困小民，既沒財力也沒能力，自然難做善事，但若竟
能發心去做，便更可貴，因而必有後福。

「隨緣濟眾，其類至繁，約言其綱，大約有十：第一、與人為善；
第二、愛敬存心；第三、成人之美；第四、勸人為善；第五、救人
危急；第六、興建大利；第七、捨財作福；第八、護持正法；第
九、敬重師長；第十、愛惜物命。」

—〔明〕《了凡四訓》

「凡日用間，發一言，行一事，全不為自己起念，全是為物立則，
此大人天下為公之度也。」

　　　　　　　　　　　　—〔明〕《了凡四訓》

「造命者天，立命者我；力行善事，廣積陰德，何福不可求哉！」

　　　　　　　　　　　　—〔明〕《了凡四訓》

「舉頭三尺，決有神明；趨吉避凶，斷然由我。須使我存心制行，毫不得罪於天地鬼神，而虛心屈己，使天地鬼神時時憐我，方有受福之基。」

　　　　　　　　　　　　—〔明〕《了凡四訓》

【馮註】本段內容指出「舉頭三尺決有神明」，很多人認為只是象徵比喻，但美國最有名的靈媒 Sylvia Browne 也曾指出，據她對通靈的研究，靈魂並非另在遙遠世界，其實就在頭上三尺，與此很相通，其名著《靈魂之旅》（*The Other Side And Back*）曾獲紐約時報暢銷書的第一名，值得重視與進一步研究。

「偉大的宗教境界，即是詩之降凡人間。」

　　　　　　　　　　　　—方東美《生生之德》

「說到世界各大文化體系，我們就可以看出來：宗教、哲學、與詩，在精神內涵上是一脈相通的，三者同具崇高性，而必藉生命創造的奇蹟，才能宣洩發揮出來。」

　　　　　　　　　　　　—方東美《生生之德》

「真正的神秘主義者，只是讓他們的靈魂，向連緜不絕的浪潮開放。他們對於自己的作為深具信心，因為他們在自身內感覺某物優於自己，他們的行動偉大超凡，使那些藐視神秘主義為神魂癡迷與虛幻假象的人士，為之驚訝不已。他們讓流入自身的活泉，透過他

們的接引，而流注於同胞的心靈。」

—方東美（英文論文）《全集》

「不管是誰，神都給予才能，這就叫天賦，根據各自天賦盡其所能，是最重要的。」

—吳清源《自傳》

「努力在人，成功在天。」

—〔希臘〕荷馬

「靈魂永不死滅。」

—〔希臘〕蘇格拉底《斐多篇》

「神不是眾惡的原因，剛好相反，神是善的原因；惡是由於接受善的事物軟弱無能所產生的。」

—〔希臘〕柏拉圖《斐多篇》

「善最初的、不可言喻的源泉，就在於神，也在於永恆。」

—〔希臘〕柏拉圖《理想國》

「存有，如同父親；質料，如同母親。」

—〔希臘〕柏拉圖《提邁歐篇》

【馮註】根據柏拉圖宇宙論，「存有」如同「父親」，「質料」如同「母親」，這種宇宙發生論，很接近《易經》所說的，以「乾」「坤」為宇宙之始；「乾」如同父親，也代表天，其功能為「大哉乾元，萬物資始，乃統天」，「坤」則如同母親，也代表地，其功能為「至哉坤元，萬物資生，乃順承天」；由此很能看出，兩者在

宇宙發生論很有其會通之處。

「靈魂不是軀體，只是依存於軀體。」

—〔希臘〕亞里士多德《論靈魂》

「靈魂，顯然是一種現實性，是具有這種潛能東西的原理。」

—〔希臘〕亞里士多德《論靈魂》

「靈魂，乃是有生命軀體的原因與本質。」

—〔希臘〕亞里士多德《論靈魂》

「一切有生命的東西，都必然具有靈魂；這樣的事物從生到死，都擁有靈魂。」

—〔希臘〕亞里士多德《論靈魂》

「宗教，是對某種本質更高存在（也就是人所稱的神）的謹慎事奉，和神聖的敬畏。」

—〔羅馬〕西塞羅

「真正的宗教，要求我們排除一切心靈的焦慮，和思想的不安，以及一切靈魂的混亂和騷動。」

—〔羅馬〕奧古斯丁

「有時來了獅子。」

—《聖經》

【馮註】本段代表，人生有時突然來了重大危機，真正的人才就能將危機看成轉機，如同基督教《聖經》中記載的大衛，當獅子突然奪羔羊的時候，《荒漠甘泉》稱之：「他視為一個非常的機會。」

　　當時，如果他驚恐逃跑，便會失去神給他的機會，也會失去神選他作以色列王的資格。另外，《聖經》也指出，祂試煉我之後，我必如精金（伯 23 章 10 節）。「因你們要在火中榮耀耶和華」（塞 24 章 15 節），均為同樣精神。

「太初有道，道與神同在，道就是神。」

　　　　　　　　　　　　　　—《聖經新約·約翰福音》

「忽然起了暴風雨。」

　　　　　　　　　　　　　　　　　　　　—《聖經》

【馮註】本句出自基督教《聖經》，代表人生無常，經常會碰到暴風雨，此時應看成上天的試煉，更加訓練自立自強，然後肯定這是上天美意，千萬不能自暴自棄，枉費上天培訓的心意，與中國大乘佛學很有相通之處。

「這事出於我。」

　　　　　　　　　　　　　　　　　　　　—《聖經》

【馮註】本句代表根據基督教義，一切重大試煉的苦難，均出自神的旨意，自有祂的深意，只是很多人當時不知道而已，要能深自體悟，才能訓練成才。

「凡是被神大用之人，都經過憂愁。因為神若不將他劈開，就不能用他。」

　　　　　　　　　　　　　—〔美〕考門夫人《荒漠甘泉》

【馮註】本句與孟子所說相通：「天將降大任於斯人也，必先苦其

心志，勞其筋骨，餓其體膚，空乏其身，行拂亂其所為，所以動心忍性，增益其所不能。」亦如佛經所說：「煩惱即菩提」，「離開煩惱，便無涅槃。」可見東西方聖哲很多均能會通。

「約瑟比雅各其餘的兒子憂愁更多，神用他，拯救以色列全家和其民族。」

—〔美〕考門夫人《荒漠甘泉》

「讓我們像約瑟一樣，在神苦難的營救中，用心學習一切的功課，不盼望立時的拯救。」

—〔美〕考門夫人《荒漠甘泉》

【馮註】《聖經》舊約中稱，約瑟被哥哥們遺棄在荒野，後來並被賣為奴隸，又被誣告性侵，坐了兩年冤獄；但仍能堅定信心，堅忍自強，終於苦撐等到良機，經他奮發努力，後來做到埃及宰相，並且拯救了以色列全家和其他民族。這是一個典型例證，象徵神要大用一個人，必定讓他經過各種難堪的試煉，要能通過這些試煉，才能卓然成才，完成上天所賦予的神聖使命。

「患難，是勝利的捷徑。」

—〔美〕考門夫人《荒漠甘泉》

「一切偉大的事業上面，都有患難的痕跡。」

—〔美〕考門夫人《荒漠甘泉》

「當試煉攻擊你，仇敵像急流的河水沖來的時候，我要你知道『事出於我』。」

—〔美〕考門夫人《荒漠甘泉》

「天上充滿著地上破碎的生命，……祂能把地上的失敗，變成天上的榮耀。」

　　　　　　　　　　　　　　——〔美〕考門夫人《荒漠甘泉》

「神所最重用的人物，都是先被打擊得粉碎的。」

　　　　　　　　　　　　　　——〔美〕考門夫人《荒漠甘泉》

「你雖然被人輕視，被人棄絕，聖靈卻正抓住你，要用你叫神得著榮耀。」

　　　　　　　　　　　　　　——〔美〕考門夫人《荒漠甘泉》

「神常用遲延和苦難來試驗我們，但是在這一切中間，卻有著神的誓約。」

　　　　　　　　　　　　　　——〔美〕考門夫人《荒漠甘泉》

「神是先撕裂後醫治，先打傷後纏裹，先把人倒空了而後充滿，先把人擊碎了而後建立。」

　　　　　　　　　　　　　　——〔美〕考門夫人《荒漠甘泉》

「神藉著我們的試煉、患難，給了我們新的啟示。」

　　　　　　　　　　　　　　——〔美〕考門夫人《荒漠甘泉》

「受到最劇烈痛苦的，常是最屬靈的信徒；恩典受到最多的人，也是受苦受得最多的人。」

　　　　　　　　　　　　　　——〔美〕考門夫人《荒漠甘泉》

「神知道你能忍受多少，神必不會將你所不能忍受的試煉加給你。神叫你經過試煉，是表明神信任你。」

—〔美〕考門夫人《荒漠甘泉》

「一個屬神的人，所能尋求最光榮的勳章，乃是因事奉而受到的傷痕，因冠冕而受到的損失，因基督而受到的羞辱。」

—〔美〕考門夫人《荒漠甘泉》

【馮註】同樣道理，一個屬中華民族的兒女，所能尋求「最光榮的勳章」，乃是因為推動統一所受到的傷痕、因為反對台獨所受到的損失，以及因為振興中華所受到的羞辱！

「真奇怪，攻擊我們的仇恨，反對我們的勢力，是我們進到神前的階梯。」

—〔美〕考門夫人《荒漠甘泉》

【馮註】同樣道理，這正如同孟子所說，「內無敵國外患者，國恆亡」；佛家也強調，「忍辱」之後才能「精進」，亦即「忍辱」之後才能「負重」；「逆行菩薩」是用反對我們，促使人們的修行更精進；正如同天魔的考驗，更能促進人們修行成佛，所以「魔考」也可看成「佛試」。

「榮耀的金冠冕之前，必有苦難的鐵冠冕。」

—〔美〕考門夫人《荒漠甘泉》

「請你記得，當你的磨難受得最大的時候，冤枉受得最厲害的時候，不是做禱告的時候，而是你讚美的時候。」

—〔美〕考門夫人《荒漠甘泉》

「在苦難中最難受的，常是漫長的時間。」

　　　　　　　　　　　　　　　　——〔美〕考門夫人《荒漠甘泉》

「神現在訓練我們，是為著我們的將来——將来更大的事奉和更大的祝福，如果我們有資格可以坐寶座了，神的拯救就來了，那之後沒有東西能再攔阻我們。」

　　　　　　　　　　　　　　　　——〔美〕考門夫人《荒漠甘泉》

「『人生不可須臾無宗教信仰！』，因為這種信仰，就是『所望之事的實底，是未見之事的確據』，亦即奧古斯丁所說：『信心是相信我們所不見的；信心的報酬，就是得見我們所信的事。』」

　　　　　　　　　　　　——蔣中正《荒漠甘泉》附錄見證文

「苦難是催逼我們前進的必需品，正如船中的爐火，是使船行使的必需品一般。」

　　　　　　　　　　　　　　　　——〔美〕考門夫人《荒漠甘泉》

【馮註】經國先生生前，經常引述本段名言，送給朋友與幹部，代表他在蘇聯苦難十二年的試煉心得；歷史證明，正因經國先生歷經人間很多苦難，所以能領導台灣，渡過各種艱苦試煉，創造「台灣奇蹟」，本身也成為至今最受人民愛戴的總統。

「人人都是自己命運的創造者。」

　　　　　　　　　　　　　　——〔西〕塞萬提斯《唐吉訶德》

「有信仰的地方，就存在著神。」

　　　　　　　　　　　　　　　　——〔西〕塞萬提斯

「命運像水車的輪子，依樣旋轉著，昨天還高高在上的人，今天卻

屈居人下。」

—〔西〕塞萬提斯

「只要認真細心地尋找，你就能找到命運女神；因為雖然她是盲目的，但別人還是能看見她的。」

—〔英〕培根《隨筆集》

「人的命運，主要掌握在人自己手中。」

—〔英〕培根《隨筆集》

「在灰暗的日子裡，不要讓冷酷的命運竊喜；命運既然來凌辱我們，我們就應該用處之泰然的態度予以報復。」

—〔英〕莎士比亞

「智慧和命運交鋒時，如果智慧有敢作敢為的膽識，命運就沒有機會動搖它。」

—〔英〕莎士比亞

「人生如同舞台，每個男女，都只是演員。」

—〔英〕莎士比亞

「一切眾生都是犯過罪的，可是上帝不忍懲罰他們，卻替他們設法贖罪。」

—〔英〕莎士比亞《一報還一報》

「『上帝』一詞帶給人類心靈的啟示，如同人類心靈一樣，是豐富多彩的。」

—〔英〕雪萊《論基督教》

「有兩種人認識神，無關智愚，只要有謙虛的心和真正的聰明，均能認識。只有傲慢、理性不成熟的人，才不認識神。」

　　　　　　　　　　　　　　　　　　　　—〔法〕巴斯噶

「命運的變化，猶如月之圓缺，對智者毫無妨礙。」

　　　　　　　　　　　　　　　　　　　　—〔美〕富蘭克林

「所謂命運這個東西，一切無非是考驗、懲罰或補償。」

　　　　　　　　　　　　　　　　　　　　—〔法〕伏爾泰

「敬神之人和無神論者，都時常談論宗教；一個談他所愛的東西，另一個談他所怕的東西。」

　　　　　　　　　　　　　—〔法〕孟德斯鳩《論法的精神》

「沒必要為了熱愛宗教，維護宗教，而去憎恨或迫害那些不維護宗教的人。」

　　　　　　　　　　　　　—〔法〕孟德斯鳩《論法的精神》

「人類有宗教，還這麼壞，假使沒有宗教，他們會成什麼樣子呢？」

　　　　　　　　　　　　　　　　　　　　—〔美〕富蘭克林

「宗教是控制人心的東西，所以它對政府是有利的。」

　　　　　　　　　　　　　　　　　　　　—〔法〕拿破崙

「人類是宗教的起點，人類是宗教的中心點，人類是宗教的終點。」

　　　　　　　　　　　　　—〔德〕費爾巴哈《宗教的本質》

「神學就是人類學。」

　　　　　　　　　　　—〔德〕費爾巴哈《基督教的本質》

「宗教只有一個，盡管它有上百種形式。」

　　　　　　　　　　　　　　　　　　—〔德〕尼采

「很多宗教，即使是自稱為博愛的宗教，對於那些不屬於它的人們，也經常是冷酷無情的。」

　　　　　　　　　　　—〔奧〕佛洛伊德《群眾心理學和自我分析》

「宗教有助於說出心靈的語言，這是朋友、愛人，兒女與父母的語言。」

　　　　　　　　　　　　　　　—〔英〕牛頓《我的上帝觀》

「神在人的心中，照出自己的模樣。」

　　　　　　　　　　　　　　　—〔英〕波普《人性論》

「神的存在不可思議，而神不存在同樣不可思議。」

　　　　　　　　　　　　　　—〔法〕巴斯卡《冥想錄》

「沒有信仰，為善仍有不足。」

　　　　　　　　　　　　　　　—〔意〕但丁《神曲》

「不尊重別人信奉的神，就是真正的不敬。」

　　　　　　　　　　　　　　　—〔意〕但丁《神曲》

「信仰是心中的綠洲，思想的駱駝隊，是永遠走不到的。」

　　　　　　　　　　　　　　—〔黎〕紀伯倫《沙與沫》

「『從萬惡之手，救起一個靈魂世界中志氣高尚之人。不斷地努力

奮鬥，我們才能成功地救出你。』因此這個人，得到上天的厚愛。
諸神們，也由衷地竭誠歡迎這個人。」

—〔德〕《歌德的智慧》

「呼吸包含了兩種智慧：吸入空氣與吐出空氣。一個壓迫胸部，一
個使胸部舒爽，生命就像這不可思議般地混合體。當神壓迫你時，
你可以感謝神。當神解放你時，你也可以感謝神。」

—〔德〕歌德《西東詩集》

「信仰絕不是知識，而是使知識有效的意志決斷。」

—〔德〕費希特《人的使命》

「我要扼住命運的咽喉，絕不能讓命運使我屈服。」

—〔德〕貝多芬《致韋該勒書》

「當命運遞給我們一個酸的檸檬時，讓我們設法把它製造成甜的檸
檬汁。」

—〔法〕雨果

「我必須承認，幸運喜歡照顧勇敢的人。」

—達爾文《世界名人名言錄》

「勇者，是到處有路可走的。」

—朵思妥耶夫斯基《世界名人名言錄》

「唯有在回敬污衊和誹謗的時候，沉默才顯得如此有力。」

—艾迪生《閒談者》

「只有靠自己才能認識神。除非自己找不到神，否則神應該是隨處

可尋的。對於不是真心認識神的人來說，神根本是不存在的。」

　　　　　　　　　　　　　　　—〔俄〕托爾斯泰《人生之道》

「神是否存在，與自己是否存在？是同樣的問題。」

　　　　　　　　　　　　　　　—〔俄〕托爾斯泰《人生之道》

「神希望所有人類都幸福。所以，如果你希望所有人都能幸福，也就是說，如果你愛所有的人類，那麼神便與你同在。」

　　　　　　　　　　　　　　　—〔俄〕托爾斯泰《人生之道》

「我們不能說『我』活著，活著的並不是『我』，活著的是住在『我』心中的靈魂，而『我』只不過是靈魂進出的洞穴而已。」

　　　　　　　　　　　　　　　—〔俄〕托爾斯泰《人生之道》

「這個世界上，沒有比靈魂更崇高的東西，而這個靈魂就住在所有人類的心中。因此，這個世界上所有的人，皇帝也好，犯人也好，主教也好，乞丐也好，都是平等的。那是因為，在所有人的心中，都有著世界上最崇高的靈魂。」

　　　　　　　　　　　　　　　—〔俄〕托爾斯泰《人生之道》

「兒童比成人還要聰明。兒童不知道人世間所謂的身分或地位，但卻感覺得到每個人心中，都有著和自己心中相同的靈魂。」

　　　　　　　　　　　　　　　—〔俄〕托爾斯泰《人生之道》

「只有在信仰當中，才能找到生命的意義及可能性。所謂信仰，是瞭解人生的意義，並由其中走向永生，而非自滅。沒有信仰，人們是無法生存的。」

　　　　　　　　　　　　　　　—〔俄〕托爾斯泰《懺悔》

「人必須相信什麼，人不能沒有信仰。但是，你不能相信別人所說的事，你應該靠你自己思想的發展，用你自己的理性來判斷、斟酌，而後才能相信。」

　　　　　　　　　　——〔俄〕托爾斯泰《光在黑暗之中閃爍》

「天國，不是以看得見的形式來臨，不能說：天國，它在那裡，或者它在這裡。因為，它只能在一個地方：天國只能在你們心中。」

　　　　　　　　　　——〔俄〕托爾斯泰《天國在你們心中》

「科學只是人類的僕人罷了。宗教創造了人類的世界觀，並給予科學生命，而科學，只不過在宗教所指示的道路上，不斷地工作而已。」

　　　　　　　　　　——〔俄〕托爾斯泰《我的信仰是什麼》

「宗教，是人類在自己的人格與無限宇宙（或者宇宙的根本）之間，建立起來的特定關係。」

　　　　　　　　　　——〔俄〕托爾斯泰《宗教與道德》

「人類生命的基礎，在於內心屬於神的靈魂。神的靈魂在所有的人類心中，都是相同的。因此，所有的人類彼此之都是平等的。」

　　　　　　　　　　——〔俄〕托爾斯泰《人生之道》

「基督教所說生命，是不斷邁向上帝完美性的運動。」

　　　　　　　　　　——〔俄〕托爾斯泰《天國在你們心中》

「耶穌是自由的，佛陀也是自由的，他們兩個人把全世界人所犯的罪擔在自己的肩上；他們自願地做地上生活的俘虜。」

「命運支配我們行為的一半，而把另一半委託給我們自己。」

—〔義〕馬基雅弗里《君主論》

「我信仰史賓諾沙那個在有秩序和諧中，顯示出來的上帝，而不信仰那個與人類命運和行為有牽連的上帝。」

—愛因斯坦《我信仰斯賓諾沙的上帝》

「我更接近斯賓諾沙，而不接近先知們。『罪孽』對我是不存在的。」

—愛因斯坦《對馬赫的評價》

「宗教為實現道德的原則而努力，這是人們所高興的。但是道德訓示不單是與教會和宗教有關，而且是全人類最寶貴的遺產。」

—愛因斯坦《道德與感情》

「一切宗教、藝術和科學都是同一株樹的各個分枝。所有這些志向，都是為著人類的生活趨於高尚，把它從單純的生理上生存的境界提高，並且把個人導向自由。」

—愛因斯坦《道德衰敗》

「儘管宗教與科學的領域，本身彼此是界線分明的，可是兩者之間，還是存在著牢固的相互關係，和依存性。」

—愛因斯坦《科學與宗教》

「在我們這個唯物論的時代，只有嚴肅的科學工作者才是深信宗教的人。」

—愛因斯坦《宗教與科學》

「在我們這個講究物質享受的時代，唯有那些具有深摯宗教感情的

人，才是認真探索的人。」

—愛因斯坦《與施特恩的談話》

「習慣形成性格，性格決定命運。」

—〔英〕凱恩斯

「上帝死了！上帝已經無法復活了！是我們殺了他的！我們今後將向誰告解？我們這些兇手！」

—〔德〕尼采

「我告訴你們——要否定所有會讓你變得衰弱、消耗你的意志的事物。我也要告訴你們——對於那些能使你更堅強、更具實力、更具有豐富情感的事情，都要去加以肯定！」

—〔德〕尼采《權利》

「我的宗教思想，只是對宇宙中無限高明的精神，所懷有的一種五體投地的崇拜心情。這種精神，對我們這些智力如此微弱的人，只顯露出我們所能領會的極微小的一點。」

—《愛因斯坦談人生》

「一切文明人，特別是東方人的宗教，主要都是道德宗教。從恐懼宗教發展到道德宗教，實在是民族生活的一大進步。」

—〔美〕愛因斯坦《宗教和科學》

「我認為宇宙宗教感情，是科學研究最強有力、最高尚的動機。」

—〔美〕愛因斯坦《宗教和科學》

「一個人受了宗教感化，他就是已經盡他的最大可能，從自私慾望

的鐐銬中解放了出來，全神貫注在那些超越個人價值，而為他所堅持的思想，感情和志向。」

　　　　　　　—〔美〕愛因斯坦《科學和宗教》，《愛因斯坦文集》

「人類精神愈是向前進化，就愈可以肯定地說，通向真正宗教感情的道路，不是對生和死的恐懼，也不是盲目的信仰，而是對理性知識的追求。」

　　　　　　　—〔美〕愛因斯坦《科學和宗教》，《愛因斯坦文集》

「誰詛咒命運，誰就是軟弱而墮落的人。」

　　　　　　　　　　　　　　—〔美〕愛默生《處世之道》

「要是命運狠心的欺負您與我，那就不必跟它求情了；不必對它叩頭，而要看不起它、笑它！要不然，它就會笑您！」

　　　　　　　　　　　　　　　　　　　　—〔俄〕契訶夫

「神秘主義者信奉一個不可知的上帝，思想家和科學家信奉一個不可知的秩序。很難說清，那一個勝過另一個。」

　　　　　　　　　　　　　　　　　　　　　　—〔美〕懷特

【馮註】懷特（Patrick White, 1912-1990），美國文學家，擅長用心理分析方法，精緻地描述內心神秘世界，1973 年獲諾貝爾文學獎，即因「他的作品中史詩般的氣概，和刻畫人物心裡的敘事藝術，把一個大陸介紹到文學領域中。」

「假如你長時期在一個地方生活和受苦，你就不會完全脫離，你的靈魂還在那裡。」

　　　　　　　　　　　　　　　　　　　　　　—〔美〕懷特

「我們只是遠遠地相見，夢卻是縮短了的距離。」

－〔美〕懷特

「神從創造中找到他自己。」

－〔印〕泰戈爾《飛鳥集》

「智慧是做事用的，對於靈魂來說，靠的是信仰。」

－〔俄〕高爾基

「信仰，是人生的動力。」

－〔俄〕托爾斯泰

「沒有信仰，則沒有名副其實的品行和生命；沒有信仰，則沒有名
副其實的國土。」

－〔俄〕惠特曼

「宗教的園地，是內心生活。如果國家要按宗教式樣提出要求，它
就會危害內心生活的權利；同樣，如果教會要像國家那樣行動，施
加刑罰，它就會蛻變為一種暴虐的宗教。」

－〔德〕黑格爾《法哲學原理》

「宗教在它的整個歷史過程中，始終不可分解地，與神話的成分相
聯繫，並且滲透了神話的內容。」

－〔德〕卡西勒《人論》

「有人要想看靈魂麼？

看你自己的身體，面貌，人物，實體，野獸，樹林，奔流的河川，
岩石和沙土。」

　　　　　　　—〔美〕惠特曼《從巴門諾克開始》，《草葉集選》

「假如宗教只意味著一種倫理制度，它便能和科學取得協調。假如它的意義是一種教條制度，一種被視為無可置疑的真理，那麼它就不能和科學精神並存，因為科學拒絕接受沒有證明的事實。」

　　　　—〔英〕羅素《什麼是未知論者？》，《一個自由人的崇拜》

「哲學家和人類學家們常常告訴我們，宗教真正的最終根源，在於人的依賴感。」

　　　　　　　　　　　　　　　—〔德〕卡西勒《人論》

「多數人因為他們膽小而信仰上帝，只有少數人信仰上帝，是因為他們的靈魂充實。」

　　　　　　　　　　　　　　—〔蘇〕高爾基《文學寫照》

「一個宗教，即便它自稱是愛的宗教，對於那些異教徒，也必定是冷酷無情的。從根本上說，其實每一種宗教都是這樣的。對它自己的信徒來說，它是愛的宗教，對那些異教徒來說，則是殘酷而偏狹的宗教。」

　　　　　　　　　　　　　　　　—〔奧〕弗洛伊德

「人類的理性，沒有能力自己來證明靈魂不死，所以宗教才不得不給我們作出這項啟示。

宗教與科學之間，存在著長期的衝突，直到最近幾年為止，科學在這個衝突中，總是獲得勝利的。」

　　　　　　　　　　　　　　—〔英〕羅素《宗教與科學》

「我們時代的所有這些弊病，部分是由於科學技術所造成的，因此

歸根究柢，是由於科學所造成的。」

──〔英〕羅素《宗教與科學》

「宗教教義受到歷史、哲學或科學的批判，常常被批判得體無完膚，然而真正的宗教，是一種更深奧的東西——建立在直接經驗這一塊不可動搖的磐石之上。」

──〔英〕丹皮爾《科學史》

「我們認識到，有某種為我們所不能洞察的東西存在，感覺到那種只能以其最原始的形式，為我們感受到的最深奧的理性，和最燦爛的美——正是這種認識和這種情感，構成了真正的宗教感情；在這個意義上，而且只是在這個意義上，我才是一個具有深摯的宗教感情的人。」

──〔美〕愛因斯坦《我的信仰》

「通向真正信仰的道路，是要經過無信仰的沙漠，才會達到。」

──〔俄〕高爾基

「信念，最好能由經驗和明斷的思想來支持。」

──〔美〕愛因斯坦

「居於一切力量之首的，成為所有一切源泉的，是信仰。」

──〔法〕羅曼羅蘭

「『宗教』的原始定義，正如拉丁文 religere 的意思，是戒慎恐懼的服從某種存在。魯道夫・奧托（Rudolf Otto）很貼切地，名之為『聖秘』。」

──〔德〕榮格（C.G. Jung）《人的形象和神的形象》

「上帝是對立的統一，對神的敬畏和對神的愛，兩者都有道理。」

       —〔德〕榮格，前揭書

「魔鬼是真實、並且有位格的『基督的對手』。」

      —〔德〕榮格《人的形象和神的形象》

「科學家經常沒有信仰，但他們的秉性是虔誠的。」

   —〔美〕威廉·詹姆士（Williem James）轉引自前揭書

「我們對於事實的尊敬，並沒有抹煞我們心裡的宗教情操。這個尊敬幾乎就和宗教一樣。虔敬是我們的科學天性。」

     —〔美〕威廉·詹姆士《實證主義》

「一個民族的宗教，有超現實的世界觀，反應這民族本身的意志；在這超現實的世界觀，實現它內心最深處的願望。」

        —〔德〕包爾森

【馮註】 本段為德國哲學家包爾森（Fnederic Paulsen）的名言；羅家倫在《人生觀》曾加引述；在中國文化內，很多民俗信仰，反映中華民族的本身意志，與內心的深處願望，即為極佳例證。

「有信仰和行動的人，總是相信將來是在他這邊的。沒有信仰，這世界就沒有一件真正偉大事業完成。」

「宗教與道德有同一的起源，就是同生於對盡善盡美的渴望。」

    —〔美〕威廉·詹姆士（William James）

「教育的本質，即它是宗教性的。」

    —〔美〕懷德海（A.N. White head）

「真理只有一個，聖人以不同的名字來稱呼它而已。」

— 〔美〕史密斯（Houston Smith）

【馮註】本段引自史密斯代表作《人的宗教》，中譯為劉安雲，由劉述先教授校訂（2003 年初版 6 刷，台北立緒文化公司）。史密斯曾任麻省理工學院人文教授，本書暢論世界各大宗教傳統的智慧，對現代心靈很有啟發性。台大傅佩榮教授在《導讀》中稱其在闡揚「宗教的最佳面貌」，非常中肯持平。

「『用聖的神靈，我驅走魔鬼（demons）』。如果科學不再忽視那些看不見的真實，那麼它也會發現，那些真實可以是強而有力的。」

— 〔美〕史密斯（Houston Smith）

「儘管奇蹟對於現代心靈構成困難，但在歷史的基礎上，耶穌是個治療人和驅魔人，實質上是無可爭辯的。」

— 包格

【馮註】本句引自新約學者包格（Marcus Borg）所著《從新觀點看耶穌》（Harper & Raw，美國舊金山，1988），亦見上揭書第 440 頁；對現代的心靈治療、以及科學方法研究靈學，或用靈學驅邪，均有很多參考作用。

「我在政治領域中工作，所擁有的那種權力，乃是從我在精神領域中的試驗發展得來。」

— 甘地

【馮註】甘地為印度聖雄，透過和平奮鬥而拯救印度，促使英國能

從印度和平的撤離，並把印度「賤民」地位，提昇到平等的公民地位。因此，他在政治領域中的功德，很受普世肯定。另外，甘地自己曾經提到，在精神領域中，《薄伽梵歌》對他影響很大，他稱之為「指向真理知識最精妙的書。」詳情可參閱前述史密斯所著《人的宗教》第19頁。

「正如文化在實質上是宗教，宗教在表現形式上則為文化。」

—田立克（Paul Tillich）

「宗教，就是對某無限者的信仰。」

—〔德〕繆勒（Max Muller）《宗教導論》

「宗教，就是個人在孤獨時，由於覺得與任何一種他認為神聖的對象，保持關係所發生的感情、行為、和經驗。」

—威廉・詹姆士《宗教經驗的種種》

「宗教，就是人與神的交往與感通。」

—〔英〕麥奎利（J. McCarely）《廿世紀宗教思想》

「原來，宗教裡所講的靈界是存在的！」

—李嗣涔《難以置信》

【馮註】李嗣涔校長，台大電機系畢業，美國史丹福大學電機工程博士，曾任台大電機系主任、教務長，現任台大校長。他因為偶然機會，由當時國科會主委陳履安邀請，研究人體氣功，並且接觸中國佛道文化，從「氣集丹田」，「打開任督二脈」到「放空入靜」，「發放外氣」等現象，均經其印證，或由實驗證實。然後，他轉向研究「特異功能」，並且曾與中國地質大學合作，從事意識

微雕、意識生物工程研究。

從這些研究中，他發現「花生起死回生，快速發芽等挑戰現代物理學、生化學、生理學的現象層出不窮，讓人震驚，讓人激動」。並讓他了解到，「意識」也就是「心」的巨大潛力，從而瞭解目前的科學發展，距離揭發人體的秘密，還有很長的距離。

所以，他以堅定的意志，持續以科學的方法，從事靈界研究，證明「這個世界還有一種『信息場』存在，也就是俗稱的『靈界』。」

以上引述，出自李校長與其夫人鄭美玲同著《難以置信》，台北張老師出版社，2000 年初版，2003 年 33 刷。因為這是科學對靈魂學所作的印證，深值進一步研究。

筆者曾在 2008 年 2 月 16 日，於救國團開會場合，請教李教授對命理與宗教看法，他對曾文正公所稱「人生半由天命，半由人為」的看法，大體贊同，隨後介紹筆者閱讀讀者上述著作；筆者看完之後，深有同感，故特引述其中重點，以供讀者分享，並進一步共同探討。

「原來宗教不只是信仰，它還含有對深層真實世界的描述⋯⋯」

— 李嗣涔《難以置信》

「原來文化中的敬天畏神，是確有根據；」

— 李嗣涔《難以置信》

「原來燒香拜佛，是在尋求人天的和諧；」

— 李嗣涔《難以置信》

「原來人是具有身心靈三個層次，大部分的人，只在身的層次度過一生。」

—李嗣涔《難以置信》

「原來西方科學走向化約論的極致，把複雜事物不斷分解成越來越小的單位來研究，讓我們對微小的真實世界如原子、分子、奈米有了精確的了解。但是，對於整體複雜現象的真實世界，卻越離越遠⋯⋯」

—李嗣涔《難以置信》

「原來乩童起乩，燒香拜佛，是更接近宏觀真實世界（靈界）的人生態度與行為，當我們批評他們迷信時，是我們自己更遠離了深層的真實世界⋯⋯」

—李嗣涔《難以置信》

「大家所說：『生命科學』指的真實是『生物科學』，我卻相信真正的『生命科學』，包括生物研究、人體特異功能，以及我們所謂的『靈』的世界，或者說是另類『存在』的研究等，才是二十一世紀最具挑戰性的學問。」

—李嗣涔《難以置信》

「在中國和在其他地方一樣，研究經濟和社會，而對哲學、神學，一無所知，很容易染上專業研究人員的近視症。反之，過度的哲學、神學地方主義，自然也會引起另一種近視症。」

—〔德〕孔漢思（Hans Kung）

【馮註】本段引自孔漢思與秦家懿合著的《中國宗教與西方神學》

序文，1989 年由紐約的 Doubleday 出版，中譯本由吳華在台北聯經 1997 出版。孔漢思為德國杜賓根大學教授，本段的體認，很可提供研究中國熱的外籍朋友參考。

「中國原始宗教具有巫術宗教的色彩，因此可將其界定為『狂熱宗教』。即使後來道德人本主義興起，人本主義者批判放棄了許多古代的神話和習俗，原始宗教並沒有因而消失，卻通過道教和某些佛教支派吸收，以及後來三教合流的民間宗教中保留下來，今天的民間宗教，仍具有不少巫術宗教的狂熱特性。」

—秦家懿，《中國宗教與西方神學》

【馮註】秦家懿女士，祖籍江蘇無錫，生於上海，曾任教美國哥比亞大學、耶魯大學，與加拿大多倫多大學教授。

本段引自前揭書，文中曾根據劉易斯（I.M. Lewis）的《狂熱宗教》（*Ecstatic Religion*, 1917）論點，分析「神靈附著人體」現象。劉易斯強調，神靈附體與巫術宗教有密切關係，二者經常同時出現，尤其在極北和北美。

然而，在台灣的靈媒、乩童、扶乩、鸞文等，均有神靈附體的現象，但並非都以「狂熱」的型態出現，也有很多極斯文，並且極具充實知性、與提昇靈性的作用。

因此，劉易斯在此所述，顯有以偏概全之嫌，應該改稱「啟靈宗教」，以突顯其本質特性。因其重點在於「啟靈」，不在靈媒的表現形式，否則即有「以指代月」的毛病。

「未來，就是現在。」

—布萊恩·魏斯，《前世今生緣》

【馮註】本句出自耶魯大學醫學博士布萊恩·魏斯（Brian Weiss）的名著《前世今生來生緣》（台北時報文化公司，2007年中譯本）；張老師出版社也曾出版魏斯博士另二本的暢銷書《前世今生》、《生命輪迴》，在美國與台灣均掀起熱烈討論。

魏斯博士根據多年的精神分析臨床經驗，透過深度催眠讓病人述說潛意識的影像，發現很多前世與今生的因果與輪迴關係，進而以此做為靈療方法，堪稱現代靈學研究之中的佼佼者；今後若能上承榮格的靈學研究，繼續精神分析之科學方法，當能更增加人們對靈魂、宗教與命理的瞭解。

本句很接近佛學的因果論，因為根據佛學，「欲知未來果，今世為者是。」所以「未來，就是現在」，未來之果，就是現在的因。

「我還好，因為我還能愛。」

—布萊恩·魏斯，《前世今生緣》

【馮註】本句類似法國大哲笛卡兒（Descartes）的名言，「我思，故我存」（I think, therefore I am），而且更進一步，以「愛」做為肯定自我存在的主因，這也是魏斯博士研究七千多臨床病例之後，對「前世、今生、來生」輪迴的最大結論，亦即「我愛，故我存」；此處所稱的「愛」，是指「大愛」，關愛家人，也愛眾生，深值重視與力行。

【結語】
邁向成功人生！

一

眾所皆知，無論男女老幼，基本上，大家都追求成功的人生。在人世間，應該沒有人，會追求失敗的人生。

問題是，人生如何才能成功？

很多偉人名人，給了我們很多經驗之談。

大科學家愛因斯坦（1879-1955），是個重要例證。

他用數學公式提醒世人：如果「成功」用「A」代表，勤奮工作用「X」代表，正確方法用「Y」代表，少說空話用「Z」代表，那麼：

$A＝X＋Y＋Z$！

換句話說，成功人生＝勤奮工作＋正確方法＋少說空話。

很多人一生辛苦工作，但卻不能成功，因為，忽略了正確的方法。另外，又有很多人用了正確方法，但卻懶於辛苦工作，那也淪為投機取巧，不能腳踏實地，自然不能成功。

還有一些人，既能勤奮工作，又懂正確方法，但卻太多空話，

不能實事求是,當然也無法成功。

　　所以,愛因斯坦告訴我們的成功方法,足以超越性別、超越國界,超越年齡,也超越工作類型,至今仍然很有啟發性!

　　然而,愛因斯坦並不是天生下來就成功,他並不是個天才,相反的,他因為小時候反應遲鈍,常被老師罵為「笨蛋」!

　　他進入中學時,也還表現平庸,對於各種古典課程都沒興趣;後來,他的叔叔教他數學,才引起他的興緻,從此對數學、物理與哲學,求知若渴,並且後來居上,讓老師們刮目相看。

　　此後,他再透過辛勤工作、正確方法、與少說多做,終於成功的突破傳統物理學,並且發明了舉世震驚的「相對論」。

　　這些提醒我們,成功,總是從失敗之後,才能更成熟的站起來。

　　所以,愛因斯坦曾經強調:

　　「在科學探索上,每一條道路都應該走一走,發現一條走不通的道路,就是對於科學事業的一大貢獻。」

　　然後,他語重心長的指出:

　　「我們的科學史,只寫某人某人取得成功,但對成功之前探索道路的人,發現『此路不通』的失敗者,統統不寫,這是很不公平的。」

　　愛因斯坦這段內容,對失敗者充滿同情與理解,並且肯定失敗者也有其貢獻;這也提醒世人,即使一時失敗,千萬不要妄自菲薄,更不要自暴自棄;重要的是,要能再接再勵、自立自強,決心奮鬥到底,那就必能得到最後的勝利成功!

　　這種歷經失敗、歷經挫折,然後成功的心路歷程,更加值得世

人體認與尊敬。

　　所以，拿破崙曾經堅定的指出：「最困難的時候，也是我們離成功不遠的時候！」

　　這與曾文正公的經驗之談，可說完全相通：「凡事皆有極困難之時，打得通的，便是好漢！」❶

　　曾文正公並曾強調，「古來豪傑皆以難禁風浪為大忌，並以弱懦無剛為大恥」；所以一定要能領悟「精神愈用愈出，智慧愈苦愈明」，才能真正邁向成功的人生！

　　美國籃球巨星麥可·喬丹（Michael Jordan）也曾感慨，其實他輸過很多場比賽，但他絕不放棄，並且懂得如何檢討失敗，以便改進，贏得成功；然而，外界只登他成功的結果，沒有登過他的失敗過程，更忽略了他在失敗中，咬牙奮鬥的心情，這是不公平的。

　　所以他曾有句名言，非常發人深省：

　　「我可以接受失敗，但我不能接受放棄！」

　　法國文豪羅曼·羅蘭講得也很中肯：

　　「偉人們之所以成功，固然由於頑強的毅力所造成，但也因為巨大的失敗與災難所鑄成。」

　　所以，他提醒身處失敗與不幸的人們：

　　「不幸的人啊！切莫因為失敗的不幸而怨嘆；人類成功的佼佼者，常與你們有同樣的經歷！」

　　真正的成功者，必定珍惜失敗的經驗，充滿憂患意識，並且堅忍自強，堅持奮鬥到底，才能在艱困中脫穎而出！

---

❶　曾國藩，《曾文正公全集》冊一，頁383。

真正的成功者,像美麗的蝴蝶,歷經痛苦的掙扎,但仍然奮鬥不懈,所以終能脫繭而出!他(她)們更像浴火的鳳凰,歷經千錘百鍊,仍能堅持堅定,所以終能大展鴻圖!

他(她)們的共同特色,就是能把失敗做為警惕,能把恥辱做為動力,把悲憤化為發憤,把生氣化為爭氣;所以才能愈挫愈勇,在人生奮鬥的過程中,不屈不撓、抬頭挺胸的邁向成功人生!

二

在近代中國名人中,也有很多從失敗中成功的例證。

自學成功的數學家華羅庚,便是典型例證。

華羅庚對成功之道,曾經有句名言:

「聰明在於勤奮,天才在於累積。」❷

他從小家境很窮,在江蘇家鄉金壇的啟明小學唸書,因為成績很差,連小學都沒有正式畢業,只能拿到修業證明。

但他並不灰心,也不氣餒,仍然勤奮的自學苦讀;後來家鄉的初中校長對他很鼓勵,他經過奮發苦修,在十八歲,就寫出了學術論文,發表在《科學》雜誌上。

他的論文,得到清華大學數學系主任熊慶來的欣賞,並破格邀請他到清華當助理員,從此才開始他一步步走向成功的道路。

後來,華羅庚經過熊慶來推薦,到英國劍橋大學留學,因為沒有正式學歷,只能旁聽;但他在兩年內,又寫出論高斯等論文,讓

---

❷ 雯莉編著《人人都需要認識的世界名人》(台北:象亮出版社,2006),頁222。

教授們大感驚訝。

　　沒有多久，中國爆發神聖抗戰，華羅庚專程回國，共赴國難；在抗戰的困惡環境中，仍然勤奮工作，累積完成了代表作《堆疊素數論》❸。

　　抗戰後，他再應美國普林斯頓大學邀請，前往研究講學，並獲伊利諾大學聘為終身教授，從此奠定其世界性的成功地位。

　　華羅庚連小學都沒畢業，到後來卻能成功的得到舉世肯定，他的秘訣就是「勤奮加上累積」，深深值得青年們學習與力行！

　　另外，2008 年 9 月 27 日，全世界都驚嘆，中國大陸成功的發射「神舟七號」，並且成功的在太空漫步。在這成功背後，大陸「航天之父」錢學森的奮鬥過程，也很值得分析說明。

　　錢學森生於 1911 年，在發射「神舟七號」時，已經高齡 97 歲，但他仍然是很多年輕學生的榜樣。尤其他在美國忍辱負重，更加奮發圖強的成功故事，至今仍然膾炙人口。

　　筆者早在 1976 年到美國波士頓大學攻讀博士時，就聽到留學生圈中，流傳著錢學森堅忍不拔的故事。25 年後，2001 年，當我應邀率領台灣大學生參訪團，到北京航空研究院參觀時，還曾向年輕的新院長，求證這段故事是否為真。

　　那位年紀才四十多的院長，提到他前一天，剛去問候錢學森，得到很多鼓勵，並證實我在美國時所聽到的故事，完全正確。

　　我對這位充分信心與幹勁的年輕院長，印象非常深刻；當我聽他提到，「神舟」太空船的工作團隊，平均只有三十多歲，我心中

---

❸　有關華羅庚生平事蹟，詳見上揭書，頁 222。

更加震驚！

相信，今後青年人才，只要都有同樣的勤奮努力，與精神毅力，則整體團隊的成功前途，必定無可限量！

所以，在「神舟七號」成功完成任務之際，重溫錢學森的成功之道，非常發人深省。

錢學森曾明白的告訴年輕人們：

「不要失去信心，只要堅持不懈，總會有成功的結果！」❹

他是 1935 年，從上海交大畢業，先考取清華公費，再到波士頓著名的麻省理工學院，取得航空碩士學位。但卻因為他膚色是中國人，而被美國航空企業排斥，不准他去航空工廠實習；這讓他首次深受刺激，但更增強了堅持不懈的奮鬥精神。

後來，他便轉到加州理工學院深造，受到「超高速飛行之父」馮・卡門的欣賞，參與很多美軍火箭工作。美國軍方還稱讚他，為第二次大戰提供了「巨大的無法估價的貢獻」❺。美國輿論也形容他，是「幫助美國，成為世界一流軍事強國科學家的銀河中，一顆閃亮的明星。」❻

因此，他在 36 歲，就應聘為麻省理工學院終身教授。

然而，他後來同樣因為被種族歧視，屬於中國人的血統與皮膚，讓他在當時美國政府高層，飽受輕蔑與排擠，甚至在購買高檔房屋時，還被白人群起而抵制！

---

❹ 同上，頁 226。
❺ 同上，頁 228。
❻ 同上，頁 228。

　　但是，他的民族自尊心與自信心，讓他更加奮發圖強，更加咬牙勵志，更加化悲憤為力量！

　　美國政府當時對他監控迫害，變相持續軟禁五年，並且在他於1955 年離境時，禁止他帶任何書籍、文件以及資料。然而，他並沒有屈服，更沒有氣餒，他告訴美國政府，「所有資料都在我腦中！」

　　因此，當他回到大陸之後，第五年（1960），「東風一號」導彈發射成功，第九年（1964），第一顆自製原子彈試爆成功！

　　再隔兩年（1966），導彈運輸核彈，發射成功；此後再隔四年（1970），「東方紅一號」衛星發射成功！

　　由此可證，錢學森以短短時間，讓大陸從一窮二白、困難重重之下，凝聚很多青年人才，自行設計製造，成功發射核彈、人造衛星，後來並進一步伸展成神舟太空船，揚威世界，讓美國人大為驚嘆！歸根結柢，其成功的精神動力，就是「為中華民族爭氣」的鬥志，其成功的重要方法，就是他所說的「信心加上堅持不懈！」

　　這也如同富蘭克林所說名言：

　　「一個人失敗的最大原因，就是對於自己能力，永遠不敢充分信任，甚至還認為必將失敗無疑。」❼

　　正因錢學森對於自己有信心，對於中華民族更有信心，加上堅持奮鬥、努力不懈，所以終於能夠突破種種困境，創造了一系列的成功！

　　另外，發明大王愛迪生也曾強調：

---

❼　同上，頁 128。

「所謂天才，就是百分之一的靈感，加上百分之九十九的勤奮。」❽

發明化學元素週期表的門得列夫（1834-1907），也曾明白指出，「只要終身努力，就能變成天才。」❾

所以，信心加上努力、終身鍥而不捨，就能創造很多成功偉業，中外很多成功名人都是很好的例證。

錢學森的成功，同時也印證了林肯總統所說名言：

「成功與其靠外來的援助，還不如靠自己更生！」

另外，曾獲諾貝爾物理獎的楊振寧，也曾公開指出：

「我一生最大的貢獻，就是帶動了中國人，克服了認為自己不如別人的心理。」

楊振寧並沒有以獲得諾貝爾獎，做為自己最大貢獻，而是以建立民族自信心為最大的貢獻。這種精神與志氣，非常值得肯定。

有一年，我率團到北京參訪，晚上「打的」回酒店時，與計程車的司機閒聊；當時北京正發射神舟二號太空船，我就問司機，「有什麼感想？」他很快的回答：「沒有這些努力，中國人會受氣！」令我深受感動。

這位北京計程車司機發自基層的心聲，正是中華民族一百年來受盡外人欺凌之餘，共同要向全世界發出的心聲！

因此，今後展望兩岸，我們若能擱置政治上的爭議，從中華民族的宏觀著想，那麼錢學森的忍辱負重、自立更生，以及楊振寧的

---

❽　同上，頁 177。
❾　同上，頁 166。

鼓勵國人，恢復民族信心等努力，都是今後「振興中華」的重要動力！

　　今後兩岸各界人才，如果都能以中華民族為己任，擱置爭議、求同存異，進而共創雙贏，相信將更能讓中華民族奮起復興，在世界上更加揚眉吐氣！

三

　　中華民族英雄成吉思汗的成功故事，也非常的發人深省。

　　成吉思汗建立了橫跨歐亞兩洲的大國，其版圖為羅馬帝國的兩倍，亞歷山大帝國的四倍；比今天的美國、加上加拿大，再加上墨西哥與中美洲，還要大上很多！

　　因此，美國人類學者魏澤福博士（J. Weather Ford）曾經感嘆：

　　「成吉思汗的成就，比歷史上任何征服者，都高出一倍有餘！」❿

　　放眼成吉思汗統治的領土，涵蓋現在世界地圖的三十個國家，統治人口更多達三十多億，堪稱是世界歷史上，領土最大、人口最多的國家。

　　雖然，有些外國人因此稱成吉思汗為「黃禍」，但無可否認，他為東西方的文化交流，做出很大貢獻；因此華盛頓郵報在 1995 年 12 月，很持平的稱他為「過去一千年來最重要的人物。」⓫

---

❿　魏澤福著，黃中憲譯《成吉思汗》（台北：自由時報出版，2006），頁 12。

⓫　約翰・曼（John. Man）著，黃煜文譯《發現成吉思汗》（台北：奉田出版，2008），頁 11。

　　所以，綜觀成吉思汗，不僅是蒙族的英雄，從中華民族看，也是偉大的民族英雄，真正能為中華民族揚威世界！

　　重要的是，他如何能成功？

　　同樣情形，他也是歷經敵人的各種羞辱、打擊、橫逆、與圍剿，甚至新婚之後，妻子就被敵人俘虜，在種種痛苦悲憤中，奮發圖強，鍥而不捨；在一次、一次、又一次的失敗後，重新再站起來！他真正是「關關難過關關過」，最後終能成功的創造人類歷史最大國家！

　　他有一句名言，很能一針見血的講出成功之道，

　　「人生最大的樂趣，即在戰勝敵人！」⓬

　　因此，他經常提醒自己與部屬：「心中永遠要先想到敵人。」

　　正因他一生都深具「敵情觀念」，永遠扣緊敵情辦訓練、永遠扣緊敵情辦教育，擅長結合敵情與建設，所以終能一一克服敵人，得到空前的勝利成功！這種警覺心，至今仍然很有啟發性。

　　事實上，這也正是孟子很早就提到的名言：

　　「國無敵國外患者，國恆亡！」⓭

　　這句話，從正面來說，就是：「國有敵情觀念者，國恆勝！」

　　今天因為時代進步，國際上都重視世界和平，大陸也強調和平發展，所以，我們應該用「競爭觀念」，取代「敵情觀念」。

　　換句話說，有競爭才有進步，要永遠有競爭觀念，才能永遠進步成功！

⓬　　同上，頁 18。

⓭　　同❷，頁 23。

　　經國先生生平很重視《貞觀政要》的成功因素——「任賢納諫」、以及「知人善任」；另外，他也很強調成吉思汗的憂患意識與敵情觀念；所以他能領導台灣，突破能源危機與外交衝擊，創造舉世肯定的「經濟奇蹟」，其中成功之道，也很值得重視。

　　尤其，他青少年時在蘇聯，被史大林流放，受盡各種苦難折磨，曾經自己取個筆名「熱冰」，以紀念那段苦難日子——「熱」，代表在滾熱的大煉鋼爐旁做苦工；「冰」，代表在冰天雪地中勞改。這些苦難淬煉，更磨練出他「在逆境中戰勝逆境」的堅忍精神！

　　所以，他經常引述《荒漠甘泉》名言，也是他生平的極佳寫照：

　　「苦難是催逼我們前進的必需品，正如同鍋爐中的火，是催逼輪船前進的必需品。」

　　經國先生晚年，很欣賞重用馬英九，馬英九也不負眾望，在 2008 年重新贏回政權；他在競選期間，也因飽受民進黨政權的司法折磨，而更激勵其奮鬥意志，化悲憤為力量。

　　他曾經以農民的一句俚語，形容當時心情，如同「田螺含水過冬」；意指在忍辱負重中，只要奮鬥不懈，苦撐待變，最後終能成功！同樣深深值得有志之士，共同領悟與力行。

　　另外，曾經很多人都好奇，華人首富李嘉誠，如何能在世界的企業版圖中克服困難、致勝成功？

　　他有一句名言，也非常的中肯：

「做人成功最主要的條件是，讓你的敵人都相信你。」❹

換句話說，他同樣的強調「敵情觀念」；只是今天不再是講戰場上的敵人，而是商場中的對手；在和平競爭中，應該多了解對手，最後爭取互信，然後才能共創雙贏。這對今後和平發展的時代，尤其具有重大的啟發意義。

他曾舉例說明，他的企業經常與競爭對手，因為互信，而能共創「雙贏」。

因此，展望今後，兩岸如何「建立互信，擱置爭議，求同存異，共創雙贏」，將是很重要的成功關鍵。

當然，歷史經驗證明，任何一個國家民族，只靠經濟、科技、軍力，還不足以成功，同時還要重視誠信、品德、與仁心。

所以，當美國第一次發射太空船時，尼克森總統曾經慨言：

「我們有能力保證，將太空人安全的發射到太空，再安全的接回來；但卻沒有能力保證，紐約市民能從中央公園的這一端，安全的走到另一端。」

這就說明，科技固然重要，經濟發展也很重要，但民風善良、品德進步、誠信立國等等，同樣的重要！

這也提醒我們，當大陸的神舟七號上天之際，同時正是溫家寶痛斥毒牛奶商人「沒有良心」的前夕！此中的鮮明對比，也深深值得大家警惕與反省！

美國國父華盛頓，很早就曾經提醒世人：

「無論用什麼方法獲得名譽，如果後面沒有品格來扶持，名譽

---

❹　《九封信給下一任領導人》，商業週刊 2008.3.28，頁 69。

終必消失。」⓯

　　一個人的名譽是如此，一個企業的商譽也是如此，一個國家的榮譽更是如此！

　　因此，無論任何人、任何企業家，或者任何國家，都需同時重視品格與道德，才能真正「以德服人」；那才是真正成功的王道，才不會淪入霸道，也不會淪於「以力服人」，甚至「以術騙人」！

　　李嘉誠被稱為「百年華商第一人」，他就曾明確強調：

　　「做人如果可以做到仁慈的獅子，就成功了。」⓰

　　事實上，不僅做人如此，治國也是如此。

　　中國這頭醒來的獅子，今後如果能行王道，能行仁政，能成為仁慈的獅子，才是真正成功！

　　法國文豪羅曼羅蘭有句名言：

　　「最偉大的智者，懂得怎樣把分散、或潛伏在性靈中的寶藏，擁抱並融合在一個雄健的人格中。」

　　筆者天資愚頓，雖然不才，但深願發心，為眾生的成功人生、為中華民族的成功國運、以及世界大同的鴻運，盡心盡力，貢獻所學；所以嘗試把「分散或潛伏在性靈中的寶藏」整理融合，提供各界讀者參考，這也正是作者編著本書的初衷。

　　我在完成初稿之後，看到英國發明電話的科學家貝爾（1847-1922），在晚年有段語重心長的名言，也非常發人深省：

　　「使我懂得人生的，並不是與人接觸的結果，而是與書接觸的

⓯　同❷，頁28。

⓰　同⓯，頁70。

結果。」❼

　　本書主要宗旨，就是整合古今中外名人，有關成功的各種名言，希望能對讀者邁向成功人生，產生一定貢獻，進而對振興中華民族，也能盡己心意。若能因此喚醒民眾、振衰起弊，團結奮起，重振民族精神，那將何只是兩岸人民共同之幸，更是後代子孫共同之福了！

馮滬祥

2009.1.5

於中央大學

---

❼　同❷，頁 183。

【附錄】本書作者出版作品目錄

1. 《易經之生命哲學》，民國六十三年，臺北天下圖書公司。
2. 《青年與國難》，民國六十三年，臺北先知出版社。
3. 《哲學與現代世界》，民國六十四年，臺北先知出版社。
4. 《文化哲學面面觀》，民國六十五年，臺北先知出版社。
5. 《華夏集》，民國六十六年，臺北先知出版社。
6. 《孔子與馬克斯對「人」的觀念比較研究》，民國六十七年，英文版，美國波士頓大學博士論文，後由東海大學出版。
7. 《哲學與國運》，民國六十八年，臺北問學出版社。
8. 《中國人的人生觀》，民國六十九年，中譯本，臺北幼獅公司。
9. 《從哲學看國運》，民國六十九年，國防部印行。
10. 《新馬克斯主義批判》，民國七十年，臺北黎明公司。
11. 《三民主義研究》（合著本），民國七十一年，臺北政大公企中心印行，中央文物供應社出版。
12. 《中國哲學與三民主義》，民國七十二年，臺北時報文化出版公司。
13. 《蕭毅虹作品選》（主編），民國七十三年，絲路出版社。
14. 《中國哲學的現代意義》（英文本），民國七十四年，東海大學出版。
15. 《民族精神論叢》，民國七十五年，臺北黎明公司。
16. 《「蓬萊島」誹謗案大公開》，民國七十五年，龔維智律師編印。

17.《超越新馬克斯主義》，民國七十六年，臺北嵩山出版社。

18.《國父思想之理論與實踐》（合著本），民國七十七年，大海文化公司。

19.《丹心集》，民國七十七年，臺北黎明公司。

20.《蔣經國先生的思想與精神》，民國七十八年，臺北黎明公司。

21.《中國古代美學思想》，民國七十八年，學生書局。

22.《環境倫理學──中西環保哲學比較研究》，民國七十九年，學生書局。

23.《天人合一》，民國八十年，國家文藝基金會印行。

24.《蔣中正先生思想研究》，民國八十一年，黎明公司印行。

25.《中國文化哲學》，民國八十二年，學生書局。

26.《誰誤解了李總統？》，民國八十三年，國是評論雜誌社。

27.《李總統叛國心跡》，民國八十四年，國是評論雜誌社。

28.《人、自然與文化》，一九九六年，北京人民文學出版社。

29.《中國管理哲學及其現代應用》，民國八十五年，學生書局。

30.《中國傳統哲學與現代管理》，一九九七年，山東大學出版社。

31.《李登輝民主嗎？》，民國八十七年，國是評論雜誌社。

32.《反臺獨漫畫集》，民國八十八年，自印本。

33.《生活哲學：中西生死哲學》，二〇〇二年，北京大學出版社。

34.《生活哲學：兩性之哲學》，二〇〇二年，北京大學出版社。

35.《曾文惠案追追追》，二〇〇三年，自印本。

36.《先室蕭毅虹紀念文集》（主編），民國九十二年，四冊，自印本。

37.《反獨促統畫集》，民國九十三年，自印本。

38.《忍辱》，民國九十三年，自印本。

39.《愈挫才能愈勇》，民國九十三年，自印本。

40.《生氣不如爭氣》，民國九十三年，自印本。

41.《悲憤不如發憤》，民國九十四年，國是評論雜誌社。

42.《中西生死哲學》，民國九十四年，學生書局。

43.《兩性之哲學》，民國九十四年，學生書局。

44.《從逆境中靈修：中西逆境哲學》，民國九十五年，學生書局。

45.《從中山思想論統獨前途》，民國九十五年，幼獅書局。

46.《丹心照汗青》，民國九十五年，國是評論社。

47.《風雨中的燈塔》，民國九十六年，傳記文學社。

48.《時窮節乃見》，民國九十六年，國是評論社。

49.《方東美先生的生命精神》，民國九十六年。

50.《中國政治哲學》（上下冊），民國九十七年，學生書局。

51.《經國先生的精神特色》，民國九十七年，中外雜誌社。

52.《方東美先生的哲學典型》（編著），民國九十七年，學生書局。

53.《人生哲學名言論集》，民國九十八年，學生書局。

54.《羅家倫的辦學風範》，民國九十八年，傳記文學社。

55.《羅家倫論人生》，民國九十八年，台灣商務印書館。

56.《經國先生的精神風範》，民國九十八年（待印中）。

57.《中西命理哲學》，民國九十八年，（待印中）。

58.《中國哲學及其應用》，民國九十八年，（待印中）。

59.《中西領導哲學》，民國九十八年，（待印中）。

60.《中西哲學與人生》，民國九十八年，（待印中）。

國家圖書館出版品預行編目資料

人生哲學名言論集

馮滬祥編著. – 初版. – 臺北市：臺灣學生，2009
面；公分

ISBN 978-957-15-1444-4(精裝)
ISBN 978-957-15-1443-7(平裝)

1. 人生哲學 2. 格言

191.9   98000831

人生哲學名言論集 (全一冊)

編　著　者：馮　　　滬　　　祥
出　版　者：臺 灣 學 生 書 局 有 限 公 司
發　行　人：盧　　　保　　　宏
發　行　所：臺 灣 學 生 書 局 有 限 公 司
　　　　　　臺 北 市 和 平 東 路 一 段 一 九 八 號
　　　　　　郵 政 劃 撥 帳 號：0 0 0 2 4 6 6 8
　　　　　　電　話：(0 2) 2 3 6 3 4 1 5 6
　　　　　　傳　眞：(0 2) 2 3 6 3 6 3 3 4
　　　　　　E-mail：student.book@msa.hinet.net
　　　　　　http：//www.studentbooks.com.tw

本書局登
記證字號：行政院新聞局局版北市業字第玖捌壹號

印　刷　所：長 欣 印 刷 企 業 社
　　　　　　中 和 市 永 和 路 三 六 三 巷 四 二 號
　　　　　　電　話：(0 2) 2 2 2 6 8 8 5 3

定價：精裝新臺幣七八〇元
　　　平裝新臺幣六八〇元

西 元 二 〇 〇 九 年 二 月 初 版

臺灣 學生書局 出版

中國哲學叢刊

❶ 孔子未王而王論　　　　　　　　　　　　羅夢冊著

❷ 管子析論　　　　　　　　　　　　　　　謝雲飛著

❸ 中國哲學論集　　　　　　　　　　　　　王邦雄著

❹ 王陽明傳習錄詳註集評　　　　　　　　　陳榮捷著

❺ 江門學記　　　　　　　　　　　　　　　陳郁夫著

❻ 王陽明與禪　　　　　　　　　　　　　　陳榮捷著

❼ 孔孟荀哲學　　　　　　　　　　　　　　蔡仁厚著

❽ 生命情調的抉擇　　　　　　　　　　　　劉述先著

❾ 儒道天論發微　　　　　　　　　　　　　傅佩榮著

❿ 程明道思想研究　　　　　　　　　　　　張德麟著

⓫ 儒家倫理學析論　　　　　　　　　　　　王開府著

⓬ 呂氏春秋探微　　　　　　　　　　　　　田鳳台著

⓭ 莊學蠡測　　　　　　　　　　　　　　　劉光義著

⓮ 先秦道家與玄學佛學　　　　　　　　　　方穎嫻著

⓯ 韓非子難篇研究　　　　　　　　　　　　張素貞著

⓰ 商鞅及其學派　　　　　　　　　　　　　鄭良樹著

⓱ 陽明學漢學研究論集　　　　　　　　　　戴瑞坤著

⓲ 墨學之省察　　　　　　　　　　　　　　陳問梅著

⓳ 中國哲學史大綱　　　　　　　　　　　　蔡仁厚著

⓴ 儒家政治思想與民主自由人權　　　　　　徐復觀著

㉑ 道墨新詮　　　　　　　　　　　　　　　光　晟著

㉒ 中國心性論　　　　　　　　　　　　　　蒙培元著

㉓　管子思想研究　　　　　　　　　　　　　　　　徐漢昌著

㉔　譚嗣同變法思想研究　　　　　　　　　　　　　王　樾著

㉕　明清之際儒家思想的變遷與發展　　　　　　　　林聰舜著

㉖　張載哲學與關學學派　　　　　　　　　　　　　陳俊民著

㉗　明末清初學術思想研究　　　　　　　　　　　　何冠彪著

㉘　道教新論　　　　　　　　　　　　　　　　　　龔鵬程著

㉙　儒釋道與中國文豪　　　　　　　　　　　　　　王　煜著

㉚　帛書老子校注析　　　　　　　　　　　　　　　黃　釗著

㉛　中國古代崇祖敬天思想　　　　　　　　　　　　王祥齡著

㉜　黃老學說與漢初政治平議　　　　　　　　　　　司修武著

㉝　近思錄詳註集評　　　　　　　　　　　　　　　陳榮捷著

㉞　老莊研究　　　　　　　　　　　　　　　　　　胡楚生著

㉟　莊子氣化論　　　　　　　　　　　　　　　　　鄭世根著

㊱　韓非之著述及思想　　　　　　　　　　　　　　鄭良樹著

㊲　儒家的生命情調　　　　　　　　　　　　　　　戴朝福著

㊳　中國文化哲學　　　　　　　　　　　　　　　　馮滬祥著

㊴　朱子學與明初理學的發展　　　　　　　　　　　祝平次著

㊵　明末清初理學與科學關係再論　　　　　　　　　張永堂著

㊶　中華文化的省思　　　　　　　　　　　　　　　戴朝福著

㊷　老子新校　　　　　　　　　　　　　　　　　　鄭良樹著

㊸　孔子的生命境界——儒學的反思與開展　　　　　蔡仁厚著

㊹　仁學　　　　　　　　　　譚嗣同著，湯志鈞・湯仁澤校注

㊺　荀子集釋　　　　　　　　　　　　　　　　　　李滌生著

㊻　劉宗周及其慎獨哲學　　　　　　　　　　　　　黃敏浩著

㊼　燕園耕耘錄——朱伯崑學術論集（上冊）　　　　朱伯崑著

㊽　燕園耕耘錄——朱伯崑學術論集（下冊）　　　　朱伯崑著

(49) 體用與心性：當代新儒家哲學新論 賴賢宗著
(50) 哲學史與儒學論評：世紀之交的回顧與前瞻 蔡仁厚著
(51) 歷代聖哲所講論之心學述要 朱維煥述要
(52) 老子道德經闡釋 朱維煥著
(53) 儒學反思錄 龔鵬程著
(54) 全體大用之學：朱子學論文集 朱榮貴著
(55) 儒學與儒學史新論 郭齊勇著
(56) 周易神話與哲學 李霖生著
(57) 良知學的展開——王龍溪與中晚明的陽明學 彭國翔著
(58) 道的錯置：中國政治思想的根本困結 林安梧著
(59) 儒家思想中的具體性思維 林啓屏著
(60) 張載易學與道學：以《橫渠易說》及《正蒙》爲主之探討 胡元玲著
(61) 新儒家與新世紀 蔡仁厚著
(62) 儒學轉向：從「新儒學」到「後新儒學」的過渡 林安梧著
(63) 從逆境中靈修——中西逆境哲學 馮滬祥著
(64) 中國政治哲學 馮滬祥著
(65) 方東美先生的哲學典型 馮滬祥著
(66) 人生哲學名言論集 馮滬祥著